企业文化建设

(第4版)

张德 主编

Corporate Culture
Construction

清华大学出版社
北京

本书封面贴有清华大学出版社防伪标签，无标签者不得销售。
版权所有，侵权必究。举报：010-62782989，beiqinquan@tup.tsinghua.edu.cn。

图书在版编目(CIP)数据

企业文化建设 / 张德主编. —4版. —北京：清华大学出版社，2023.1(2024.8重印)
ISBN 978-7-302-62125-6

Ⅰ. ①企… Ⅱ. ①张… Ⅲ. ①企业文化－研究生－教材 Ⅳ. ①F272-05

中国版本图书馆 CIP 数据核字(2022)第 200214 号

责任编辑：梁云慈
封面设计：汉风唐韵
责任校对：宋玉莲
责任印制：曹婉颖

出版发行：清华大学出版社
    网　　址：https://www.tup.com.cn，https://www.wqxuetang.com
    地　　址：北京清华大学学研大厦A座　　邮　编：100084
    社 总 机：010-83470000　　邮　购：010-62786544
    投稿与读者服务：010-62776969，c-service@tup.tsinghua.edu.cn
    质量反馈：010-62772015，zhiliang@tup.tsinghua.edu.cn

印 装 者：三河市龙大印装有限公司
经　　销：全国新华书店
开　　本：185mm×260mm　　**印张**：22.5　　**字　数**：371 千字
版　　次：2003 年 10 月第 1 版　2023 年 1 月第 4 版　**印　次**：2024 年 8 月第 2 次印刷
定　　价：65.00 元

产品编号：085595-01

序

自从1769年第一家现代企业在英国诞生以来,全球范围内企业管理大体上经历了三个阶段:1769—1910年,经验管理阶段,其特点是"人治",即主要经营者依靠个人的直觉和经验进行决策和管理;1911—1980年,科学管理阶段,其特点是"法治",即主要靠科学的制度体系实现高效率;1981年以来,发达国家的优秀公司率先进入了文化管理阶段,其特点是"文治",即靠企业文化建设带动企业经营管理达到更高的境界。我赞成这样的说法:21世纪是"文化管理"的时代,也是"文化制胜"的时代。

21世纪,人类已经进入了信息化社会和知识经济时代,企业文化建设对于知识型企业尤为重要。美国著名管理大师彼得·德鲁克(Peter F. Drucke)说过:"20世纪最重要的,也是最独特的对管理的贡献,是制造业中手工工作者的生产力提高了50倍。21世纪对管理最重要的贡献,同样也将是提高知识工作与知识工作者的生产力。"如果说,20世纪提高体力劳动者生产力的主要手段是科学管理,即靠科学的制度、严密的外部监督和技术创新提高工作效率的话,那么,在知识型企业占主导,脑力劳动成为主要劳动方式以后,这种看不见的劳动使外部监督和制度化管理大打折扣,唯一有效的方式是通过影响知识工作者的思想观念,提供激励性的良好文化氛围来提高工作效率。这种柔性管理——文化管理,是以企业文化建设为主导的。因此,企业文化建设已经成为当前和今后企业管理与企业竞争的关键。

知识经济的另一个特点,是掌握最新知识和创造新知识的人才成为企业成功之本。如何吸引人、培养人、激励人、用好人、留住人,充分解放和发挥人的创造潜力,成为企业管理的核心问题,而这一核心问题的解决,从根本上离不开企业文化建设。21世纪之初,美国海氏咨询公司在对《财富》500强企业评选的总结中指出:"公司出类拔萃的关键在于文化;最能预测公司各个方面是否最优秀的因素是公司吸引、激励和留住人才的能力。公司文化是它们加强这种关键能力的最重要的工具。"被誉为世界头号CEO的原通用电气(GE)公司董事长杰克·韦尔奇就是文化管理的大师,他有一个著名的论断:"GE靠人和思想的力量取胜。"

在当今世界和中国,凡是成功的企业,都有着优秀的文化;反之,凡是失败的企业,都存在着不良的文化。笔者高兴地看到,越来越多的中国企业开始重视企业文化建设和创新,探索中国特色的企业文化建设之路。但是,缺乏高质量的教材,是困扰企业经理人员和MBA学员的一大难题。本书是中国第一本关于企业文化的MBA教材,对广大读者而言,可以说是雪中送炭。

本书力求突出三个特点:一是理论概念准确、严谨,在各家之言中,选择最科学的加以介绍;二是内容体系新颖、完整,包括国内外学者和编著者自己最新的科研成果,有些内容是独一无二的;三是理论联系实际,特别是切合中国国情,具有很强的可操作性。MBA教育的目的,是为中国培养职业经理人,解决中国企业管理的实际问题。我们编写的教材,完全服务于这一目的。

本书第一版于2003年出版后,被国内很多高校在管理教育中选为正式教材,受到MBA学员和读者的广泛欢迎,2009年荣获中国人力资源管理研究成果金奖。根据企业文化理论与实践的发展,我们在保持第一版、第二版、第三版特点的基础上对全书进行了全面修订,主要是:①删掉了一些重复或过时的内容(大概有4节之多),改正了一些不精确的说法,使内容更科学、更严谨、更精练;②在第一章增加了第五节"组织文化研究的主要学派";③第五章的案例分析,删掉"独特的美雪集团企业文化",换成"Z董事长的领导方式为什么不受欢迎?";④第十章的案例分析,删掉"中信公司的企业文化",换成"松下电器公司这样培养商业人才"。

本书由张德教授策划和总撰,其他几位作者参加了编写。其中,张德教授主要编写了第一、第二、第三、第五、第九、第十、第十四、第十五、第十六章;吴剑平研究员主要编写了第六、第七、第八、第十二、第十七、第十八章;王雪莉副教授编写了第十一章;刘理晖研究员编写了第四章;魏钧教授编写了第十三章的主要内容。吴剑平和魏钧还参加了其他章节的修改。

本书适合MBA学生,经济管理专业的本科生、硕士生,企业各级经理人员,政府和事业单位的领导干部和管理人员,企业管理、人力资源管理的教学科研人员,以及一切对组织文化感兴趣的读者阅读。

本书在写作过程中,参考和引用了国内外学者的大量著作,因篇幅所限,未能一一注明,在此向著作者深表谢忱。

由于作者知识和经验的局限性,错误和疏漏之处在所难免,恳请广大读者批评指正。

张 德

2022年8月于清华园

目录

第一章 组织文化概论 ·············· 1

第一节 组织文化的概念和内涵 ·············· 1
第二节 组织文化的影响因素 ·············· 7
第三节 组织文化的类型 ·············· 11
第四节 组织文化与组织管理 ·············· 15
第五节 组织文化研究的主要学派 ·············· 20

第二章 企业文化与竞争力 ·············· 25

第一节 企业文化的兴起与发展 ·············· 25
第二节 从科学管理到文化管理——企业管理的软化趋势 ··· 29
第三节 文化竞争力——优秀企业的经验 ·············· 33
第四节 企业文化的新思维——文化资本 ·············· 37
案例分析：现代企业进入文化制胜时代 ·············· 41

第三章 企业文化建设的基本思路和方法 ·············· 45

第一节 企业文化建设的内涵 ·············· 45
第二节 企业文化建设的步骤 ·············· 46
第三节 企业文化建设的心理机制 ·············· 48
第四节 企业文化建设的辩证思考 ·············· 51
案例分析：让全体员工认同创新理念 ·············· 55

第四章　企业文化诊断与测量 … 56

第一节　企业文化测量的意义与特点 … 56
第二节　企业文化测量的理论基础 … 58
第三节　企业文化的测量维度 … 60
第四节　企业文化测量量表的设计 … 65
案例分析：东方能源公司企业文化测量 … 68

第五章　企业文化设计原理 … 71

第一节　企业文化设计原则 … 71
第二节　企业文化设计关键环节 … 73
第三节　企业文化的设计技术 … 75
案例分析：Z董事长的领导方式为什么不受欢迎？ … 79

第六章　企业文化理念层设计 … 84

第一节　企业目标与愿景设计 … 84
第二节　企业价值观设计 … 88
第三节　企业哲学设计 … 92
第四节　企业经营理念设计 … 94
第五节　企业管理模式设计 … 97
第六节　企业精神设计 … 99
第七节　企业道德设计 … 100
第八节　企业作风设计 … 102
附录：企业文化理念层5例 … 103
案例分析：激变之中显"和商" … 106

第七章　企业文化制度行为层设计 … 110

第一节　企业制度体系设计 … 110
第二节　企业风俗设计 … 114
第三节　员工行为规范设计 … 118
案例分析：大河钢厂的分配制度改革 … 122

第八章　企业文化符号层设计 … 125

第一节　企业标识设计 … 125
第二节　企业环境设计 … 136
第三节　企业旗帜、歌曲、服装设计 … 141
第四节　企业文化体育设施与活动设计 … 146
第五节　企业文化传播网络设计 … 147

案例分析：宇通客车的身份识别战略 ……………………………………………… 152

第九章　企业文化建设的体制机制 ………………………………………… 157

- 第一节　企业文化建设的领导体制 ………………………………………… 157
- 第二节　企业文化建设的支持系统 ………………………………………… 160
- 第三节　企业文化实施的人员保证 ………………………………………… 162
- 第四节　企业文化建设的计划 ……………………………………………… 163
- 第五节　企业文化建设的运作模式 ………………………………………… 166
- 第六节　企业文化建设的考核与评估 ……………………………………… 169
- 第七节　企业文化建设的激励机制 ………………………………………… 171
- 案例分析：福特公司的文化建设 …………………………………………… 173

第十章　企业文化的实施艺术 ……………………………………………… 176

- 第一节　软管理"硬"化 ……………………………………………………… 176
- 第二节　"虚功"实做 ………………………………………………………… 178
- 第三节　企业文化的人格化 ………………………………………………… 180
- 第四节　领导者的示范技巧 ………………………………………………… 182
- 第五节　情境强化的艺术 …………………………………………………… 184
- 第六节　观念、故事、规范三部曲 …………………………………………… 185
- 案例分析：松下电器公司这样培养商业人才 ……………………………… 187

第十一章　企业文化变革与创新 …………………………………………… 189

- 第一节　企业文化变革的原因分析 ………………………………………… 189
- 第二节　企业文化变革的实证案例 ………………………………………… 191
- 第三节　企业文化变革的内容 ……………………………………………… 196
- 第四节　企业文化变革的原则 ……………………………………………… 196
- 第五节　企业文化变革的过程 ……………………………………………… 197
- 第六节　企业文化变革的策略 ……………………………………………… 199
- 第七节　企业文化的创新之道 ……………………………………………… 201
- 案例分析：海尔的 SBU ……………………………………………………… 205

第十二章　企业集团文化整合 ……………………………………………… 207

- 第一节　集团文化与亚文化 ………………………………………………… 207
- 第二节　集团文化整合的目的与原则 ……………………………………… 209
- 第三节　集团文化整合的类型和内容 ……………………………………… 212
- 第四节　集团文化整合的重点 ……………………………………………… 215
- 第五节　集团文化的整合艺术 ……………………………………………… 217
- 第六节　集团文化落地的机制和关键 ……………………………………… 220

　　　　案例分析：文化融合　母子同兴 ··· 223

第十三章　企业伦理与社会责任 ··· 226

　　第一节　企业伦理的概念和作用 ··· 226
　　第二节　企业社会责任 ··· 231
　　第三节　企业伦理管理的原则与方法 ·· 235
　　第四节　企业伦理决策理论与模型 ·· 238
　　第五节　绿色GDP与生态文明——中国企业伦理视角 ···································· 243
　　　　案例分析：科尔—麦克基公司的经营理念 ·· 247

第十四章　传统文化与企业文化 ··· 250

　　第一节　中国传统文化的基本特征 ·· 250
　　第二节　中国传统的管理哲学 ·· 253
　　第三节　一分为二地对待中国古代的文化遗产 ·· 258
　　第四节　多年来"国学热"的启示 ··· 259
　　　　案例分析：我的心力管理之路 ·· 262

第十五章　领导者与企业文化建设 ·· 267

　　第一节　企业文化的缔造者、倡导者和管理者 ·· 267
　　第二节　领导者的价值观决定企业文化的基调 ·· 270
　　第三节　领导者的示范关系企业文化建设成败 ·· 273
　　第四节　领导者的观念创新推动企业文化更新 ·· 275
　　第五节　领导者的素质影响企业文化品位 ·· 276
　　第六节　领导者的思维左右企业文化未来走向 ·· 277
　　　　案例分析：修身·齐家·立业·助天下
　　　　　　——郭广昌解析"复星"飞速发展的奥妙 ·· 278

第十六章　中国特色企业文化建设 ·· 280

　　第一节　中国深化改革与价值观念更新 ·· 280
　　第二节　中国对外开放与中西文化融合 ·· 281
　　第三节　中国企业文化建设的基本模式 ·· 283
　　第四节　中国企业文化的时代特色 ·· 288
　　　　案例分析：腾讯的创新故事 ·· 292

第十七章　跨文化管理 ··· 297

　　第一节　不同国家地区的企业文化特色 ·· 297
　　第二节　文化差异与文化冲突 ·· 306
　　第三节　跨文化管理的内涵和类型 ·· 311

第四节　跨文化管理的实施…………………………………………… 313
　　第五节　跨国经营与文化整合…………………………………………… 317
　　案例分析：迪斯尼跨国经营的成功与困境 …………………………… 320

第十八章　文化管理的理论与实践 ……………………………………… 323
　　第一节　文化管理的内涵和理论假设 ………………………………… 323
　　第二节　文化管理的基本原理 ………………………………………… 326
　　第三节　文化管理原则与职能 ………………………………………… 330
　　第四节　文化管理的理论体系 ………………………………………… 334
　　第五节　文化管理的实践应用 ………………………………………… 336
　　案例分析：乔布斯与"苹果传奇" …………………………………… 340

参考文献 …………………………………………………………………… 343

组织文化概论

本章学习目标
1. 掌握组织文化的含义和层次结构
2. 了解组织文化的特征
3. 了解组织文化的影响因素
4. 了解组织文化的类型与分类方法
5. 了解组织文化在组织管理中的作用

文化是人类改造自然、改造社会和改造自身的产物。包括企业在内,一个社会组织在建立和发展的过程中,往往相伴随地形成某种特定的组织文化,对组织的发展和组织成员的行为产生着或多或少的影响。本章将首先介绍组织文化的基本概念、内涵、特征和类型,为学习和研究企业文化奠定基础。

第一节 组织文化的概念和内涵

与企业一样,几乎所有的社会组织都有着自身的组织文化并且深受组织文化的影响。根据组织的不同性质和类型,组织文化可以区分为企业文化、学校文化、乡镇文化、社区文化、政府机关文化、军队文化等。企业文化虽然有其特殊性,但是又具有组织文化的普遍性。从组织文化的内涵出发,有助于更全面透彻地认识和了解企业文化。

一、组织文化的概念

组织成员在长期共同的工作或集体活动过程中因为相互影响、相互适应、相互调整,或者由于组织的创办者、领导者有意识地倡导和培育,认知和行为产生某些方面某种程度的趋同效应。组织多数成员这种共同的认知和行为倾向,实际上就是组织文化(organizational culture)。不同学者对组织文化的定义不同,有代表性的定义如表1-1所示。

本书认为,组织文化是指组织在长期的生存和发展过程中所形成的,为组织多数成员所共同遵循的最高目标、基本信念、价值标准和行为规范。它是理念形态文化、行为制度形态文化和物质形态文化的复合体。

表 1-1　国外学者关于组织文化的定义

学　者	定　义
斯本德(J. C. Spender)	组织文化是组织成员共有的信念体系。 A belief system shared by an organization's members.
瑞里(C. O'Reilly)	牢固而且被广泛接受的核心价值观。 Strong, widely shared core values.
迪尔(T. E. Deal) 肯尼迪(A. A. Kennedy)	我们在这里的做事方式。 The way we do things around here.
霍夫斯泰德(G. Hofstede)	人们共有的心理程序。 The collective programming of the mind.
范马南(J. Van Maanen) 佰利(S. R. Barley)	共同的理解。 Collective understandings.
孔茨(J. M. Kouzes) 卡德威尔(D. F. Caldwell) 帕塞(B. Z. Posner)	一种通过各种符号性的媒介向人们传播的、给人们的工作生活创造意义的、为所有员工共享的、持久的信念体系。 A set of symbols, enduring beliefs communicated through a variety of symbolic media, creating meaning in people's work lives.
欧奇(W. G. Ouchi)	一组符号、礼仪和虚构的人物,它们能把组织的基本价值观和信念传给所有员工。 A set of symbols, ceremonies, and myths that communicates the underlying values and beliefs of that oaganization to its employees.
彼得斯(T. J. Peters) 沃特曼(R. H. Waterman)	由一些象征性的方法(如故事、虚构人物、传说、口号、逸事等)传达的一些主导的、核心的价值观。 A dominant and coherent set of shared values conveyed by such symbolic means as stories, myths, legends, slogans, anecdotes, and fairy tales.
沙因(E. H. Schein)	群体在适应外部环境及内部整合的过程中,创造、发现或发展形成的基本假设的模式。 The pattern of basic assumptions that a given group has invented, discovered, or developed in learning to cope with its problems of external adaptation and integration.

二、组织文化的结构

为了对组织文化做深入的分析和研究,很多学者纷纷提出了组织文化的结构模型或理论。例如,美国学者迪尔和肯尼迪认为,组织文化(企业文化)包括 4 个要素,即价值观、英雄人物、典礼仪式、文化网络;荷兰心理学家霍夫斯泰德(Geert Hofstede)提出了四层次模型,认为组织文化由内向外依次是价值观、礼仪活动、英雄人物、符号系统;美国麻省理工学院教授沙因认为组织文化包括可观察到的人造物、公开认同的价值观、潜在的基本假设 3 个层次。也有不少人将组织文化分为两个层次,例如有形文化和无形文化、外显文化和内隐文化、物质形式和观念形式、"硬"S 和"软"S 等。此外,还有人将其分为物质文化、行为文化、制度文化和精神文化。这些不同的结构划分都有一定的合理性,对于认识企业文化并无大碍。

为科学准确,本书把组织文化划分为三个层次,即理念层、制度行为层、符号层(图 1-1)。

图 1-1 组织文化的结构示意图

1. 理念层

又称为观念层或者精神层,主要是指组织的领导者和成员共同信守的基本信念、价值标准、职业道德及精神风貌。理念层是组织文化的核心和主体,是决定制度行为层和符号层的前提和关键。组织文化中有无理念层,是衡量一个组织是否形成了自己的文化的标志和标准。

组织文化的理念层要素通常包括以下 9 个方面。

(1) 组织目标与愿景。组织的目标,特别是最高目标,反映了组织领导者和全体成员的追求层次和理想抱负,是共同价值观的集中体现,也是组织文化建设的出发点和归宿。组织愿景是组织全体成员对组织未来一定阶段内发展的共同期待和愿望,包括对组织存在使命的认识、组织未来发展的规划和组织达到目标的手段的共识。当组织目标为全体(或大多数)成员形成共识后,就成为组织愿景。凡是优秀的组织,无一不是把对国家、对民族、对社会乃至对人类的责任放在组织目标的首位,用明确的最高目标作为组织成员凝聚力的焦点,借此充分发动内部各级组织和每位成员。长远目标和共同愿景的设置是防止短期行为、促使组织健康发展的有效保证。

(2) 核心价值观。组织的核心价值观是指组织长期坚持的基本信仰和价值取向,是统率组织理念和指导组织行为的基本原则。围绕核心价值观,很多组织都会建立一套自己的价值观体系,从各方面决定着组织对内外各种关系和自身行为的思考、判断和决策。随着组织内外环境的变化,组织价值观体系中的许多内容可能需要相应改变,但是只有核心价值观往往会持久不变,长期地、深刻地影响着组织的生存和发展。例如,同仁堂秉持"同修仁德,济世养生"的核心价值观,保证了 300 多年金字招牌屹立不倒。又如,IBM 的核心价值观是"尊重个人、最佳服务、追求卓越",这成为蓝色巨人数十年持续发展和保持辉煌的前提。

(3) 组织哲学。对于企业,组织哲学又被称为企业经营哲学。它是企业领导者为实现企业目标而在整个生产经营管理活动中的基本信念,反映了企业领导者对企业长远发展目标、生产经营方针、发展战略和策略的哲学思考,是处理企业生产经营过程中发生的一切问题的基本指导思想。组织哲学的形成,既取决于组织所处的社会制度及周围环境等客观因素,又深受组织主要领导者的思想方法、政策水平、科学素质、实践经验、工作作风以及性格等主观因素的影响。日本著名企业家松下幸之助对企业发展规律有着很深入的哲学思考,提出"造物之前先造人"的理念并将此作为实践经营哲学的核心内容,不但为公司发展指明了正确的方向,而且对整个企业界都产生了深远的影响。

(4) 组织使命。这是指组织存在的社会价值及其对社会的承诺,表明了组织的社会使命,体现了社会组织所承担的主要社会责任。组织使命实际上是组织的核心价值观在组织与社会关系上的集中体现。例如,美国波音公司长期坚持"以服务顾客为经营目标"的宗旨,赢得了飞机制造业的龙头地位。中国电信践行"共享与世界同步的信息文明"的企业使命,努力使信息化成果惠及社会各行业和广大人民群众。

(5) 组织精神。它是组织有意识地提倡、培养组织成员群体的优良精神风貌,是对组织现有的观念意识、传统习惯、行为方式中的积极因素进行总结、提炼及倡导的结果。组织文化是组织精神的源泉,组织精神则是组织文化发展到一定阶段的产物。例如,日本佳能公司"自发、自治、自觉"的三自精神,美国麦当劳快餐公司"质量、服务、清洁、实惠"的企业精神,都被很多企业所推崇。

(6) 组织伦理和道德。伦理道德与制度虽然都是行为准则和规范,但制度具有强制性,而伦理道德却是非强制性的。一般来讲,制度解决是否合法的问题,伦理道德解决是否合理的问题。从社会组织的道德内容构成来看,主要是涉及调整组织成员之间、成员与组织之间、组织与社会之间关系的行为准则和规范。例如,法国阿科尔旅馆集团公司就曾以"发展、利润、质量、教育、分权、参与、沟通"作为企业共同道德,促进了公司快速发展。

(7) 管理理念。组织的管理理念是指组织内部管理所依据的人性假设、管理原则和管理模式。它要回答诸如集权与分权、宽与严、效率与公平、竞争与合作、工作导向与关系导向等带有根本性的管理思路的倾向性问题。

(8) 经营理念。一个社会经济组织在面对市场竞争时,往往会确立自己的基本策略,整合资源的基本思路以及经营方针、经营政策等,这些统称为经营理念。与组织宗旨侧重于宏观的战略层面有所不同,经营理念侧重于战术层面,是对组织实际运作的具体指导原则。在有些企业中,有时也把经营理念包含在组织宗旨中。

(9) 组织风气。这是指组织及其成员在组织活动中逐步形成的一种带有普遍性的、重复出现且相对稳定的行为心理状态。组织风气是约定俗成的行为规范,是组织文化在员工的思想作风、传统习惯、工作方式、生活方式等方面的综合反映,是影响整个组织生活的重要因素。组织风气是企业文化的直观表现,组织文化是组织风气的本质内涵,人们总是通过企业全体员工的言行举止感受到组织风气的存在。

2. 制度行为层

这是组织文化的中间层次,是指对组织及其成员的行为产生规范性、约束性影响的部分,它集中体现了组织文化的符号层和理念层对组织中个体行为和群体行为的要求。制度行为层规定了组织成员在共同活动中应当遵守的行为准则,它主要包括以下四方面要素。

(1) 一般制度。指各组织中普遍存在的工作制度、管理制度以及责任制度。这些成文的制度与约定及不成文的组织规范和习惯,对组织成员的行为起着约束作用,保证整个组织有序高效地运转。例如,人事制度、财务制度、奖惩制度、会议制度、资产管理制度、岗位责任制度等。在企业中,还有计划制度、生产管理制度、劳动管理制度、销售管理制度等也是一般制度。

(2) 特殊制度。主要指本组织中的一些非程序化的制度,如员工评议干部制度、总结表彰制度、干部员工平等对话制度等。与一般制度相比,特殊制度更能够反映一个组织的管理特点和文化特色。有良好文化的组织,必然有多种多样的特殊制度;组织文化贫乏的单位,则往往忽视特殊制度的建设。

(3) 组织风俗。这是指组织中长期沿袭、约定俗成的典礼、仪式、节日、活动等,如歌咏比赛、体育比赛、集体婚礼等。组织风俗与一般制度、特殊制度不同,它不是表现为准确的文字条目形式,也不需要强制执行,完全依靠习惯、偏好的势力维持。组织风俗由组织文化理念层所主导,又反作用于组织的理念层。组织风俗可以自然形成,又可以人为开发,一种活动、一种习俗,一旦被全体成员所共同接受并沿袭下来,就成为一种风俗。

(4) 行为规范。指组织对各级领导者、管理人员和各类工作人员的言行举止提出的基本要求和具体规范。行为规范一般反映企业理念对组织成员个体的外在要求,越具体越容易执行;通过行为规范的有效执行,又可以促进组织成员对组织理念的认同。

3. 符号层

也称为物质层或器物层,是组织文化在物质层次上的体现,是组织文化的表层部分。符号层是组织创造的物质文化,是形成组织文化理念层和制度行为层的条件,是组织核心价值观的物质载体。它通常包括下述几个方面:

(1) 组织基本标识。主要指组织的名称、标志、标准字、标准色。这是组织文化最集中的外在体现。

(2) 组织的徽标、旗帜、歌曲等。例如,厂徽、厂旗、厂歌、厂服、厂花。这些因素中包含了很强烈的组织物质文化内容,是组织文化较为形象化的反映。

(3) 组织的自然环境和建筑。例如企业的自然环境、建筑风格、办公室和车间的设计和布置方式、绿化美化情况、污染的治理等,是人们对企业的第一印象,这些均反映了不同企业文化的特点。

(4) 组织的服务特色和模式。各种组织都通过不同形式为社会提供服务,因此服务特色和模式直接反映了组织理念,特别是组织的核心价值观和宗旨。对生产型企业而言,产品的特色、式样、外观和包装等这些要素则是企业文化的具体反映。

(5) 组织的技术及工艺设备特性。一个组织的科学技术水平及所使用的设备、工具、工艺水平,能够在很大程度上反映组织的理念,因而成为组织文化的一个组成部分。上海大众汽车公司坚持运用世界一流的生产设备和工艺,与"追求卓越,永争第一"为核心价值观的卓越文化密不可分。

(6) 组织的文化体育生活设施。这些设施是组织群体活动的载体,反映了组织的价值观和管理理念。

(7) 组织的纪念建筑物和造型。包括厂区雕塑、纪念碑、纪念墙、纪念林、英模塑像等。

(8) 组织的纪念品和公共关系用品。它们是反映和传播组织文化的重要载体。

（9）组织文化传播网络。包括自办的网站、报刊、广播、闭路电视以及宣传栏、广告牌、招贴画等。

综上所述，组织文化的三个层次是紧密联系的，符号层是组织文化的外在表现和载体，是制度行为层和理念层的物质基础；制度行为层则约束和规范着符号层及理念层的建设，没有严格合理的规章制度，组织文化建设无从谈起；理念层是形成符号层和制度行为层的思想基础，也是组织文化的核心和灵魂。

三、组织文化的特征

对于组织文化的特征有许多不同的概括和描述，这反映了人们对组织文化本质的认识和揭示处于一个不断深化的过程中。其中，以下4项特征是较为重要的。

1. 客观性

组织文化是在一个组织建立和发展的过程中形成的，与组织相伴相生、如影随形。无论人们承认与否、喜欢与否，也无论被人们感知到多少、认识到什么程度，组织文化都会对每一名组织成员的行为产生一定影响，从而影响着组织的发展变化。特别是组织理念要素，尽管人们看不见、摸不着，却往往会潜移默化地影响组织成员的思考、判断和言行。组织文化是客观存在的这种特征，被称为客观性。

组织文化的客观性，并不是说人们在组织文化面前束手无策，只能被动地接受。客观性正表明组织文化与其他客观事物一样，有其客观的内在发展规律。人们不但可以去了解和评价组织文化，而且可以通过认识、掌握和遵循组织文化的内在规律来主动进行组织文化的建设与变革，培育和形成优秀的组织文化，使自发的组织文化成为自觉的组织文化，从而增强组织的文化竞争力。

2. 稳定性

组织文化的形成是一个长期的过程，一旦形成以后又具有相对稳定的特点，不会轻易改变。这种稳定性是因为在组织的内外环境发生变化时，组织成员的认知和行为往往会有一个滞后，有时甚至在相当长的时间内不能同步发生变化。组织文化改变时，通常最容易，也是最先改变的往往是外在的符号层要素，然后是中间层次的制度行为层要素，最后才是内在的理念层要素。改变组织成员根深蒂固的思想观念和长期养成的某些行为习惯，有时需要数年甚至更长时间。特别是组织成员的群体性理念和行为，就更加难以改变。稳定性表明组织文化的改变不是一朝一夕之功，需要时间。组织领导者在进行组织文化变革、更新和建设时，一定不能急功近利、急于求成，要持之以恒、百折不挠地加以推动。

3. 个异性

世界上没有完全相同的两片树叶，也没有任何两个人的个性会完全相同。同样，任何两个组织也不会有完全相同的组织文化。组织文化的这种个异性，是由于组织的特殊性，即不同组织的使命和社会职责不完全相同、建立和发展的过程不完全相同、组织规模和组织成员不同等因素决定的。组织文化的个异性，反映了它对组织本身的路径依赖性。

组织文化的个异性，是组织文化的生命力所在。个异性决定了组织文化建设要从组织自身的历史和现实出发，并紧密结合组织未来发展目标，在遵循组织文化发展普遍规律的基础上，注重发现和突出特殊规律，体现个性特色。绝不能照抄照搬其他组织、其他行业或其他民族的文化。

4. 无形性

也称为隐藏性。特定的组织文化，特别是它的理念层要素，会对组织成员的行为产生无形的、潜移默化的作用。组织成员的个体和群体，会自觉不自觉地受到组织文化的影响。在组织稳定运转的情况下有时人们很难感受到自己所处的文化环境，往往只有当组织的内外环境发生较大改变，或者组织成员到了另外一个组织中时，才能比较明显地感受和体会到原来组织的文化特点。这好像我们天天呼吸的空气一样，平时不觉得它的存在，只有到某个缺氧的环境，才会体会到空气的存在和影响。组织文化对人的影响是无形的、隐性的，往往只有在对比和变化中才能感受到它的内涵和价值。

四、组织文化的建设与更新

和其他事物一样，组织文化不是静止不动的，而是始终处在变化和运动之中。由于组织的社会职责或者所处的内外环境不断变化，组织文化也必须相应地发展变化，否则将会对组织的存在和发展产生不利影响甚至起到阻碍作用。组织文化的发展变化，可以是组织主动进行建设和更新的结果，也可能是在内外环境作用下被动的自然变化的结果。

所谓组织文化建设，就是组织领导者有意识地倡导优良文化、克服不良文化的过程。后面各章将介绍的就是企业文化建设的理论和方法。

第二节 组织文化的影响因素

对组织文化的上述静态分析，虽然使我们对组织文化的构成要素和基本特征从整体上有一个较为清晰的认识，但还不能为改造现有的组织文化、塑造新的组织文化提供准确的线索。因此，这里要对组织文化的形成和演变进行动态的系统分析，寻求影响组织文化的主要因素。概括而言，影响组织文化的因素主要有下列 7 个方面。

一、民族文化

现代组织管理的核心是对人的管理。作为组织文化主体的组织成员，同时又是作为社会成员而存在的，在他们创办或进入特定组织以前，已经长期受到民族文化的熏陶，并在这种文化氛围中成长。进入组织以后，广大成员不仅会把自身所受的民族文化影响带到组织中来，而且由于其作为社会人的性质并未改变，他们将继续承受民族文化传统的影响。因此，要把组织管理好，绝不能忽视民族文化对组织文化的影响。建设具有本民族特色的组织文化，这不仅是个理论问题，更是组织管理所面临的实际问题。

处于亚文化地位的组织文化植根于民族文化土壤中，这使得组织的价值观念、行为准则、道德规范等无不打上民族文化的深深烙印。民族文化传统是组织生存发展的宏观环境的重要因素，民族文化对组织的价值观念、管理理念、发展战略及策略等理念要素也会产生深刻的影响。不仅如此，组织为了今后的进一步发展，还要努力去适应民族文化环境，去迎合在一定民族文化环境下所形成的社会心理状态，否则组织将难以生存，甚至陷入困境和危机。要注意的是,组织文化对民族文化养分的汲取,必须抱科学的态度、批判地吸收。

从另一方面来看,组织文化作为民族文化的微观组成部分,在组织发展的过程也在不断地发展变化,优良的组织文化必然也会对民族先进文化的发展产生积极的推动作用。

二、制度文化

组织文化的另一个重要影响因素是制度文化,包括政治制度和经济制度。组织文化的核心问题是要形成具有强大内聚力的群体意识和群体行为规范,由于社会制度不同,不同国家的企业和社会组织所形成的组织文化也有所差异。

我国实行的是社会主义制度,改革开放以来,建立了社会主义市场经济体制。高举中国特色社会主义伟大旗帜,坚定不移地走中国特色社会主义道路,要求我们建设中国特色的先进社会文化和组织文化;同时,我国的社会制度也为各类组织建设先进的组织文化提供了广阔空间。

以企业文化为例。我国和日本同属于东方民族,都有以儒家文化为特色的民族文化传统,但由于社会制度的差别,两国企业文化有许多不同特点。日本的资本主义制度决定了企业的经理人员和广大员工既对立又统一的关系。虽然日本的"家族主义"优于美国的个人主义,但在被视为大家庭的企业内部,老板是"父亲",员工是"儿子",并非平等的关系,日本员工被压抑、被剥削的现实注定了他们的"敬业精神"并不是主人翁意识。因此,尽管日本实行企业工会制度,但每年春天日本工人阶级毫无例外地坚持"春季斗争",向资方争取自己的合法权益。我国实行社会主义制度,尊重工人阶级的主人翁地位,各种所有制企业都应该贯彻以人为本的科学发展观,努力构建和谐的劳动关系,不断激发广大员工的主人翁意识和积极性、主动性、创造性。坚持以人为本,正日益成为我国企业文化必不可少的主要内容。

深入研究和准确把握我国当前的政治和经济体制,充分发挥社会主义制度优势,建立有中国特色的先进组织文化,是所有社会组织都应该重视的问题。

三、外来文化

严格地说,从其他国家、民族、地区、行业、组织引进的文化,对于特定组织而言都是外来文化。这些外来文化必然对组织自身的文化产生一定影响。

随着全球的市场融合和经济一体化进程,各个国家和地区之间的经济关系日益密切,文化上的交流和渗透日益广泛深入。"二战"后的日本,不仅从美国引进了先进的技术和设备,也从美国接受了现代的经营管理思想、价值标准、市场意识、竞争观念、时间观念等,特别是美国的个人主义观念对日本的年轻一代产生了非常大的影响,连日本企业长期以来行之有效的"年功序列工资制"也因而受到了严峻的挑战。可以认为,日本的企业文化中既有以中国儒家思想为中心的根,又有美国文化影响的叶。

中国改革开放以来,从发达国家引进了大量的技术和设备,在引进、消化、吸收外国先进技术的同时,也引进了国外的文化。来自国外的文化形态可以分为民族文化、组织文化和个人文化三个层次,它们都对我国社会文化和组织文化产生了不同程度的影响。过去我国在引进中较多地注意到技术、管理、人才等因素,而比较忽视文化因素的影响。这既因为文化渗透是通过某种技术或设备"中介"间接进行的,又因为文化的影响具有滞后性和复杂性,难以全面准确地把握。应该看到,40多年来我国在引进先进科技和设备的同时,也从国外引入了许多先进的管理思想,增强了企业和各类社会组织的创新精神、竞争意识、效率观念、质量观念、效益观念、民主观念、环保意识等,成为我国组织文化的新鲜血液;同时,我国社会也受到拜金主义、享乐主义、个人主义、唯利是图等腐朽落后思想的冲击。西方文化中的糟粕对我国文化建设有相当大的负面影响,应当引起警惕。

国内不同民族、地区、行业或企业间进行资本、技术、市场转移的过程中,异质文化也会对组织文化产生影响。例如,军工企业在转向民品生产的技术转移过程中,军工企业的严肃、严格、严密、高质量、高水平、高效率、团结、自强、艰苦创业等优良的企业文化因素,必然对普通企业的企业文化建设产生十分积极的影响。又如,新兴的信息技术产业重视技术、重视创新、重视人才等积极的思想观念,已对各行业的组织文化产生了深刻影响。当然,即使同行业内企业与企业之间由于地区、环境等原因也会有一定差距,因此地区之间、行业之间、企业之间的先进技术和管理经验转移是非常必要的,在这种转移中自然会伴随企业文化的渗透和转移。

总之,一个组织必须从自身实际出发,有选择地吸收、消化、融合外来文化中有利的文化因素,警惕、拒绝和抵制外来文化中的不利因素。

四、组织传统

组织文化的形成过程也是组织传统的发育过程,组织文化的建设在很大程度上就是对组织传统的去粗取精、扬善抑恶。因此,组织传统对组织文化的建设发展具有深远影响。

以企业为例,组织传统主要表现在宏观和微观两个层面。从宏观看,中国现代企业虽然仅有100多年的发展史,但却创造和凝练了宝贵而丰富的文化传统,主要有4个方面:①旧中国民族资本企业形成的实业救国、勤劳节俭、诚信经营为特色的企业精神;②新中国成立前解放区和根据地企业艰苦奋斗、勤俭节约、无私奉献、顽强拼搏的企业传统;③新中国社会主义企业的文化特色和传统,例如"孟泰精神""铁人精神"等;④改革开放以来新兴高新技术企业、民营企业的企业文化创新发展,正逐步积淀成为新的文化传统,例如以人为本、诚信经营,重视技术和人才,重视效益、重视管理以及市场观念、竞争意识、服务意识等。这些优良传统和经验,不仅对我国当前的企业文化和社会文化产生了深刻影响,而且对于在新的历史起点上建设和发展中国特色的企业文化具有重要价值。

从微观看,每个企业都应当根据外部环境和内部条件,从企业的经营目标、发展战略及经营策略中总结出优良传统和经营特色,从而形成自身的经营哲学、价值观念,创造出独具特色的企业文化。特别是企业处于不同的发展阶段,决定了组织管理的不同特点,进而影响到企业文化。企业从导入期、成长期,发展到成熟期,再到衰退期,会积累一些优良文化传统,也会不断摒弃一些不良风气。处于导入期的企业往往关注生存和市场,而对内部规范管理还顾及不到,可能产生一切以"挣钱"为导向的文化氛围,这时企业家要特别注意纠正短期行为。中国古话说"以义取利",这是关系企业存亡的大事。进入成长期,随着企业规模逐步扩大和各项工作逐步开展,企业文化渐渐成形,企业家要抓住这个企业文化建设的关键时期,考虑长远发展,塑造可以永久传承的优秀文化。企业一旦进入成熟期,文化就基本稳定了,这时领导要特别小心组织惰性,警惕企业文化老化和异化的危险。在这个阶段,许多企业家采取了变革文化的办法,不断激发企业文化的活力,用企业文化这只无形的手阻止企业走上衰退之路。准确把握企业发展的阶段性特征,注意发掘和积累优良文化传统,是建设具有个性的企业文化的必由之路。

五、个人文化

个人文化因素,指的是组织领导者和组织成员的思想素质、文化素质和技术素质对组织文化的影响。由于组织文化是全体组织成员认知和行为的结晶,因此组织成员的思想素质、文化素质和技术素质直接影响和制约着该组织文化的层次和水平。例如,由清华大学校办企业成长起来的紫光股份公司,1991年曾提出"大事业的追求,大舞台的胸怀,大舰队的体制,大家庭的感受"的"四大"文化,反映了科技企业对高层次组织文化的追求。

员工中的英雄模范人物是员工群体的杰出代表,也是组织文化人格化的突出体现。王进喜对"大庆精神"、张秉贵对北京王府井百货的"一团火精神"、李双良对"太钢精神"都发挥了这种作用。学习英雄模范的过程,就是组织文化的培育过程。

个人文化因素中,领导者的世界观、人生观、价值观和文化修养、思维方式、管理水平、工作作风乃至人格特征等因素对组织文化的影响往往都非常显著,国外有时甚至把企业文化称为"企业家精神"。当主要领导者更换时,往往也会对组织文化的发展产生一定的影响。因此,要建设优秀的组织文化,培育一个好的领导集体至关重要。

六、行业文化

不同行业的组织文化具有相应的行业特点。在卫生行业,治病救人是最主要的特点,从中国古代医家倡导的"医者父母心"到英国19世纪形成的"南丁格尔精神",都是医疗机构的组织文化中最核心的内容。无论国外还是国内的政府机构,为辖区的人民(公民)服务都是主要职责,于是服务意识、服务精神几乎是行政文化中不可或缺的内容。一个行业内,组织文化长期相互影响,逐步形成了一些鲜明的行业特征。

企业是社会经济组织,不同行业的企业文化特点也是不一样的。在人们通常分类的四大产业中,各自又包括很多大的行业。例如,第二产业分为采矿业、制造业、电力与能源业、建筑业等;如进一步细分,制造业又包括农副食品加工、纺织、家具制造、医药制造、橡胶制品、金属制品、通信及电子设备制造等30多个具体行业。由于各行业在管理模式和要求上存在很大不同,所以企业文化也必然有差异。

例如,身处服务业的美国麦当劳公司,从1954年开设第一家快餐店之后,目前已在世界上约120个国家和地区拥有超过3.5万家连锁店。麦当劳成功的主要原因是独具一格的企业文化,使它在世界各地的食品和服务基本一致。麦当劳把员工作为第一财富,崇尚"Q+S+C+V",即品质上乘、服务周到、环境清洁、超值享受,宗旨是"提供更有价值的高品质食品给顾客",这种文化既带有企业特色,又反映出行业特点。

七、地域文化

地域性差异是客观存在，无论国与国，还是同一国家的不同地区，都存在很大差异。由于不同地域有着不同的地理、历史、政治、经济和人文环境，必然产生文化差异。例如，德国的东西部由于经济和历史原因，价值有所不同；在法国，不同地方的人们都保留着自己的特点，包括语言、生活习惯和思维方式；美国的纽约和加利福尼亚，也具有东西部不同文化特点。又如，文化差异在城市和郊区之间也会有所体现。世界上最大的轮胎制造商米其林（Michelin）公司，把公司总部设在乡下，而不是巴黎，因为公司领导要摒弃"浮于表面和趋于时尚"的巴黎，他们更喜欢以谦逊、简朴和实用著称的郊区爱瓦房地区。

正是由于这种地域差异产生的文化差异，使企业家在设厂和管理时不得不考虑地域因素。日本企业在进军美国时，尼桑等公司纷纷入驻田纳西州。因为他们认为，那里有着强烈的工作道德，和睦相处的氛围，对日本企业至关重要。同时，田纳西州与东京同在一个纬度，与东京气候相似，可以看到樱花，这可能是入驻的又一重要原因。

同样，中国地域广阔，同行业、同所有制、同样规模的企业，在东北地区和在广东地区会有很大的文化差异；在东部沿海地区和西部高原地区，也会感受到十分不同的文化。在企业文化建设中，必须适当考虑这些因素。

第三节 组织文化的类型

一、迪尔与肯尼迪的分类

（1）强悍型文化：这是所有企业文化中极度紧张的一种。这种企业恪守的信条是要么一举成功，要么一无所获。因此，员工们敢于冒险，都想成就大事业。而且，对于所采取的行动是正确还是错误，能迅速获得反馈。具有这类文化的企业往往处于投资风险较大的行业。

（2）工作娱乐并重型文化：这种企业文化奉行拼命地干、痛快地玩的信念。职工很少承担风险，所有一切均可迅速获得反馈。

（3）赌注型文化：这种企业文化适用于风险高、反馈慢的环境，企业所做决策的风险很大，但却要在几年后才能看到结果。其信念是注重未来、崇尚试验，相信好的构想一定要给予机会去尝试、发展。

（4）按部就班型文化：这类企业文化常存在于风险低、资金回收慢的组织中。由于员工很难衡量他们所作所为的价值，因此人们关心的只是"怎样做"，追求技术上的完美、工作上的有条不紊，极易产生官僚主义。

二、艾博斯的分类

艾博斯（Ebers）把企业文化类型分为：合法型文化、有效型文化、传统型文化、实用主义型文化（表1-2）。

表 1-2　艾博斯的企业文化分类表

特征	合法型	有效型	传统型	实用型
组织内容	环境的规范和价值观	对绩效的需求	成员的价值观、信仰和传统	成员的(自我)利益
效度基础	信念	适当的绩效	亲和性	心理和法律的契约
焦点	外部支持；合法性	产出；专业知识；计划；控制	信用传统；长期的承诺	成就；奖励和贡献的公平分配
个人服从的基础	识别；一致产生的信念的压力	社会的和管理的指令	内部化	结果的计算
行动的协调	名义调整	共同的目的	表演的和联络的行为	内部锁定利益和战略行动
特征集合	公共机构环境；绩效难以知道	结构化地相互依赖的集体；被监督；绩效容易知道	有稳定成员关系、长期历史和密集交流的集体	通常是为了共同的利益或目的而将个人集结起来的小的混合团体

三、康妮和芭芭拉的分类

美国康妮与芭芭拉把企业文化分为鲨鱼型、戛禅鱼型、海豚型，认为海豚型符合人性，是人心向往的管理哲学(表 1-3)。

表 1-3　康妮与芭芭拉的企业文化分类表

鲨鱼型	戛禅鱼型	海豚型
缺乏同情心、傲慢、严厉	社会工作者型、重人缘	尊重下属、宽容、仁慈
君主式领导	不讲等级	蛛网式管理
疏远、与下属保持距离	与下属打成一片	与下属保持密切关系
任务、成果至上	友谊、人情至上	成果与人并重
分析型	表达型	分析、表达型
极少授权	过度授权	必要时授权
强调竞争	回避竞争	强调合作
对新见解不感兴趣	缺乏主见	鼓励创新
培养员工依赖性	融入员工之中	培养员工独立性
只关心业绩	过度在意下属感受	业绩、下属感受并重
理性	直觉	理性加直觉
严肃、不幽默	很幽默	适度严肃、适度幽默
追求权力，甚至滥用	不喜欢权力，甚至误解	适度用权、适度放权
压抑下属的技能	过于依赖下属的技能	调度、善用下属的技能
强调、要求服从	重人缘	寻求尊敬

续表

鲨鱼型	戛䴥鱼型	海豚型
个人主义	寻求共识、缺乏独立性	重视共识、必要时有独立性
过于苛刻	多赞美、少批评	坦率、公平
独享工作计划和目标	缺乏明确计划和目标	共享计划和目标
情绪化、反复无常	过于乐观	沉稳
过于自信	缺乏自信	自信
冷漠	热心	客观、敏感、关心
无视下属的要求	过于纵容	慎重对待下属的要求
只罚不赏	负面批评较少	赏罚分明
高度控制、操作	缺乏果断	公开、坦诚
用脑决策：理性	用心决策：感性	脑心并用：理性、感性并重
固执、心胸窄	听从下属	心胸宽广、听取下属意见
不接受批评	太关注批评	坦诚、勇于面对批评
令人畏惧	讨好人	鼓舞员工
强调、要求忠诚	渴望忠诚	努力赢得忠诚
盛气凌人	被动	有主见
居高临下	朋友身份	领导身份

资料来源：康妮·格莱泽与芭芭拉·斯坦伯格·斯马雷著. 海豚式管理：21世纪的管理模式[M]. 陈秀英、冯利，译. 天津：天津人民出版社，1998.

四、基于方格理论的分类

美国行为科学家罗伯特·布莱克（Robert R. Blake）和简·莫顿（Jane S. Moaton）发展了领导风格的二维观点，在"关心人"和"关心生产"两个维度上提出了管理方格论（managerial grid）。

管理方格（如图1-2）在两个坐标轴上分别划分出9个等级，从而产生81种不同的领导类型。管理方格理论主要强调的并不是产生的结果，而是领导者为了达到这些结果应考虑的主要因素。

在管理方格的81种类型中，布莱克和莫顿主要阐述了5种具有代表性的领导风格类型，分别对应5种不同的企业文化特征（表1-4）。

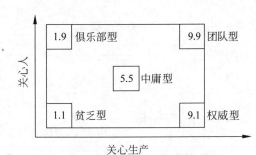

图1-2 管理方格与企业文化

表 1-4　管理方格理论中 5 种典型的企业文化特征

权威型	团队型	俱乐部型	贫乏型	中庸型
工作导向	团队合作导向	关系导向	导向不清	稳定导向
以严为主	宽严相济	以宽为主	不负责任	注重平衡
效率第一	效率、公平并重	公平第一	得过且过	循序渐进
追求效益	和谐基础上追求卓越	放任自流	没有追求	和谐基础上争上游
很少授权	适当授权、兼顾民主	充分民主	放弃权力	适当授权
性恶论	性善论	性善论	人性假设不清	性善论

贫乏型(1.1)：领导者付出最小的努力完成工作。

权威型(9.1)：领导者只重视任务效果而不重视下属的发展和下属的士气。

俱乐部型(1.9)：领导者只注重支持和关怀下属而不关心任务效率。

中庸型(5.5)：领导者维持足够的任务效率和令人满意的士气。

团队型(9.9)：领导者通过协调和综合工作相关活动而提高任务效率。这种类型的文化是理想的企业文化，由于充分关心人，形成了良好的人际关系，上下左右同心同德，组成了团结合作的团队，反过来有力地促进了生产经营活动。

五、梅泽正的分类

日本的梅泽正和上野征洋把企业文化分为：自我革新型、重视分析型、重视同感型、重视管理型。他们以行动基本方向与对待环境的态度为横纵坐标，把四种类型分别放入 4 个象限(图 1-3)。

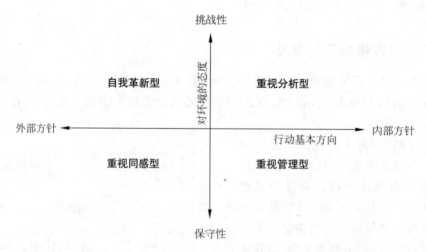

图 1-3　梅泽正和上野征洋的分类图

(1) 自我革新型：适应市场变化，重视竞争与挑战，不断自我变革。

(2) 重视分析型：重视企业发展的各种因素，生产效率、管理效率被立为大政方针。

(3) 重视同感型：重视市场地位的稳定和客户满意度，回避风险、重视安稳。

（4）重视管理型：注重企业内部规范，以及与竞争对手之间的关系协调，重视风险回避和安稳地位。

六、卡迈隆和奎因的分类

美国学者卡迈隆和奎因构建了竞争性文化价值模型，模型提出"组织弹性—稳定性""外部导向—内部导向"2个维度，用以测量企业文化，由此派生出4个象限：等级型文化、市场型文化、宗族型文化和创新型文化。这样分类比较科学，也比较实用。详见第四章。

第四节 组织文化与组织管理

管理是通过计划、组织、控制、激励和领导等活动来协调和利用各种组织资源，以期更好地达成组织目标的过程。管理实践表明，组织文化对组织管理工作和组织的生存发展起着日益重要的作用。

一、组织文化与组织战略管理

战略管理是对组织的发展实行总体性管理，是组织制定和实施发展战略的一系列管理决策与行动，其核心问题是使组织的自身条件与环境相适应，以求得组织的生存和发展。随着经济全球化深入发展，组织生存发展日益面临着区域化、全球化的竞争，面对的不确定因素不断增多。在这种情况下，从更广阔的时间和空间来把握组织的发展方向，实施战略管理，成为很多组织的共同选择。

组织文化对组织发展战略的制定与实施起着决定性作用。

1. 确立组织的使命和目标

组织文化使组织领导者和成员形成对组织的社会责任和使命的看法，思考和明确组织存在的社会意义和价值，确立组织的长远奋斗目标。

世界上的优秀企业，都有明确的企业使命，为企业战略发展指明了长远方向。例如，迪斯尼公司的使命是"使人们过得快活"，索尼公司的使命是"成为一家激发和满足您好奇心的公司"，惠普公司的口号是"为用户提供最好的产品"。华润（集团）的公司使命是："通过坚定不移的改革与发展，把华润建设成为在主营行业有竞争力和领导地位的优秀国有控股企业，并实现股东价值和员工价值最大化。"

使命和目标，反映了对组织发展规律和内外环境的正确认识，为组织发展战略的正确性和可实现提供了基本前提。同时，组织价值观和组织哲学影响战略思维的深度和广度，也对组织确立战略目标、制定发展战略起着举足轻重的作用。

2. 增强和发展组织的核心竞争力

组织发展战略与其所依赖的竞争力有关，实施战略管理必须维护、巩固和增强组织的竞争力，特别是核心竞争力。

不同企业的核心竞争力是不同的，不仅有核心技术、工艺、产品、市场保护与管制、融资渠道和能力、规模经济，还有多种竞争优势可以构成核心竞争力。例如精细技术和战略管理能力、研发（R&D）能力和核心组织管理能力、后勤管理、系统整合、新产品、企业文化等。

大量实践说明,一方面,组织文化已经成为一些企业的核心竞争优势,建设优秀的组织文化就是增强核心竞争力;另一方面,优秀的组织文化有助于增强和发展其他核心竞争力要素,例如R&D能力只有在创新文化氛围中才能得到充分发挥。

3. 影响组织发展战略的实施

组织发展战略要得以实现,需要一系列的计划、策略和措施。发展战略能否得以实施,实施的成效如何,不仅取决于战略本身的正确性和内外环境,而且取决于组织成员对发展战略的认识和认同程度,取决于组织发展的具体策略、措施以及各个工作环节的完成情况。对发展战略的理解和认同程度,为实现战略目标而努力的意愿水平,主要取决于组织的群体价值观;策略、计划和措施的执行,不仅依靠行政命令,更有赖于组织成员的精神面貌、行为习惯和群体风气。以上两方面,实际上都取决于组织文化。杰克·韦尔奇(Jack Welch)在通用电气公司(GE)推行的"三环"战略等一系列战略举措,李健熙在三星公司发起的"二次创业"和以"新经营"思想主导的经营革新运动,都以相应的组织文化作保证。

由此可见,组织文化与组织战略管理密不可分,成功的战略管理总是离不开强有力的组织文化支撑。因此,组织文化建设在很多先进企业已经被作为发展战略的一个主要组成部分。例如,联想集团认为文化支持系统是经营中战无不胜的有力武器,是企业战略转型的支柱。

二、组织文化和人力资源开发与管理

人是生产力中最积极最活跃的因素。加强人力资源开发与管理,最大限度发展和利用人力资源,是现代组织管理的重要内容。组织文化是组织成员长期实践的结果,又对组织成员的思想行为产生巨大影响,对于开发好、使用好人力资源至关重要。

1. 组织文化与员工需要满足

根据需要层次理论,明确和了解人的主导需要,从而有的放矢,按需激励,可以激发组织成员的行为指向组织所希望的方向。

作为个体的组织成员,其主导需要与需要结构是发展变化的,随着生产力的提高和经济发展,人们生活水平逐渐提高,温饱问题基本解决,这时赚钱谋生已不再是劳动的唯一需要,员工开始追求更高水平的精神和物质生活。同时,随着教育的普及,组织成员的文化层次迅速提高,高知群体的比例不断增加,人们除了金钱和物质的需要,更追求在社会群体中的归属感、认同感,希望实现自我价值。设法满足他们的社交、尊重和自我实现等高层次需要,才能有效激励员工,提高工作积极性、主动性、创造性。

组织文化强调以人为本;关心人、理解人、尊重人、培养人,提倡在满足必要物质需要的基础上尽量满足人的精神需要,完全适应组织成员的需要层次不断提高。

2. 理想追求与人力资源的动力开发

理想是人们对未来的一种期望和向往。追求则是人们行为的现实目标指向,其基础是需要。根据行为科学原理,人的行为的直接动力是动机、根本动力是需要,人的动力系统大致分为物质动力和精神动力。人们要高效率地工作,需要强烈的工作欲望,而工作欲望来自人本身的动力系统。

在组织中,必要的物质待遇可以激发人的物质动力,但这是远远不够的,还必须有理想、追求、主人翁意识、群体价值观、人际关系等形成的精神动力。特别是理想追求通过对行为的认知和形成动机等环节,对人的动力系统起着强有力的制约和决定作用,成为精神动力的主要源泉。每个人的理想追求不同,组织成员中志向远大者多,事业往往兴旺发达。组织文化的重要作用之一,就是为组织、为组织成员树立一个目标,激发个人的理想追求并引导整合到组织目标上来,形成强大持久的动力,通过一个个阶段目标、群体目标、个体目标的实现最终促成组织目标和组织成员个人理想追求的实现。

3. 群体价值观与组织凝聚力

凝聚力是组织自我生存和发展的深层次动力。增强凝聚力是人力资源管理和整个组织管理的重要任务。行为科学指出,组织凝聚力的本质来源有两方面,物质凝聚和精神凝聚。物质凝聚是以物质满足形成的凝聚作用,是组织凝聚力的基础。精神凝聚指以精神满足形成的凝聚作用,是组织凝聚力的根本。

精神凝聚要解决的主要问题是:为每个组织成员施展才智搭建平台,使之从工作本身受到激励;尊重成员的民主权力和使其参与管理,激发主人翁意识;进行学习培训,提高素质能力,尊重和鼓励成员的个性和创造力;建立和谐的内部人际关系,使成员感受到温暖和组织的关心;培育良好的组织文化,使成员形成高尚追求、高雅情趣、良好道德。

群体价值观在形成凝聚力的过程中,主要是通过整合组织成员的个人价值取向,从而实现组织目标和个人目标、个人目标相互之间的整合,使个人价值取向向群体价值观靠拢,使个人目标自觉趋近组织目标,形成深刻而持久的凝聚力。党的十八大以来,以习近平同志为总书记的党中央大力倡导社会主义核心价值观,就是要为实现中华民族伟大复兴的中国梦注入强大的精神动力。

4. 组织道德与组织公共关系

组织道德具有调节组织成员个人之间、个人与组织之间、组织与社会之间的关系的作用。组织道德作为组织文化的重要组成部分,对于组织内部和外部的人力资源开发都发挥着显著的不可代替的作用。一方面,使组织成员之间建立信任、合作关系,改善组织内部的人际关系。特别是家庭式的道德风尚有利于形成良好的内部人际关系,有效地开发内部的人力资源,例如我国企业文化的"爱厂如家"、日本企业文化的家族主义。另一方面,组织道德容易协调好与社会、与外部服务对象的关系,形成良好的组织形象,开发各层次公众这个十分重要的资源,增强对外部人力资源的吸引。

5. 组织风气与组织成员的行为管理

群体行为对组织性命攸关,而组织风气对影响组织群体行为具有举足轻重的作用。

一是潜移默化作用,即形成组织内部的心理定式,在耳濡目染、潜移默化中,使组织成员久而久之形成共同的行为方式和习惯。

二是规范作用,即组织中多数人的思想、抱负、价值观念、处世和工作态度、工作作风会形成一种巨大力量,使其他成员改变初衷、趋于一致。

三是筛选作用,即组织风气所形成的集体心理定式,对一切外来的信息和社会影响具有筛选功能,好的组织风气能够扬善抑恶。

四是凝聚作用,团结友爱、助人为乐、宽容互谅、民主平等等好风气能够吸引人才,并在组织成员中形成强大的凝聚力。反之,拉帮结派、投机取巧、好逸恶劳等坏风气则削弱和扼杀组织的凝聚力。

6. 组织物质环境与组织成员的养成教育

组织的物质环境和条件,是人为选择和营造的,久而久之就会成为组织观念的载体。组织标识(logo)是组织的象征,统一的服装承载着组织的团队精神,建筑风格反映了组织的精神文化,自然环境代表着组织的品位,工作设施体现出组织的价值取向,文化体育生活设施折射出组织的管理理念,各种纪念物则是组织文化的直接载体。

人是环境的产物,环境对人具有教化功能。走进海尔清洁的办公楼和厂房,人们会不由自主约束自己的行为;王府井百货大楼员工上下班经过张秉贵塑像,"一团火精神"禁不住在心中燃起,化为优质服务的行动。良好的物质环境是人创造的,人长期置身良好环境中又会逐渐培养出良好的精神和美好的感情,转化为有效的工作行为。

7. 组织文化与内部交易成本

组织文化的一个重要作用就是形成组织成员行为上的高度一致,价值取向和思想观念上的高度一致。这样可以有效地降低内部的交易成本,提高组织效率。

一是面对紧急情况,无法和上级、同事沟通时,强势的组织文化、明确的价值观念会引导组织成员采取相似的行为和方法,可谓心有灵犀。

二是清晰的理念让成员明白组织对自身的期望,自觉按照这种期望去工作,减少监督的成本。当核心价值观植根于成员心中、变成常识时,组织不经询问就可以预测成员的行为,人们也会清楚地预测组织的决策。

三是当个人与组织、内部不同群体和部门之间产生冲突时,共同价值观像万能钥匙一样有效地化解矛盾、促进合作。组织文化如同一份隐形的契约,能够以较低的成本激励和约束组织成员。

三、组织文化与组织形象塑造

组织形象是组织内外对组织的整体感觉、印象和认知,是组织状况的综合反映。组织形象是重要的竞争要素,良好的组织形象是不可忽视的无形资产。从20世纪80年代初CI理论传入中国以来,企业形象战略(CIS)日益引起企业界的重视。在塑造组织形象的过程中,一些单位误以为组织形象与组织文化毫不相干,把两者完全割裂开来。同时,由于组织形象塑造与组织文化建设存在某种内在的必然的联系,因此又有不少人把两者混为一谈。

1. 组织形象是组织文化的外在表现

组织文化与组织形象的层次一一对应。从组织形象的构成来看,它的三个层次理念形象、行为形象和视觉形象,分别与组织文化的理念层、制度行为层、符号层一一对应。这种对应关系是由它们各自的内涵和外延所决定的。

同时,组织形象不等于组织文化。组织文化是一种客观存在,是人类认识的对象本身;而组织形象则是组织文化在人们头脑中的反映,属于人类的主观意识。如果没有业已存在的组织文化,就不会有公众心目中的组织形象。因此,组织文化是组织形象的根本,组织文化决定组织形象。当然,由于受人的认知能力、组织的传播意愿以及客观条件(如传播渠道)等限制,公众心目中的组织形象并不一定是组织文化的客观、真实、全面反映,有时甚至还有扭曲的成分。

实际上,组织形象是组织文化在传播媒介上的映象(图1-4)。从认识过程来看,客观对象必须转化为可以传播的信息,才能通过媒介被人类认识,这种在媒介上反映出的关于组织文化的全部信息就构成了组织形象。

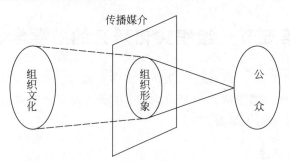

图1-4 组织文化在传播媒介上形成组织形象

2. 组织形象塑造是组织文化建设的重要内容

要塑造有特色的组织形象,有两种办法,一是建设有差别的组织文化,二是选择与其他组织不同的传播媒介。由于传播媒介独辟蹊径很难,建设独具特色的组织文化便成为塑造组织形象的唯一选择。对于企业来说,组织形象塑造不是孤立的企业行为,而是组织文化建设的重要内容。

(1) 组织形象策划规定了组织文化目标模式。组织文化的建设和更新,首先是要设计组织文化目标模式作为蓝图。而组织形象策划的关键步骤就是要设计出包括组织目标和愿景、核心价值观、哲学、宗旨、精神、道德、风气、管理理念等在内的组织理念,即目标文化的理念层要素,以此为指导设计组织的行为形象、视觉形象,即目标文化的制度行为层和符号层的要素,其结果是形成了完整的组织文化目标模式。

(2) 组织形象战略的内部实施是组织文化的建设过程。组织文化构成组织内部的心理环境,有力地影响和制约管理者和组织成员的理想、追求、道德、感情和行为,发挥着凝聚、规范、激励、导向和创新等作用。而组织形象战略在内部的发表到实施,就是组织理念被组织成员接受、组织制度和行为规范被遵守、视觉形象被认同的过程,也就是组织文化的建设过程。

(3) 组织形象战略的对外实施是组织文化辐射作用的体现。优良的组织形象是组织成功的标志之一。组织形象通过组织活动和群体行为必然对外产生一定影响,良好的组织形象促使其他社会组织效仿、改善公共关系,不良的组织形象会污染社会精神文明。组织形象所反映的组织理念、规范等内容也同时会对公众产生影响,先进的组织文化促进社会文化的发展。这种对社会的影响就是组织文化的辐射作用,组织形象战略的实施就是辐射作用的体现。

3. 组织文化与品牌建设

品牌是企业及其产品的标识,是社会公众将其与其他组织及其产品加以区分的标志。品牌有助于树立产品和组织形象、扩大组织的影响力和产品的市场竞争力,从而提高组织的经济效益和社会效益。对企业而言,品牌是组织形象的一个核心要素。

文化是品牌存在的基础,内在的发动机。文化是行为的根源,而品牌将其转化成为股东、客户、雇员以及社会的价值。品牌是组织文化的外显,组织文化赋予品牌以内涵。客户选择某个品牌,很大程度上是因为该品牌符合自身文化品位,能够彰显自身文化、表明自己的身份和价值取向。因此,品牌建设必须体现组织文化特色,这样品牌才有旺盛的生命力。

第五节　组织文化研究的主要学派

自20世纪80年代起,美国、欧洲、亚洲许多学者致力于组织文化的研究,出现了百花齐放、百家争鸣的局面。但学派如何划分,并没有形成共识。笔者依据30年的研究,试将组织文化研究划分为四大学派。

一、比较研究学派

这一派学者在不同国家间进行组织文化的比较研究,得出一些带有普遍意义的结论。其代表人物有理查德·帕斯卡尔(Richard Tanner Pascale)和G.霍夫斯泰德(Geert Hofstede)。

1. 理查德·帕斯卡尔

理查德·帕斯卡尔曾任职于白宫,担任劳工部长的特别助理,在斯坦福大学商学院任教达二十年之久,对日本的企业管理深有研究。他和安东尼·阿索斯(Anthony G. Athos)在1981年出版了《日本企业管理艺术》。该书比较了美国的ITT公司和日本松下公司,从各个侧面深刻地反省了美国管理模式。其主要贡献在于提出了7S模型——这是任何一个明智的管理都会涉及的7个变量。7S代表7种首字母为S的因素:structure(结构)、strategy(战略)、systems(制度)、skills(技能)、style(作风)、staff(人员)和superordinategoal(最高目标)。其中战略、结构、制度是硬性因素,人员、技能、作风、最高目标是软性因素。7S构成一个以最高目标为核心的网络(图1-5),忽视任何一环或各个网络之间的协调都必然影响管理成效。

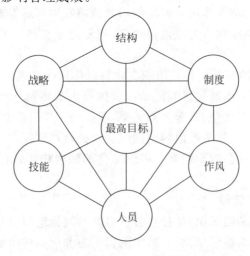

图1-5　"7S"模型

书中也详尽地描述了日本企业如何重视"软性的"管理技能,而美国的企业则过分依赖"硬性的"管理技能,指出美国企业应该在人员、技能、作风、最高目标等软性因素下工夫。

2. G.霍夫斯泰德

G.霍夫斯泰德教授,是社会人文学博士,曾主管过 IBM 欧洲分公司的人事调查工作,荷兰马城(Maastricht)大学国际管理系名誉教授,在欧洲多所大学任教。他对世界五十多个国家的文化进行过调查、分析、比较。他的一个重大发现,是文化差异的五个维度:

(1) 个人主义和集体主义。在集体主义盛行的国家中,每个人必须考虑他人利益,组织成员对组织具有精神上的义务和忠诚。而在推崇个人主义的社会中,每个人只顾及自身的利益,每个人自由选择自己的行动。管理决策方式在这一文化层面上所呈现的差异表现为:一般来说,在集体主义倾向的公司,管理者在决策时常鼓励员工积极参与决策,决策达成时间较长,但执行和贯彻决策迅速;而个人主义倾向强烈的公司管理者,常常自己独立决策,决策迅速但执行贯彻时间较长,因为他们不得不用更多的时间向员工"推销"自己的决策目的、内容等。

(2) 权力差距。权利差距在组织管理中常常与集权程度、领导和决策联系在一起。在一个高权力差距的组织中,管理者常常采取集权化决策方式,管理者做决策,下属接受并执行。而在低权力差距的组织中,下属则广泛参与影响他们工作行为的决策。

(3) 不确定性规避。不确定性规避倾向指一个组织对活动结构化需要的程度,它影响一个组织对风险的态度。在一个高不确定性规避的组织中,组织趋向建立更多的工作条例、流程或规范以应付不确定性。在一个弱不确定性规避的组织中,很少强调控制,流程规范化和标准化程度较低。

(4) 男性主义和女性主义。一般可以从对性别角色定位的传统和保守程度、对坚决行为和获取财富的推崇程度、对人际关系和家庭生活的重视程度去考虑。男性化社会以更加传统和保守的方式定义性别角色,而女性化社会对于男女双性在工作场所和家庭中扮演的大量角色则持较为开明的观点。此外,男性化社会推崇坚决行为以及获取财富;女性化文化珍视人际关系,关心他人,以及看重家庭生活与工作之间更好的平衡。

(5) 长期取向与短期取向。长期取向的文化关注未来,注重节约、节俭和储备,做任何事均留有余地,关注长期目标的实现;在短期取向的文化里,管理上最重要的是此时的利润,上级对下级的考绩周期较短,要求立见成效,急功近利。

在国际学术领域,G.霍夫斯泰德教授被视为研究文化差异及文化差异如何影响管理策略的权威。他说:"在全球经济一体化中,世界各公司的策略都是着重发展如何能够满足最大市场、最多顾客的产品及其服务。而对不同文化及价值观的研究,是此类策略成功的关键。"

霍夫斯泰德说过:企业文化是一种软的、以完整主义理论为依据的观念,但其结果是坚实的。他曾经断定"一个组织的心理资产,可以用来预测这个组织的金融资产在 5 年内将会发生什么变化"。

二、经验学派

经验学派致力于研究大量的案例,特别是成功企业的经验,从中概括出有普遍借鉴意义的结论。这一学派的代表人物是汤姆·彼得斯(Tom Peters)。汤姆·彼得斯曾获斯坦福大学企业管理硕士和商学博士学位,是斯坦福大学企业管理学院教授。他的代表作是《追求卓越——美国管理最佳公司的经验》,其合作者是罗伯特·沃特曼,曾在麦肯锡公司任职二十多年。

《追求卓越》开启了商业管理书籍的第一次革命。自1982年出版以来,被译成近20余种文字风靡全球,仅在美国就销售了600万册,全球发行量高达900万册!该著作创造了"彼得斯时代",是有史以来最畅销的管理类书籍,许多跨国大企业视彼得斯的著作为发展创新的经典。

这本书的副标题为"美国管理最佳公司的经验"。两位作者花费数年时间,辗转美国各地,深入企业进行调查研究,综合了数百个大小公司的第一手材料,最后筛选出43家优良"标本",进行解剖和探究。样本涉及制造、信息、服务、销售、交通、食品等诸多行业,包括大名鼎鼎的IBM、通用电气、惠普、3M、麦当劳、宝洁等。在作者眼中,"卓越"的标准是指企业除了表现在财务方面的长期的优异业绩外,更重要的是具有高度的创新精神。作者认为,尽管每个优秀企业个性不同,但拥有许多共同的品质。这些品质基本上可以归纳为八大成功要素:

第一,行动神速。提倡快速地学习,快速地试验,快速地生产,快速地解决问题。

第二,顾客至上。主张把顾客视为"衣食父母"。坚持高质量的产品和服务,以被顾客牵着鼻子走为荣,把售后服务视为改善管理的起点。

第三,支持创新。企业千方百计地鼓励创新,支持自愿结合的各种创新小组,积极为各种大胆试验提供条件。创新成功的树为英雄,创新失败的也绝不指责。

第四,尊重员工。要使员工对在公司工作产生安全感和家庭温暖感。

第五,重视价值观。美国杰出公司极为重视塑造本公司的共同价值观和共同信念。

第六,不离本行。坚持以专业化为主,将多角化经营建立在某些共同核心技术和核心力量的基础上。

第七,精兵简政。减少管理层次,压缩编制,裁减冗员,提高工作效率。

第八,宽严并举。纪律和要求是硬的,但它们靠企业文化及共同的价值观来形成、推动和得到执行,因而又是软的。美国杰出公司把硬管理和软管理、规章制度与开放创新、眼前利益与长远利益、公司经济利益与员工们的事业心相结合,从而取得了比较理想的效果。

三、经验理论结合学派

这一学派,区别于经验学派的是:在大量研究案例的基础上,花大气力进行理论研究,得出一些更深刻的结论。其突出的代表是爱德加·沙因(Edgar H. Schein)。

沙因是美国麻省理工学院斯隆商学院教授,1947年毕业于芝加哥大学教育系,1949年在斯坦福大学取得社会心理学硕士学位,1952年在哈佛大学取得博士学位,此后一直任职于斯隆学院。在组织文化领域中,他率先提出了关于文化本质的概念,对于文化的构成因素进行了分析,并对文化的形成、文化的固化过程提出了独创的见解。在组织发展领域中针对组织系统所面临的变革课题开发出了组织咨询的概念和方法。他的主要研究著作包括《组织文化和领导》《组织心理》《咨询过程》等,另外还有几十篇研究论文。以下主要介绍他关于组织文化方面的研究成果。

沙因对组织文化的概念进行了系统的阐述,认为企业文化是在企业成员相互作用的过程中形成的,为大多数成员所认同的,并用来教育新成员的一套价值体系。沙因教授还提出了关于组织文化的发展、功能和变化以及构建组织文化的基本理论,他把组织文化划分成三个层次:

1. 人工制品

人工制品是那些外显的文化产品,能够看得见、听得见、摸得着(如制服),但却不易被理解。

2. 信仰与价值

藏于人工制品之下的便是组织的"信仰与价值",它们是组织的战略、目标和哲学。

3. 基本隐性假设与价值

(1) 自然和人的关系。指组织的中心人物如何看待组织和环境之间的关系,包括认为是可支配的关系还是从属关系,或者是协调关系等。组织持有什么样的假定毫无疑问会影响到组织的战略方向。

(2) 现实和真实的本质。组织中对于什么是真实的,什么是现实的,判断它们的标准是什么,如何论证真实和现实,以及真实是否可以被发现等的一系列假定。同时包括行动上的规律、时间和空间上的基本概念。他指出在现实层面上包括客观的现实、社会的现实和个人的现实。在判断真实时可以采用道德主义或现实主义的尺度。

(3) 人性的本质。包含着哪些行为是属于人性的,而哪些行为是非人性的,这一关于人的本质假定和个人与组织之间的关系应该是怎样的等假定。

(4) 人类活动的本质。包含着哪些人类行为是正确的,人的行为是主动还是被动的,人是由自由意志所支配的还是被命运所支配的,什么是工作,什么是娱乐等一系列假定。

(5) 人际关系的本质。包含着什么是权威的基础,权力的正确分配方法是什么,人与人之间关系的应有态势(例如是竞争的或互助的)等假定。

这些在人们头脑中生根的不被意识到的假设、价值、信仰、规范等,由于它们大部分出于一种无意识的层次,所以很难被观察到。然而,正是由于它们的存在,我们才得以理解每一个具体组织事件为什么会以特定的形式发生。

沙因在提出以上的理论框架后分别应用这些理论对小群体中文化的出现、组织的创始者是如何创造文化的、领导者是如何根植和传达文化的等进行了论述。在其著作《组织文化和领导》中还专门探讨了组织的成长阶段和文化变革机制。领导理论中关于领导者的个性、类型对于集团形成的影响的研究结果,对于理解文化进化会有许多帮助。

四、多元结构学派

这一学派致力于研究组织文化的亚文化,包括组织内不同层级的文化、不同部门的文化,以及不同群体的文化,研究它们与组织中主流文化的关系。他们对组织文化持有一种多元结构的看法。这一派别没有非常著名的代表人物。美国斯坦福大学教授乔安妮·马丁,算是一个比较典型的多元结构学派的学者。

马丁在她的代表作《组织文化》中,把组织文化的研究分为三类:(1)融合观。他们把文化看成是"和谐、同质的绿洲",强调文化的同质性和内聚作用,而且有明晰、统一的表述,这就是主流文化。(2)差异观。他们否认组织范围的共识,认为"组织是一个亚文化集合",他们更关注组织文化中的歧异性和矛盾冲突,组织中各部门、各层级、各群体的亚文化之间的差异成为受关注的焦点。(3)碎片观。他们关注的是组织文化的模糊性、多样性与流动性。他们认为亚文化的界限也不确定、变化无常、模糊不清,个体只是"碎片状的自我",认为模糊性才是描述组织内多元文化的适宜方法。马丁主张将三种方法并用来研究组织文化,以利于得出更接近实际的结论。

多元结构学派在欧洲有更多的拥护者,随着互联网时代的来临,人们价值观上的多元化趋势日益加剧,多元结构学派的影响必将进一步扩大。

复习题

1. 组织文化的内涵是什么?组织文化包括哪些层次和内容?
2. 组织文化具有哪些主要特征?
3. 请分析一下影响组织文化的主要因素。你认为影响你所在单位组织文化的主要因素是什么?
4. 组织文化有哪些分类方式?你认为哪种分类方法较为合理?
5. 管理方格理论是如何归纳组织文化特点的?
6. 简述组织文化与组织管理工作的关系。
7. 组织文化研究有哪些主要学派?各有哪些特点?

思考题

1. 你认为在影响组织文化的各种因素中最重要的是什么?
2. 结合本企业的情况谈谈所在企业属于什么类型的组织文化。

企业文化与竞争力

本章学习目标
1. 了解企业文化的兴起和发展过程
2. 掌握企业管理发展的三阶段
3. 了解文化竞争力的内容
4. 了解企业文化的功能
5. 了解文化资本的概念和作用

第一节 企业文化的兴起与发展

18世纪世界上第一家现代企业诞生以后,企业文化就在企业实践中形成和发展着,并且逐渐受到一些有远见卓识的企业家的重视。例如美国IBM公司第二任董事长小托马斯·沃森、日本松下公司创办人松下幸之助等,他们主动建设企业文化、重视发挥企业文化的作用。到20世纪70年代末80年代初,企业文化开始普遍引起全球企业界和管理学界的重视,企业文化的建设实践和理论研究逐步掀起高潮。

一、世界企业文化热与企业文化理论的诞生

1. 日本的经济奇迹

20世纪70年代,世界经济史上最大的奇迹莫过于日本在"二战"的废墟上快速崛起,一跃成为当时继美、苏之后的世界第三大工业国和经济强国。日本经济崛起的秘密何在?日本靠什么样的管理使其产品具有如此强大的竞争力?对此,美国等西方国家的企业界和管理学界进行了深入的探索和深刻的反思。他们认识到,日本企业管理的成功并不是因为企业的规章制度、组织形式、资金、设备以及科学技术,而是在于管理实践对管理理论的突破,而美国企业管理的困境恰恰是因为管理思想的局限和管理理论的落后。

各国学者在考察研究了许多成功企业的经验后一致认为:美国注重"硬"的方面,强调理性管理;而日本人不但注重"硬"的方面,更注重"软"的方面——企业中的文化因素,如企业全体员工共同具有的价值观念、员工对企业的向心力、企业中的人际关系等,并统称之为"组织风土",即企业文化。他们认为"组织风土"是日本企业长期管理实践的产物,是

通过全体员工的言行举止自觉表现出来的。战后日本经济的高速发展和企业经营的大获成功,无不与建设了强有力的企业文化息息相关。

在日本,企业文化的表现形式多种多样,如"社风""社训""组织风土""经营原则"等。伴随着日本经济起飞,日本企业的管理模式特别是企业文化被各国企业所借鉴。松下幸之助的《实践经营哲学》、土光敏夫的《经营管理之道》、永守重信的《奇迹般的人才育成法》、上野明的《无形的经营资源——卓越经营的十一个条件》等著作,深刻揭示了日本优秀企业文化的精髓,成为各国企业家学习企业文化的生动教材。

2. 美国的"文化觉醒"

先进的管理思想,总是与先进的生产力联系在一起的。19世纪中叶以后,美国经济长足发展,不仅因为美国企业大量借鉴欧洲的先进科学技术,而且采用了股份公司制等先进管理体制,并对企业管理方法进行了积极探索。1911年,泰勒(F. W. Tayler)的著作《科学管理原理》问世,成为现代管理理论形成的一个重要标志。20世纪20年代,梅奥(G. E. Mayo)等人的"霍桑试验"开辟了组织管理研究的新领域,为行为科学和后来企业文化理论的形成提供了基础。同时,一些优秀的美国企业在管理实践中较早地认识到企业文化的重要性。时任IBM公司董事长小沃森曾说:"一个企业的基本哲学对成就所起的作用,远远超过其技术或经济资源、组织机构、发明创新和时机选择等因素。"

美国对企业文化的普遍重视,始自20世纪70年代后期美日比较管理研究。美国管理学界发表了大量论著,以创建美国的企业文化。其中,《日本企业管理艺术》(1981)、《Z理论——美国企业界怎样迎接日本的挑战》(1981)、《企业文化》(1982,又译为"公司文化")、《追求卓越——美国管理最佳公司的经验》(1982)等4本著作被并称为美国企业文化"四重奏"。

《日本企业管理艺术》通过对不同行业34家美、日企业的对比研究,提出了"7S理论"(见第一章第五节)。《Z理论——美国企业界怎样迎接日本的挑战》把典型的美国、日本企业分别称为A型组织和J型组织,并提出Z型组织,认为Z理论是既符合美国情况,又吸收了日本企业管理优点的一种理想的企业管理模式。《企业文化》分析了美国企业文化的核心——价值观等要素,指出强有力的文化是企业成功的"金科玉律"。《追求卓越——美国管理最佳公司的经验》归纳出企业成功因素的8个方面:行动神速,顾客至上,支持创新,尊重员工,重视价值观,不离开本行,精兵简政,宽严并举。这些著作反映了美国企业文化的主要特征。

企业文化热的兴起,促使美国企业在重视硬管理(科学管理)的同时也重视软管理(企业文化)。软硬结合,毫无疑问是美国企业文化促使企业管理方式变化的必然趋势。20世纪90年代以来,美国在信息产业取得巨大成就和领先优势,进一步巩固了世界头号经济强国的地位,这也与注重发挥企业文化的作用有着密切关系。

3. "亚洲四小龙"的腾飞

20世纪80年代,东亚悄然成为全球经济最具活力的地区。中国这条巨龙旁边的韩国、新加坡,以及中国台湾、中国香港被称为"亚洲四小龙"。"亚洲四小龙"面积不大、人口稠密、自然资源不丰富、经济底子较薄,靠什么在短期内实现了快速增长?学术界的一个重要共识是,儒家文化是"亚洲四小龙"乃至整个东亚经济崛起的精神支柱。

日本现代企业管理的先驱之一涩泽荣一曾说："要把现代企业建立在算盘和《论语》的基础上。"这形象地说明儒家思想对东亚企业管理的指导作用。《论语》《资治通鉴》、程朱理学著作以及《三国演义》《孙子兵法》等成为日、韩许多企业家的必读之书，以儒家为代表的中国文化在东亚经济起飞中显示出强大生命力。

强烈的民族自尊和致富经国的价值观，是韩国经济崛起的原动力。现代企业集团创办人郑周永告诉员工："为了同先进国家并肩而立，我们必须竞争，而且要胜利。竞争的战场就在车间。"为共同应对欧美和日本的挑战，韩国企业间可以进行必要的合作。三星财团创办人李秉哲提出："共存共荣的精神和相互让步的美德，是解除因瓜葛和对立而纠缠在一起的社会紧张的第一步。吴越尚能同舟，我们还有什么做不到呢？"他坦言："对我影响最深的是《论语》。"

新加坡深受"全盘西化"之害，也对此有一定的认识。时任新加坡副总理吴作栋建议制定一套明确的国家意识"以防止社会走入迷途"，具体措施是"把儒家基本价值观升华为国家意识"。为此，1991年新加坡政府发表白皮书，正式提出5种新价值观念。1999年新加坡政府又颁布了"21世纪五大理想"：重视每个人的价值；家庭凝聚，立国之本；人人都有机会；心系祖国，志在四方；积极参与，当仁不让。正是重群体、重和谐、重伦理、重勤俭的亚洲价值观，使新加坡企业在各种经济危机面前保持了企业活力和国家竞争力。

中华传统文化，特别是儒家文化，同样是中国台湾企业振兴的精神动力。例如，台湾中华汽车公司以和谐、创新、卓越为经营理念，以"互信互利，己立立人，己达达人"为经营原则，开展"以厂为家、以厂为校"运动，收到了很好效果；外商独资的飞利浦建元电子公司也将企业文化本土化，提出了儒家色彩的经营理念——良知、良心、良行。在台湾，构成经济主力的中小企业多数是家庭式企业，流行的是儒家传统价值观。当然，西方特别是美国的文化入侵，以及"台独"势力的"去中国化"行径和阻碍，影响了两岸经济合作和台湾经济社会发展。

中国香港1897年沦为英殖民地后发展缓慢，直到20世纪70年代才迎来高速增长。香港的发展，离不开背后强大的祖国，离不开香港同胞的忍辱负重、勤俭创业。广大香港同胞始终牢记自己是中国人、有一颗中国心。许多香港企业在吸收外国技术与管理经验的同时，仍保持了义利两全、诚实经营、勤俭持家等传统。这种以儒家为主的中华文化，是香港腾飞的重要动力。

二、中国的企业文化热

企业文化作为客观存在，伴着中国现代企业一个多世纪的发展历程。尽管中国过去并没有企业文化的说法，但是早期民族工业的传统文化色彩、战争时期敌后军工企业的革命传统、社会主义建设时期国有企业的制度特色都基本上反映了中国企业文化的阶段性特征，对新时期的企业文化有着重要影响。

1978年，改革开放把中国从封闭中解脱出来，中国企业在西方物质文明面前看到了差距，引进外国设备、技术以及管理成为许多企业管理者的共识和企业经营的潮流。在管理方面，是学习泰勒的科学管理、从严治厂？还是学习行为科学、企业文化理论，实行以人为中心的管理？深入考察发达国家先进企业后，中国企业界颇为惊讶，并很快从企业文化这一新的管理思想中受到启发和鼓舞,企业文化建设的热潮很快在中华大地蓬勃兴起。

积极借鉴美国、日本和欧洲的企业文化理论,是20世纪80年代中期中国企业文化热的主旋律。一方面,管理学界评介了西方的企业文化理论,迅速开展了对中国企业文化的研究,出版了中国的企业文化专著,并在高校开设了企业文化课程和讲座。当时影响较大的中国企业文化专著有:《中国企业文化——现在与未来》(张德、刘冀生著)、《管理之魂》(邹广严主编)、《中国社会主义企业精神》(汤茂义等编著)、《企业文化学》(罗长海著)、《企业文化的理论与实践》(王成荣主编)、《企业文化——走出管理的困境》(印国有主编)、《建设社会主义企业文化》(陆云主编)、《企业文化建设的运作》(郝真主编)、《中国企业文化大词典》(张大中等主编)、《企业文化与CI策划》(张德、吴剑平著)等。同时,《中外企业文化》《企业文化》等期刊创办,很多经管类期刊也开设了企业文化专栏,中国企业文化研究会、中国企业文化促进会等学术组织先后成立,对推动企业文化建设起到了积极作用。

另一方面,企业界借鉴了企业文化理论,逐步形成中国的企业文化。很多企业总结思想政治工作经验,纷纷召开企业文化研讨会,积极建设企业文化,大力培育企业精神。20世纪80年代中期,二汽、长钢、大同煤矿、白云山制药厂等,在企业文化建设上取得突出成绩。90年代以来,联想、海尔、长虹、万科、春兰、海信、红塔、同仁堂、宝钢、中兴通讯、华为、东方通信、邯钢、北京开关厂等企业,以引人注目的业绩跃上行业前茅,并培育出各具特色的优良文化。外资企业、合资企业在文化冲突与融合的过程中,探索出中外合璧的企业文化,例如西安杨森、北京松下、扬子石化—巴斯夫公司等。广大民营企业从诞生伊始就从市场经济的搏击中体会到企业文化的重要性,像天正集团、美特斯邦威集团、亚都集团等都形成了品位较高的企业文化。《联想为什么》《亚都物语》等书籍,就反映了中国企业家在改革开放的早期实践中对企业文化的认识。

40多年来,中国企业相继在企业文化建设上加大投入并逐步深化,主动适应市场经济,内强企业凝聚力,外增企业竞争力。目前,中国企业界和理论界对企业文化大体上形成了以下共识:

(1) 企业文化是客观存在的,它对企业的生存和发展发挥着举足轻重的作用,企业文化建设已经成为企业经营管理的重要组成部分。

(2) 中国企业的企业文化建设,应该吸取发达国家的有益经验和系统理论,但不能生搬硬套,而应深深扎根于中国传统文化与社会主义市场经济的土壤之中。

(3) 中国国有企业具有思想政治工作的优良传统和政治优势,应该将这种优势与企业文化建设相结合,创造具有中国特色的企业文化建设格局。

(4) 企业形象是企业文化的外显,企业文化是企业形象的本源。建设优秀的企业文化,对内可凝聚强大的精神力量,对外可塑造完美的企业形象,从而增强企业的竞争力。

(5) 如果说现代企业管理经历了经验管理、科学管理、文化管理三个阶段的话,那么中国大多数企业正经历由经验管理向科学管理的过渡,在这个过渡中不仅应健全制度,实行"法治",而且应"软硬兼施",建设相应的企业文化,这是科学管理中国化的重要内涵。

(6) 文化管理是21世纪的管理,企业文化建设是企业经营管理的"牛鼻子"。转变经济发展方式和企业发展方式,必须伴随企业文化的变革,使现代企业文化与现代企业制度相配套。

目前,中国一批优秀企业,已率先进入了文化管理阶段。

第二节 从科学管理到文化管理——企业管理的软化趋势

纵观世界企业管理的整个历史,可以看到大致经历了经验管理、科学管理、文化管理三个阶段,其总体趋势是管理的软化。清醒地认识这一点,对于跟踪世界管理的先进水平、提高我国企业管理科学化现代化水平至关重要。

从经验管理过渡到科学管理,无疑是企业管理的第一次飞跃。早期企业家们普遍依靠个人经验和直觉,以及简单的分析和计算来指挥下属、运作企业。1911年,泰勒的《科学管理原理》问世,这标志着企业管理结束了漫长的经验管理阶段,迈入了划时代的科学管理新阶段。科学管理理论的要点是:以提高劳动生产率为中心,工作定额,能力和工作相适应,标准化,差别计件工资制,管理职能专业化等。实践证明,科学管理是医治经验管理的良方,是依法治企的根本保证,是企业管理走向科学化、现代化不可逾越的台阶。

科学管理的理论和方法,尽管是一个伟大创举,但又不可避免地受到时代的局限,特别是随着生产力发展,其局限越发突出。发端于20世纪30年代、流行于60—70年代的行为科学,力图纠正和补充科学管理的缺陷与不足,80年代兴起的企业文化理论正是这种努力的最新成果。企业文化理论完整地提出了与科学管理不同的管理思想和方法,成为世界管理的大趋势。由科学管理过渡到文化管理,不是哪个学派的主观臆断,而是科学管理越来越不适应生产力发展的集中表现,是管理实践发展的必然要求。

一、温饱问题的解决与"经济人"假设的困境

科学管理建立在经济人假设的基础上。该假设认为,员工都是追求经济利益最大化的"经济人",他们除了赚钱糊口和追求物质享受之外,没有其他的工作动机,因此都是懒惰的、怕负责任的、没有主动性和创造性的。泰勒及其追随者认为,对于这样的工人只能用严厉的外部监督和重奖重罚的方法来管理,金钱杠杆是唯一有效的激励手段。

在泰勒时代,即19世纪末到20世纪初,社会生产力水平不高,工人远没有实现温饱,也许经济人假设并非没有道理。但即便在那时,有觉悟的工人也绝非纯粹的"经济人",轰轰烈烈的工会运动就是明证。随着工业化进程,生产力迅速提高,发达国家的工人逐步解决了温饱问题,赚钱不再成为劳动的唯一需要,经济人假设陷入了困境,工人的劳动士气低落重新困扰着企业主。为此,梅奥在霍桑试验的基础上提出"人群关系论",指出工人不是经济人,而是社会人;他们不仅有经济需要,还有社会需要、精神需要;影响员工士气的主要不是物质因素,而是社会条件,尤其是员工的人际关系。其后,行为科学进一步把人的需要划分为生存、安全、社交、自尊和自我实现等层次。对于满足了温饱的员工,物质激励杠杆变得日益乏力;相反,设法满足高层次的精神需要,成为激励员工、赢得竞争优势的关键。企业文化坚持以人为本,强调尊重人、关心人、理解人、满足人、发展人,提倡在满足必要物质需要的基础上尽量满足人的精神需要。以人为中心进行管理,充分适应了员工需要层次的不断提高。

二、脑力劳动比重的增加与"外部控制"方式的局限

随着新技术革命的蓬勃发展,一方面诞生了以信息产业为代表的高新技术产业,另一方面高等教育迅速大众化乃至普及化。企业员工队伍的文化层次大大提高,白领员工的比例越来越高,蓝领工人的比例越来越小,即使蓝领工人也逐渐摆脱了笨重的体力劳动。以美国为例,20世纪末体力劳动者还占总就业人数的20%,目前已减少到约10%。脑力劳动在整个劳动总量中的比例日益提高,是不可逆转的历史潮流。

脑力劳动看不见、摸不着,劳动的强度和质量主要取决于人的自觉性和责任感。在脑力劳动面前,泰勒采用的时间动作研究失去了用武之地。创造性的脑力劳动,定额如何确定,进度如何控制,都成为企业管理的新问题。如果说泰勒的从严治厂、加强监督的外部控制方法对于体力劳动曾卓有成效的话,那么对待无形的脑力劳动,管理重点则必须转移到"自我控制"的轨道上来。也就是说,要注重满足员工自我实现需要的内在激励,注意更充分地尊重员工,激发员工的敬业精神和创新精神,并且在价值观方面取得共识。而培育共同价值观,正是企业文化建设的重中之重。

知识经济方兴未艾,知识创新一日千里,脑力劳动成为社会劳动的主要形式。这预示着文化管理必将取代科学管理,成为知识经济时代唯一适合的管理模式。

三、服务制胜时代的到来与"理性管理"的误区

作为生产力快速发展的另一结果,是产业结构加速调整和第三产业的兴起。目前,发达国家超过50%的员工从事第三产业,第三产业增加值已超过国民生产总值的50%。第三产业的主要"产品"是服务,服务质量是竞争的主要形式。即使在一、二产业,市场竞争的焦点也越来越转移到服务上来。在产品的规格、品种、性能、价格等差不多的情况下,服务的数量和质量往往成为竞争成败的关键。因此,20世纪70年代,法国企业家和管理学家率先提出:服务制胜的时代已经到来。

那么,如何提高服务质量?按照科学管理的时间动作研究和外部控制,只能治标不治本。比如微笑服务,硬挤出来的笑无法使顾客感到愉快,只有发自内心的真诚微笑才能给顾客带来温暖和快乐。真诚的微笑,只能来自员工的敬业精神、社会责任感和高尚的道德情操。这是用形体动作培训和外部严格监督无法做到的,只能靠在长期的生产经营活动中形成一种共同价值观、一种心理环境、一种良好的传统和风气,即形成优良的企业文化。IBM的小沃森在《事业与信念》一书中指出:"我坚定地相信,为了生存下去和取得成功,任何一个组织都必须具备一整套健全的信念,并把这些信念作为采取一切政策和措施的前提。其次,我还认为,公司取得成功的唯一最重要因素,便是踏实地严守这些信念。"长期信奉尊重个人、最佳服务、追求卓越的信念,使IBM不仅成长为全球最大计算机公司,而且成功地实现了公司发展的转型。

科学管理又被称作理性管理,它认为只有数字才是过硬的和可信的,只有正式组织和严格的制度才符合效率原则。完全依赖科学管理的企业管理者,过多地依靠数学模型进行定量分析,把管理当成是纯粹的科学,而忽视了一个最重要的因素——人是有思想、有感情并为思想感情所支配的人,不是机器;忽视了管理的非理性因素——观念和情感;忽

视了管理不仅是科学也是艺术这一本质规律。在服务制胜的时代,企业必须走出纯粹理性管理的误区,实行以人为中心的、高度重视观念和情感因素的非理性管理,使管理中的理性因素与非理性因素有机结合,相得益彰,这正是文化管理模式。

四、战略管理的崛起与企业哲学的导航功能

当今世界的一个重要特点是生产高度社会化和国际化,外部环境复杂多变,市场竞争及企业并购日趋激烈,企业面临前所未有的挑战和压力,也获得了发展的机遇和条件。企业要立于不败之地,就应想方设法利用自身优势,抓住转瞬即逝的机会,避开可能的风险,拓展生存和发展的空间。为此,就必须进行战略研究和战略管理。

战略管理以全局为对象,综合考虑供应、生产、技术、销售、服务、财务、人事、信息、政策等各种因素,根据总体发展的需要制定企业经营活动的行动纲领。而以生产管理为主的科学管理模式,难以适应以市场销售为主的全局性的战略管理需要。战略管理是一种面向未来的、向前看的管理,基于预测未来可能碰到的许多模糊性、不确定性的因素,以精确的定量分析为特点的科学管理很难适应这种新情况。战略管理是在复杂多变的竞争中求生产和发展的战略选择,必须以高明的战略远见和观念为指导,必须确立高明的企业哲学、思维方式。许多成功的企业,之所以能在市场经济中乘风破浪,正是因为有高明的企业哲学和优良的企业文化。

松下公司靠大量生产的"自来水哲学"和仿制为主的"后发制人策略",长期保持优质低价的竞争优势,成为家电行业里的"超级大国"。2004年,赵勇出任长虹集团董事长后,确立了"有进有退,有所为有所不为"的基本思路,提出"三坐标战略"——沿着价值链、产业形态、商业模式三个方向推进企业发展。2014年,微软CEO萨提亚·纳德拉信奉"IT行业不推崇传统,只尊重创新"的理念,领导微软实施"移动为先、云为先"战略,实现跨平台开发,推进全面转型。中外企业的大量实践,不但说明对企业而言是"战略决定成败",而且充分说明企业哲学及企业文化全球化竞争中日益占据举足轻重的地位。显然,文化管理会更有利于战略管理的实施。

五、分权管理的发展与企业精神的凝聚作用

进入信息化时代,地球变小了,决策加快了,决策的复杂程度也空前地提高了。对决策快速性、准确性的要求,导致决策权力下放,各种形式的分权管理应运而生。随着跨国公司大量涌现,分权化趋势更为明显。过去,泰勒时代以效率高著称的直线职能制组织形式,即金字塔组织,由于缺乏灵活性而逐渐失去活力。代之而起的是事业部制、矩阵组织,以及重心移至基层的镇尺型组织和新兴的虚拟组织。这些分权式组织的特点是,有分工但不死板,重效率而不讲形式,决策权下放给最了解情况、最熟悉问题的相应层次。总之,等级层次大幅度减少,组织弹性大幅度增强。随着金字塔的倒塌、柔性组织的出现和分权管理的发展,企业的控制方式也发生了巨大变化。

科学管理是依靠金字塔型的等级森严的组织体系和行政命令的方式,实施集中统一的指挥和控制,权力和责任大多集中在企业上层。现在,各事业部或分公司处在不同的国度和地域,直接监督和控制已不可能,行政命令已不适宜,分权管理势在必行。那么,靠什

么维持跨国公司的统一？靠什么形成数万员工的整体感和向心力？靠什么把分散在世界各地、不同国籍、不同民族、不同语言、不同文化背景的员工队伍凝聚起来？只能依靠共同的价值观、共同的企业目标、共同的企业传统、共同的企业形象，也就是要有共同的企业文化。

法国的阿科尔集团（AccoR）从1976年开设单一旅馆的小企业，仅10年间就成为取得全球领导地位的大型跨国企业。这个集团腾飞的诀窍是什么，怎样使分散在72个国家和地区、用32种商业牌号从事各种业务活动的5万名员工保持凝聚力呢？曾任公司董事长的坎普说："我们有7个词的共同道德：发展、利润、质量、教育、分权、参与、沟通。对这些词，每个人都必须有相同的理解。"麦当劳为了使共同价值观、共同经营原则深入人心，公司总部统一编写了"经营手册"来培训全世界所有加盟店的员工，依靠独具特色的企业文化而非行政命令和直接监督，把数万家连锁店统一起来、形成一个不可分割的整体。

六、网络经济的兴起与虚拟企业的运作

计算机互联网是人类20世纪的一项重要创举，它的广泛运用已经改变并将继续改变人类的生产和生活方式。网上办公，网上购物，网上炒股，网上拍卖，网络资讯，网络广告，网络银行……网络无处不在，e时代向我们走来。与此同时，依靠互联网的一种全新的经济概念、经济形态、经济模式——网络经济也迅速兴起，并大有席卷全球之势。我国山东某地的农民，竟然都是依靠互联网把蔬菜卖到了国外！

随着信息化的深入发展，移动互联网、云计算、物联网、大数据纷至沓来，世界上出现了一种前所未有的企业组织——虚拟企业。一种是网络化、虚拟化的企业，以一批高科技企业特别是信息企业为代表，它们的下属公司、部门和员工分散在各处，计算机网络成为工作的载体和渠道，内部网站成为员工的共同家园。另一种是若干企业构成的虚拟组织，它们以多种形式的企业集群（虚拟企业群落和企业网络联盟）为代表，是基于互联网的新型企业合作形式，网络把不同地区、不同行业的企业与个人迅速联合起来，合作成员往往通过协议达成共同目标、寻求共同利益。无论虚拟企业还是虚拟企业集群，无论提供有形的产品还是无形的服务，它们有一个不可忽视的最大共同点：维系企业运作和连结成员之间的主要渠道是计算机网络。即使在不少传统企业，由于信息技术广泛运用，生产和办公的自动化程度很高，运行、管理也具有虚拟企业的某些特征。

如何管理和运作虚拟企业？如何满足来自更大范围客户的全天候、个性化需要？如何管理网上的"虚拟"员工？如何提高虚拟环境下的企业效率、增强企业竞争力？这些新问题不仅困扰着e企业的老总、CEO，也同样摆在了管理学界的面前，亟须从实践和理论上作出回答。经验管理，显然跟不上"十倍速时代"的要求；科学管理，种种弊端更是暴露无遗。文化管理在很多e企业的管理实践中浮出水面，成为它们不约而同的选择。那些成长较快、运作良好的e公司，几乎都是文化管理的积极实践者。在分散化、虚拟化的组织中，几乎互不见面的员工认同的是企业的共同目标、共同愿景，维系他们的是共同价值观；在快速的内外环境变化中，学习与创新成为企业的活力来源，企业精神、企业风气对于创新的促进作用必然代替制度化、标准化的制约作用；面对社会日益增多的个性化需要，企业宗旨、企业道德更有利于引导企业尽最大努力满足顾客。例如，阿里巴巴集团以"通

过发展新的生意方式创造一个截然不同的世界"为梦想,倡导"客户第一、团队合作、拥抱变化、诚信、激情、敬业"的核心价值观。文化管理对于虚拟企业而言,可谓"以实制虚"加"以虚制虚",正中要害。从工业化到信息化的浩荡洪流,昭示着文化管理的灿烂前景。

从以上6方面不难看出:从科学管理到文化管理,是企业管理顺应历史发展而必然产生的第二次飞跃。这种飞跃的背后,最根本的原因是生产力的现代发展,是生产力与生产关系这对社会基本矛盾作用的必然结果。如果不是经验管理、科学管理提高了劳动生产率,人们还没有普遍摆脱贫困,甚至社会化大生产尚未实现,则不可能有管理的现代化,更谈不上文化管理了。只有在机械化、自动化、信息化出现并普及,生产力大大发展,市场经济不断完善,竞争对产品差异和服务有了新的更高要求,才会形成企业文化的锐不可当之势,孕育出文化管理的强大生命力。因此,无论是从经验管理到科学管理,还是从科学管理到文化管理,推动这两次飞跃的真正力量都是生产力的发展。

第三节 文化竞争力——优秀企业的经验

一、《财富》500强评比总结的启示

2001年,《财富》杂志500强评选总结中提到,最能预测公司各个方面是否最优秀的因素是公司吸引、激励和留住人才的能力。公司文化是加强这种关键能力的最重要的工具(文化评估专家布鲁斯·普福)。同时,他们对业绩好的公司和业绩一般的公司进行了对比(表2-1)。

表2-1 业绩好的公司与一般公司的文化之不同

业绩好的公司最优先考虑	业绩一般的公司最优先考虑
协作精神	尽可能减小风险
以顾客为中心	尊重各级管理者的指挥
公平对待雇员	支持老板
主动性和创新精神	做出预算

由此可见,业绩好的公司更加重视协作精神、以顾客为中心、公平对待雇员、主动性和创新精神的培养,而业绩一般的公司最优先考虑的则是减小风险等方面的问题。海氏集团副总裁梅尔文·斯塔克总结说:"最受赞赏的公司的意见的一致超过我们研究的几乎所有公司。不仅在文化目标上一致,而且对公司如何争取那些目标的看法也是一致的。"纽柯钢铁公司(Nucor Corporation)创立于1954年,半个世纪就跃升为美国最大的钢铁公司和《财富》美国500强企业,年销售收入1000多亿美元。公司前董事长肯·艾佛逊认为:纽柯的成功,30%来自于新技术,70%来自于公司文化。这说明,企业出类拔萃的关键在于文化。

二、海尔的核心竞争力——海尔文化

1998年的一天,中国和许多国家的报纸都报道了同一则消息:海尔集团总裁张瑞敏

应邀前往哈佛大学商学院，指导 MBA（工商管理硕士生）讨论"海尔文化激活休克鱼"案例。这是哈佛商学院第一次用中国企业作案例，也是第一次邀请中国企业家走上哈佛讲台。

海尔是怎样创造出奇迹的？张瑞敏把这一切归结为海尔人的奇迹。长期有意识地培育和凝聚形成的独特的海尔文化，正是激发全体海尔人创造奇迹的强大动力。张瑞敏认为"海尔的核心竞争力就是海尔文化"，并以《道德经》中"天下万物生于有，有生于无"这句话诠释了海尔文化的重要性。

人是决定一切的因素，海尔的成功首先在于实施了"以人为中心"的管理。集团总经理和各级管理人员都把人看作企业第一位的财富，人力资源是企业最宝贵的资源，认识到"优秀的产品是优秀的人干出来的"。为了吸引、留住人才制定了一系列有力措施，在企业内部形成了调动和发挥每个员工积极性、创造性的良好氛围。海尔认为，如果每个人的潜能发挥出来，每个人都是一个太平洋，都是一座喜马拉雅山。他们"赛马不相马"，努力营造出人才的机制，通过搭建"赛马场"营造创新的空间，使每个员工成为自主经营的 SBU（strategical business unit，战略事业单位），从"人材"成为"人才"再成为"人财"。海尔坚持"人人是人才，赛马不相马"的人才观，大胆起用年轻骨干挑重担，每年吸引大量的毕业大学生、研究生加盟，把许多旁人看来的不可思议和不可能变为了现实。

企业作为社会的经济单元，获得利润当然是存在的目的，但赚钱绝对不是企业的唯一追求，更不是终极的最高目标。海尔有一个比利润要高远得多的远大理想。张瑞敏在《海尔是海》一文中这样写道："海尔应像海……一旦汇入海的大家庭中，每一分子便紧紧地凝聚在一起，不分彼此地形成一个团结的整体，随着海的号令执着而又坚定不移地冲向同一个目标，即使粉身碎骨也在所不辞。因此，才有了大海摧枯拉朽的神奇。"海尔人悟透了一点：用户是人民，社会主义生产的目的，就是不断满足人民群众物质文化的需求。正是有了这样的远大目标，海尔人才会用"敬业报国"四字激励自己，千方百计为用户着想，把用户的利益和满意放在首位，最后赢得了市场，换来了自身的超常规发展。

人活着，需要一种精神；企业的生存发展，也需要精神的支撑。从"无私奉献，追求卓越""敬业报国，追求卓越"到"创造资源，美誉全球"，与时俱进的海尔精神，是鼓舞企业全体员工奋发向上的强大力量。某青年女工中专毕业后分到冰箱厂当焊工，她本着"没有不好干的活，只有干不好的工作"的想法，认真跟着师傅学技术，仅两个月就可独立操作，并创下 121 万个焊点无泄漏的纪录。1995 年在冰箱生产线无氟改造时，年轻的分厂领导带领同事坚持三天三夜，完成了德国专家认为两周才能完成的任务，晕倒在刚刚启动的机器旁。一名安装维修工冒着 38℃高温，背着洗衣机走了两个多小时按时送到用户手中。这样的故事在海尔数不胜数，这些企业英雄们身上表现出来的正是海尔精神。这种精神使产品和服务质量不断提高，使"海尔"成为一个享誉海内外的品牌。

企业健康发展，离不开正确的发展战略。海尔按照"先谋势，后谋利"的战略观，先后确立并实施了"名牌战略""多元化战略""国际化战略"系列战略，成长为中国最大的家电出口企业。2006 年海尔进入第四阶段"全球化品牌战略"，目标是在当地国家创造自己的品牌。为此，海尔坚持"五个全球化"，即设计、制造、营销、采购和资本运作的全球化。2012 年，海尔开始了网络化战略发展阶段，开拓网络化的市场，打造互联网时代的平台型企业。目前,海尔已经成为全球领先的整套家电解决方案提供商和虚实融合通路商,2013年营业额超过1800亿元,在17个国家拥有7万多名员工,用户遍布100多个国家和地区。

海尔是产品,是服务,是企业,更是一种文化。海尔文化是被全体员工认同的企业领导人创新的价值观。海尔文化以观念创新为先导、以战略创新为方向、以组织创新为保障、以技术创新为手段、以市场创新为目标,并伴随着企业的发展不断创新、不断发展。

三、GE的成功——人和思想的力量

GE公司原董事长兼CEO韦尔奇提出:"要用快速、简易和自信引导公司文化,通过人的力量来实现生产率增长与竞争优势。"就是在这种企业文化的指引下,韦尔奇从1981年起用20年时间使GE成长为年总收入1000多亿美元的企业巨人。

韦尔奇有6条经营理念:①掌握自己的命运;②面对现实,不要生活在过去或幻想之中;③坦诚待人;④不要只是管理,要学会领导;⑤在被迫改革之前就进行改革;⑥若无竞争优势,切勿与之竞争。这些都体现出韦尔奇高超的领导艺术,更为重要的是他的价值思维。

韦尔奇指出:思想和人是至关重要的,通用电气应该借思想来获胜;为满足组织的自我实现需求,必须用学习和思想去控制传统和现状;通用电气的核心能力是人的发展,伟大的人最终可以使任何事成为现实;文化是通用电气最无法替代的一个资本。这些观点成为GE文化的核心内容,对企业的高速成长起到了不可替代的作用。

在用人方面,通用电气公司有着特别的人才理念。韦尔奇的用人观是:①只培养那些与公司观点相同的领导人;②寻找利用变革力量的领导人;③寻找具有"4E"(精力、激励、锐利、执行力)才能的领导人;④寻找自信的管理人员;⑤寻找把顾客放在第一位的管理人员。韦尔奇讲过,有想法的人就是英雄。他的用人哲学,也折射出深厚的企业文化内涵。从全球化到6西格玛,从无边界管理到数字化管理,正是基于GE强大的文化动力,从而创造了一个又一个神奇。

四、三力理论——政治力、经济力、文化力

在市场竞争中,企业竞争力由哪些因素构成呢?这虽然十分复杂,但大体可以归纳为三方面——政治力、经济力和文化力,它们构成了企业的立体化竞争力(图2-1)。

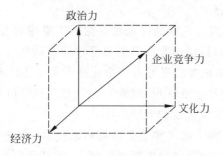

图2-1 企业竞争力的构成

1. 政治力

所谓政治力,包括4方面:

(1) 国家的国际地位。若国家落后,没有实力,在国际上没有发言权,更没有影响力和号召力,那么该国的企业在国际市场上的处境将会遇到困难。

(2) 政府政策。这是企业外部环境的重要组成部分。争取政府政策的有利倾斜,并充分利用所有优惠政策,是企业赢得竞争的必要条件。

(3) 政党的作用。在中国,党的组织在企业中有明确的地位。如何发挥党组织的保证监督作用,发挥共产党员的模范带头作用,是发挥中国企业政治优势的重要方面。

(4) 社会制度。在中国,如何发挥社会主义制度的优越性(如员工当家做主、厂长与员工政治上平等、职代会制度、按劳取酬制度、思想政治工作制度和传统),是企业管理者必须考虑的重要问题。

2. 经济力

所谓经济力,也包括4个方面:

(1) 劳动力和人才的数量和质量;

(2) 资金状况,资金来源,资金运作和流动情况,即财力;

(3) 厂房和设备水平,即固定资产的实力;

(4) 技术和管理水平,科学技术和管理科学都是生产力,向技术要效益,向管理要效益,就是充分发挥技术和管理的经济潜能。

3. 文化力

"文化力"的概念是20世纪80年代日本学者名和太郎在《经济与文化》一书中最先提出的,他认为文化是产业的重要因素。

文化力就是组织文化对组织管理的作用,即导向、规范、激励、凝聚、约束、辐射等方面的作用。具体而言,包括8个方面:

(1) 企业目标的牵引力。根据企业的发展战略,适时调整企业的中短期目标,并将其层层分解,变成每个部门、每个员工的奋斗目标,让企业的长远目标振奋人心,吸引员工为之奋斗,最终化为员工的自觉行动。

(2) 企业哲学的指导力。使企业的生产经营活动建立在明确的哲学思考之上,具有足够的稳定性、连续性和深刻性,并且可以驾驭市场竞争风浪,达到胜利的彼岸。

(3) 企业宗旨的号召力。企业宗旨正确阐述企业经营管理的方针,以及企业存在的社会价值,对内对外都具有号召力。

(4) 企业精神的凝聚力。企业精神是企业竞争的精神动力和凝聚力的重要源泉。在企业精神的指引下,员工的行动带有深刻的自觉性和主动性。

(5) 企业道德、风气和制度的规范力。企业制度是企业内部法规,具有外加的强制约束力,即硬约束;企业道德和企业作风(风尚),则是非强制性的群体压力,即软约束。这两方面相结合,对员工行为形成有效的规范作用。

(6) 企业风俗、企业典礼、仪式和企业活动的感染力。这些仪式、风俗、特色活动形成的文化氛围,是对企业理念和群体价值观的正强化,往往具有鲜明的情境性和浓厚的感情色彩,因此具有巨大的感染作用。

(7) 企业标识等的形象力。企业标识及产品外形和包装、广告词、厂旗厂歌、厂容厂貌、文体设施,这些看得见、摸得着、听得到的视觉形象要素,可以扩大企业的影响,宣传企业的精神境界,取得较高的美誉度。

(8) 企业公共关系活动的辐射力。企业通过公关活动,增进传播媒介和公众对企业的了解,全面地将企业的理念层、行为层和视觉层展示出来,全方位地树立企业形象,形成有利于企业竞争的无形资产。

政治力、经济力、文化力这三者的综合作用,不是简单相加,而是发挥总体大于部分之和的系统功能。其中的关键在于企业家的总体把握。正像指挥家指挥交响乐团,上百件乐器在时空的舞台上编织出优美动听的旋律。

第四节 企业文化的新思维——文化资本

企业的文化力也可以称为文化资本,以文化资本为主构成了企业的品牌、资信、美誉、心理契约等无形资产。优秀的组织文化是组织不断增值的无形资本。韦尔奇就曾指出:"文化是通用电气最不可替代的一个资本"。

一、文化资本的概念和内涵

文化资本是指持续地投资于组织文化建设而形成的一种能够给组织带来潜在收益的资本形式。文化资本的概念,最早由法国社会学家皮埃尔·布尔迪厄(Pierre Bourdieu)提出。他认为文化资本"是以教育资格的形式被制度化的",表现为具体的、客观的和体制的三种状态。此后,很多学者又从经济学范畴进行了研究。戴维·思罗斯认为,文化资本是以财富形式具体表现出来的文化价值的积累,是和物质资本、自然资本、人力资本并列的第四种资本。

本书认为,文化资本具有以下内涵。

1. 动力资本

组织文化为企业及成员树立共同的奋斗目标,提供强大的精神动力。

2. 思维资本

企业要在市场竞争中做出正确高明的决策,思想方法和思维方式很重要,而组织哲学正提供了先进的思维模式。

3. 凝聚力资本

先进的组织文化能够在组织和成员之间建立良好的心理契约,企业目标、核心价值观得到成员的认同,并进一步转化为个体的自觉行为,形成上下同欲的强大内聚力。

4. 一致性资本

一个组织要高效有序地运作,组织成员必须围绕组织目标达成高度的共识。优良的组织文化能够从理念、目标和愿景、制度、行为规范4方面规范成员的思想和行为,从而有效地降低管理成本。

5. 整合力资本

人力、物力、财力、知识是组织的四大资源,只有组织文化能将这些资源整合成完整的体系,实现最大的价值。

6. 形象力资本

通过组织形象等方面的提升,扩大知名度和美誉度,带来组织经济价值和社会价值的双重增加。形象力资本一般通过组织文化向外部的辐射和渗透发挥作用,改善组织形象,提升组织的价值。

二、文化资本的投入

文化资本是持续投资于组织文化建设而形成的,因此组织文化建设的投入过程就是文化资本的积累过程。文化资本的投入要素主要有以下几方面。

1. 领导者价值观和行为

企业的创始人或后来的领导者都拥有自己的信仰、价值观和文化理念,他们通过某种机制将自己的基本假设和理念传递给企业各级组织和广大员工,从而塑造和传播组织文化。同时,领导者通过身体力行,主动履行和实践自己的价值观,促使企业的文化资本形成和增加。

2. 员工的参与和人际影响

企业文化的形成,不但需要领导者的引导和推动,更有赖于组织成员的参与和配合。作为个体,新成员在进入组织之前,往往带有自己的一套价值观,以及对组织的态度和期望,这与领导者倡导和支持的价值观、理念和各种假设可能会存在不一致,从而导致抵触和矛盾。在组织内部,经过领导者和团队、个体相互之间不断碰撞、磨合等相互作用,才逐步形成组织的文化资本。这也叫"人际影响",既有上级对下级的影响,也有下级对上级以及同级之间的影响。这种影响可以是有形的,而更多是无形的,是"随风潜入夜,润物细无声"。

3. 典礼和仪式

这又被《企业文化》的作者肯尼迪和迪尔称为行为方面的文化。在他们看来,没有富于表情的活动,任何文化都会消亡。通过典礼和仪式,能够将组织或领导者所倡导的价值观、思维方式和行为模式等形象地表达出来,并传递给每一位员工。礼节、典礼和仪式是新员工学习和了解企业内各种人际关系、各项事务运作方式的最好途径。反复进行的典礼和仪式,强化了企业文化,增加了企业的文化资本。

4. 传播网络

作为组织内部和外部的主要沟通手段,传播网络往往包括企业网站、报刊、宣传栏、电视广播、非正式团体以及企业外部的新闻媒体等。除了企业正式发布的信息、广告外,组织中通用的俚语、流行的歌曲、口号、谚语以及玩笑、故事等,都是传播内容。在一种强烈的文化中,传播网络具有很大的力量,因为它能强化组织的基本信念,通过流传英雄人物的事迹和成就的故事增加他们的象征意义,同时也使每个人都成为一个很好的传播者。

5. 组织制度

组织制度是价值观等理念的载体,它使企业活动具有可预见性的特征,从而降低随意性、模糊性并减少焦虑。制度体现了组织关注和最感兴趣的事,如组织的宗旨、章程、纲领明确地表述了创始人或领导者的价值观和假设。制定清晰的奖惩标准,使管理者能发出一个强烈的信号,表现出他们对组织文化变革的兴趣和承诺。招募、选拔、提升员工的标准,也是组织文化交流和巩固的一种方式。

三、文化资本的产出

文化资本的产出主要有以下方面:

(1) 持久的动力系统。包括有效的物质动力系统和强有力的精神动力系统。这是企业的共同目标和愿景、核心价值观及其指导下的组织制度提供的持久动力。

(2) 高明的决策支持系统。包括核心价值观、企业哲学和共同的思维方式。

(3) 巧妙的育人机制。先进的组织文化有利于把人培养好,提升全员素质,积累人力资本,进而形成学习的文化、学习的价值观、学习的风气和学习的制度。

(4) 有效的约束机制。组织的文化氛围对员工是一种无形的约束,强势文化告诉员工哪些行为是组织提倡、支持的,哪些是反对的,并根据组织需求自觉调整自己的行为。

(5) 强大的凝聚力。凝聚力来源包括物质纽带、感情纽带和思想纽带。仅靠物质纽带,用金钱去凝聚员工是远远不够的;而感情纽带和思想纽带都是组织文化才能带来的。

(6) 高度的一致性。组织的群体价值观能够指导员工的思想和行为,保证企业在处理事情时达成高度的一致,使员工共同致力于组织目标和战略的实现。这种一致性具体体现在核心价值观一致、决策与执行的一致、部门之间的一致、员工行为的一致等。

(7) 组织与员工的双赢。组织为员工成长和发挥才干提供舞台,促进员工不断发展;员工目标与组织目标一致,明白组织对自己的期望,乐意为组织发展贡献力量。

(8) 良好的组织形象。企业文化通过传播渠道辐射到社会,树立企业及品牌的形象。形象的背后,就是组织的文化。

(9) 低廉的管理成本。优秀的企业文化,使员工产生自我要求和自我激励,降低监督管理的成本。特别是思想和行为的一致,大大减少了内耗,降低了内部交易成本。

(10) 资源的整合和优化。精神资源的整合优化,使企业产生强大的前进牵引力;物质资源的整合优化,使资源的利用率、优良资产比例均不断提高。

(11) 有利的外部环境。优秀文化能够提高政府、客户、公众对企业的信任,优化组织的政策环境、市场环境、客户环境以及外部的社会环境。

(12) 人才市场的优势。组织文化和组织形象好,用较低的薪酬就能把人才引得来、留得住、用得好。

(13) 产品和服务的文化附加值。花旗银行的座右铭是"机会建立在信仰之上"。与众不同的信念和价值观,造就了与众不同的企业、产品和服务,有利于征服客户、赢得市场,从而获得优厚的文化附加值。

四、文化资本在资本构成中的地位与作用

现代经济学认为,促进经济增长的主要是社会资本、财力资本、人力资本和知识资本四大资本。其实,文化资本也是促进经济增长、组织发展的一个重要资本,而且能够有效地整合社会资本、财力资本、人力资本、知识资本,使这些资本发挥最大的效用。在知识经济蓬勃发展的今天,文化资本的重要性日益凸显,越来越成为企业竞争的关键因素,在各种资本中处于起决定性作用的中心地位(图2-2)。

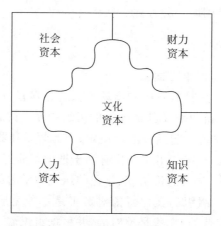

图 2-2　文化资本在资本构成中的地位

五、文化资本的积累和贬损

1. 文化资本的积累

文化资本的积累是指企业主体通过自然沿袭和变革学习等实践活动使文化资本存量相对增加的过程。文化资本主要通过以下途径来积累：

（1）社会化保存与进化。这是文化资本的自然积累过程，一方面通过组织成员的新老交替形成的群体暗示、感染、模仿等心理机制代代相传得以保存和发展，另一方面则通过文化符号，如文字、标识等实物形式保存下来。

（2）学习型积累。这是组织通过不断加强员工对内部文化的学习或者从外部学习先进的经验，或者从学术机构和学者那里得到指导，而对现有的文化资本存量进行增补的过程。

（3）发展与变革。指组织发展变革时，组织文化进行变革与整合所发生的文化资本的存量增长。由于内外部原因，组织可能实现较快的发展或进行变革，如扩大企业规模、进入新的领域、企业兼并和重组、技术或产品更新换代等，这时必然会进行组织文化的盘点和整合，实现去粗取精、巩固和升华。当然，也要警惕组织变革所带来的文化资本贬损。

2. 文化资本的贬损

也称为文化资本的贬值，指文化资本存量由于组织实体的消亡、消失或者在组织长期发展和变革过程中逐渐减少、消退和消失的过程。

文化资本贬损的主要原因有：一是学习能力丧失，组织缺乏对环境的适应性，组织的价值观念不适应社会发展而逐渐落后；二是文化资本在继承和积累的过程中的损耗和遗漏；三是组织经营的短期行为或失误所带来的对原有价值观的违背，从而造成文化资本贬值。

复习题

1. 管理三阶段理论的主要内容是什么？对企业管理者有何实践指导意义？
2. 企业竞争力的来源是什么？如何提高本企业的竞争力？

3. 文化力对企业而言,有何重要作用？具体表现在哪些方面？
4. 根据你所在企业的实际,企业文化是否具有约束作用？
5. 如何管理和运用好企业的文化资本？

思考题

1. 海尔文化给你哪些启示？你从中学到了什么？
2. 你所在企业的核心竞争力是什么？在哪些方面发挥了企业文化的竞争优势？

现代企业进入文化制胜时代

关于企业文化的概念,对此有很多阐述,我们认为,企业文化即为建立在企业发展战略基础上的共同愿景,以及实现共同愿景的社会价值化。共同愿景即企业的发展战略与员工的成长愿望相结合的远景目标,这个目标不随任何世事变迁而改变,所变化的只是实现这个目标过程中的具体操作方式。企业文化最核心的是高层经营管理思想,这是"道";把高层经营管理思想加以策划传播,使员工能够认同和理解,并转化为现实生产力,这是"术"。当前,在"道"和"术"的互动操作上还存在较多的问题,需进一步改进。

1. 对企业文化的认识应更加深入

企业文化工作是"一把手"工程,企业文化水平的高低,起决定因素的是企业"一把手"。正如松下幸之助所说:"当企业100人时,我要站在最前面,带领部属冲锋陷阵;企业发展到1000人时,我要站到最中央,让每位员工听到我的声音,了解我的战略意图,明确奋斗的方向;当企业发展到10000人时,我要退居幕后,靠核心层的经营管理思想(即企业文化)统御三军。"这形象地说明了企业文化的重要性。我国企业很多做不大,做大了做不长,重要原因就在于不重视文化理论和实践的建设。不重视文化建设的症结在于"一把手"对企业文化的认知、理解深度和重视程度不够。观念和意识的本源,来自于全体员工"自下而上"的智慧,但总结、提炼并贯彻文化,却必须来自于高层"自上而下"的推动,如果高层领导不重视,将会使企业文化成为无源之水、无本之木,注定企业发展的脚步不可能迈出多远。

企业文化建设的关键因素在于:一是企业要有发展战略。世界上有很多百年企业,它们之所以能成为"百年老店",是因为它们有百年文化。是百年文化造就了百年企业,而不是百年企业造就了百年文化,也就是说,做企业必须要有做大、做强、做长的计划和步骤,只有这样,才有基础塑造优秀的文化。二是企业领导人极积极参与和支持。一个企业的长远发展,决定于领导层的经营管理思想。不管在计划经济还是市场经济条件下,每一位企业老总都知道生产经营很重要,但在当前情势下,能否认识到企业文化对企业长远发展起决定性作用,是企业"一把手"的意识问题。能否不遗余力地重视和推动企业文化建设,将关系到企业的兴衰成败。这两点,在力诺集团发展壮大的轨迹中,体现得比较清楚。

2. 要高度重视"以人为本",培养员工过硬的政治思想素质,培养员工的健康心态、创新意识和系统思考能力

力诺集团的共同愿景是"铸世界名牌,建百年力诺",我们力图让员工理解实现共同愿景与个人、社会的紧密关系。"铸世界名牌"阐明了我们的品牌建设目标,力诺集团成立时间不长,相对于GE、IBM、松下、西门子、奔驰等跨国公司,我们还有很大的差距,正因为这种差距,表明了这个愿景的远大性,"世界名牌"也表达了力诺人的国际化倾向;"建百年力诺"从时间、空间上表达了力诺人思想的纵深感,立志把工作当作事业干,不是一时一事,而是千秋万代地把新材料、新能源事业进行到底,从而为员工创造一个具有广阔发展空间的大舞台。

3. 要重视构建科学的管理结构,打造鲜明的企业性格

力诺集团经过多年的探索,形成了有自身特色的管理结构,基本构成有:

(1) AF要义(行动第一)。行动是挖掘自身及组织潜能的良方。AF模式就是要解决有令不行,有禁不止,制度难推行,措施难贯彻,说得多做得少的企业管理通病。

(2) 力诺"天条"。推行力诺"天条"的目的是要为力诺人的行为设置一个禁区,任何人违反这里的任何一条,都必将在力诺这个事业平台上被判"死刑",没有回旋的余地。只有这样,才可能有足够的威慑力。比如:贪污受贿,玩忽职守,盗窃,出卖公司机密等都应纳入触犯"天条"这一范畴。

(3) 心态培育模式。做文化,首先应从培育员工健康向上的心态入手,解决了心态问题,才有可能实现员工自我管理。主要有两个公式来进行支撑:①换位公式:$1\%:100\%$,要求员工把自己看成1%,管理者把员工看成100%,将心比心,就会产生良好的互相理解和配合的氛围。②协作公式:$1+1>N>2$,力诺员工汇集在一起的目的,是想干一个人干不了的事情,这就需要调整我们的心理结构,以改善我们的协作结构,从而实现$1+1>N>2$,并且不断努力,使N值越来越大。

(4) 现场管理模式5S,即整理、整顿、清扫、清洁和素养,我们将其进一步发展,上升为员工心灵的5S,注重从小事做起,培育良好的素养。

(5) 创新管理模式TTPI,即"十人创新小组"。TTPI,就是把员工分成小组,每个小组原则上不超过十人,由全体组员推举一名组长,进行创新,其目的在于激发每位员工的积极性,挖掘每位员工的潜能,展开团队竞赛,解决生产经营中的实际问题。在这里,我们澄清了创新的概念,"创新"不但要解决新问题,并且在创新过程中本身能够解决实践中产生的新问题,即创新不能以制造问题为代价。创新体系将以"个人创新小组"作为最基本的单元,作为"神经末梢",使其成为创新体系牢固的基础。

(6) 力诺管理模式IPM(项目计划管理模式)。即通过层层实施项目经理制来落实工作,建立、健全项目经理制管理体系和配套制度,这样能够培养员工的策划意识,明确工作目标,抓大放小,既保证大的工作能够落实,又保证员工有充分施展才能的空间,激励创新。

(7) 力诺产业发展模式MSD(市场需求、科技创新、工业设计)。这一模式,充分表明了我们的产业将以市场需求为中心来进行操作,这是集团产品实现其社会价值的核心因素。在紧盯市场的同时,加大科技创新力度,充分体现科技是第一生产力的战略作用,成为核心竞争力,从而提升行业技术门槛,带动行业科技水平的提升,这将会对顾客消费产生重大而深远的影响。了解工业设计的重要意义,培养工业设计的意识本身,展现了我们的产品"以人为本"的人性化设计思路,我们要充分研究自身产品的属性和消费者的需求和偏好,解决好人、器与环境的和谐,这将从理念、产品的生命周期和竞争力上对集团发展产生深刻的影响,很值得我们去认真研究和重视。

(8) 力诺竞争战略模式 IFC 可形象地称之为"金三角"战略(产业、金融、信息三位一体,以下简称产金信模式)。IFC 促使我们把目光充分地转到产金信上来,将会解决力诺发展的一些前沿问题,成为同业竞争的战略优势。尤其当今是企业资源资本化、全球化、符号化的时代,IFC 将对力诺事业的发展产生重大影响。

(9) 文化模式:"西点"+"哈佛"。中国企业的平均寿命不超过五年,力诺集团凭什么能够建成"百年企业"?我们可以凭比竞争对手更优秀的百年文化,凭一代又一代有理想、有追求、素质作风过硬的力诺精英团队。打造力诺精英团队,有效途径就是"西点"+"哈佛"文化模式。这一模式,是基于"以人为本"的前提假设,在力诺人的文化、素质教育及自我完善方面,充分研究美国西点军校和哈佛商学院几百年积淀下来的成功思想和有效做法,紧密结合集团的实际,进行有效的全员军事化训练,进行长期的先进管理思想的培训。在培训过程中,创造性地运用西点军校的入围资格、心理素质、军事素质、领导能力、崇高理想的训练技术和哈佛商学院的"信念、合作、创新"思想,理论与实践相结合,使这一模式不断完善,以此打造一支兼有"铁的纪律"和"水的活性思想"的精英团队。只要我们兼有"铁的纪律"和"水的活性思想"素质,我们必将战无不胜、攻无不克,不断把力诺事业推向前进,实现"铸世界名牌,建百年力诺"的共同愿景。

4. 要充分发挥文化在企业低成本扩张中的加速器作用

有人认为,文化离利润和成长比较远,这种认识是不合时宜的。我们非常赞同文化的"工具"论、"资源"论。我们必须遵循"有所为,有所不为"的原则,保持文化部门的专业性和指导性,提高文化力转化为生产力的效率。其中一个重要方面,就是文化在企业低成本扩张中能够发挥至关重要的作用。

在力诺集团的低成本扩张过程中,我们深深地体会到文化力的重要。力诺集团先后兼并济南商河县兴商化工集团和泰安阳利得太阳能有限公司,收购沪市上市公司 600885 武汉"双虎涂料",购并南京红花玻璃厂子口天津玻璃厂,控股北京太阳能研究所光电项目,控股神木海湾矿业有限公司,等等。这些,都是基于强大的文化力的有效支持。

在 2001 年,力诺集团只花了几个月时间,"旋风"般入主沪市上市公司"双虎涂料",于 11 月派出两名高管人员分任总经理、副总经理进行管理。首要工作便是在集团文化中心的指导下进行力诺双虎文化的整合建设。针对原"双虎涂料"机制不活、凝聚力不强、观念意识落后、价值观扭曲等现状,采用观看集团教育宣传片、培训交流、管理模式推广、劳动竞赛、文化活动、深度会谈、形象改造等,提出"付出汗水,干出业绩,活出精神,赢得尊重""办法总比困难多,战胜困难就是发展""一家人,一桌饭,一条心,一股劲""不苦不累不是力诺双虎人,不富不乐不愿做力诺双虎人"等思想,大得人心,统一了思想,高层领导取得了员工的信任,从而打造了很强的凝聚力。在短短半年时间里,员工精神面貌、企业形象、工作水平发生了天翻地覆的变化,很快便局部扭亏为盈;使有80年历史的老"双虎"焕发了新生机,在武汉成为一大亮点;企业文化的力量和价值在这里得到了充分体现,文化与利润、成长结合得非常紧密。

(资料来源:《中外企业文化》杂志)

讨论题

1. 你认为,力诺集团在企业文化建设方面有何特色?
2. 请结合案例,分析企业文化对企业发展有何意义。
3. 你认为什么样的企业文化会给企业发展带来巨大的推动作用?

企业文化建设的基本思路和方法

本章学习目标
1. 了解企业文化建设的含义和要求
2. 掌握企业文化盘点、设计与实施的内容
3. 掌握企业文化建设的心理机制
4. 理解企业文化建设中的若干辩证关系

企业文化建设,就是根据企业发展需要和企业文化的内在规律,在对企业现实文化进行分析评价的基础上,设计制定目标企业文化,并有计划、有组织、有步骤地加以实施,进行企业文化要素的维护、强化、变革和更新,不断增强企业文化竞争力的过程。

第一节 企业文化建设的内涵

一、企业文化建设是企业主动的组织行为

企业文化虽然是一种客观存在,但是人们可以通过发现、掌握和遵循企业文化发展变化的内在规律,来主动地改变和发展企业文化。企业文化建设,就是以企业为主体的一种主动把握企业文化发展变化方向和程度的组织行为,使企业文化从一种自然存在变为一种贯穿了企业意志的存在,即实现从自在到自觉的转变。

二、企业文化建设是企业发展战略的重要组成部分

这阐明了企业文化建设与企业生存发展之间的关系。企业文化与企业的生产、经营、服务等活动是密不可分的,如果将生产、经营、服务等活动比作人的体魄,则可以把企业文化比作人的气质。因此,企业文化建设不是孤立的企业行为,而是围绕企业最高目标(或长远目标)和发展战略的一种组织行为,是企业发展战略的重要组成部分。

三、企业文化建设的目的是增强企业的核心竞争力

根据第二章可知,企业文化是核心竞争力的主要来源。建设强大的优秀的企业文化,就是增加企业的竞争优势,积累企业的文化资本。因此,企业文化建设要始终从企业的核

心业务出发,着眼于增强企业的核心竞争力,努力促进企业全面协调可持续发展。

四、企业文化建设是一个持续不断的过程

这是由企业文化本身所具有的稳定性和连续性的特征所决定的。企业文化的发展变化不可能割裂历史,也不可能一步登天,而是一个连续的动态过程。进行企业文化建设,不能抱着急功近利、急于求成的思想,不能指望一蹴而就、毕其功于一役,而是要随着企业发展、社会进步不断地进行投入和努力。

第二节　企业文化建设的步骤

一、企业文化盘点

建设企业文化关键在于量体裁衣,建设适合本企业的文化体系,达到这一目标的大前提就是对企业文化的全面了解。所谓企业文化的盘点,就是对企业现有文化的一次调查和分析。当一个企业尚处在创业阶段时,需要了解创业者的企业目标定位,如果是已经发展了一段时间的企业,需要了解企业发展的现状、问题和员工广泛认同的理念。

常用的调研方法主要包括访谈法、问卷法、资料分析法、实地考察法等工作方法。可以自上而下、分层进行,也可以大规模一次进行,这取决于企业的规模和业务特点。企业文化的调研,需要全体员工的认真参与,因此,最好是在开展工作之前,由公司主要领导组织召开一次动员大会。在调研期间,可以采取一些辅助措施,比如,建立员工访谈室、开设员工建议专用信箱等,调动员工的积极性,增强参与意识。企业文化建设是全员的事情,只有员工乐于参与、献计献策,企业理念才能被更好地接受。

企业文化的调研要有针对性,内容主要围绕经营管理现状、企业发展前景、员工满意度和忠诚度、员工对企业理念的认同度几个方面。一些企业内部的资料往往能够反映出企业的文化,可以从企业历史资料、各种规章制度、重要文件、内部报刊、公司人员基本情况、先进个人材料、员工奖惩条例、相关媒体报道等方面获得有用信息。为了方便工作,最好列一个清单,将资料收集完整,以便日后查阅。

在企业文化的调研中,匿名问卷形式比较常用,它可以很好地反映企业文化的现状和员工对企业文化的认同度。我们可以根据需要设计问卷内容,设计原则是调查目标明确、区分度高、便于统计。有些价值观类型的调查,又不能让被调查者识破调查目的。比如,在分析员工价值取向的时候,可以提问:"如果再次选择职业,您主要考虑以下哪些方面?"然后列出工资、住房、个人发展等许多要素,规定最多选三个,经过结果统计,我们就不难发现员工普遍性的价值取向了。

调查研究重在研究。在一系列调研之后,需要对企业文化做深入分析,得出正确结论。分析集中在以下几个方面:①分析企业经营特点,搞清企业在行业中的地位和企业生产经营情况;②分析企业管理水平和特色,研究企业内部运行机制,重点分析企业管理思路、核心管理链、现有管理理念和主要弊端;③分析企业文化的建设情况,领导和员工对企业文化的重视程度,价值取向;④逐项分析企业文化各方面的内容,包括企业理念、企业风俗、人际关系、工作态度、员工行为规范等。

根据以上综合分析，就可以判断企业文化的目前状况，了解员工的基本素质，把握企业战略和企业文化的关系，分析企业急需解决的问题和未来发展的障碍，从而为下一步企业目标文化设计做好了准备。

二、企业文化设计

企业文化是一个包括理念层、制度行为层和符号层的有机整体。理念层的设计要本着历史性、社会性、个异性、群体性、前瞻性和可操作性等原则，制度行为层和符号层设计要本着与理念高度一致、系统完整和可操作性等原则。

企业文化设计中最重要的是企业理念体系设计，它决定了企业文化的整体效果，是设计的难点所在。理念体系一般来讲包括以下方面：企业愿景（或企业理想）、企业使命（或企业宗旨）、核心价值观（或企业信念）、企业哲学、经营理念、管理模式、企业精神、企业道德、企业作风（或工作作风）。制度行为层主要是为了贯彻企业理念，日常管理的每一项制度都是企业理念的具体表现。同时，有必要针对企业理念的特点制定一些独特的管理制度，这对形成企业文化的独特优势具有不可替代的作用。符号层设计包括企业标志、文化用品、工作用品、办公用品、纪念物品、传播载体设计等，核心是企业标志及其应用系统的设计，它们都要为传达企业理念服务。

企业理念是企业之魂，是企业永续发展的指南针。企业理念的各部分有着内在的逻辑关系，设计时需要保持内部一致性、系统性。企业愿景描述了企业的奋斗目标，回答了企业存在的理由；企业哲学是对企业内部动力和外部环境的哲学思考；核心价值观解释了企业的价值判断标准，是企业的一种集体信念；企业经营理念回答了企业持续经营的指导思想；企业精神体现了全体员工的精神风貌；企业作风和企业道德是对每一位员工的无形约束。这些内容相辅相成，构成一个完整的理念体系。

制度行为层的设计主要包括企业制度设计、企业风俗设计、员工行为规范设计，这些设计都要充分传达企业的理念。企业制度指工作制度、责任制度、特殊制度，这些制度既是企业有序运行的基础，也是塑造企业形象的关键。所谓特殊制度是指企业不同于其他企业的独特制度，它是企业管理风格的体现，比如，"五必访"制度，在员工结婚、生子、生病、退休、死亡时访问员工。企业风俗的设计也是不同于其他企业的标志之一，它是企业长期沿袭、约定俗成的典礼、仪式、习惯行为、节日、活动等。一些国外企业甚至把企业风俗宗教化，比如"松下教""本田教"。许多企业具有优秀的企业风俗，比如，平安保险公司每天清晨要唱《平安颂》；某公司每年举办一次"月亮节"，与员工家属联谊。员工行为规范主要包括仪表仪容、待人接物、岗位纪律、工作程序、素质修养等方面，好的行为规范应该具备简洁、易记、可操作、有针对性等特点。

符号层设计主要是指企业标志、名称及其应用。企业名称、标志如同人的姓名一样，是企业的代码。同方公司的名称来源于《诗经》的"有志者同方"，简明易记。标志是企业理念、企业精神的载体，企业可以通过标志来传播企业理念，公众也可以通过标志来加深对企业的印象。同时，企业标志出现的次数和频度，直接影响社会公众对该企业的认知和接受程度，一个熟悉的标志可以刺激消费欲望。如果把企业理念看成企业的"神"，那么标志就是企业的"形",它是直接面对客户的企业缩影,因此在设计和使用上要特别关注。

三、企业文化实施

企业文化的实施阶段,往往是企业的一次变革。通过这种变革,把企业的优良传统发扬光大,同时纠正企业存在的一些问题。最早提出组织变革过程理论的是勒温(Lewin)。该模型提出组织变革三部曲:解冻—变革—再冻结。模型反映了企业文化变革的基本规律。一般来讲,企业文化的变革与实施需要有导入、变革、制度化、评估总结等阶段。

导入阶段就是勒温模型的解冻期,这一阶段的主要任务是从思想上、组织上、氛围上做好企业文化变革的充分准备。在此阶段,要建立强有力的领导体制、高效的执行机制、全方位的传播机制等几方面机制,让企业所有成员认识到文化变革的到来。为了更好地完成这一阶段工作,可以建立领导小组、设立专项基金来落实和推动,在人力、物力上给予支持。

变革阶段是企业文化建设工作的关键,要全面开展企业文化理念层、制度行为层、符号层的建设,即进行由上而下的观念更新,建立健全企业的一般制度和特殊制度,形成企业风俗,做好企业符号层的设计与应用。这一阶段可谓一个完整的企业形象塑造工程,中心任务是价值观的形成和行为规范的落实,通常至少要一年的时间。

制度化阶段是企业文化变革的巩固阶段,该阶段的主要工作是总结企业文化建设过程中的经验和教训,将成熟的做法通过制度加以固化,建立起完整的企业文化体系。在这一阶段,企业文化变革将逐渐从突击性工作转变成企业的日常工作,领导小组的工作也将从宣传推动转变成组织监控。此阶段的主要任务是建立完善的企业文化制度,其中应包括企业文化考核制度、企业文化先进单位和个人表彰制度、企业文化传播制度、企业文化建设预算制度等。这一阶段常见的问题是新文化立足未稳、旧习惯卷土重来,尤其过去有过辉煌的企业,往往会自觉不自觉地坚持旧习惯,管理者对此要做好足够的思想准备。

评估总结阶段是企业文化建设阶段性的总结,在企业基本完成企业文化建设的主要工作之后,总结评估以前的工作,对今后的企业文化建设具有十分重要的作用。评估工作主要围绕我们事先制定的企业文化变革方案,检查变革是否达到预期效果,是否有助于企业绩效的改善提高。总结还包括对企业文化建设的反思,主要针对内外环境的变化,检查原有假设体系是否成立,具体的工作方法主要是现场考察、研讨会、座谈会、总结表彰会等。

第三节 企业文化建设的心理机制

企业文化作为微观文化氛围,构成了企业内部的心理环境,有力地影响和制约着企业干部员工的理想、追求、道德、感情和行为。一部分企业存在企业文化建设流于表面化、形式化的问题,主要是由于企业负责人不了解企业文化建设的心理机制。

一、运用心理定式

人的心理活动具有定式规律——前面一个比较强烈的心理活动,对于随后进行的心理活动的反应内容及反应趋势有影响。

企业文化建设的重要手段是干部和职工的培训。对新职工新干部的培训，心理定式的作用十分突出。怎样做一名新干部、新职工？应该具备什么样的思想、感情和作风？在他们头脑中还是一片空白。通过培训，不仅可以提高业务能力，更主要的是可以把企业的经营哲学、战略目标、价值观念、行为准则、道德规范以及优良传统，系统而详细地介绍给他们，并通过讨论、总结、实习，加深理解，形成先入为主的心理定式。这样，从他们成为新职工、新干部的第一天起，就开始形成与企业文化相协调的心理定式，对其今后的行为发挥指导和制约作用。

在老企业转型改造过程中，相应地要更新和改造原有的企业文化，首先要打破传统的心理定式，建立新定式。随着企业从单纯生产型向生产经营型转变，从计划型向市场导向型转变，从国内经营向全球竞争转变，企业的经营哲学、战略目标、价值观念和行为规范也必须相应改变。观念的转变绝非易事。企业主要负责人应率先转变观念，然后通过参观、学习、培训等多种方式，组织各级干部和全体职工理解掌握新的企业文化，形成新的心理定式。许多企业的实践表明，这种学习和培训是完全必要和富有成效的。

二、重视心理强化

强化，是使某种心理品质变得更牢固的手段。所谓强化，是指通过对一种行为的肯定或否定（奖励或惩罚），使行为得到重复或制止的过程。使人的行为重复发生的称为正强化，制止人的行为重复发生的称为负强化。

这种心理机制运用到企业文化建设上，就是及时表扬或奖励与企业文化相一致的言行，及时批评或惩罚与企业文化相悖的思想和行为，使奖励或惩罚尽量成为企业价值观的载体，使企业价值体系变成可见的、可感的现实因素。许多企业制定的管理规章、人力资源政策与制度，以及开展的诸如立功、五好评比、明星员工等活动，都发挥了良好的心理强化作用。

三、利用从众心理

从众，是在群体影响下放弃个人意见而与大家保持行为一致的心理行为。从众的前提是实际存在或想象存在的群体压力，它不同于行政压力，不具有直接的强制性或威胁性。一般来讲，重视社会评价、社会舆论的人，情绪敏感、顾虑重重的人，文化水平较低的人，性格随和的人，以及独立性差的人，从众心理较强。

在企业文化建设中，企业领导者应该动员一切舆论工具，大力宣传本厂的企业文化，主动利用从众心理，促成全厂职工行动上的一致，一旦这种行动一致局面初步形成，对个别后进职工就构成一种群体压力，促使他们改变初衷，与大多数职工一致起来，进而实现企业文化建设所需要的舆论与行动的良性循环。

许多企业通过网站、内刊等宣传手段，表扬好人好事，讲解规章制度，宣传企业精神，形成有利于企业文化建设的积极舆论和群体压力，促成职工从众，收到了较好效果。对于企业中局部存在的不正之风、不良风气、不正确舆论，则应该采取措施坚决制止，防止消极从众行为的发生。

四、培养认同心理

认同,是指个体将自己和另一个对象视为等同,引为同类,从而产生彼此密不可分的整体性感觉。初步的认同处于认知层次上,较深入的认同进入情绪认同层次,完全的认同则含有行动的成分。个体对他人、群体、组织的认同,使个体与这些对象融为一体、休戚与共。

为了建设优良企业文化,企业主要负责人获得全体员工的认同,是首要的任务。这要求企业负责人高屋建瓴,深谋远虑,办事公正,作风正派,以身作则,真诚坦率,待人热情,关心职工,善于沟通,具有民主精神。只要这样做了,广大员工自然会视之为良师益友,靠得住、信得过的"自家人"。员工的认同感一旦产生,就会心甘情愿地把企业负责人倡导的价值观念和行为规范,当作自己的价值观念、行为规范,从而形成所期望的企业文化。

同时,还应着重培养员工对企业的认同感。为此,企业负责人应树立群众观点、坚持群众路线,充分尊重员工的主人翁地位,真诚倾听群众呼声,吸收员工参与企业决策和其他管理活动。此外,应尽量使企业目标与个人目标协调一致,使企业利益与员工个人利益密切挂钩,并使员工全面深刻地认识到这种利益的一致性。久而久之,员工就会对企业产生强烈的认同,这是企业文化的真正基础。当然,另一重要措施是把企业的名牌产品、企业在社会上的良好形象、社会各界对企业产品和服务的良好评价,及时反馈给广大员工,激发他们的集体荣誉感和自豪感。对企业充满光荣感和自豪感的员工,必定对企业满怀热爱之情,总是站在企业的角度思考和行事,自觉维护企业的好传统好作风,使优秀的企业文化不断发展和完善。这是主人翁责任感的升华。

五、激发模仿心理

模仿,指个人受到社会刺激后而引起的一种按照别人行为的相似方式行动的倾向,它是社会生活中的一种常见的人际互动现象。

不言而喻,模仿是形成良好企业文化的一个重要心理机制。榜样是模仿的前提和根据。企业中的模范、英雄人物,是企业文化的人格化代表。全体员工对他们由钦佩、爱戴到模仿,也就是对企业文化的认同和实践过程。

企业的主要负责人,首先应该成为企业员工的心中偶像,自愿模仿的对象。身教胜于言教。作为企业文化的倡导者,领导者的一言一行都起着暗示和榜样作用。"耳听为虚,眼见为实",实际事件的意义对于个体观点的改变是极其重要的。美国一家航空公司的高级经理人员在圣诞节期间去帮助行李搬运员干活,已成为公司传统,并每年至少与全体员工聚会一次,直接交换意见,以实践"增进公司的大家庭感情"的经营哲学。日本三菱公司当时的总经理为了倡导"技术和销售两个车轮奔驰"的新经营理念,改变重技术轻销售的状况,亲自到零销店站柜台,宣传自家商品,听取顾客意见。这些领导者,不仅提出了整套的经营哲学,而且他们本人就是实践这些哲学的楷模。

企业通过大力表彰劳动模范、先进工作者、技术能手、模范人物、明星员工等,使他们的先进事迹及其体现的企业文化深入人心,可以在员工中激发出模仿心理。这是企业文化建设的有效途径。当然,树标兵应实事求是,力戒拔高作假,否则适得其反。

六、化解挫折心理

在企业生产经营活动中,上下级之间、同事之间总会发生一些矛盾和冲突,员工难免会在工作和生活中遇到各种困难挫折。这时,人们就会产生挫折心理。这种消极的心理状态,不利于个人积极性的提高,不利于员工的团结,不利于工作中的协同努力,不利于优良企业文化的形成。如何化解员工的挫折心理,是企业文化建设中应该予以注意的问题。

日本松下公司下属的各个企业,都有被称为"出气室"的精神健康室。当一个牢骚满腹的人走进"出气室",首先看到的是一排哈哈镜,逗人哈哈大笑一番后,接着出现的是几个象征老板、总经理、各位副总经理的塑像,旁边还放着数根木棍。如果来者对企业某方面工作有意见,怨气未消,可抄起木棍,把相应的企业负责人痛打一顿。最后是恳谈室,室内职员以极其热情的态度询问来者有什么不满或问题、意见和建议。企业虽不必照抄松下公司的做法,但可以借鉴其重视员工心理保健的管理思想。企业领导者可以通过家访、谈心、职代会等环节,征求员工对各级领导的批评和建议;通过开展深入细致的思想工作,解决矛盾,化解挫折心理,为企业文化建设创造和谐舒畅的心理环境。

只要根据企业实际,综合运用上述各种心理机制,我国企业文化建设就可以日益深入地开展起来,发挥出应有的巨大作用。

第四节 企业文化建设的辩证思考

企业文化热与其他"热"一样具有两重性,这一方面说明我国企业界、管理界和企业管理部门对企业文化高度重视,另一方面也有赶时髦、赶浪头,不扎实之处。再加上对企业文化内涵和外延的理解、对中华传统文化的认识、对外国文化的借鉴等许多问题上存在不同看法,不少企业在文化建设上难以深入。因此,管理者需要对企业文化建设进行辩证思考。

一、多与少

任何事物的发展,不平衡是绝对的,而平衡是相对的。我国企业文化建设也呈现出明显的不平衡性,主要表现为"三多三少"。

(1) 大中型企业重视的多,小微企业重视的少。多数大中型企业早已把企业文化建设列入议事日程,提出了目标文化模式,并不断采取措施加强建设。但在一些小微企业,有的没有企业文化表述,有的仅有企业精神,企业文化建设还未从自在的状态进入自觉的状态。

(2) 成功的企业重视的多,落后的企业重视的少。优秀企业往往都抓了企业文化建设,其中部分企业发挥了带头和示范作用。然而,一些落后企业,或亏损,或效益不好,或人心思走。它们陷入困境的原因很多,但管理水平低,凝聚力差,企业文化薄弱,几乎是通病。按理说,狠抓企业文化建设,改造落后的、劣性的文化,塑造振奋人心、具有号召力和凝聚力的崭新群体价值观,应该是企业走出困境的必要途径。但奇怪的是,许多落后企业只是忙于解决资金、原材料、能源、销售等具体生产经营问题,而无暇思考整个企业的总体战略和管理思想。企业文化建设的落后,既是企业落后的表现,也是落后的原因。

(3) 知识密集型企业重视的多,劳动密集型企业重视的少。很多高新技术企业虽然建立时间不长,但从筹建开始,负责人就把设计和培育企业文化作为一项战略工作去抓。信息、通信、电商、金融、精密制造、家电等知识密集企业,往往研发人员比例高,技术创新快,生产社会化程度高,企业文化建设的内在需求强烈,外界压力巨大,因此对企业文化建设较为重视。而在建筑、加工、零售、生活服务等一些劳动密集型企业,管理水平不高,对企业文化认识不足,投入不多。

这种"三多三少"具有一定的必然性,影响因素很多,其中根本性的因素是企业素质,特别是企业负责人的素质。要使一些小微企业、落后企业、劳动密集型企业实现管理上台阶,使它们的企业文化建设从"自在"状态进入"自觉"状态,首先就要通过培训、选聘、考核、激励等环节,提高企业领导人及全员的素质,除此之外无任何捷径可走。

二、党与政

在我国国有企业存在一个特殊的问题:党政二者之间,企业文化应该由谁来抓?组织领导上的倾向性,在不同企业差别很大。有的企业文化建设进展缓慢,原因是行政领导、业务经理重视不够。他们也不否认企业文化建设的必要性,但却只把它当作开展思想政治工作的一种方式,由党委系统、政工部门负责,而行政系统特别是各级经理对此不闻不问。这是一种很大的误解。

诚然,优秀的企业文化是陶冶员工思想情操的大熔炉,因而是新形势下思想政治工作的有力工具,但是它的意义远不止于此。企业文化首先是一种管理思想、管理模式,即把培养人、提高人的素质看作是治理企业的根本,把提高员工积极性和企业凝聚力,建设蓬勃向上的企业群体意识,看作增强企业活力的关键。

企业文化是企业两个文明建设的交汇点,是经济意义与文化意义的融合。它的理念层可以统一全企业的经营思想、追求目标和价值取向;制度行为层可以规范全体员工的行为作风,形成科学民主、爱岗敬业、求真务实、改革创新的风气,丰富和升华员工的业余文化生活;符号层可以提高企业的技术工艺水平,形成产品独具特色的风格,塑造企业的良好形象,从而增强企业的竞争力。以上多方面的综合效果,已远远超出思想政治工作的范畴。企业文化贯穿于企业全部活动,影响企业的全部工作,决定企业全员的精神风貌和整个企业的素质,它应该成为企业振兴的一把钥匙。

因此,企业文化建设应坚持党政齐抓共管,董事长、总经理应该亲自挂帅,把它当作企业经营管理的"牛鼻子"。

三、个性与共性

缺乏个性,是我国企业文化建设的一个普遍问题。企业文化的个性主要体现在其理念层,特别是核心价值观和企业精神。而许多企业在概括企业精神时往往是全面有余而个性不足,经常变成在团结、拼搏、求实、开拓、创新、严谨、勤奋、奋进等几个元素间排列组合。请看以下4个企业的企业精神:①团结、求实、奉献、开拓;②团结、振奋、开拓、奉献;③团结、务实、开拓、奋进;④团结、奉献、开拓、奋进。你能想到它们是4个不同行业,不同地区的企业吗？这种没有个性的企业精神,对员工也缺乏吸引力和凝聚力,不能给员工以亲切感和认同感。

"大一统"思想和"官本位"观念束缚了企业家对独立个性的追求,造成了企业文化个性的模糊和缺乏。然而,企业文化若没有个性,就没有吸引力,就没有生命力。为纠正企业文化"千企一面"的弊病,企业家应从"官本位""一刀切"的传统观念中解放出来,变"求同"思维为"求异"思维,不求全,但求新。大胆追求自己的个性,使企业文化独具特色。

在企业文化的概括方法上,也不是越抽象越好,因为越抽象越易失去个性。当然,如果抓住特点进行恰当的抽象,也不一定就表示不出个性。概括和抽象的方法可以千变万化,只要企业家执着地追求本企业的个性,总可以如愿以偿。

四、上墙与入心

目前我国企业文化建设中,另一个普遍问题是流于表面化。有些企业虽然墙上书写着醒目的企业精神,但当询问普通员工"企业精神是什么"时,他可能摇摇头表示不知道。至于企业愿景、企业哲学、发展战略等,则更难普及了。产生这种现象的原因很复杂。

有的企业负责人之所以搞企业文化,是出于从众心理,跟着先进企业走,但实际上并没有真正理解企业文化真谛。因此,只满足于口号上门、上墙,并没有下苦功夫,使之深入人心。这些企业,首先应转变企业负责人的思想,老总应从心底产生改变管理观念的内在需求——坚决从过去那种经验管理转变到现代科学管理或文化管理的轨道,坚决从过去那种"以生产为中心"或"以钱为中心"的管理转变到"以人为中心"的管理上来。

另一些企业负责人并不满足于口号上墙,他们也想把自己倡导的企业文化尽快转变成全体员工认可的群体意识,进一步化为自觉行动,但苦于找不到适当的方法。若想使企业家的追求变成全员的共同追求,使企业家的价值观念变成大家共同信奉的价值观念,使企业家提倡的行为准则变成每个人自觉的行为准则,一句话,使企业文化由上墙到入心,关键在于企业家应遵循心理学的规律,采取相应措施,一步一个脚印地在企业内部创造适宜的心理环境,使全体员工在感染熏陶中形成共识。

五、继承与创新

对一些历史悠久的老企业而言,如何处理继承与创新的关系,往往成为企业文化建设的拦路虎。

企业文化建设是一个文化积淀的过程,不能割断历史,而应尊重历史。正确的做法是,对过去的企业传统,要一分为二,取其精华,去其糟粕。其中的优良传统,应该成为未来文化的起点和基础。

但是,更重要的是创新。随着企业内外环境的变化,企业应该站在战略高度,展望未来,提出前瞻性的新价值观,引导企业在经营管理上,队伍建设上,开拓全新的局面。这样,企业文化就会常做常新,与时俱进,永远充满活力。

海尔、同仁堂、茅台集团在这方面为中国企业做出了榜样。美国的 IBM、GE、HP 等企业,也值得借鉴和学习。

六、以我为主与借鉴他人

企业文化与世界上一切事物一样,是共性和个性的统一。正因为有共性,所以企业之间可以互相借鉴;正因为有个性,所以企业之间不能互相照搬。

常言道,"人挪活,树挪死"。企业文化亦然。在我们向国内外优秀企业学习时,特别是向世界著名公司学习时,切不可盲目照搬。而应该像"嫁接"一样,把他人经验之枝,嫁接到本企业之干上。海尔公司把日本松下和美国GE公司的成功经验,一一借鉴过来,但是绝不照搬,而是保留了中国文化的底蕴,也保留了海尔自身的优良传统。因此,海尔文化是中国的,具有中国特性和中国气派,就像海尔主楼那样。同时,海尔文化又是世界的,具有全球化、信息化、知识化的特点,为全世界的企业所称赞。

七、求同与存异

在一些大型企业和企业集团,有许多二级、三级单位,甚至分散在全国全球。在长期的发展过程中,它们各自形成了自己的亚文化。在企业文化建设中,它们面临一个共同问题:求同与存异如何掌握?

这实际上是一致性与灵活性、主旋律与变奏曲的关系问题。毫无疑问,大型企业和企业集团,应该建设共同的文化,树立共同的形象。因此,保持内部文化的一致性是完全必要的,这就是坚持原则。但是,又要尊重各下属单位的文化差异性,这就是实事求是。具体做法:要求各个单位的企业愿景、核心价值观、企业精神、企业标志和基本制度保持一致。这样,企业才能维持统一的形象,统一的价值观主旋律,统一的制度框架。在此前提下,各单位可以保留自身亚文化中独特的观念、习惯和规范。在主旋律下的变奏曲,可以使音乐更富感染力;在一致性基础上的百花齐放,更显得春色满园,充满活力。

这就是"求大同"下的"存小异"。

复习题

1. 什么是企业文化建设?它有何重要意义?
2. 企业文化建设的主要步骤是什么?哪一步最为关键?
3. 如何进行企业文化盘点与设计?
4. 如何用运心理机制帮助企业文化建设顺利开展?
5. 如何运用模仿心理和从众心理进行企业文化建设?
6. 如何处理企业文化建设与思想政治工作的关系?
7. 谈谈你对企业文化建设中"求同"与"存异"的看法。

思考题

1. 如果让你设计你企业的文化,你该如何进行?
2. 企业文化建设的辩证思考与哲学的辩证法有何联系?

让全体员工认同创新理念

远大是长沙的一家民营企业,它把企业的研发中心、资产中心、服务中心迁到北京,为公司开拓新的发展机遇。认真回忆思考这些年走过的路,能取得一些成就,我觉得是由于在企业初创时,我们就打下了良好的基础,开始时什么都没有,但就给企业起名为远大,不仅意味着企业拒绝短期行为,还表明我们在成功面前不停步,永远追求企业大发展,对社会大贡献。我认为企业家的经营理念决定着企业是否能成功,也决定着能否真正具备国际竞争力。

1988年,我们兄弟创业时有3万块钱和十几张草图,以及一大堆幻想。我们缺少资本、没有人才,所以需要想新东西,于是我们开发了无压锅炉。1992年,研制开发了中国第一台"溴化锂吸收式冷温水机",后统称"直燃机"。到1996年,我们的产品做到了世界最大规模。

企业的不断发展,使我们意识到在技术上要有绝对的领先,仅有大厂是没用的。因此,我们在1996年开发出用网络控制产品的技术。1998年我们开始着力开发节能产品,我们的产品与国际上先进的产品相比可节省20%的能源,燃油燃气方面的产品在全世界有很好的销量。远大1998年进入美国市场,2001年在美法取得同行业第一的市场占有率。

这一系列的研发生产活动,激发了员工的积极性、成就感,使创新的理念逐渐为全体员工广泛认同。当这一理念成为整个企业的共同理念后,企业各方面的效率大幅度提高。但如果没有形成一种持续的文化,企业长远的发展将难以保证。

(作者为远大空调有限公司总裁张跃,原载《经济日报》)

讨论题

1. 远大集团的企业文化核心理念是什么?
2. 从总裁的一席话中,我们可以看出他最关心什么问题?
3. 结合你所在企业的情况,谈谈远大集团企业文化的可贵之处是什么。

企业文化诊断与测量

本章学习目标
1. 了解企业文化测量的意义与特点
2. 掌握企业文化测量的理论基础
3. 了解西方国家企业常用的测量维度
4. 了解东方国家企业常用的测量维度
5. 掌握企业文化测量量表的设计方法

企业文化作为企业组织的一种特性,它的内涵及影响企业的方式在一定时期内是可控的。实践表明,企业的每一次变革都将对现有文化产生影响,而现有文化也扮演着阻碍或推动变革的角色。因此,企业文化现状的诊断与测量,是了解、控制、管理甚至改变企业文化的基础工作,也是企业文化建设的一个关键环节。本章将介绍企业文化测量的特征、内容、工具以及过程。

第一节 企业文化测量的意义与特点

一、企业文化测量的意义

有效测量企业文化,是进行一切与企业文化相关的实践与研究的基础。它的意义体现在以下 3 个方面。

1. 为企业文化诊断提供工具

企业文化的核心是企业价值观。企业价值观是企业在生产、经营、管理活动中所体现的判别标准和价值取向,是一种主观性的状态。一些学者据此认为,对某个企业进行文化诊断的最佳方法是实地考察,采用观察、访谈甚至参与企业活动等方式来了解分析企业的文化内涵和状态。不过,这种"质"的诊断方法存在周期长、调查面窄(尤其对大企业而言)、不便于比较分析等不足。20 世纪 90 年代,"量"的诊断方法,即采用企业文化量表进行大规模施测的诊断方法逐渐兴起。它与"质"的诊断方法结合,既能保证文化诊断的全面性和科学性,又能反映出特定企业环境下的文化个异性。

事实上,从发展过程来看,企业文化研究走的是一条理论研究与应用研究相结合、定性研究与定量研究相结合的道路。20 世纪 80 年代中期,在对企业文化的概念和结构进行探讨之后,人们很快便提出用于企业文化测量、诊断和评估的模型,进而开发出一系列量表,从而实现企业文化进行可操作化的、定量化的深入诊断,并迅速应用于世界各地的企业。

2. 为企业文化变革提供依据

文化变革可分为两部分。首先,分析现有企业文化,弄清需要改变的方面,然后制定并实施文化变革策略。也就是说,先要找出主要的,特别是那些隐蔽的观念、信念、价值观和行为规则,以及由其所造成的那些限制企业发展的行为模式;然后了解其存在的理由,分析改变现状的成本或期望收益,最后进行企业文化变革。

其次,企业文化的变革是一个漫长而艰苦的过程,其间会遇到公司传统及某些利益团体的抵制。文化变革成功的关键是企业领导人及中高层管理人员观念的转变,自觉自动接受新的企业文化,同时能有意识地通过自身行为将企业核心价值观及原则渗透到员工中去。

要实现这种自觉性,新的企业文化必须既能对原有文化中的优秀因子继承发扬,又能针对企业面临的新环境突破创新,方能被人们接受。所以,对企业现有文化进行测量,全面调查企业成员的价值观和行为,提供可靠事实依据,是进行企业文化变革不可或缺的环节。

3. 为企业文化实证研究提供科学基础

企业文化测量的研究一直在试图解决一个问题:"企业文化到底是什么?"对此的争论从未停止过。例如,当我们在讨论企业文化时,往往指的是企业内人们所共享的价值观,在西方心理学传统中习惯于使用"风气"的概念来描述团体或组织成员所共享的信念,并且形成了相应的测量工具。于是当20世纪80年代企业文化兴起时,很多研究者也把组织风气与组织文化的概念混合使用。尽管这两个概念从问题的提出到内涵都不同,但由于组织文化测量研究的基础不够完善,很多人至今认为企业风气的测量即可替代企业文化的测量。从学术角度来看,企业文化测量的研究,实质是在为"企业文化"寻找管理学范畴的解释。

二、企业文化测量的特点

1. 客观性

测量的目的在于发现并精确地描述出客观存在的"真实"的企业文化。很多企业有明确的企业文化表述,但这些理念是否真正融入每个员工的行为取向中,是否客观存在于企业,则可以通过文化测量来得到验证。总之,企业文化测量是从员工认同实践的程度来衡量企业文化特征,而不只是简单地描述某种文化理念的内容。

2. 相对性

任何测量都应具备两个要素,即参照点和单位。参照点是计算的起点,参照点不统一,所代表的意义就不同,测量结果就无法比较。理想的参照点是绝对零点。单位是测量的基本要求,理想的单位应有确定的意义和相等的价值。然而,测量企业文化并不具备这样理想的两个条件,测量所得到的只是企业成员对企业文化特征的一个描述性序列。企业文化测量就是分析这种描述性序列的特征,再与其他企业文化的平均水平作比较,这种比较一般以类别或等级来表示。

3. 间接性

企业文化虽是一种内化的企业特性,但它可以通过生产经营活动中的各种行为表现出来。所以,企业文化测量是通过测量企业成员的行为特点来间接得到企业内在的价值观。

4. 个异性

每个企业都有自己特定的历史与外部环境,因此,企业文化具有个异性。测量中对文化个异性的反映深度取决于量表的设计,一个量表的测量维度划分得越细致,越能够反映出企业与众不同的文化细节和文化特征。

三、企业文化测量的范畴

企业文化的测量特征对测量工具的设计提出了具体要求,即企业文化到底测什么、如何测?前一问题要求给出一个可操作的企业文化概念,而后者则要求给出一个测量的维度框架,解决从哪几个维度来测量评价企业文化的问题。

一般认为,仅根据企业文化的三层次还不太容易进行测量,因此,还需要针对测量来界定一个可操作性的企业文化概念。目前应用中比较常见的定义,是由美国麻省理工学院教授沙因(Edgar H. Shien)在 1985 年提出的:"企业文化应该被视为一个独立而稳定的社会单位的一种特质。如果能够证明人们在解决企业内外部问题的过程中共享许多重要的经验,则可以假设:长久以来,这类共同经验已经使企业成员对周围的世界以及对他们所处的地位有了共同的看法。大量的共同经验将导致一个共同的价值观,而这个共同价值观必须经过足够的时间,才能被视为理所当然而不知不觉。"

这个概念的本质就是企业的共同价值观与基本假设,也就是把企业文化的测量界定在企业的理念层。目前大多数的测量量表都是以企业价值观与基本假设作为测量对象,在 10 套国际上常用的企业文化测量工具中,有 3 套测量企业员工行为特征(如 FCA 量表),其余 7 套则测量企业价值观与基本假设(如 DOCS 量表),其中有两套量表测量内容包括价值观和企业管理特征(如 VSM94 量表)。

第二节 企业文化测量的理论基础

企业文化测量的研究,大致可以分为两类:一类是关于不同组织文化差异的比较研究,著名的如霍夫斯泰德(Hofstede,1991)对丹麦、荷兰 20 个不同组织所做的比较研究,这类研究重点在于寻找并分析组织文化在哪些方面会出现显著的差异,从而做出经验性的结论。另一类研究则关注组织文化的本质特征,从它对组织行为的影响机制入手来设计组织文化的度量模型。这需要一个理论框架(framework)来支持。目前看,这些研究的理论框架更多的从人类学或社会学的角度来考虑,如沙因(Schien)、克拉克洪(Kluchhohn)等。下面介绍一些典型的企业文化测量理论。

一、沙因的组织文化理论框架

如第一章第五节所述,在企业文化领域中,沙因率先提出文化本质的概念,对其构成因素进行了分析,并对文化的形成、文化的间化过程提出了独创的见解。他综合前人对文化比较的研究成果,认为组织文化是组织深层的特质,根植于组织一切活动的底部。他把组织文化的本质分成以下5个方面:(1)自然和人的关系。(2)现实和真实的本质。(3)人性的本质。(4)人类活动的本质。(5)人际关系的本质。

沙因认为,理解以上本质有助于解决企业的两大问题:内部管理整合和外部环境适应。所谓内部管理整合,是指为保证企业长期生存和发展,员工、组织、制度之间的协调与管理特征。所谓外部环境适应,是指为求得在外部环境中的生存和发展所表现出的对外部环境的适应特征。他指出,企业文化的诊断与变革都要紧紧围绕这两方面来展开。

二、奎因和卡梅伦的竞争性文化价值模型

竞争价值模型从文化的角度考虑影响企业效率的关键问题。例如,企业中哪些因素影响着效率?企业的效率由哪些因素来体现?人们在判断效率高低时心里有没有明确的判定标准?对此,美国学者奎因(Quinn)和卡梅伦(Cameron)在前人研究的基础上提出竞争性文化价值模型,认为组织弹性—稳定性、外部导向—内部导向这两个维度能够有效地衡量出企业文化的差异对企业效率的影响(图4-1)。目前该模型在企业文化测量诊断方面的影响日渐增强。

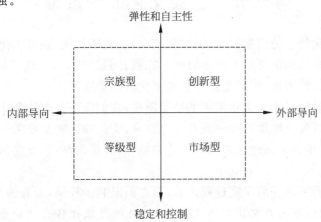

图 4-1 奎因和卡梅伦的竞争性文化价值模型

(资料来源:Diagnosing and Changing Organizational Culture: The Competing Values Framework, Kim S. Cameron & Robert E. Quinn, 1998.)

竞争性文化价值模型提出,在"组织弹性—稳定性""外部导向—内部导向"2个维度的基础上可以派生出4个象限:等级型文化、市场型文化、宗族型文化和创新型文化。

(1)等级型文化。指具有规范的、结构化的工作场所以及程序式的工作方式。企业领导在其中扮演协调者、控制者的角色,重视企业的和谐运作。人们更关心企业长远的稳定,尽量避免未来的不确定性,习惯于遵守企业中的各种制度和规范。这类企业著名的有麦当劳、福特汽车等。

(2)市场型文化。所谓市场型,并非以企业与市场的衔接紧密来判定,而是指企业的运作方式和市场一致。这类企业的核心价值观在于强调竞争力和生产率,更关注外部环境变化,例如供应商、顾客、合作人、授权人、政策制定者、商业联合会等。在该文化环境

下，人们时刻以警惕的眼光看待外部环境，认为市场中充满敌意，顾客百般挑剔。企业要在市场中生存，只有不断提升自己的竞争优势。因此，市场型文化中往往有一个明确的发展目标和主动进攻的战略姿态。通用电气、飞利浦等企业即属于这类文化。

（3）宗族型文化。有着共同的目标和价值观，讲究和谐、参与和个性自由，这类企业更像是家庭组织的延伸。宗族型文化的一个基本观点是外部环境能够通过团队的力量来控制，而顾客则是最好的工作伙伴。日本很多企业属于这一类型，它们认为企业存在的重要目的在于提供一个人文的工作环境，而管理的主要内容则只是如何来激发员工的热情，如何为员工提供民主参与的机会。一般而言，这类企业员工的忠诚度较高。

（4）创新型文化。创新型文化是知识经济时代的产物，它在具有高度不确定性、快节奏的外部环境中应运而生。创新型文化的基本观点认为，创新与尝试引领成功。为了明天的竞争优势企业要不断地创造出新思维、新方法和新产品，而管理的主要内容就是推动创新。在这类企业中，项目团队是主要的工作方式，组织结构时刻随着项目的变化而改变。创新型文化主要存在于软件开发、咨询、航空、影视行业中，例如苹果公司文化。

第三节 企业文化的测量维度

影响企业文化特征的因素很多，例如民族文化、地域文化、制度文化等因素，甚至企业的类型、规模、生命周期都将产生重要影响。在设计量表时，需要选择能够反映不同企业之间文化差异的关键因素，也就是设计企业文化的测量维度。

测量维度的设计是企业文化量表的精髓所在，我们需要分析从哪些方面来测量、描述和评价企业文化特征。维度选择一般有3个要求：①能够反映企业文化特征，这是最基本的要求；②能够度量出不同企业之间的文化差别，具有代表性；③维度相互独立，满足统计检验的要求。

从企业文化测量维度的研究过程来看，西方国家起步较早，而我国及东亚的研究不过只有10多年时间。东西方文化的巨大差异，也必然反映在各自的企业文化中（表4-1）。下面分别介绍东西方常用的企业文化测量维度。

表4-1 东西方企业文化差异

项目	东方企业文化特征	西方企业文化特征
人性假设	人性本善	人性本恶
利益观念	重义轻利，看重声誉和面子	金钱是衡量一切的标准
沟通方式	内在含蓄的	外在直露的
人际交往	被动的接近	主动的接近
教育培训	集中控制	分散活动
信仰	无神论（多神论）	一神论（上帝）
思维方式	综合性（中庸之道）	强调技术和分析手段
目标	群体的协调	个人的发展

一、西方国家企业常用的测量维度

1. 霍夫斯泰德的组织文化测量维度

荷兰学者霍夫斯泰德(Hofstede)是最早进行企业文化测量维度研究的学者。在对北欧多家企业的实证研究基础上,他把组织文化的测量维度分为三个层次:价值观层、管理行为层和制度层。

(1) 价值观层三维度:
- 职业安全意识
- 对工作的关注
- 对权力的需求

(2) 管理行为层六维度:
- 过程导向—结果导向
- 员工导向—工作导向
- 社区化—专业化
- 开放系统—封闭系统
- 控制松散—控制严密
- 注重实效—注重标准与规范

(3) 制度层一维度
- 发展晋升—解雇机制

霍夫斯泰德关于组织文化的测量维度理论源于他早期提出的国家文化理论。在国家文化理论中,他把不同国家之间的文化用"权力差距""不确定性规避""个人主义—集体主义""男性主义—女性主义""长远—短期取向"五个维度来衡量,这些国家文化维度在他的组织文化测量维度中都有所反映。例如"职业安全意识"维度,指员工对工作稳定性的需求状况,即反映了"不确定性规避";"对权力的需求"维度,指员工对权威的认同方式,即反映了企业内部"权力差距"。

在霍夫斯泰德的组织文化测量维度理论基础上发展出来的 VSM94 量表(Value Survey Module 94)在西方企业界得到了广泛的应用。

2. 丹尼森的组织文化测量维度

瑞士学者丹尼森(Denison)的组织文化维度是对竞争性文化价值模型的进一步拓展。他认为,从"组织弹性—稳定性""外部导向—内部导向"这两个维度出发,可以把企业文化的内涵进一步分为四个模块:人的特性模块、基本价值观模块、环境适应性模块和企业使命模块。

(1) 人的特性模块
- 授权:企业成员进行自主工作的授权状况,它是责任感的源泉。
- 团队导向:依靠团队的力量来实现共同目标的意识。
- 能力开发:企业用于员工技能成长、素质开发的投入状况。

(2) 基本价值观模块
- 核心价值观:企业成员共享的、特有的价值观和信念体系。

- 一致性:企业成员达成一致观念的难易程度,尤其指在遇到冲突时。
- 和谐:企业不同部门之间为共同目标而相互协作的状况。

(3) 环境适应模块
- 应变能力:企业对环境变化能够迅速采取变革措施并顺利实现。
- 关注顾客:对顾客兴趣的把握以及对顾客需求的迅速反馈。
- 组织学习:企业从内外部环境中接收、内化、传播知识与经验,并迅速进行创新,创造新知识的能力。

(4) 企业使命模块
- 企业愿景:企业所有成员共享的对企业未来发展的看法。它是核心价值观的外化,是企业凝聚人心的重要因素。
- 战略导向/意图:对如何实现企业愿景所进行的战略规划,包括明确的企业战略以及每个成员为实现目标所需付出的努力。
- 企业目标:为实现企业愿景、战略而设定的一系列阶段性目标。

3. 奥赖利和查特曼的组织文化测量维度

美国学者奥赖利(O'Reilly)和查特曼(Chatman)提出,组织文化测量维度既要能反映组织文化的特性,又要求能够反映出组织成员对组织文化的偏好程度。通过采用 Q-Sorted 的研究方法,他们提出衡量组织文化的 8 个维度。

- 创新维度
- 稳定性维度
- 相互尊重维度
- 结果导向维度
- 注重细节维度
- 团队导向维度
- 进取性维度
- 决策性维度

这里简单介绍一下 Q-Sorted 分类法。奥赖利和查特曼先设计出 54 条组织文化/价值观的陈述,再把这 54 条陈述语句从最符合组织文化特点到最不符合组织文化特点进行不同程度的分类,具体的分类办法是:

$$2—4—6—9—12—9—6—4—2 \quad (共54条)$$
最符合 <——————————————————> 最不符合

这样通过对组织成员的大规模施测,就能了解人们对组织文化的偏好程度。

二、东方国家企业常用的测量维度

企业文化理论与文化管理理论引入中国以后,国内关于组织文化的研究迅速发展,逐渐形成了具有自己特色的文化管理研究体系。然而在企业文化度量的规范性上,现有的研究与西方还有差距。国内对于企业文化维度模型尚缺乏充分的创新性研究,尤其是实证方面的创新。因此,对企业文化内涵的深入研究,提供适合中国企业特点的理论框架和测量维度模型显得尤为急切。

中国文化与西方文化存在着基本假设与基本信念上的差别,这直接影响着中国企业文化的特质。西方学者在解释东亚经济发展的特性时,大多以儒家伦理为基础,认为儒家思想包含了一套可引发人们努力工作的价值观系统,形成一种良好的工作伦理,进而提升生产力,促进整个社会经济的快速发展。卡恩(Kahn)的后儒家学说指出儒家文化有以下四种特质:①家庭中的社会化方式促成个体的沉着节制、努力学习,并重视工作、家庭与责任;②具有团体协作的倾向;③阶层意识,认为等级的存在理所当然;④人际关系具有互补性。

所以,目前可以看到的具有东方文化特征的企业文化测量维度都是儒家思想与现代企业管理思想的结晶。常用的维度包括:

1. 领导风格

指企业中上级指挥、监督、协调、管理下属的方式。在儒家文化中,领导代表着权威,命令、控制与协调是领导的主要特征,其内涵与西方的领导理论有着很大的差异。是"领导者"还是"管理者"?这一基本假设将对企业文化产生重要影响。

2. 能力绩效导向

能力导向就是能者得其职,通过职位向内外开放和职位竞争,使得有能力的人走向关键职位和核心职位。当然,有能力的人并不意味着他的潜在工作能力就会自动转化为工作业绩。工作业绩导向,即薪酬制度的设计、激励制度的构建,要和个人的工作业绩考核挂钩。只有建立一个基于能力和绩效为导向的激励制度,才可能真正形成强大的工作动力,推动组织整体发展战略目标的实现。

3. 人际和谐

讲究和谐的人际关系,是东方国家企业文化的一个重要特征。"家和万事兴",道出人际关系在人们工作中的重要作用。个人与个人、个人与群体、群体与群体都需要传递和交流情感、思想、信息,和谐的人际关系是成功的关键。但现实生活中,人与人之间的沟通往往会有障碍,而一旦逾越这条鸿沟,人们的工作效率和竞争力都会大大提高。

4. 科学求真

讲求科学、求真务实的精神,指不做表面文章、实事求是。在工作中尽量相信统计数据,运用科学方法,强调量化分析,通过系统实证的方式来达到一种客观的标准,而不仅仅依靠直觉来判断。一般来讲,在工程师文化的企业中,往往凸显出这种科学求真的价值观。

5. 凝聚力

凝聚力是衡量企业成员为实现企业目标而相互合作的程度,它是员工对企业表现出来的向心力。凝聚力大小,反映了企业成员相互作用力的大小。凝聚力越强,企业成员之间的关系越融洽,企业的整体目标和员工个体目标越容易实现。加强成员的沟通、树立共同的理想以及适当的激励机制,对增强企业凝聚力至关重要。企业凝聚力是企业文化建设成功与否的一个重要标志。

6. 正直诚信

正直诚信是企业中一项重要的品质。不徇私舞弊,不靠关系走后门,任人唯贤,重视培养正直诚信的风气。在这种文化中,强调服务与奉献,人们相互尊重,信守承诺,法必守,言必行。在这种价值观影响下,企业会有诚实纳税、不拿回扣、不送礼、不搞小团体等行为特点,也会有严密的组织检查机构。

7. 顾客导向

顾客的需要是企业存在的前提。顾客导向是重要的营销理念,它贯穿于企业的生产、运营、管理等各个方面。这种企业非常强调顾客的兴趣和观点,企业的环境分析、市场研究、经营决策、战略战术、生产制造、销售和服务都以顾客作为出发点,从而建立围绕顾客的业务体系。

8. 卓越创新

追求卓越、开拓创新的精神日益得到社会的倡导。在企业中具有首创精神的员工也越来越受到任用。在这种价值观影响下,员工有强烈的自我超越的意识和求胜意识,在工作中积极负责,自我要求严格,以期望达到一流的业绩标准。而企业是员工相互竞争、不断成长的舞台,坚持优胜劣汰、不断改善、精益求精,从而使得产品技术持续创新、始终领先。这种价值观在高科技企业中尤为常见。

9. 组织学习

组织学习是一个持续的过程,是组织通过各种途径和方式,不断地获取知识、在组织内传递知识并创造新知,以增强组织自身能力,带来行为或绩效的改善的过程。学习能力的强弱,决定了企业在经营活动中所增值的知识的多少。创建学习型企业是一项系统工程,它至少由四部分构成:观念、组织学习机制、组织学习促进与保障机制以及行动。学习型文化对于保持企业活力和可持续发展来讲是必不可少的。

10. 使命与战略

企业使命或者企业宗旨,指企业现在与将来从事哪些事业活动,以及应该成为什么性质和类型的企业。而战略指对如何实现企业愿景所进行的战略规划,包括明确的企业战略以及每个成员为实现目标所需付出的努力。企业使命奠定了企业文化的基调,而企业战略目标的制定则必须充分考虑企业文化的支持性。

11. 团队精神

一个好的企业,首先应是一个团队。一个团队要有鲜明的团队精神。企业的发展以及个人的自我价值实现,都有赖于人们之间的相互协作。一群人戮力同心,集合团队成员之心之智之力,共同创造一项事业,其产生的群体智慧将远远高于个人智慧。如果没有人们在企业运行中的相互协作,没有团队精神,企业就不可能高效益发展,也就不会有企业中每个人的自我价值的实现。所以,协作与团队精神是企业文化的重要基本点。

12. 发展意识

发展意识指人们对企业未来发展前景的认识和态度。员工的发展意识是企业前进的原动力。与发展意识紧密相连的是危机感。在市场竞争中,必须让员工清楚企业所面临的机遇和挑战,企业自身的优势和不足,从而激发员工的危机感和紧迫感,使人们自动自觉地思考企业未来的发展问题,永远前进,永不满足。

13. 社会责任

企业的社会责任,是指企业在谋求自身利益的同时,必须采取保护和增加社会利益的行为。企业作为社会物质生产的主要部门和物质文化的创造者,担负着为公众提供物质产品和服务的责任,它通过营利来繁荣社会的物质生活,这是企业不可推卸的责任。企业对社会责任负责与否,直接影响到企业形象和声誉。为了利润最大化而忽视社会责任或损害社会利益的行为,都只能导致企业失去公众的信任和支持。恪尽社会责任,协调好社会责任与经济责任之间的关系,是企业文化的一项重要内容。

14. 文化认同

文化认同指企业文化所提倡的价值观、行为规范、标识在员工中得到认同的程度。员工一旦认同了企业文化,将自觉地通过行为来维系这种文化,从而使管理由一种强制性的制度约束变成非强制性的文化导向。所以,企业文化建设强调的是"认同",只有形成了广大员工的共同价值观才能形成企业文化。从这个意义上讲,企业文化的核心就在于"认同"。

第四节 企业文化测量量表的设计

经过企业文化测量维度设计之后,即可编制测量表。量表是一种简单快捷的获取信息的方法。测量人员把标准化量表发给员工,员工通过填写问卷来描述其工作环境中的价值观、基本假设、行为方式、组织承诺等方面的信息。

企业文化量表通常包括两种形式的问题,一种是采用标准化里克量表形式,针对各个维度设计价值观及管理行为特点方面的条目,让测试对象按企业实际情况的符合程度进行打分评价;另一种是提一些简单的开放性的问题让员工进行回答,例如"请描述你所在团队的最提倡/反对的行为"之类的问题。这两种不同的提问方式所获取的信息重点不尽相同,它们各有优缺点。在实际运用中,有效量表都是由这两类问题有机组合而成。

量表的设计首先要根据企业的特点,建立相应的测量维度,再针对各个测量维度编制测量题目。在编制题目的过程中,需要注意几点:

(1) 编制题目时既要参考管理专家现有的资料,又要听取企业相关工作者的建议,以便编写出最能反映企业文化本质特征的题目。

(2) 每个维度的测量题目在 6~8 个,数量太少难以反映该维度的特征,而数量太多则容易发生内涵重叠的情况,难以通过统计检验。

(3) 题目的表达务求准确、直白,避免使用容易引起思考混乱和理解歧义的词语和句型,也应该尽量避免使用生僻的专业词汇。当调查对象的文化水平不高时,应该力求使用最简单的表达方式。

(4) 开放式问题不宜太多,要选取最具代表性的问题。

例如下面这份企业文化量表样本。

蓝天电子设备公司企业文化量表

××年××月

一、**基本情况**。(请在您认为合适的选项前画"√")

1. 性别:A. 男　　B. 女
2. 年龄:A. 20~25　B. 25~30　C. 30~35　D. 35~45　E. 45 以上

3. 文化程度：A. 高中以下　B. 高中和中专　C. 大专　D. 本科
　　　　　　E. 研究生及研究生以上
4. 工作类别：A. 营销人员　B. 研发人员　C. 一般管理人员　D. 财务人员
　　　　　　E. 后勤服务人员　F. 生产人员
5. 在公司的时间：A. 1~2年　B. 3~5年　C. 6~10年　D. 10~15年
　　　　　　　　E. 15年以上
6. 专业技术职称：A. 高级　B. 中级　C. 初级　D. 其他

二、**请回答下列各项问题**。每个问题都反映出你所在的组织的某种状况的真实程度。

	问　　题	极不同意	不同意	有点同意	同意	非常同意
1	公司鼓励员工创新发明，并给予适当的支持与奖励。	1	2	3	4	5
2	在公司里，团队合作的意识强，人们相互之间能够理解支持。	1	2	3	4	5
3	在公司里，人们对自己的工作都高度负责。	1	2	3	4	5
4	在公司里，个人或团队有权根据需要修改他们的目标。	1	2	3	4	5
5	在公司里，不同部门之间的交流充分，彼此协作。	1	2	3	4	5
6	在公司里，员工素质的开发被视为企业竞争力的重要内容。	1	2	3	4	5
7	在公司里，员工一视同仁，相互平等，相互尊重。	1	2	3	4	5
8	在公司里，收入差距能够很好地反映出业绩水平的高低。	1	2	3	4	5
9	在公司里，鼓励员工把顾客的观点融入工作决策中。	1	2	3	4	5
10	在公司里，人们重视权威，遵从权威人物的领导。	1	2	3	4	5
11	在公司里，人们重视人情关系，甚至不惜破坏制度。	1	2	3	4	5
12	在公司里，人们重视对历史传统的维护。	1	2	3	4	5
13	在公司里，具有冒险精神的员工能够得到上司的赏识。	1	2	3	4	5
14	在公司里，强调客观标准，习惯用数据和事实说话。	1	2	3	4	5
15	在公司里，赏罚公正公平，很少有幕后操作现象。	1	2	3	4	5
16	在公司里，制度规范建设完善，人们习惯按照制度办事。	1	2	3	4	5
17	在公司里，以市场需求为导向的观念深入人心。	1	2	3	4	5
18	在公司里，人们认为长远的成功比短期行为更重要。	1	2	3	4	5
19	在公司里，人们相信"行胜于言"，反对浮夸和表面文章。	1	2	3	4	5
20	在公司里，上级能充分考虑下属的观点和建议。	1	2	3	4	5
21	在公司里，人们重视和谐的人际关系建设，抵制小帮派。	1	2	3	4	5
22	在公司里，人们认为顾客满意是产品和服务的最终评价标准。	1	2	3	4	5
23	在公司里，与个人品德相比，工作能力是人们最看重的因素。	1	2	3	4	5

续表

	问题	极不同意	不同意	有点同意	同意	非常同意
24	在公司里,无视企业共同价值观的行为将会受到指责。	1	2	3	4	5
25	在公司里,发生工作冲突时人们会去寻找双赢的解决方案。	1	2	3	4	5
26	在公司里,鼓励员工从自身及他人的经验教训中学习。	1	2	3	4	5
27	在公司里,企业精神和宗旨深入人心,并变成员工的行动。	1	2	3	4	5
28	在公司里,人们清楚企业未来的发展前景,充满信心。	1	2	3	4	5
29	在公司里,领导者能够率先示范,积极倡导企业精神和宗旨。	1	2	3	4	5
30	在追求利润的同时,公司重视自己的社会责任和企业形象。	1	2	3	4	5
31	在公司里,人们把学习作为日常工作的一项重要内容。	1	2	3	4	5
32	在公司里,鼓励员工从全局和整体的角度考虑问题。	1	2	3	4	5

三、请简要回答下面三个问题。

1. 您认为在公司里,人们最提倡的观念和行为有哪些?

　

　

2. 您认为在公司里,人们最反感的观念和行为有哪些?

　

　

3. 您认为公司在管理中存在哪些弊病?请谈谈您的改进建议。

　

　

企业文化测量的重点是企业共同价值观与基本假设,也包括企业的管理行为和制度特征,具有客观性、相对性、间接性、个异性等特点。企业文化测量的核心是编制企业文化量表,量表的表达力求准确、简单、直白,避免采用生僻词汇和复杂句型。文化测量是进行企业文化建设的基础性工作,也是进行一切与企业文化相关的实践与研究之基础。

复习题

1. 为什么把企业共同价值观和基本假设作为企业文化测量的主要内容?
2. 西方企业常用的测量维度的特点有哪些?
3. 沙因的组织文化理论框架是什么?
4. 奎因的竞争性文化价值模型是什么?应如何利用?
5. 适宜我国企业进行企业文化测量的维度有哪些?

6. 企业文化量表的设计需要注意哪些问题？
7. 您能够如何测量您所在企业的企业文化？

思考题

1. 如果让你来设计企业文化测量量表，你会设计哪些主要维度？
2. 谈谈你如何看待企业文化的可测量性。

东方能源公司企业文化测量

东方能源公司是一家大型的集能源、化工、贸易、工程技术为一体的综合性工业集团公司。1998年起，集团公司内部进行大规模资产重组和改制上市，经过分开、分流和分离，2000年成立股份有限公司，并于年底实现股票在香港上市。由于集团公司生存条件发生巨大了变化，企业内外部环境日趋复杂，竞争日益激烈，不确定性因素增多，企业领导层决定实施一系列变革措施，其中一项重要内容为企业文化变革。为此，公司责成企业文化部在近期内提交一份企业文化变革实施建议书。

部长杨卓在东方能源公司工作已近20余年，对公司几十年来的发展了若指掌，他深信此次的企业文化变革是适应集团公司发展战略之必须。"我们首先要对集团公司现有的文化材料进行盘点，然后再决定需要干什么"，杨卓的脑海里渐渐形成了一个计划。

1. 东方能源公司企业文化的宏观描述

东方能源公司在新中国成立伊始，白手起家，克服一个个困难，几乎用"手拉肩扛"，为新中国实现能源自给立下卓著功勋，形成了光荣的企业传统和丰富的文化内涵。主要有：

（1）形成了"艰苦奋斗，爱国创业"的八字企业精神；

（2）涌现出许多在全国产生巨大影响的英雄人物和先进集体；

（3）形成了独特的"五过硬"企业作风和"有红旗就扛，有排头就站"的进取意识；

（4）形成了"一切为了祖国富强"的共同理想和人生价值观；

（5）拥有良好的业绩形象和实力形象，曾经荣获权威杂志"年度最佳交易股票""中国最佳新上市公司"等荣誉。

2. 所处行业文化特征描述

能源行业几十年的文化底蕴对东方能源公司的影响深刻。首先，能源行业所体现出的民族文化特征明显："以仁化人，以道教人，以德立人"，重视思想教育，重人伦；"天人合一"，讲伦理道德，强调整体意识和大局观；"重义轻利"，社会责任感强，有强烈的为国争光、为民族争气、自立自强的进取意识。其次，能源行业中的准军事化作风影响：使命感强，纪律严明，崇尚艰苦奋斗、集体主义的精神。最后，由于整个能源行业也受到改革体制、转换机制的大环境影响，带有深刻的时代精神烙印，商品经济意识、灵活经营意识、市场竞争意识和效益意识正在复苏,呈现出价值观多元化的倾向。总而言之,整个行业中民主意识与家长制观念并存,个性发展与大一统观念并存,创新、竞争意识与中庸保守之道并存,改革开放意识与封闭保守意识并存,法制观念与人治现象并存,效率观念与平均主义思想并存,现代经济利益与重义轻利的思想并存,企业家精神与重仕轻商观念并存。

3. 东方能源公司企业文化测量

为了更全面深入地了解集团公司的企业文化状况,杨卓专门组织一次企业文化问卷调查,共发出问卷1000份,回收有效问卷961份,样本覆盖了集团公司所属能源生产、加工、运输、销售、科研、事业等各类企业17家,调查对象包括工人(35%)、各级管理干部(35%)、科研人员(20%)、后勤、事业、服务人员(10%)。问卷采用标准化问题与开放式问题相结合的办法,设计单选题33道,多选题9道,开放式问答3道。整个调查问卷的结构如下:

- 企业员工对企业文化更新的需求;
- 员工对企业形象的认同;
- 企业理念需要更新的内容;
- 企业理念的宣传;
- 员工对企业理念的认可;
- 员工对企业的忠诚度;
- 员工对企业改进的期望;
- 企业的制度制定与执行状况;
- 员工对企业的信心;
- 员工积极主动性的发挥状况;
- 员工培训与素质提高状况;
- 企业民主管理与民主参与状况;
- 决策与协调状况;
- 企业创新意识;
- 组织风气状况;
- 企业文化建设状况。

以下为调查问卷当中的一些题目:

■ 您认为本单位的企业民主作风、民主管理的工作:1.很好;2.良好;3.一般;4.较差
■ 您认同下面哪些观点?(多选题)
  (1)成本控制是企业成功的关键;
  (2)培养国际化视野是走向世界的前提;
  (3)诚实守信是企业经营之本;
  (4)学习与创新是应对入世后国际竞争环境的根本手段。
■ 您认为现有的企业精神哪些需要继承下来并进一步发扬?(开放式问题)

4. 东方能源公司企业文化测量结果分析

所有的问卷结果都采用百分数的方式进行分析。例如:"您认为当前制约东方能源公司经济效益提高的主要原因是:1.管理理念落后;2.体制机制僵化;3.发展战略不明确;

4. 人才流失严重。"

结果显示为：

管理理念落后	体制机制僵化	发展战略不明	人才流失严重
48.6%	19.5%	11.8%	20.1%

经过分析，杨卓认为，他已经初步得到了东方能源公司企业文化的大致特征：

(1) 文化变革优势

■ 有着优良的文化传统，企业精神至今影响深刻；

■ 员工对企业的忠诚度高，士气高昂，凝聚力强，关注企业发展；

■ 组织风气正，先锋模范作用明显，民主作风、民族管理状况较好，制度执行比较彻底；

■ 员工思想素质高，自律意识强，积极上进；

■ 员工愿意从事创造性工作；

■ 员工有更新理念的意识和需要；

■ 企业正在处于转型期，有利于人们建立文化变革的心理准备。

(2) 文化变革劣势

■ 企业形象、标志的认同感差；

■ 员工对企业以人为本、规范管理方面并不满意，对福利待遇不满；

■ 企业理念相对落后，时代感不足，市场意识、效率意识、质量意识、创新意识不足；

■ 存在粗放管理、成本过高的现象；

■ 员工积极主动性没有得到充分发挥；

■ 企业战略和经营理念的沟通不够；

■ 存在企业文化与企业管理机制的冲突。

至此，杨卓长长地吐了口气，明天终于可以动手写集团公司企业文化变革建议书了。

讨论题

1. 对于这样一家大型国有企业，你认为应该从哪些维度来分析东方能源公司的企业文化？你认为杨卓的测量维度和测量题目的设计合理吗？

2. 如果你是东方能源公司企业文化部成员，你会就企业文化测量这项工作对部长杨卓提出哪些建议？

企业文化设计原理

本章学习目标
1. 掌握企业文化设计原则
2. 掌握企业文化设计的关键环节
3. 掌握企业文化设计的常用技术

企业文化设计的实质是构建企业的目标文化模式或体系,作为今后的建设方向和标准。

第一节 企业文化设计原则

在企业文化设计过程中应遵循以下指导原则。

一、历史性原则

企业文化,没有沉淀就没有厚度。企业文化必须符合企业的发展规律,它离不开企业的文化传统,也无法与企业的历史相割裂。企业文化的设计、完善过程,就是不断地对企业的历史进行回顾的过程,从企业历史中寻找员工和企业的优秀传统,并在新的环境下予以继承和发扬,形成企业特有的醇厚的文化底蕴。

每个企业都有其特定的发展经历,会形成企业自身的许多优良传统,这些无形的理念已经在员工的心中沉淀下来,影响着平时各项工作。应该看到,一些优秀文化传统对企业现在和未来发展都具有积极作用。因此,提炼企业文化时必须尊重企业历史、弘扬企业传统。

二、社会性原则

企业生存在社会环境之中,企业与社会是"鱼水关系"。坚持社会性原则,对企业生存和发展都会是有利的。但这不等于说,企业放弃"以我为主"的思想,去跟风从众。企业的经营活动围绕"顾客第一"的思想,同时,还要体现服务社会的理念,树立良好公众形象。顺应社会历史大潮,企业才能永续发展。

企业存在的社会价值,在于它能够为社会提供产品和服务,满足人们的物质生活和精神生活需要。松下幸之助提出"自来水哲学",要生产像自来水一样物美价廉的产品,充分体现出企业家对社会责任的认识。企业文化从根本意义上说是一种经营管理文化,优秀企业文化具有导向性,可以指导员工的行为。把社会性原则作为企业文化设计和建设的原则,就是使一切经营围绕顾客来展开,完成企业的社会使命。

三、个异性原则

企业文化设计,切忌千篇一律、千企一面。每个企业的发展历史、组织形式、生产和服务过程等许多方面,都会不同于其他企业。在做企业文化设计时,既要借鉴、吸收其他企业文化的成功经验,又要有所突破,才不至于落入窠臼。

企业文化建设要突出自身特色,充分体现企业的行业、地域、历史、人员、发展阶段等特点。要让员工感到本企业的文化独具魅力,既与众不同又倍感亲切。这就要求企业文化设计绝对不能照抄照搬,语言提炼也切忌平淡而缺乏个性。

四、一致性原则

企业文化是一个庞大、完整的管理体系,理念层、制度行为层、符号层要体现一致的管理理念,三个层次要共同为企业发展战略服务。理念层包含着企业的最高目标和核心价值观,而制度行为层是使最高目标、核心价值观得到贯彻实施的有力保证。不符合最高目标和核心价值观的制度和行为,将阻碍企业文化和企业的发展。

企业文化的一致性表现在企业目标、思想、观念的统一上。只有在一致的企业文化指导下,企业才能产生强大的凝聚力。文化的统一是企业灵魂的统一,是企业成为一个整体的根本。其中最为核心的问题是企业文化与企业战略保持一致,理念与行动保持一致。如果理念体系五花八门,过于分散,势必影响企业战略的实现。

五、前瞻性原则

企业文化并非一成不变,而是随时代发展。企业应顺应时代要求,适时调整、更新企业文化。企业文化不但需要建设,还需要不断完善,想方设法破除旧的、跟不上时代的文化,建设新型的企业文化。企业竞争是综合的持续的激烈竞争,企业必须站得高、看得远,有更深邃的目光、更长远的考虑,而不是仅仅盯着眼前利益。要帮助企业从研发、生产、销售、服务到管理赢得全面的胜利,要服务于企业的持续发展,同时也要应对企业面临的文化竞争。

企业要不断发展,必须面向未来、面向新的挑战,而企业文化又是指导企业发展的重要因素。因此,企业文化设计应体现前瞻性,面向未来提出先进的、具有时代特征的文化建设方向。这样才能对企业战略起到指导作用,对员工队伍起到引领作用。

六、可操作性原则

企业文化不是给外人看的,而是重在解决企业存在的问题。设计企业文化的过程,就是企业发现自身问题、解决自身问题的过程。企业文化设计的成果要起到改善企业经营效率、凝聚员工的作用,从而引导员工的工作方向、约束员工的工作行为,实现企业的战略目标。不可操作的企业文化只是空中楼阁,对企业经营管理毫无促进作用,还会隐藏企业的目标,阻碍企业的发展。

企业文化建设必须为经营目标、经营活动服务,为企业提升核心竞争力服务。因而在设计企业文化目标模式时,必须强调实用性和可操作性,确保从现实出发,对各种业务工作有实际的指导和促进作用,而不能搞花架子。

第二节 企业文化设计关键环节

一、对企业传统的扬弃

企业传统是企业文化在时间延续中的积累和沉淀,是长期形成的企业既有的心理环境、心理定式以及相应的团体意识和企业风气,因而它是企业文化建设的现实出发点和内在条件。但是,时代在前进,社会在进步,企业在发展,员工群体的构成和素质都在发展变化。因此,应一分为二地对待企业传统,有分析、有取舍、有创新,既勇于抛弃不适应时代需要的旧观念,又善于继承发扬其中积极的因素,做到批判地吸收、在继承中发展,这是企业文化设计的重要前提。

旧中国民族资本企业的实业救国、和衷共济、勤俭守信等传统,是企业宝贵的精神财富。1935年,民族资本家范旭东、侯德榜为永利碱厂提出四条办厂信条:①我们在原则上绝对相信科学;②我们在事业上积极发展实业;③我们在行动上宁愿牺牲个人,顾全团体;④我们在精神上以能服务社会为莫大光荣。同时,该厂提出两个口号:实业救国;科学救国。新中国成立后,永利碱厂发展为天津碱厂,于1985年提炼出"团结、奋进、必胜"的"天碱精神",既继承了永利碱厂"四个信条"的基本精神,又赋予新的时代内涵。2013年,天津碱厂转制并更名为天津渤化永利化工股份有限公司,但企业精神仍然弘扬"四大信条"宗旨,拓展红三角事业。

新中国成立以前,解放区企业的艰苦创业、无私奉献、克己奉公等传统,是新中国企业的重要文化根基。北京双鹤药业股份有限公司是在北京制药厂基础上改制而成,其前身创办于1939年的太行山根据地,具有艰苦奋斗、勤俭办厂的"太行精神"并代代相传。改革开放以后,在弘扬"太行精神"的基础上,北药又与时俱进提出三种精神——质量第一、严格把关的负责精神,重视科学、严细认真的求实精神,锐意创新、勇于进取的改革精神,它们与"太行精神"一起构成"北药精神"。

在20世纪五六十年代创办的企业,主要是如何继承和发扬社会主义建设时期的文化传统。鞍山钢铁公司是新中国最早成立的大型钢铁企业,先后涌现出孟泰等一大批模范人物,产生了著名的"鞍钢宪法",积累了宝贵的精神财富——"创新、求实、拼争、奉献"的鞍钢精神,实现了对传统的继承和发展。大庆油田在"铁人精神""三老四严"等优良传统的基础上,与时俱进地培育形成以"爱国、创业、求实、奉献"为主要内容的大庆精神。

改革开放新时期,我国企业在市场经济中发展成长,市场观念、竞争意识、创新精神、全球视野等逐步积淀成为企业传统,为新形势下企业文化设计和建设奠定了重要基础。我国第一家股份制保险企业——中国平安保险公司于1988年诞生于深圳蛇口,在发展过程中逐渐形成"专业创造价值"的核心文化理念以及"差异、专业、领先、长远"的经营理念。联想集团收购 IBM 的个人电脑事业部以后,联想的创新精神和 IBM 个人电脑事业部不断寻求突破的传统在新联想得到了延续,使之成为一个具有全球竞争力的 IT 巨人。

二、对企业现实文化的升华

企业文化总是今天走向明天,设计时要坚持既来自现实又超越现实,实现对企业文化现状的发展与升华。

对企业文化进行升华,首先要对现有企业文化有较为清醒的认识。过去对企业文化的评价,多是从文化体系的具体内容出发,将其分为先进文化和落后文化,或者优秀文化和不良文化。国外学者通过调查,总结出许多优秀企业的文化特点。比如美国学者托马斯·彼得斯研究指出,优秀企业文化应具有这样的特征:贵在行动、紧靠顾客、鼓励革新、容忍失败、以人促产、深入现场、以价值观为动力、不离本行、精兵简政和辩证处理矛盾。我们认为,企业文化是一套管理体系,不应单纯从内容上评价先进还是落后、好还是坏,而要把企业文化与实际结合,这样才能判断它是否对企业发展有促进作用。

如何对企业文化进行评价?最好的办法是从企业运行和经营结果来判断,具体包括三个方面,即企业文化本身是否健全、企业文化对绩效是否有促进作用、企业文化对社会进步是否有积极影响。这时对企业文化的分析,主要集中在体系的完整性、结构的清晰性、内容的一致性、表达的艺术性等方面,通常的方法主要有访谈和资料分析。企业文化对绩效的促进作用,主要在于它对企业绩效、个人业绩、企业竞争力、企业氛围、客户满意度、员工满意度等方面的影响,对其分析经常采用财务分析、用户满意度调查、绩效考核档案、专项绩效调查、组织氛围调查、员工满意度调查等方法。企业文化对社会进步的影响,主要是从人类文明和社会角度来考察企业文化的社会进步性,通过内外部调查、企业美誉度调查等办法来分析。

在做企业现状分析时,要全面、深刻、准确,既有战略高度,又要深入透彻,找准问题的根源。在这个过程中,企业家可以借助外脑协助分析,避免当局者迷,还要善于运用群众的智慧。一般的思考过程包括:分析企业的经营环境和特点,分析管理水平和特点,分析企业文化的建设情况和特点,逐项分析企业文化的内容并得出总体结论。进而,要根据现有水平和未来需要,着手企业文化的设计和变革,在原有基础上提升企业文化水准。

处于垄断地位的国有企业,往往缺乏市场意识、竞争意识和创新意识,行政化色彩和官本位思想浓厚。有的国企甚至还坚持"一切以生产为中心",重要性排序是"产、供、销",全力为生产一线服务的思想比较盛行。在这种理念指引下,管理模式必然是典型的生产企业管理模式,围绕生产任务开展各项工作,责权比较清楚,对市场变化不敏感、反应慢,员工群体的危机感和应变能力明显不足,人浮于事,效率低下。对此,要大力推进"以市场为导向""以改革为动力"的理念变革,使大家对"市场是中心,效益是核心,竞争出活力"有所认识,以利于企业长远持续发展。

企业目前的文化,是过去文化积淀的结果。因此,在分析文化现状时不应割断历史,而应对企业的优良传统加以总结、继承和发扬,使之成为企业文化设计的重要依据。

三、对企业未来文化的把握

对企业未来文化的把握,主要指企业文化要与企业战略发展相一致,与社会发展趋势相一致。公司战略的目标定位、战略选择都会对企业文化产生一定影响。比如,生产导向的经营理念无法迎接日益激烈的市场竞争,纯技术路线也很难在市场上立足。特别是,需要企业家结合企业的战略目标和自身对未来竞争态势的判断,进行相应的企业文化设计。

企业文化理念层是全体员工的基本信念、核心价值观、道德标准以及精神风貌,它集中表明企业对未来的判断和战略选择。从这个意义上讲,理念层设计是企业文化设计的灵魂。从未来着眼是理念层设计的关键,站得高才能看得远。

例如,企业愿景、企业理想或共同目标,表明全体员工的共同追求和奋斗目标。它既是企业一切活动的动力,也是凝聚人心的根本,因为"志同"才能"道合"。在企业愿景表达方面,立意要高,谋虑要远,仅仅反映企业的经济目标是远远不够的,还要有对企业社会价值、社会责任的认识和未来企业的定位。比如,"建国内一流企业,工业报国""打造世界知名品牌,为人类创造美好生活"等。

再如,企业核心价值观的设计。核心价值观是企业长期坚持的价值标准和基本信念,不会轻易改变。松下七精神、丰田纲领都存在了几十年;IBM著名的三条核心价值——"尊重个人,最佳服务,追求卓越"延续了70多年,到1994年才进行了修改和完善。核心价值观设计,只有建立在对企业本质规律的深刻认识基础上,才能洞察历史,指引未来。

一个企业的文化是连续的、发展的,因此也是相对稳定的。这就要求在做企业文化设计时必须高屋建瓴,面向未来,从而对企业有长期的指导作用。

第三节　企业文化的设计技术

企业文化是一个有层次的体系,它的内部结构相对固定,所含内容却千差万别,体现出不同企业的鲜明个性,这也是企业文化的魅力所在。在做企业文化设计时,要有所侧重,有所取舍。一方面,企业理念各部分要有内在逻辑关系,而不是一盘散沙;另一方面,各部分又要相对独立,避免交叉重复。

一、个性化语言的反复提炼

世上没有完全相同的两片树叶,也不可能有完全相同的企业文化。海尔提出的"斜坡球体论",联想关于"茅台酒作二锅头卖"的经营理念,都很有创意。企业文化的反复提炼,关键是突出企业的基本矛盾,用个性化的语言表达企业的经营理念。

一些企业在表述企业文化时,除了"团结""求实""进取",就是"认真""勤奋""提高",提不出自己的看法和个性化的语言。而另一些企业则不同,中国平安保险公司"以心感人,人心归"的平安精英文化,方太公司"方为品质、太为境界"的方太文化,都很有鲜明个性,起到了对内统一理念、对外扩大宣传的功效。

这里以某塑料生产企业的企业愿景提炼过程作为案例(表5-1)。最初的备选方案有5个,基本上都是将长远目标定位在国内一流塑料生产基地,以生产为主导放眼未来。同时,还列出了一些目标,有远景目标,也有近期目标,有总体目标,也有分目标,既考虑前瞻性,又考虑现实性,形成一套目标体系。

表5-1 某公司企业愿景的提炼过程

阶段	方案内容	说明
备选提法	安全化工、绿色化工、高效化工。建设中国最大的一流塑料基地,成为世界知名的塑料产品供应商,造福社会,回报国家。	前面是对化工效果的描述,后面提出了具体的目标,要成为什么样的企业。
	建一流基地,育一流人才。创世界知名品牌,做世界最有竞争力的企业。	对企业、对员工发展都提出了要求,但后面目标过高。
	建全国一流的塑料基地,创国际一流石化企业。	两个"一流",用词重复。
	"六力"企业:班子有团结力,职工有向心力,技术有开发力,市场有应变力,产品有竞争力,资产有增值力。	从六个具体目标提要求,概括性不强。
	建设出色的管理队伍,培养杰出的企业员工,提供完美的产品服务,创造最大的经济效益,使塑料厂成为国内一流、国际先进的塑料基地。	既有分目标,又有总体目标。但没有反映社会目标。
第一轮	建设中国最大的一流塑料生产基地,成为世界知名的塑料产品供应商,造福社会、回报国家,以我们的不断努力,为人类创造美好的明天。	集中到"国内一流、世界知名"上来,强调为人类造福。
第二轮	立志成为中国一流的塑料生产基地,成为世界知名的塑料产品供应商,依靠我们不断的努力,回报国家,造福社会,为人类创造美好生活。	加了一些语言修饰。
第三轮	建设一流塑料生产基地,打造世界知名塑料品牌,通过我们的不懈努力,回报国家,造福社会,为人类创造美好生活。	精简了语言。

理念体系的提法必须简洁、凝练,因此在第一轮修改中,注重了这些方面。比如"中国最大"和"中国一流"的推敲。为什么要强调一流呢?因为很多企业往往大而不强,在石化行业,这种倾向比较严重。今后公司的发展目标是强调质量和效益,而不是一味地追求规模和人数,或者在经营范围方面求大求全,"最大"并不是企业的长远目标。

为与员工共勉,修改时保留了"通过我们的不懈努力"这句话。通过几次修改和提炼,最终形成企业愿景的核心内容——"国内一流基地,世界知名品牌"。

二、价值观念的准确概括

文化管理不是用制度去约束员工,而是用价值观引导和教育员工。当价值观成为员工的共识,大家对于企业管理也就有一种认同感,会自觉地遵循这种价值准则,而不会感到是一种约束。因而能够在企业内部管理有序的基础上,又激发出职工工作的积极性。

由于核心价值观念是企业最重要的价值观念,在企业价值观念体系中居于支配地位,因此确立核心价值观就成为实行基于价值观的管理的第一步。加利福尼亚大学和剑桥欧洲管理学院的客座教授安东尼·史密斯(Anthony F. Smith)等研究认为:麦肯锡、迪士尼、微软等公司以"保留优秀人才"作为核心价值观,并"在核心价值观上建立了自己的公司文化,因而避免了危机"。赫尔曼·米勒(Herman Miller)公司总裁、CEO迈克·沃尔克玛(Mike Volkema)也说:"优秀的领导者必须拥有一套不妥协的核心价值观;这些价值观使他们在最困难的时候能够作出正确的决策。"那么,如何确立核心价值观,并以之为主导形成企业价值观体系呢?可以通过关键小组访谈或问卷方式进行初步调查,再根据企业发展要求进行选择。价值观可以是一两条,也可以是一系列观点。进而可以根据重要性,选择最具企业特色的价值观作为核心价值观。

这里不妨举例来分析。某企业原本提倡过许多观念,比如学习、实干、安全第一、精益求精、服从大局、追求完美等。经过调查了解,企业管理者都是从基层提拔起来的,十分务实。企业内部形成了崇尚先进的传统,经常搞一些评比活动,大家相互学习、争创一流的风气很盛。为了进一步引导员工向更高的目标迈进,企业领导层决定把学习、务实、进取作为核心价值观。但是,如果用"好学、务实、追求完美"等来表达,虽然可以产生亲切感,但过于平淡,缺乏震撼力和视觉冲击力,对广大员工来说没有新鲜感。于是,最终选择《礼记·大学》中的一句话"强学力行,止于至善"作为核心价值观。这样表述,效果很好。

核心价值观以及以它为主导形成的企业价值观体系,要根据环境、企业使命等不断进行调整和变革。例如GE的价值观表述就经过多次修订,从1985年的5条变成了1999年的9条。

三、行为规范的典型总结

行为规范是通过企业理念、制度和风俗长期作用而形成的员工的一种自觉行为。这种共同行为将使内部沟通和协调变得容易,对于增强企业凝聚力,提高企业运行效率都有很大帮助。一些企业看到了共性行为习惯的重要性,有意识地提出了员工在工作中的行为标准,即员工行为规范。它的强制性不如管理制度,但比制度更加具有导向性,容易在员工群体中形成共识,促使员工言行举止和工作习惯向企业期望的方向转化。

提出员工行为规范,主要是出于企业发展的需要。比如,出于鼓励奉献精神而提出的"无私奉献""爱国爱厂";出于塑造合作精神而提出的"和谐相处""坦言相告""真诚公正";出于产品质量要求提出的"精益求精""追求完美";出于鼓励创新而提出的"博采众长""兼收并蓄""不断学习"。其中,既有对优秀员工行为的总结提炼,又有对其他企业成功经验的学习借鉴,因此可以称为"典型总结"。

典型总结的原则是着眼现在、放眼未来。具体可从三方面入手:一是总结企业内部的优秀传统;二是总结成功企业的典型行为;三是总结传统文化的精髓。例如,同仁堂从生产人员的典型事例中,总结出生产员工的行为规范——严守"三真"信条,即下真料、行真功、讲真情,充分体现了同仁堂"修合无人见,存心有天知"的古训。再如,中国平安保险公司从儒家文化中继承和总结了6个字——"仁、义、礼、智、信、廉"作为员工行为规范,用"仁"倡导和睦相处,用"义"宣传忠于职守,用"礼"规范举止言行,用"智"引导革故鼎新,用"信"倡导诚实守信,用"廉"倡导克己奉公。运用典型总结的方法,可以帮助企业找到适合本身实际的行为规范。

四、领导与员工间的观念整合

前美林证券公司(Merrill Lynch)名誉董事长丹·塔利指出:"首席执行官应当做什么?在以往成功的基础上努力进取。在这一过程中,你要保持和发扬公司已有的核心价值观。"基于价值观的管理,关键在于塑造核心价值观,并使之成为全体员工的共同价值观。

中国学者成思危等研究发现,不同的民族在对待权威、集体、规范、事业、长远利益等方面的态度存在差别,而一个人的价值观在10岁左右就已在潜移默化中大体上形成。当他加入企业后,如果其价值观与该企业原有成员之间差别不大,则他会较快地接受该企业的文化,否则就容易产生文化冲突,造成管理上的困难。由于企业职工原有的价值观的改造需要较长期的努力,故管理者一方面要善于协调不同成员间在价值观上的差异,尽可能"求同存异",另一方面则要善于用企业的价值观来统率各个职工的价值观,引导他们识大体、顾大局,为实现企业的战略目标而共同奋斗。

企业价值观变为员工群体的共同价值观,最主要的方法就是进行教育和培训。通用电气(GE)、海尔等中外企业的实践,都证明了这一步的重要性。诚如惠普(HP)公司时任总裁路易斯·普莱特所说:"我花了大量的时间宣传价值观念,而不是制定公司发展战略,谈论价值观与单纯管理的效果是完全不同的。企业文化管理才是公司管理中至关重要的一步。明确了这一点,其他事情就迎刃而解了。"

建立相应的企业文化,形成共同价值观的支持系统,也是不可缺少的环节。企业制度对共同价值观的作用影响很大。存在决定意识,不同的制度强化不同的价值观。企业内部的管理制度,对员工而言是外加的行为规范,它与内在群体价值观是否一致,可以说明企业家是否真正确立了文化管理观念。宝洁公司原董事长、CEO 约翰·佩珀(John Pepper)说:"我们的原则和价值观就是我们的生活标准。但是在我们的事业中,还需要一种更快、更强、乐于冒险的精神。我们近几年的重组就是要构建这样一种文化。"美国企业家还认为:"你的信仰就是你的经营哲学,你每天都要依靠它……我想提醒他们注意企业的文化。我想确信他们贯彻了我们的文化。"

复习题

1. 企业文化设计的原则主要有哪些?
2. 如何理解企业文化对传统文化的扬弃?
3. 如何提炼企业文化的个性化语言?
4. 如何准确把握企业核心价值观?
5. 如何总结企业员工的行为规范?
6. 在你所在企业中,如何进行领导与员工之间的观念整合?

思考题

1. 你认为企业文化设计的关键是什么?
2. 如果让你设计本企业的文化,你将本着什么原则去进行?

Z董事长的领导方式为什么不受欢迎?

MA公司是某新技术开发试验区的第一批民办高技术企业,主要从事信息技术研究、开发、设计、生产、推广业务,为集体、个人参股的技、工、贸相结合的股份制经济实体。其有附属公司10个,并先后建立了北京、深圳、香港三个基地。主要业务是计算机芯片,各种全定制和半定制ASIC芯片的研制和开发。目前,正在研制MISC设计思想为指导的CPV、FPV、MMV、DSP等芯片及FORTH工业系列化产品。早前已研制成功的DST8016计算机芯片,与美国军方目前使用的RT×2000具有同等的技术水平,已进入世界先进行列。

MA公司下设8个部,实行董事会领导下的总裁负责制。

再过20天,将是MA公司成立10周年庆祝大会。公司董事长Z认为,这正是提高公司知名度,树立公司公共形象的良好机会。趁这次庆祝大会的召开,可以广结社会各界名流,尤其是企业界有识之士。为了使这次大会产生轰动效应,他想到了现在在省日报社当记者的老战友——老王。"如若请老王在省日报上发表一篇关于MA公司企业文化的文章,不就是为即将举行的十周年庆祝大会广做舆论宣传,提高公司的知名度的良策?"于是,Z向老朋友提出了邀请……

一、采访董事长

记者老王叩响了董事长的办公室。站在老王面前的Z依然是那么的干练和精神,丝毫不减当年在部队的风度,只是又添了几分企业家的精明。趁Z倒水之隙,老王环顾了一下这位董事长的办公室。不是特别豪华,但却井井有条。正面墙上挂着一横幅,非常醒目,是老子的名言:"为学日益,为道日损,损之又损,以至于无为;无为而无所不为。"

办公桌上整整齐齐堆放着各种文件。再看桌上玻璃板下,显然是Z手抄的几句名言:"只有民族的,才是世界的"。

"风险是成功的摇篮。"

"摸时代的脉搏,立超前的思想,做卓越的工作;

想人之所不想,先人一步;为人之所不为,胜人一筹。"

两朋友相见,自然要寒暄几句。言归正传后,Z董事长便滔滔不绝起来:王老兄,你知道我这次请你来的目的。我认为我们公司创建的这十年来走的是一条振兴我国民族电子业的正路,我的目标是成为中国的IBM。当然,这条道路并不好走,这是一条充满新颖科学观点、科研魅力和失败挑战的风险道路。但我坚信"风险是成功的摇篮"。虽然在我们艰苦创业的这几年,有许多人为了追求短期利益相继离开了我们公司,我真遗憾这些人的目光短浅,他们怎么看不到我们公司的宏伟未来呢?我信奉"只有民族的,才是世界的",

我们必须脱掉进口芯片的帽子,这一点,公司的部分员工还是理解的。我总教导我的员工们要拒绝短期利益的诱惑,让他们知道自己身上的重任是为振兴中国的民族高科技产业而奋斗。"

"我希望我的公司成为一流的高科技企业,一流的企业,当然需一流的企业文化和一流的企业管理以及一流素质的人才。现在优秀的高技术企业开始越来越重视企业文化了。我以为这是一种无形的效益,只有选好人才,用好人才,才能增强企业的凝聚力和向心力,企业才能得以生存和发展。"

这时,董事长指了指墙上挂着的横幅说:"这是我最为欣赏的一段话。我想,我的员工们也一定会欣赏并将其作为行动准则的。只有摸准时代的脉搏,立超前的思想,才能做卓越的工作;只有想人之所不想,才能先人一步;只有为人之所不为,才能胜人一筹。"

"我与技术人员接触较多,技术部属我直接领导,与他们在一起我感到了这批青年人的青春活力。这八个人是我们公司的技术核心。为了创一流的产品,我对他们要求很严。芯片的每一步构思以及每周的工作进展我都将亲自过目、审阅、批示,从而协调总体系统设计。"

谈到这里,电话铃响了……,董事长十分歉意地对老王记者说:"你看,公司的事太多了。现在有一件急事需要我去亲自处理,对不起了老兄。不过我也说的是不是太多了?如果你还想知道一些情况,可以和我的助理谈谈。这些年来,他一直跟着我,对公司的情况也很熟。噢,对了,我已经给你安排好了和基层员工的座谈,吃过午餐开始。"

趁着离开饭还有段时间。老王和董事长的助理小李聊了起来……。"与董事长相处,常常是受益匪浅。董事长是一个思维特别敏捷的人,时常有灵感的火花冒出。我们公司现在研制的'宏指令级芯片'完全是由他个人构思并命名的。"小李接着说:"有一件事在我们公司传为佳话。公司刚创建时,购进了一台计算机。当时大家都不会操作,说明书是英文版的。当时董事长也不懂外语。但是在两天的时间内,仅以字典为工具,董事长硬是把计算机给'玩儿'起来了,而且'玩儿'得特棒,真不简单!"小李又说:"董事长是一个敢想、敢说、敢干、敢于冒险的人。凡是他认为合理的,他一定要求他的下属按他的旨意坚决执行,而且必须全力以赴,无任何商量的余地……""是的,当初创业是十分艰难的。亏得我们董事长的魄力和谋略。我们董事长出身于高干家庭,自然会有许多亲戚朋友帮忙。当然,公司发展到今天,与我们董事长的努力是分不开的。现在,公司中有些职员议论说:把他的岳母安排为人事部顾问,他父亲原来的秘书当总裁,他的'哥们儿'主管财务部,他的司机当行政部负责人……真是家庭统治!"

小李感慨地说:"这话也有失偏颇。当初创业多亏了这些亲戚朋友的患难与共。现在,公司发展初有成效,也不能把这些人踢出去啊。"

二、与基层人员座谈

记者老王与公司员工座谈后,发现自己现在的感觉与最初采访董事长时的感觉不太一样。按照董事长Z的意图,试图对MA公司的企业文化广为宣传的思想似乎有些模糊,以下是记者与基层人员座谈摘要。

经济发展部小刘:我看了一下刚刚制定的若干人事制度,发现我们员工最关心的东西在这个制度上未体现出来。我来公司只有2个月,我把铁饭碗扔掉,为的就是谋求更高的物质利益,但这个制度并没有明确我们的物质利益问题。反倒卡人的一些条例很具体。我们不是反对公司建立必要的规章制度,但员工的职责是和个人的物质利益紧密相连的。不能说只规定我们的责任,而不给其利益。从这个条例中,我们没有看到希望。你问我准备干多少年?我没想那么远,看看再说吧。

公关部小王:我来这已有一年半了,算是长工龄员工了。公司的人员更换确实快。上个月我出公差十多天,回来后发现公司消失了一些熟悉的面孔,却多了一些陌生的面孔。我们总有一种不安全、无保证的感觉。公司有些事情让我们这些"无依无靠"的普通员工伤心。我们既不是"头儿"亲属,也不是他的"哥们""挚友",我们只是"打工仔"而已。由于"远近"程度不同,造成报酬上的差别。希望您千万对我们的谈话保密,否则我们肯定会被炒鱿鱼。平时,我们同事间说话都很小心,唯恐哪句话说错了,传到上司的耳朵里,吃不了可要兜着走了。我们的"头儿"可是个说干就干,非常严厉,有时近乎不近人情,您千万保密啊!

宣传部老李(一位原在某国营单位的老行政人员,党员):公司给我总的印象是"乱"。董事长倡导的公司目标与现实有一定的距离。对于董事长的一些"名言",我们很多人不甚了解。什么"为学日益,为道日损,损之又损……"究竟是什么意思?我甚至怀疑中上层干部是否理解确切?董事长本人也从未给我们讲解过。公司很少开职工大会,也没有政治学习或业务学习,没有党支部。我已有好长时间没交党费了,说起来心里很是内疚!公司对我们的要求就是把自己的工作干好,其他事一概不许过问,甚至连工资的明细项目我们都不清楚,更不用说别人的工资是多少了。否则,就是违纪,将被'炒'。

技术部小张:公司以技术为本,我们感到很欣慰。我是天大计算机系毕业应聘来MA公司的。在这工作了近三年了吧,我一直觉得公司总是在投入,似乎没有什么产出。我们每天研制由我们构思的新芯片,要拿出世界一流水平的东西。您问我这个芯片开发出来后有多大的应用价值?我不敢肯定。我认为它在学术上是很有价值的,在应用上可能是欠缺的。我觉得有些闭门造车的味道。

技术部小孙:我们现在研制的芯片如果成功,将会轰动全世界。这确实是一流的构思。但对于我们仅有的几个技术人员来说,毕竟是力量薄弱。在研制时间长、强度大的情况下,我们确实是在超负荷运转。我们没有星期天,没有假日,甚至连谈恋爱的时间都没有。开个玩笑:简直是"残酷的压抑,忍受不了的枯燥"。董事长经常教导我们说,应以事业为重,以公司的长远利益为重;只有民族的,才是世界的;只有想人之所不想,才能事业卓著,只有为人之所不为,才能胜人一筹。对了,我们董事长最信奉的"为学日益,为道日损……"这段话是什么意思?您是大记者,学问多,能不能给我们确切地解释一下?我们大都理解为:书越读越厚,然后越读越薄,最后全部装在了脑子里了,就能把什么事情都办成,超过别人。我们的理解对吗?董事长常有一些至理名言冒出,是不是这些名言就是我们公司的企业文化呢?

技术部小吴:我们在公司工作至今,好像没感到有什么企业文化的存在。上岗前也没有受过正规的公司教育。什么员工手册、员工必读、员工规范等也从没见到过或学过,好像公司还没有这些东西。甚至连上岗前的培训都没有。至于说公司的凝聚力有多大?我们说不清楚。我从北京信息学院毕业来 MA 公司已有四年，算是公司最长工龄之一员了。虽然说公司以技术为本，对我们吸引力很大。很多人抛掉铁饭碗来公司求职，就是为了能多挣些"money"，而公司至今没有短、平、快产品，谈何高工资？因此公司的流失人员比率相当大，工资期望值的落空不能不是一个很重要的原因。从一定程度上说，公司的目标似乎有些不切实际。

信息部老郝：我从国营单位跳槽来 MA，快两年了。感觉就是和国营单位大不相同了。原单位是有党委的，即使某人犯错误，给处分，也得经党委研究，给予明确的理由。而在 MA 就不同了。我来这里这么长时间，从未有领导过问过我的生活及是否有困难，有时真感到寒心！外国资本家在过年、过节时还知道向职员问候问候，据说职员过生日时，老板还给送生日礼物呢。而我们的领导不知是工作繁忙，还是其他原因？并不是我们不愿把公司当成自己的家，而是公司并不把我们当成亲人。

技术部小赵说：我在公司已有两年工龄。至于说我是否长久待下去，我不敢肯定，我只想看看再说。我女朋友在××电脑公司任职，据她说，那家公司虽然创建至今只有五年，但在管理制度方面很规范，有一套完整的规章制度，其产品畅销国内外，很有知名度。一谈起她们公司，她就眉飞色舞，似乎有一种为之献身的味道。而且她的工资比我高出许多。她时常劝我跳槽。

行政部老马：来了一年多了，总感到内部人际关系非常复杂，难处。中上层主管不是亲朋，就是挚友。我们总有一种被时时监督、事事控制的感觉。发泄不满的唯一方式就是"走人"。公司对流失的员工似乎也并不挽留或感到可惜。没有报纸，没有学习、深造的机会。每个新员工进公司的第一天就得上岗干活。公司有一条规矩就是"以一当十，不养闲人"。至于你们提到的什么企业文化，我不知道，在公司我也从来没有听人说过。

三、第二次采访董事长

老王为了不负朋友的重望，同时也为使纷乱的思路有一丝线索，他带着许多疑问，再一次叩响了 Z 的办公室。

董事长听罢老王的想法后，哈哈笑了起来并说道："我已经猜到你下去走一圈后，一定还会来找我的。我知道，他们对我有些意见，甚至要反对我，有的人还会说我是法西斯，我不在乎。我们几个头面人物都是军人出身，'服从命令'是训练出来的，其中有中校、有少校。""智力劳动必须烦琐。技术的关键是必须工程化。工程化的问题就是要详细规定。必须限制知识分子的自由，知识分子总是喜欢自由化。所以我要求人事部在制定各项制度时，一定要把各细节都规定好。我倾向于管理要细致、刚性，类似于军队的作战方案。有些教授应聘来了，毫不例外也必须遵守公司的一些法律，包括上班前一小时思考，下班前一小时总结的规定，所以他们很多人受不了，走了。走的人不是因为报酬少，而是因为受不了。我的主要办法是用高待遇吸引高智力、高水平的人才。有的人对我恨之入骨，单为这高工资也得干。我们之间的关系就是劳资关系。"

"我不在乎有人撕我照片。我要走向一个没有人情的管理。过去说要关心职工的生活，这话是错误的，这不是企业的事情。"

"我们公司的流动率很高。这次成立股份制公司，一下子走了 50%。我认为人员是要流动的,不流动企业就没有生命力,但要留下文件,即文字资料。所以我要求每个员工必须上交每天的工作日记,留下的文件是保持连续性的保证。"

"我实践了六年,想了三年,想出了这么个管理模式。但推行不下去,下面抵触情绪严重。请你帮我分析一下。"

(张 德)

讨论题

1. MA 公司的 Z 董事长的领导风格有什么特点?
2. Z 董事长信奉的企业哲学和核心价值观是什么?是否妥当?为什么?
3. 为什么大家都恨 Z 董事长?这种领导风格有什么消极作用?
4. 如果 Z 董事长决心重新塑造领导形象,应该怎样做?

企业文化理念层设计

本章学习目标
1. 了解企业文化理念层设计的必要性
2. 掌握企业文化理念层设计的主要原则
3. 掌握企业文化理念层各要素的设计方法
4. 了解优秀企业文化理念的主要观点

企业文化理念层设计,就是按照有关的程序总结提炼或确定理念层次的各个要素,使之构成一个完整的理念体系。作为企业文化的核心和灵魂,理念层的设计既是企业目标文化设计的首要任务,又是设计的重点和关键。

设计企业文化理念层应遵循下述原则:①实践性原则,既来自企业实践,又用以指导今后的企业实践,并在反复、深入、具体的管理实践中经受检验、得到发展。②个异性原则,即充分反映企业在群体价值观、经营管理方针、思维方式和行为习惯、团体风气等方面的特殊性,强化企业理念的个性特色。③持久性原则,即必须把握社会前进的方向、预见企业未来的发展趋势,使企业理念能够经得起时间的检验、具有超越时代的生命力。

第一节 企业目标与愿景设计

目标是组织或个人在一个时期内通过努力而希望获得的成果。

企业目标是指在一定时期内,企业生产经营管理活动预期要达到的成效或结果。没有目标的企业是没有希望的企业。韩国现代财团创办人郑周永曾指出:"没有目标信念的人是经不起风浪的。由许多人组成的企业更是如此。以谋生为目的结成的团体或企业是没有前途的。"因此,设定和确立企业目标,是企业文化理念层设计的重中之重。

一、企业目标的设计步骤

1. 企业内外环境和条件分析

企业是环境的产物,内外环境和条件是企业赖以生存和发展的土壤。在设定企业目标之前必须首先弄清楚企业所处的外部社会环境状况,竞争对者、合作者等关系利益者的情况,以及企业自身的现状和未来可能达到的状况。只有对内外环境有全面准确的把握,才能实事求是地确定出可能实现的企业目标,做到"知己知彼,百战不殆"。

企业环境和条件分析一般包括下述内容:
(1) 企业所处的经济环境、政治环境、文化环境等整个社会环境的分析;
(2) 产业和行业发展状况分析;
(3) 竞争者、合作者、销售商及其他利益相关者分析;
(4) 企业内部因素分析。

为了使所做分析客观、全面、准确,通常应邀请企业外的专业人员参与,甚至以专门的评估机构(如管理咨询公司、大学以及研究机构)为主开展,以避免企业内部人员和部门在分析评价方面的"不识庐山真面目"。

企业内外环境和条件分析与评价的结果一般应形成书面报告,提交企业主要经营管理者或最高决策层,作为确立企业目标以及进一步制订企业战略的重要依据。

2. 设定企业的最高目标与愿景

企业最高目标是全体员工的共同追求,是企业共同价值观的集中体现。只有确立了最高目标,才能够确定整个目标体系,确定企业的其他理念层要素。企业的最高目标也叫企业愿景,往往是企业最高决策层根据企业内外环境条件而提出的,是主要领导者和整个决策层的战略决心的集中反映。

3. 设计企业的多目标体系

只有最高目标,显然是远远不够的,企业还必须在最高目标下面制定详细具体的目标组合,形成完整的、可以逐步实现的目标系统。在企业最高目标下面,一般分为若干目标组合:

(1) 方向组合:企业是社会组织,任何企业的奋斗目标都不是单一的目标,而是在多个目标方向上的目标组成的目标体系。
(2) 层次组合:即按层次划分为战略目标、管理目标和作业目标。
(3) 结构组合:即按企业组织结构划分为企业目标、部门目标和员工个人目标。
(4) 时间组合:即按时间划分为长期目标、中期目标和近期(短期)目标等。

企业的各种目标组合就像通向山峰的一级级台阶,是实现最高目标的保证。

二、设定企业的最高目标

作为企业目标的极限值,最高目标可谓是企业发展的远大理想,是全体员工的长期追求,是企业长远发展的指南针。

企业到底如何确定自己的最高目标呢?国内外许多企业提供了一些有益的启示。

日本松下电器公司的创办人松下幸之助认为:"如果公司没有把促进社会繁荣当作目标,而只是为了利润而经营,那就没有意义了。"为此,他把"工业报国"作为社训,提出"认清我们作为工业家所应尽职责是,鼓励进步,增进社会福利,并致力于世界文化的进一步发展"。

旧中国的许多民族资本企业都把"产业报国""实业报国"作为最高目标。天津东亚毛纺公司以"若不效忠国家,要我做什么?"为原则,确定公司之主义为"以生产辅助社会之进步";上海银行"三大行训"是"服务社会,辅助工商实业,抵制国际经济侵略";永利碱厂的企业口号是"实业救国,科学救国"。

新中国成立后,广大国有企业更是把国家兴旺作为企业最高目标。例如,大庆油田的"为中国人民争气",江南造船厂的"坚持以国家利益为重",长钢提出"以振兴中华为己任",天津达仁堂的"振兴中药,造福人民",等等。今天,许多中国企业同样如此。例如,华泰集团奋斗目标是"振兴民族纸业,建设绿色华泰",长虹集团把"产业报国、民族昌盛"作为最高目标,海尔集团则致力于"创造中国的世界名牌"。

由此可见,成功的企业总是把对国家、社会的贡献作为自身的最高目标。只有树立崇高的目标,才能把企业组织和员工的追求聚合起来,形成合力。当前,实现中华民族伟大复兴的中国梦,无疑是全体中国人和海内外炎黄儿女最大的共同心愿。中国广大企业的最高目标,既应该成为中国梦的一个组成部分,又应该最大限度地包容每名员工的个人梦。

三、构建企业的多目标模式

构建企业目标体系时,关键是要对企业的使命有正确认识。

1. 企业不是纯粹的经济组织

提到企业目标,有些人会自然而然地认为是"利润最大化"。诚然,企业是经济组织,不能否定其获取利润的动机,利润原则是企业经营的基本原则。但同时应该看到,这一西方经济学的观点是建立在"经济人"假设的基础上,其理论前提是"企业是纯粹的经济组织"。企业是纯粹的经济组织吗?答案显然是否定的,因为企业是但又不仅仅是经济组织,它还是社会组织,是社会的一个细胞。企业除了经济活动和经济动机外,同时存在社会活动(包括政治、文化活动)和社会动机,肩负着一定的社会责任和义务。随着管理实践和理论的深入发展,把"利润最大化"作为企业唯一目标,弊端日益凸显。例如,美国、法国、意大利、日本、韩国等相继揭露出一件件政治丑闻,以及我国反腐中所披露的大量案件,其中相当多是政府官员受贿问题,而行贿方恰恰是为了追逐利润而用金钱去影响政治的企业。

对此,决策学派代表人物西蒙首先提出"管理人"假设,把价值判断引入管理活动,使企业建立起经济效益和社会责任双目标体系。美国管理大师德鲁克则进一步认为,一个成功企业应在8个方面建立自己的多目标体系:①市场;②技术进步和发展;③提高生产力;④物质和金融资源;⑤利润;⑥人力资源;⑦员工积极性;⑧社会责任。日本学者高田馨对企业目的到企业行为的具体过程作了归纳(图6-1),认为企业目的包含了经营理念和经营目标两方面内容。经营理念是指企业特别是其经营者所持有的信念、理想、意识形

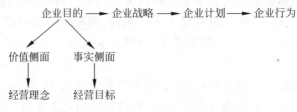

图6-1 企业行为过程

态等价值观方面,是企业所希望达到状态的价值侧面;经营目标是指为实现这种经营状态而设定的具体的事实侧面,如收益性、成长率、市场份额等可以量化的部分。

2. 从单一目标模式转向多目标模式

目前,世界上一切先进的现代化企业,毫无例外地摒弃了"经济利益最大化"这种单一目标模式,而是树立起将企业的经济动机与社会责任相结合的多目标模式,企业目标实现了从单一目标向多目标体系的转变(图6-2)。

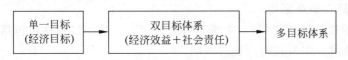

图 6-2 企业目标的变化过程

美国惠普(HP)公司树立了7个目标:利润、客户、感兴趣的领域、增长、人(育人)、管理、好公民(社会责任)。它们体现了企业作为一个经济单位、科研单位、社会组织的多方面责任和追求。兼顾多个目标并使其融为一体,正是一切成功企业的标志。由此可见,企业做目标设计时必须根据企业的使命和最高目标,并结合自身实际,相应地构建出包含不同方向目标的多目标体系。

3. 完善企业的目标系统

在构建多目标模式以后,还应在企业最高目标的统率下,结合企业发展战略,设计完成不同层次、不同部门、不同阶段的子目标系统,形成企业目标在层次、结构、时间等方面的有机组合,使企业最高目标一步步成为现实。

海尔集团经过多年发展,成为家电行业的中国第一品牌和世界知名品牌,并在此基础上于20世纪90年代中期提出进入世界500强的奋斗目标。海尔的快速发展,与它确立了比较明确的企业目标系统是分不开的。

四、设计企业愿景

1. 愿景和共同愿景

愿景译自英文"vision",源于拉丁语"videre"一词,直译为"看见"。国内对"vision"有远景、景象等多种译法,但均不如"愿景"更能贴切地反映"vision"的原意。

愿景包含两层内容:一是"愿望",指有待实现的意愿;二是"景象",指具体生动的图景。为解释愿景,有本西方教科书用了一幅漫画,画中一只小毛毛虫指着它眼前的蝴蝶说:"那就是我的愿景。"可见,愿景是一个主体对于自身想要实现目标的具体刻画。

以此类推,共同愿景(shared vision)指被组织成员接受和认同的组织愿景。共同愿景主要涉及三方面内容,即对组织存在使命的认识、组织未来发展的规划和组织达到目标的手段。美国的彼得·圣吉在著作《第五项修炼——学习型组织的艺术和实务》中,提出为把组织改造成学习型组织,需要持续进行五项修炼,其中就包括建立共同愿景。

2. 企业愿景及其含义

企业愿景是指全体员工所接受和认同的共同愿景。企业愿景与企业目标既有共同点,又有不同之处。

一方面,企业愿景从根本上仍属于企业目标的范畴。另一方面,企业愿景同企业目标的一般含义相比较,又有所区别。企业目标通常是由企业决策层和管理层所制定的,较少考虑员工个人目标;而企业愿景则建立在员工个人愿景的基础上,是个人愿景与组织愿景的有机结合,更好地体现了以人为本的现代管理思想。由于较多地考虑和包含了员工个体目标,加之刻画和描绘更加具体形象,因此企业愿景在贯彻实施和激励员工方面更具优势。

3. 设计和建立企业愿景

企业愿景的设计与建立,是一个密不可分的过程。这一过程往往包括以下要点:

(1) 把个人愿景作为共同愿景的基础。

(2) 按照自下而上的顺序。

(3) 反复酝酿,不断提炼和充实。加拿大创新顾问公司总裁史密斯(Bryan J. Smith)提出,建立共同愿景需要经历的5个阶段是告知、推销、测试、咨商和共同创造。他强调,无论企业愿景是谁提出的,都应使之成为一个企业上下反复酝酿、不断提炼的分享过程。

(4) 注意说服和沟通。当共同愿景和个人愿景确实出现不协调时,如果经过反复说服、沟通均无效,也可请个别人重新考虑在企业中的前途,或请其"另谋高就"。因为这样做并不能视作对共同愿景原则的背叛。

当然,企业愿景的设计与建立没有统一的路径和步骤,应根据不同企业的特点和内外环境(例如所在行业、员工状况、企业规模等因素)来设计。如阿里巴巴集团的使命是"让天下没有难做的生意",愿景有三个内容:①分享数据的第一平台;②幸福指数最高的企业;③"活102年。""阿里巴巴集团拥有大量市场资料及统计数据,为履行我们对中小企的承诺,我们正努力成为第一家为全部用户免费提供市场数据的企业,希望让他们通过分析数据,掌握市场先机,继而调整策略,扩展业务。我们同时希望成为员工幸福指数最高的企业,并成为一家活102年的企业,横跨三个世纪(阿里巴巴于1999年成立)。"

第二节　企业价值观设计

企业价值观,又称作企业共同价值观或者群体价值观,是在企业创办和成长过程中形成的,为经营管理者和员工群体所持有的,对经营管理具有规范性作用的价值观体系。

企业内部的群体价值观构成企业的心理氛围和文化氛围,随时随地影响着员工能动性的发挥。作为企业目标定位的坐标原点,企业价值观是引导企业一切行为的无形的地图,也是构成企业文化理念层的一个最重要元素,对其他理念要素都有很重要的影响。设计和形成企业价值观,也就成为企业文化设计和建设的基石。

一、价值观的构成和作用

价值观是人们判断事物重要性先后次序的标准。价值观包含5个要素:主体定位,(社会)规范,(社会)秩序和信念,实践方式,价值本位(图6-3)。

主体定位是价值观中最基本的核心问题。确定主体定位需要回答下述问题:主体是谁?主体的自我意识如何?主体在社会结构中的位置关系是什么?对于企业而言,进行

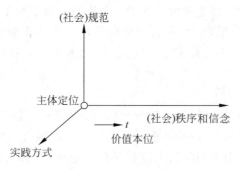

图 6-3　价值观五要素示意图

价值观的主体定位,就必须弄清楚企业主体到底是谁。其关键是责权利的统一,这也是建立现代企业制度要解决的根本问题。

关于(社会)秩序和信念,要回答的问题是:人们认为什么样的社会结构、运行方式是好的?例如,等级制,或者平等制?自下而上,或者自上而下?落实到个人,则要回答"什么样的人生是好的"这类问题。

社会规范包括了政治规范、经济规范、道德规范等。在我国,最基本的政治规范是四项基本原则,经济规范是市场经济体制,道德规范则是集体主义占主导地位。

实践方式是人们行为的深层状态,因此也称价值行为模式。它由两方面组成:一是选择目标,例如有的人为理想或长远,有的人只为眼前;二是选择手段,例如高度开放、灵活性等。目标和手段往往并不一致,于是有人调整目标,也有人调整手段。比较理想的做法是:明确目标,放开手段,选择最佳。

关于价值本位。成熟的社会价值应成为一个本位的体系——本位价值,其他的价值遇到它时都可以换算或者服从。封建社会的宗法等级制度下,崇尚的是"权"本位、"官"本位;资本主义社会占主导的是商品经济和商品关系,占主导地位的就是"钱"本位。

人的最大特点是有思想、有感情,人的行为无不受观念和感情的影响,而正是价值观决定人们追求什么、放弃什么、做什么、不做什么。孟子曰:"鱼,我所欲也。熊掌,亦我所欲也。二者不可得兼,舍鱼而取熊掌者也。生,亦我所欲也。义,亦我所欲也。二者不可得兼,舍生而取义者也。"鱼与熊掌之间,生与义之间,决定"舍鱼而取熊掌"和"舍生而取义"的正是价值观。一旦价值观发生改变,人就变了,人的精神就变了。同样道理,若是社会的主导价值观改变了,就意味着社会的性质发生了改变;如果企业的主导价值观发生改变,也标志着企业的性质发生了改变。

二、企业价值观的影响因素

设计企业价值观,要先弄清楚它的影响因素。在诸多影响因素中,员工的个人价值观、企业家价值观和社会价值观的影响是较为显著的。

1. 员工的个人价值观

企业员工的价值观决定他们如何对待工作、对待集体、对待企业、对待顾客、对待社会、对待国家。全国劳动模范张秉贵对顾客全心全意,服务热诚周到细心,他的"一团火精神"成为北京王府井百货大楼企业价值观的重要来源。对于一个企业来说,全体或多数员工的价值观影响企业的价值取舍,左右企业的追求。许多企业树立"用户第一""顾客至上""用户永远是正确的""一切为了用户"的思想,就是员工在价值判断上把顾客利益放在首位的体现。

2. 企业家价值观

企业家价值观,就是企业领导者(领导团队)的价值观。企业领导者的价值观决定他(们)如何对待员工、对待顾客、对待企业、对待社会、对待国家。二汽集团领导树立了以员工为企业中心的价值观,用他们的话来说就是在企业里"升起人的太阳"。在这种价值观驱使下,他们不但从生活上、待遇上关心职工,而且从工作上、人格上关心职工,千方百计调动职工的积极性;不但让职工以被管理者的身份积极、认真、协调地搞好生产,而且使职工以主人翁的身份踊跃、负责、创造性地参与企业管理。在成功的企业,企业(群体)价值观与企业家价值观是一致的。

3. 社会价值观

企业领导者和员工无一不是成长和工作、生活在社会环境之中,他们的价值观以及企业价值观必然受到社会的影响和制约。社会价值观中,国家、民族价值观的影响最为突出。面对西方个人至上的价值观影响,新加坡政府在1991年发表白皮书,正式提出5种新价值观念:(1)国家先于社会和社会先于个人;(2)家庭是社会的基本单位;(3)尊重个人和社会支持个人;(4)以意见一致取代争论不休;(5)种族和睦和宗教和睦。从许多新加坡企业的价值观表述上,都可以看到国家价值观的影响。

三、企业价值观的设计原则和步骤

尚无明确价值观表述的企业,或者新办的企业,都面临设计企业价值观的问题。

1. 设计原则

(1)与企业最高目标相协调。最高目标与价值观都是企业文化理念层的核心内容,二者之间必须相互协调。

(2)与社会主导价值观相适应。如果不能与社会主导价值观相适应,则在企业价值观导向下的企业行为难免与周围的环境产生这样那样的冲突,影响企业的发展。2012年党的十八大明确提出社会主义核心价值观,即富强、民主、文明、和谐,自由、平等、公正、法治,爱国、敬业、诚信、友善。这对于我国广大企业的价值观必将产生深刻影响。

(3)充分反映企业家价值观。作为企业(群体)价值观的主要来源和影响因素,企业家的价值观如果不能得到充分反映,势必导致经营管理活动的混乱。

(4)与员工个人价值观相结合。企业价值观不能脱离多数员工的个人价值观,否则难以实现群体化,也就不能成为员工的行动指南。

2. 设计步骤

(1)在分析社会主导价值观的基础上,根据企业的最高目标,初步提出企业的核心价值观表述并在企业决策层以及管理层和员工代表中进行反复的讨论。

(2)确定企业的核心价值观以后,进一步酝酿提出企业的整个价值观体系。

(3)把企业价值观(体系)与企业文化各个层次的其他要素进行协调,并作文字提炼,形成全面准确的企业价值观表述。

(4) 在员工中广泛宣讲和征求意见,反复修改,直到为绝大多数员工所理解和支持为止。

3. 企业价值观示例

惠普公司的价值观是:我们信任和尊重个人;我们追求卓越的成就与贡献;我们在经营活动中坚持诚实与正直;我们靠团队精神达到我们的共同目标;我们鼓励灵活性和创造性。这5条价值观指引这家跨国公司几十年健康发展。

中国移动的核心价值观是"正德厚生,臻于至善",具有鲜明的民族文化特征,又很契合行业特点,具有长期的生命力。

联想集团的核心价值观是:成就客户;创业创新;诚信正直;多元共赢。这与联想的企业定位是一致的。

华为公司的核心价值观有6条:成就客户,艰苦奋斗,自我批判,开放进取,至诚守信,团队合作。也反映了企业的性质和行业特点。

阿里巴巴集团的价值观是"客户第一、团队合作、拥抱变化、诚信、激情、敬业",既继承了我国企业的传统,又反映了企业的社会价值。

大唐集团公司的核心价值观是:人为本,和为贵,效为先。这可以说把制度文化、民族传统文化和现代企业理念有机地融合在了一起。

四、企业价值观的更新

与企业理念层的其他要素相比,企业价值观虽然是最为稳定的部分,但并非一成不变,而需要及时更新。企业价值观的更新实际上就是在原有价值观的基础上进行重新设计。

1. 更新的前提和时机

(1) 企业的最高目标发生重大改变;

(2) 企业所处环境(包括政治、经济、文化、技术环境等)发生重大变革;

(3) 企业的主要业务领域、服务对象、管理模式等发生重要变化。

2. 更新的方法

更新企业价值观,首先要对企业内外环境进行分析,找到原有价值观与企业新的最高目标、社会环境以及企业运行等不相适应的地方。其次,在保留企业价值观表述中仍适应新情况的部分的基础上,按照前述价值观设计的步骤进行增补。最后,将新的企业价值观表述与原有表述进行对照,并通过向员工宣讲和征求意见,然后最终确定。

以通用电气公司(GE)为例,韦尔奇从1981年上任董事长兼首席执行官起就一直考虑建立公司的价值观。1985年,GE提出了5条价值观,它们被认为代表了公司的核心信念。前两条价值观包含了使顾客满意的重要性以及变化是永恒的观念;第三条价值观崇尚"知识分享而不是截留",孕育了GE学习型组织的种子;第四条将似是而非作为一种生活方式加以讨论;第五条主张那些不赞同GE价值观的人"可能会在通用电气之外发展得更好"。这些价值观被印刷在卡片上,员工可随身携带。

此后,GE的价值观虽然绝对不会被完全重写,但是每隔几年就要进行一次修正,以纳入最新的思想和举措。到1999年以前的价值观卡表述中,都没有出现"顾客"一词,但与六西格玛相关的一次意外事件导致了对GE价值观的一次重大修改。在得知顾客并没有感受到六西格玛带来的"好处"时,愤怒的韦尔奇在1999年1月的高级管理者会议上表示了失望,并认为公司一直从内部角度研究六西格玛,而没有从顾客的角度出发。在这件事的冲击波中,韦尔奇不仅改变了六西格玛的重点,而且重写了GE的价值观。

在那次修订后的版本中,9条价值观中有4条以顾客为中心,而且第一条就是"以极大的热情全力以赴地推动客户成功"(表6-1)。

表6-1 1999年的GE价值观表述

GE员工……永远保持坚定的诚信

- 以极大的热情全力以赴地推动客户成功。
- 视"六西格玛"质量为生命……确保客户永远是其第一受益者……并用质量去推动增长。
- 坚持完美,绝不容忍官僚作风。
- 以无边界工作方式行事,永远寻找并应用最好的想法而无须在意其来源。
- 重视全球智力资本及其提供者……建立多元化队伍去充分利用它。
- 视变革为可以带来增长的机会,例如"电子商务"。
- 确立一个明确、简单和以客户为核心的目标……并不断更新和完善它的实施。
- 创建一个"弹性空间"、振奋、不拘礼节和信任的环境……嘉奖进步……颂扬成果。
- 展示……永远保持对客户有感染力的热情……GE领导才能所要求的四个方面(4-E's):具有迎接并应对变化速度的个人活力……有能力创造一个氛围以激励他人……面对困境勇于作出果断决定的锋芒……及始终如一执行的能力。

(资料来源:[美]杰弗瑞·克雷默. 杰克·韦尔奇领导艺术词典[M]. 北京:中国财政经济出版社,2002.)

第三节 企业哲学设计

企业哲学是一个人们看似熟悉又解释不清的概念,而且经常被混同于企业使命、企业愿景等企业理念。本节将从企业哲学的内涵入手,进而阐明它的重要性和来源,以说明企业哲学的设计方法。

一、企业哲学的内涵和基本问题

哲学是关于世界观的学说,是自然知识和社会知识的概括和总结。企业哲学是从企业实践中抽象出来的、关于企业一切活动本质和基本规律的学说,是企业经营管理经验和理论的高度总结和概括,是企业家对企业经营管理的哲学思考。

企业哲学到底要回答什么基本问题?企业运行带普遍性的根本规律和原则有哪些?简言之,到底什么属于企业哲学的内容?本书认为,企业哲学必须回答的基本问题是"企业与社会的关系""企业与人(员工、顾客)的关系"等,企业的答案就是企业哲学的内容。

企业领导者关于企业的看法如果加以系统化和理论化,就是企业哲学。具有怎样的企业观,反映了一个人对于企业认知的水平;是否具有系统的企业观,是衡量企业经营管理者是否成熟的标志;而企业观是否全面正确,则可作为衡量企业家水平高低的标志。

二、企业哲学的作用和重要性

哲学对其他科学和人类的一切实践活动都具有很大的指导作用。企业哲学作为对企业经营管理基本规律的高度总结和概括,作为企业家对企业经营管理的哲学思考,必然对企业每个方面的具体工作起到很大的指导意义,产生非常重要的影响。

企业哲学并不对企业每项工作作出具体规定。它对企业行为的指导作用,不是具体形式的规章制度,不是企业领导者书面或口头的要求,也不是强制性的措施,而是作为工作的最高原则和基本规律被广大干部员工认识和掌握以后,化为他们自己的思想武器和行动指南,成为思考问题、采取措施、开展工作时的自觉遵循。对企业规律的正确认识和揭示形成科学的企业哲学,给企业带来好的影响;反之,错误的认识导致企业哲学的谬误,给企业带来不良的后果。可以看到,有没有明确统一、本质深刻的企业哲学,企业哲学是不是被广大员工正确理解和掌握,企业的经营管理状况是大不相同的。

鉴于企业哲学对企业的组织行为和员工个体行为具有无形的、深刻的指导作用,因此对企业经营管理规律进行深入的总结和思考,概括、提炼、升华为企业哲学,是企业文化理念层设计的重要一环。

三、企业哲学的来源分析

同理念层其他要素一样,企业哲学最根本的来源无疑是企业领导者和广大员工的工作和生活实践。但由于企业哲学的特殊性,其具体的、现实的、直接的来源主要是下述四方面:

1. 企业家自身的哲学思维

由于被企业家自觉和不自觉地用来指导自身的行为,包括企业管理工作和工作之外的日常生活,因而容易在企业内形成共识而被确定为企业哲学。海尔集团董事局主席张瑞敏对人与企业的关系有很深入的哲学思考,曾撰文指出"现代化首先是人的现代化,现代化的主体是人,现代化的目的也是为了人,因此人的意识和价值就有着特殊的地位,谁拥有了德才兼备的现代化人才,谁就可以在竞争中获胜"。这对形成海尔"把人当作主体,把人当作目的,一切以人为中心"的哲学思想起了决定性作用。

2. 企业英雄模范人物和优秀群体的世界观、人生观和价值观

由于他(或她)们的先进思想和模范行为在员工中有巨大的影响力和感召力,通过挖掘提炼后容易获得从企业领导者到一般员工的普遍认同和自觉接受,进而成为企业哲学。王进喜、孟泰等模范人物的思想觉悟和境界,无疑是大庆油田、鞍钢等企业哲学的重要来源。

3. 多数员工共同的哲学思维

由于渗透在企业生产、经营、管理等各方面工作中,一旦成为企业中占优势地位的思想观念,就很可能被集中浓缩为企业哲学。

4. 社会公众的哲学思维及其他企业的经营哲学

前者由于对全社会的巨大影响,后者因反映了相似企业的基本规律而对本企业有很大影响而成为企业哲学共性的来源。社会潮流思想并非都是积极的、进步的,比如有些企业主由于缺乏哲学思维、无法揭示企业经营管理的科学规律,经常拜拜财神,以为赚钱都是靠好财运。这样的"财神哲学"在本质上是反科学的封建糟粕。

中国古代哲学、马克思主义哲学、西方现代哲学是企业哲学的重要来源,但这些哲学思想必须首先被企业家和员工掌握以后,才能很好地应用到企业。

分析企业哲学的直接来源,其实就是指出了提炼企业哲学的基本方法,剩下的就是如何用具有"哲学味道"或"理论色彩"的精彩语言将其表达出来的问题了。

四、中外企业哲学示例

1. 中国企业10例

不断改变现状,视今天为落后(二汽集团);

顺应天时,借助地利,营造人和(衡水电机厂);

企业兴盛,队伍为本(山西阳泉矿务局);

开拓则生,守旧则死(深圳光明华侨电子公司);

为明天而工作(上海电站辅机厂);

造物之前先造人(北京松下公司);

信誉是企业的黄金法则(河南民权葡萄酒厂);

质量是命,用户是王(河南浚县造纸厂);

是堵必疏,是福必造,是旗必夺(沈阳蓄电池厂)。

2. 国外企业8例

照顾好你的顾客,照顾好你的员工,那么市场就会对你加倍照顾(美国奥辛顿工业公司);

仁心待人,严格待事(瑞士劳力士手表公司);

大则死,小则活(日本太阳企业集团);

创新经营,全球观点(日本本田技研公司);

开发就是经营(日本卡西欧公司);

以科学技术为经、合理管理为纬(日本丰田公司);

多关心人,不把员工当机器使用(匈牙利布达佩斯论坛旅馆);

自来水哲学(日本松下公司)。

第四节 企业经营理念设计

关于企业经营理念,有许多不同的解释和定义。因此,这里将先从概念界定出发,并进一步阐明它的设计方法。

一、企业经营理念的概念辨析

"经营理念"一词,最早来自日本企业。美国企业家在研究日本优秀企业的管理实践后,发现它们都有坚强的理念,成为企业经营管理的强大力量。

中国国内对于"企业经营理念"的众多阐释,主要可以概括为广义和狭义两类。广义的泛指企业文化的理念层次,包括了企业目标、价值观、企业精神、企业道德、企业作风、企业管理模式等。狭义则一般是指在企业哲学和企业价值观导向下,企业为实现最高目标而确定的经营宗旨、经营发展原则、经营思路等。

本节所指的企业经营理念,指狭义的内涵。例如,属于饮食服务修理行业和零售商业的北京意隆达,以"让天下顾客都满意"为经营理念,其阐明的对象是"天下顾客",标准是"满意",而关键是"让"字,内容包括企业的管理、服务、经营。

二、企业经营理念的设计方法

1. 确定经营理念的表达范围和重点

尽管采用狭义的概念,企业经营理念的覆盖范围仍然很广,而任何一个企业都难以面面俱到地把所有内容都加以阐述,因此设计经营理念时必须先明确表达的重点。也就是说,企业首先必须确定经营理念的表达范围——是强调经营宗旨、经营发展原则,还是经营的政策方针?或者都包括在内?

一般来说,表达的内容越多、越全面,文字就越长,重点越不突出。江苏春兰集团的经营理念"三个在于、一个必须"——春兰生存的空间在于整个世界;春兰的生命力在于适应市场;春兰的管理精髓在于不断挖掘潜力;春兰必须竭诚地为社会提供优良服务,促使资产增值,造福于人类社会。它阐明了企业的发展观、发展原则和经营宗旨,应该说是一个覆盖面较大但重点比较明确的经营理念。

2. 确定经营理念的表达结构

经营理念通常还存在一个表达结构的问题。所谓表达结构,按照日本企业家的理解,分为外在和内在两个方面。

外在的经营理念表达方式主要是指企业的经营价值形象,日本企业家称之为"经营姿势"——就是企业对外界的宣言,目的是让外界了解企业或企业经营者真正的价值观。由于企业存在的意义是抽象的,因而作为"经营姿势"的企业理念则应有较具体的表达,它显示企业实际运作的倾向性,以及企业的存在感和魅力。

内在的表达方式主要是指企业的经营行为规范,它是对企业经营理念的行为表达。应当指出的是,行为规范在经营理念表达结构中处于基础性地位。通俗地讲,如果企业员工没有一个经营理念统率下的行为规范,而且不能在功能、成本和价值上体现出竞争力,那么,再好的"经营姿势"也只是姿势而已。

可见,经营理念结构的外在部分是企业文化理念层的内容,而其内在部分则是制度行为层的内容。

3. 确定经营理念的表达内容

如何表达企业经营理念,让社会和内部员工能够清楚地了解企业的经营宗旨、方针、政策等,是设计的关键。尽管经营理念因具体企业不同而千差万别,但是它仍有许多共同点,下面列举若干企业的经营理念,供参考。

日本优秀企业经营理念的共性内容:①面向公众意识;②人本主义思想;③不断创新精神;④珍惜信誉思想;⑤明确使命思想;⑥服务导向思想。

通用电气公司(GE)韦尔奇的六条经营理念是:①掌握自己的命运,否则将受人掌握;

②面对现实,不要生活在过去或幻想之中;③坦诚待人;④不要只是管理,要学会领导;⑤在被迫改革之前就进行改革;⑥若无竞争优势,切勿与之竞争。

美国联合利华公司的经营理念——小即是美的。

海尔集团经营理念——企业现代化;市场全球化;经营规模化。

大唐集团公司经营理念——资源最优化;效益最大化。

南昌亚洲啤酒有限公司的经营理念——①要有高度的社会责任感;②要有服务精神;③要给消费者以关怀和精神享受;④有能力时,要支援社会公益事业;⑤高品质的产品(品牌)。

事实上,每个企业都有独特的经营理念。如日本松下公司的"给顾客们最想要的",顾客至上的思想就是该公司的经营理念。被称为"日本经营之神"的松下幸之助,经常问他的员工,"若你是松下的客户,请问您会要求松下给你怎样的服务?"并要求员工按照自己的回答,去满足这些意见和想法。在美国,如 IBM 的"IBM 就是服务",通用电气的"进步是我们最重要的产品",杜邦化学的"以优良的化学产品提升生活素质",惠普公司的"惠普之道"等,都是这些企业的经营理念。我国企业也有自己的经营理念,如大庆油田的"三老、四严"精神,等等。只不过有些企业已升华为用辞语表示的格言或口号,而另一些企业却还只是表现为某些领导人的思想、风格或局部认识。

三、企业宗旨的设计与更新

企业作为从事生产、流通、服务活动的社会经济单位,对内、对外都承担着义务。企业宗旨(或称企业使命)是就这种义务而向社会作出的公开承诺,反映了企业对待社会义务的基本态度,从而反映企业存在的社会价值。例如,旧中国民生公司的宗旨"安全,迅速,舒适,清洁"体现了对社会服务的承诺,现在北京铁路局的宗旨"人民铁路为人民"也是如此。

企业宗旨是企业经营理念中通常都有的一个组成部分。它不是孤立的企业理念,而是在企业哲学指导下为实现最高目标而制定的企业方针和政策,是最高目标和企业哲学在企业社会义务方面的具体反映。与企业哲学不同,企业宗旨是企业主观态度的反映,而企业哲学是对客观规律的反映。对内,它是为履行企业的社会职责而对全体员工发出的总动员,是引导和规范企业及员工行为的强大思想武器;对外,它是企业向社会发出的宣言,是引导消费者和公众的一面鲜艳旗帜。

设计企业宗旨,一般要阐明:企业增值活动、产品或产业、客户或市场、企业的贡献。例如:以服务顾客为经营目标(美国波音飞机公司);要有利可图,但不唯利是图(中信公司);以客户满意、同人乐意、经营得意为理念,力争创造尽善尽美(振维制服);建筑无限生活(万科集团);信誉是门店的生命(北京西城区华龙书刊发行部)等。华为公司的使命"聚焦客户关注的挑战和压力,提供有竞争力的通信解决方案和服务,持续为客户创造最大价值",就是公司的宗旨。

当企业环境发生变化,特别是当企业自身的事业发生重大改变时,企业宗旨也应随之进行修改或更新。惠普公司(HP)原来的宗旨是"设计、制造、销售和支持高精密电子产品和系统,以收集、计算、分析资料,提供信息作为决策的依据,帮助全球的用户提高其个人和企业的效能"。1990年公司第二任总裁J.杨认为,"以上宗旨在电子时代还可以,但在信息时代需要加以修改"。于是,公司耗资400万美元求助于咨询公司,对企业宗旨进行了创新设计,1992年改为"创造信息产品,以便加速人类知识的进步,并且从本质上改善个人及组织的效能"。这个新的宗旨既保持了企业价值观的基本信念,又体现了时代特色。

第五节 企业管理模式设计

企业文化是管理文化。最能体现企业文化的管理属性的,就是企业的管理模式。管理模式是对企业管理规范的高度概括,是企业管理特色的集中反映。选择什么样的管理模式,是企业理念层设计的重要内容。

一、企业管理模式的类型

在管理实践中,广大企业形成了千差万别、带有各自不同特点的管理模式。以中国企业来说,海尔集团的OEC管理模式,华为公司的"军事化管理"模式,小天鹅集团的"末日管理"模式,北京开关厂的"99+1=0"管理模式,衡水电机厂的和谐管理模式,都具有鲜明的企业个性,是这些企业的管理层和广大员工创造性的充分体现。

管理学界一直重视对企业管理模式的研究,不同学派或不同学者在对大量企业管理特征进行综合研究的基础上,提出了许多管理模式的分类和概括。从企业管理理论的发展历史来看,大体可以分为经验管理模式、科学管理模式和文化管理模式;从企业管理的外在特征和领导方式出发,可以分为鲨鱼式管理模式、戛裨鱼管理模式以及海豚式管理模式;从管理职能及其关系的角度,可以分为A管理模式、C管理模式;等等。

在关于管理模式的理论研究方面,最有影响的当属布莱克和莫顿的管理方格理论(图1-2)。他们提出了5种典型的领导方式即管理模式:

(1) 1.1方式为贫乏式管理,即用最少的努力来完成任务和维持人际关系,对员工、对工作都不关心。

(2) 1.9方式为俱乐部式的管理,即充分注意搞好人际关系,导致和谐的组织气氛,但工作任务得不到关心。

(3) 9.1方式为权威式的管理,即只关心工作而不关心人。领导者有效地组织与安排生产和工作,将个人因素的干扰减到最低程度,以求得到效率。

(4) 9.9方式为团队式管理,即对工作和人都极为关心,工作任务完成得很好,组织成员关系和谐,士气旺盛,成员的利益与组织目标相互结合,大家齐心协力地完成任务。

(5) 5.5方式为中间式管理,即对人和工作都予以适度的关心,保持工作与满足组织成员需要之间的平衡,既有一定的效率,又兼顾士气。

对于上述典型的领导风格,在现实中都不难找到大量实例。无论哪类企业,都有这样的厂长经理,他们只重视产量、产值、销售额、利润等生产经营指标,对广大员工的喜怒哀乐漠不关心,甚至把员工当作"活"机器,最"灵"的招数就是重奖重罚,显然可以将其归入权威式的行列。而有些国企负责人,看重头上的乌纱帽,信奉"多一事不如少一事",不思进取、得过且过,对干部职工视而不见或敬而远之,可谓典型的贫乏式管理。也有的企业领导者热衷于当"好好先生",搞"一团和气",就颇有一点"俱乐部式"的味道。当然,也有不少企业家以满腔热情投入工作,同时又尽心竭力关心爱护员工,他们的领导风格则接近于"中间式"或"团队式"。

二、企业管理模式的设计方法

1. 管理模式的影响因素分析

不同的企业,之所以形成或者选择了不同的管理模式,主要在于它们在管理所涉及的许多方面存在着差别。这些影响企业管理模式的因素主要有:

(1) 企业价值观。企业价值观是管理模式的灵魂,而管理模式则是企业价值观的外化。其中,工作价值观对管理模式的影响最为突出。当企业价值观(特别是工作价值观)更新时,必然导致企业管理模式的变革。

(2) 工作形式和劳动结构。企业的增值活动都是员工劳动的结果,因此工作形式(作业方式、不同工作间的依赖程度以及不同作业方式的比重)和劳动结构(如脑力劳动和体力劳动的比重、创造性劳动的比重等),将直接导致管理模式的不同。

(3) 员工的群体结构和差异性。员工群体的知识水平、能力素质、工作经历和经验等方面的整体情况,以及员工个体之间在这些方面的差异度,都会对管理模式有较大的影响。其中,企业主要领导者的素质、能力、经验、作风等的影响尤为明显。

(4) 企业的组织形式和一体化程度。组织形式具体涉及组织规模、组织结构类型和层次、组织的内部联系等。

(5) 管理职能中控制职能的比重和方式。

(6) 分配方式和报酬标准。

(7) 冲突的宽容度。

(8) 风险承受度。

(9) 系统的开放度,等等。

2. 企业管理模式的设计原则

以工作价值观为导向,从企业实际出发,是设计企业管理模式的基本原则。下面列举工作价值观的主要内容和两组极端的类型(表6-2),企业必须在其中每个方面都作出选择。选择的结果可能是某一种极端类型,也可以介乎两者之间。

表 6-2 工作价值观的主要内容

	工作价值观的两组极端类型	
管理导向	工作导向	关系导向
管理目的	效率第一	关系第一
领导作风	专制	民主
控制特点	严	宽
激励特点	物质激励为主	精神激励为主
权力倾向	崇尚职位权力	崇尚个人权力

3. 企业管理模式的确定

对工作价值观所作的选择结果,就构成了企业管理模式的基本内容。然而要最终确定一个企业的管理模式,还应做下述工作:

(1) 与企业文化理念层的其他要素进行协调;
(2) 建立与之相适应的企业制度体系;
(3) 接受企业管理实践的检验,并在实践中不断完善。

第六节 企业精神设计

企业精神是随着企业的发展而逐步形成并固化下来的员工群体的精神风貌,是对企业现有观念意识、传统习惯、行为方式中积极因素的总结、提炼和倡导,是企业文化发展到一定阶段的必然产物。

设计企业精神,首先要尊重广大员工在实践中迸发出来的积极的精神状态,要恪守企业共同价值观和最高目标、不背离企业哲学的主要原则,要体现时代精神、体现现代化大生产对员工精神面貌的总体要求。以此为指导思想设计出来的企业精神,方能既"来源于生活又高于生活",成为鼓舞全体员工为实现企业最高目标而奋斗的强大精神动力。

一、企业精神的设计方法

明确了总的设计思路,企业精神的设计就比较容易了。但是从方法的角度来讲,并无固定程式,因此下面介绍的一些具体做法仅供参考。

1. 员工调查法

把可以作为企业精神的若干候选要素罗列出来,在管理人员和普通员工中进行广泛的调查,大家根据自身的体会和感受发表赞同或不赞同的意见并最好讲明理由,再根据员工群体的意见决定取舍。这种办法一般在更新企业文化时采用,缺点是需要花费较长的时间和较大的人力,观点可能较分散,但由于来自员工、有很好的群众基础而容易被大家接受,很快深入人心。

2. 典型分析法

每一个企业都有自己的企业英雄(或先进工作者之类),这些英雄人物的身上往往能够凝聚和体现企业最需要的精神因素,因此对这些英雄人物的思想和行为进行全面深入的分析和研究,不难确定企业精神。这种办法工作量较前一办法小,也容易被员工接受,但在企业英雄不是非常突出时,选取对象比较困难、不易把握。

3. 领导决定法

企业领导者由于站在企业发展全局的高度思考问题,加之他们对企业历史、现状的了解比较深入,因此由企业领导者(或领导层)来决定企业精神也不失为一种办法。此法最为高效快捷,但却受领导者个人素质的影响较大,在推行的时候宣讲工作量较大。

4. 专家咨询法

将企业的历史现状、存在的问题及经营战略等资料提供给对企业文化有深入研究的管理学家或管理顾问公司,由他们在企业中进行独立的调查,获得员工精神风貌的第一手资料,再根据所掌握的规律原则和建设企业文化的经验,设计出符合企业发展需要的企业精神。这种办法确定的企业精神站得高、看得远,能够反映企业管理最先进的水平,但局限于专家对企业的了解程度,有时不一定能够很快被员工接受,因而宣讲落实的过程稍长。

这些方法各有优缺点,因此在实际进行企业理念层设计时常以一种办法为主、辅以其他一两种办法,以弥补其不足。比如,在使用专家咨询法时,可以把专家请到企业来进行一些实地考察和调研,设计出来的企业精神就比较完善了。

二、现代企业精神共性

我国正在建设社会主义市场经济体制,不断深化企业改革,这样的社会大背景决定了我国不同企业的企业精神具有一些民族共性和社会共性;同时,虽然社会制度不同、国情不同,但现代化的社会大生产的基本特征又决定了不同国家企业的企业精神具有一些时代共性。因此,在设计企业精神时,有部分共性的内容是必然的。

中外一些优秀企业所具备的企业精神要素,可以概括如下:①实事求是;②团结协作;③改革创新;④开放包容;⑤勇于竞争;⑥艰苦奋斗;⑦爱岗敬业;⑧追求卓越;⑨敢冒风险;⑩超越自我。

第七节 企业道德设计

道德规范是企业干部员工的重要行为规范。道德对行为的软约束与厂规厂纪对行为的硬约束相配合,不但可以弥补硬约束难以面面俱到的局限,而且能够使企业干部员工的行为自觉地指向企业目标的实现,成为企业不可缺乏的道德力量。

一、企业道德的设计原则和步骤

企业道德是社会道德理念在企业中的具体反映。企业道德所调节的关系的复杂性决定这种道德理念不是单一的观念和要求,而是具有多方面、多层次的特点,是由一组道德观念因素组成的道德规范体系。

在设计企业道德时,不仅要符合中华民族的优秀传统道德、社会公德及家庭美德,还应突出本行业的职业道德特点。如煤炭企业的"忠于职守,诚实劳动,保质保量"(北京市煤炭总公司)与商业企业的"公平交易,诚信无欺,礼貌待客,方便群众,竭诚服务"(北京市海淀百货大楼)既有社会公德共性,又有行业不同带来的企业道德个性。在突出本企业员工最需要的道德规范的前提下,再考虑兼顾社会普遍性的道德要求。

企业道德体系的设计,可按下述方法和步骤进行:

(1)确认企业的行业性质、事业范围,了解本行业组织或其他企业制定的有关职业道德要求,这是设计符合企业特点的道德体系的必要前提;

(2)考察企业的每一类具体工作岗位,分析其工作性质及职责要求,在此基础上分别提出各类岗位最主要的道德规范要求;

(3)汇总这些岗位的道德规范,选择出现频度最高的几条作为初步方案;

（4）根据已经制定的企业目标、企业哲学、企业宗旨、企业精神，检查初步方案与已有理念是否符合、有无重复，不符合的要改正，重复则可去掉。

（5）在管理层和员工代表中征求意见，看看是否最能反映企业事业发展对员工道德的要求，并反复推敲后确定。

二、中国企业的道德体系

一般来说，中国企业的企业道德体系不外乎由下述 10 方面内容构成，这些道德都是企业制定道德规范体系时应该参考和借鉴的。

1. 忠诚

这是企业干部、员工首要的道德规范，它包括忠于国家、忠于企业、忠于职守。忠于国家指处理企业与国家的关系时，以国家、社会为重；忠于企业指处理员工与企业的关系时，以企业为重、以集体为重；忠于职守指员工对岗位工作的态度，要热爱本职工作，认真敬业。不忠于国家的人很难忠于企业，不忠于企业的人很难忠于职守。忠诚这种高尚的道德对社会上现存的那些为局部、眼前利益而损害国家、企业长远利益的不道德行为，是无情的鞭挞。

2. 无私

指事事出以公心，在个人利益与集体、国家利益发生矛盾时，自觉以个人利益服从集体、国家的利益。无私是做人做事最基本的道德规范，孙中山先生"天下为公"的美德受到广泛推崇。许多企业的企业道德、企业精神中所包含的"为公""献身""奉献"，都是对无私道德的倡导。

3. 勤劳

劳动是人类生存和发展的基础，勤劳是人类共同推崇的基本道德。勤劳不仅是指体力的投入，而且包括脑力和感情的投入。但由于长期计划经济体制下"铁饭碗""大锅饭"的影响，造成某些企业员工丧失了勤劳的美德，整天无所事事、聊天看报混日子，这样的企业怎么搞得好呢？

4. 节俭

人、财、物是一切企业的主要生产因素，节俭就是节约人力、物力、财力，绝不为讲排场、摆阔气而任意浪费。节俭、简朴是中华民族的又一个美德，今天我们的国家还不发达、我们的企业还需要增强实力，又怎么能够放弃前人留给我们的节俭这一宝贵财富呢？邯钢能够振兴，与其管理思想中"节俭、节约"的道德标准有很大关系。

5. 团结

"和"是中华文化的一贯传统，团结就是注重人际关系的和谐，集体同心同德。团结在企业中的具体体现就是强调"团结""协作""齐心""和谐"。团结就是力量，如果一个企业内部拉帮结派、搞"窝里斗"，那么无论多么先进的设备、如何高明的管理方法都无济于事。

6. 廉洁

这是企业干部员工的共同职业道德，是忠于职守的题中应有之义。廉洁的实质是在本职工作中划清公、私的界限，绝不假公济私、以权谋私、徇私舞弊。

7. 自强

自强是企业和全体员工对待困难和挑战的积极态度,是顽强拼搏、开拓进取精神在道德上的投影。现在我国正处在全面深化改革的攻坚阶段,企业更需要这种自强的道德规范作激励,不等不靠,顽强地挑战市场。要使自强成为企业道德意识,必须逐步形成"为旗是夺、无功即过""自强则生、平庸则忘""进取光荣、退缩可耻"的荣辱观。

8. 礼貌

礼貌是人际关系的行为准则和道德规范。对于现代化的企业而言,无论对内的人际交往,还是对外的公共关系都日益频繁,实现有礼貌地交往,不仅是内求团结的需要,也是对外竞争的需要,是搞好公共关系,树立良好企业形象的需要。中华民族自古乃礼仪之邦,中国的企业也应该成为礼仪之厂、礼仪之店,为社会主义精神文明建设作出积极贡献。

9. 遵纪

纪律是胜利的保证。厂规厂纪反映了社会化大生产的客观要求,是企业对员工外加的强制性的行为规范,遵守纪律是企业道德的重要组成部分。要使遵纪成为整个企业的道德规范,关键在于企业的规章制度健全,实行依法治企。

10. 守信

在中国古人倡导的"仁义礼智信"五德中,守信是一个基本的道德规范。市场经济是法治经济,不是"骗子经济"。现代企业日益面向社会开放,甚至实行全球化经营战略,企业与外界建立了许多合同关系,守信成为企业重要的道德标准。许多企业理念中都有"信誉第一"等内容,关键是怎么落实。

第八节 企业作风设计

企业风气所形成的文化氛围对一切外来的信息具有筛选作用。不良社会风气(如极端个人主义和形式主义、官僚主义、享乐主义、奢靡之风等"四风")在企业文化贫乏、风气较差的企业里很容易乘虚而入,造成工作积极性下降、人际关系紧张、人心涣散、消极懒惰、讲排场摆阔气而浪费严重等恶劣后果;而在企业文化完善、风气健康的企业里,员工群体会积极抵制其不良影响,主动与企业同呼吸共命运、爱厂如家、勤奋工作,促进企业健康发展。企业风气通过员工的言行反映出来,成为影响企业文化理念层的一个重要因素。是否具有良好的企业风气,是衡量企业文化是否健康完善的重要标志。

一、企业作风设计的"三部曲"

企业风气的核心成分是它在企业经营管理工作中的体现,即企业作风。因此,设计良好的企业作风,是形成健康企业风气、塑造良好企业形象的需要。

1. 对企业风气现状做全面深入考察

重点是要认识企业现有的主要风气是什么样的。可以通过调查问卷、座谈访谈进行普遍性的信息收集,也可以设计和安排一些试验,观察员工在对待工作和处理问题时的表现,通过个案进行了解。深圳华为公司有一年端午节早餐每人发两个粽子,公司有关部门就通过这个机会进行暗访,结果仅其中一个员工餐厅就出现多拿事件20起,从中发现了企业风气中存在的问题。

2. 对企业现实风气进行认真区分

要注意区分其中哪些现象是个别现象、哪些现象有可能形成风气、哪些现象已经形成了风气,其中哪些风气是企业要提倡的优良风气、哪些是企业反对的不良风气,并分析这些现象出现、风气形成的原因。对于其中的不良风气,企业应有针对性地提倡良好风气来加以克制,这是设计企业作风的关键。

3. 结合企业内外环境,确定独具特色的企业作风

考察社会风气和其他企业的作风,挖掘出本企业应该具有却尚未形成的良好风尚和作风,并结合前面两步,制定出本企业的企业作风表述。企业作风的表述应力求具有本企业的个性特色,避免千篇一律、千厂一面。

二、部分企业的企业作风示例

认真负责,紧张严肃,尊干爱群,活泼乐观,刻苦学习(首都钢铁公司);

秩序纪律,文明礼貌,团结和谐,竞争效率(长钢);

快速反应,立即行动(海尔集团);

严、细、实、快(吉林化学工业公司);

高、严、细、实(兰州炼油厂);

严谨,朴实(北京大华无线电厂);

务实,求严,创新,文明(山东新华制药厂);

团结,勤奋,民主,文明(长虹集团);

严谨求实,艰苦奋斗,团结实干,拼搏创新(国营617厂)。

从上述可以看出,艰苦奋斗之风、团结之风、文明之风、严谨勤奋之风、深入细致之风、求实务实之风等是企业共有的优良作风。

附录:企业文化理念层5例

1. 惠普公司(HP)的企业文化——惠普之道

惠普目标——利润,客户,业务领域,增长,员工,管理,公民。

惠普价值观——

　　我们信任和尊重个人;

　　我们追求卓越的成就与贡献;

　　我们在经营活动中坚持诚实与正直;

　　我们靠团队精神达到我们的共同目标;

　　我们鼓励灵活性和创造性。

惠普经营策略和管理方式——

　　走动式管理;

　　目标管理;

　　开放式管理;

公开交流。

车库法则——

相信自己能够改变世界；

高效工作，工具箱永不上锁，随时为我所用，懂得何时独立工作，何时相互协作；

不仅分享工具，更要分享思想；

信任自己的伙伴，拒绝空谈、拒绝官僚，因为，这里拒绝所有的荒谬；

工作的优劣，让用户来判断；新奇的想法并非就是坏想法，勇于尝试一种新的工作方式；

每天都须做出贡献，否则，车库将永远是车库；

相信事在人为，只要同心协力不断地创造。

2. 美国商用机器公司（IBM）企业文化

IBM 基本价值观——

尊重个人；

顾客至上；

追求卓越。

IBM 商业道德——

不批评竞争对手的产品；

不破坏竞争对手已签订的订单；

不许贿赂。

IBM 座右铭——诚实。

IBM 公司口号——

思考；

和平；

IBM 就是服务。

IBM 制度——开门政策；丧失客户联合调查制度。

3. 海尔企业文化

海尔文化的核心——创新的价值观；

海尔的文化观——有生于无；

海尔目标——创中国的世界名牌，为民族争光；

海尔精神——创造资源，美誉全球；

海尔作风——人单合一，速决速胜；

海尔管理模式——OEC 管理法，即每天对每人每件事进行全方位的控制和清理；

海尔的战略观——先谋势，后谋利；

海尔的市场链——市场无处不在，人人都有市场；

海尔人才观——人人是人才，赛马不相马；

海尔的品牌营销理念——品牌是帆，用户为师；

海尔的服务观——企业生存的土壤是用户；

海尔的国际化理念——走出去、走进去、走上去；

海尔的管理之道——管理的本质不在于"知"而在于"行";
海尔的形象——真诚到永远。

4. 华润(集团)有限公司的企业文化

华润使命——通过坚定不移的改革与发展,把华润建设成为在主营行业有竞争力和领导地位的优秀国有控股企业,并实现股东价值和员工价值最大化。

华润定位——华润是与大众生活息息相关的多元化企业。

企业精神——诚信;团队;务实;积极;专业;创新。

企业承诺——开放进取,以人为本,携手共创美好生活。

华润的企业标语——与您携手 改变生活。

核心价值观——诚信。

华润价值观——业绩导向;人文精神;团队建设;创新求变。

经营理念——

  集团多元化,利润中心专业化;

  独具华润特色的 6S 管理体系;

  致力于建立学习型组织;

  海纳百川,人才制胜。

5. 联想集团企业文化

企业目标——高科技的联想、服务好的联想、国际化的联想。

发展使命——"四为"

  为客户:联想将提供信息技术、工具和服务,使人们的生活和工作更加简便、高效、丰富多彩;

  为员工:创造发展空间,提升员工价值,提高工作生活质量;

  为股东:回报股东长远利益;

  为社会:服务社会文明进步。

核心价值观——

  成就客户:致力于客户的满意与成功;

  创业创新:追求速度和效率,专注于对客户和公司有影响的创新;

  精准求实:基于事实的决策与业务管理;

  诚信正直:建立信任与负责任的人际关系。

品牌精神——高端品质、创新、国际化、企业责任。

全球公民——联想承诺成为一名负责和积极的企业公民,不断改善经营,为社会发展做出贡献。联想坚信企业是社会的一个重要部分,并致力于与员工和当地社会一道改善人们工作和生活的质量。

复习题

1. 企业文化理念层通常包括哪些要素?
2. 企业目标设计的步骤是什么?为什么要建立企业的多目标体系?
3. 什么是企业愿景?试比较企业愿景与企业目标的异同。

4. 企业价值观的作用是什么？它有哪些影响因素？
5. 企业哲学有哪几方面主要来源？企业家与企业哲学有何关系？
6. 企业宗旨的内涵是什么？如何进行企业宗旨的更新？
7. 根据管理方格理论，五种典型的管理模式各自有哪些特点？
8. 设计企业精神、企业道德、企业作风，分别有哪些主要步骤？
9. 企业文化理念层有哪些艺术性的表达方式？

思考题

1. 如果你负责为即将成立的一家高科技企业设计企业文化，你认为它的理念层应该具有哪些特点？
2. 假如你被任命为一家长期亏损企业的总经理，你将如何面对原有的企业文化理念层？

案例分析

激变之中显"和商"

时代在变，荣事达也在变，有时甚至变得让人看不懂。例如，在当今商品供过于求的买方市场，厂长们担心产品积压，一门心思抓销售，而荣事达却在高歌《企业竞争自律宣言》《市场竞争道德谱》以及"和商"精神。这是否表明荣事达担心在竞争中处于劣势，才提倡以和为贵呢？冰箱行业的竞争本已十分激烈，荣事达近期又推出全能冰箱系列产品，"客串"到本已供大于求、强手如林的冰箱市场竞争中去，这似乎都让人看不懂！

看来，有必要对走在市场竞争前列的荣事达的经营理念做一番探析。

从"零缺陷"管理到自律精神

如果时光倒退十年，我们不难发现，那时的中国企业质量意识是多么幼稚。当时，一些厂长们对员工说："谁砸企业的饭碗，企业就砸谁的饭碗！"但这并不意味着找到了抓质量的具体思路与方式，倒是荣事达人思考得更深一层，他们的"零缺陷"管理，创造了质量一流的产品。

零缺陷管理的思想是让员工认识到，每一道工序都是可以避免出差错的。而这种行为的总和，就是整机产品的零缺陷。于是，员工的思想进入一个新境界，即把以往视为"神话"的零缺陷付诸实践，变为现实。

可见，零缺陷管理的核心就是一种依靠员工主观能动性、以人为本的现代民主管理意识。

荣事达集团总裁陈荣珍坚信，真正的管理变革要靠思想来推动。他说："零缺陷"是严厉的，甚至可以说是苛刻的管理目标，然而，它又是必需的、可行的。所以说"必需"，是因为面对买方市场,如果我们的产品、服务、信誉达不到零缺陷,那就休想在市场安身立命!

之所以说可行,则是因为企业员工都有其主观能动性,只要企业管理者善于因势利导,充分激发员工的自主性和创造性,就能促使员工在每一道工序或工位自觉防范并消除差错,从而保证总体的"零缺陷"。

荣事达的自律宣言,包括自律总则、竞争道德、对内对外的行为准则,以及自觉接受社会舆论、消费者、竞争对手的监督等内容。这个《宣言》和1998年公布的《市场竞争道德谱》教育员工:绝不要存在任何以不正当竞争和任何投机取巧行为去竞争的幻想,而要以诚实的经营进行公平的竞争,去迎接市场优胜劣汰的挑战。

买方市场形成后,谁都或多或少地担心自己的产品积压,于是,互相诋毁的不正当竞争以及低于成本价的价格大战,像流行感冒一样波及一个又一个产品和一个又一个行业。作为洗衣机产品连续四年在全国同行业销售第一的荣事达,完全可以发动一场价格战,削弱弱小的竞争对手,然而,荣事达始终没有越雷池一步,而是稳健有序地实施着结合市场行情和企业实际而生发的市场战略。

这样做,并非是不参与竞争,而是对竞争的理解不同:打价格战是一种着眼眼前的竞争,荣事达却着眼于未来的竞争趋势。

荣事达的《自律宣言》《市场竞争道德谱》和"和商"理念,在社会上激起了巨大反响,被认为代表了中国优秀企业在法制化的市场经济环境下率先垂范并维护健康的经济运行秩序的行为导向。

"红地毯服务"与完美主义

正如陈荣珍所言:"倡导'和商'精神,是为了创造和谐的企业内外环境,从而以德兴企,以义生利,以仁促智。"

讲究自律的荣事达人,将智慧用于创造完美的服务,他们创造了"红地毯服务"方式。员工到用户家维修产品时,进门要穿鞋套,带一块红地毯用来摆放洗衣机,不让一滴油沾染在用户家中,同时,服务中的言行举止遵守"三大纪律、八项注意"。一块微不足道的红地毯,是一种象征,它表明荣事达创造完美服务的精神。

荣事达人追求完美,为此,他们不断创新。他们造出了中国第一台智能模糊洗衣机,中国第一台不锈钢内桶喷射喷淋水流洗衣机,中国第一台健康分洗式洗衣机,中国第一台搅拌式仿生搓洗洗衣机。1998年又推出集八项专利和多项国际最新技术于一身的全能冰箱。

荣事达人的创新能力,得到了国内外同行的公认,不仅产品销往世界30多个国家和地区,而且墨西哥最大的洗衣机公司1998年还购买了荣事达的技术和设备,价值达1000多万美元。

追求完美和不断创新的灵感来自何处?来自换位思考。陈荣珍经常告诫干部:换位思考,可以让你看到问题的两个或多个侧面,从而更系统、更客观地来处理问题,并能以更高的标准来为消费者服务。

换位思考道理很简单,但它却是一种现代经营的理念。未来学家们指出:在知识经济的今天,已出现"产消合一"的趋势。所谓"产消合一",是指消费者越来越多地在参与着企业的产品、商务程序以及服务方式的设计,只不过这种参与在更多的时候是用间接的方式体现出来的。只有善于换位思考的人，才会强烈感受到消费者的这种参与，把经营做得更好。荣事达人很懂得产品向消费者所传达的语言，正如有些员工在厂报上投稿所表达的那样："我们不放过任何一处精巧的构思（设计），以此向用户流露'细微之处见真情的温馨'。""让产品变为消费的一种理想，成为用户'梦中的新娘'……"这一切正如西方一位经济学家所说的那样："企业无论生产什么样的产品，其实，它生产的都是无形的产品。"

为了集中全体员工在民主管理中展现的创新智慧，公司合理化建议制度已坚持了9年，每年公司都会收集到几百条建议，公司还采取奖励措施激励这种创新工作。

荣事达环保冰箱与竞争"大客串"

1998年，荣事达推出新型双绿色全无氟冰箱，它和电热水器、微波炉等系列产品一起，成为荣事达家族中的新成员。这标志着素来主张"站稳脚跟、再出双拳"的荣事达开始了战略转变，即向产品多元化目标推进了。然而，这也带来一个疑问：荣事达冰箱跻身强手如林、渐趋饱和的冰箱市场有无必要？

这个问题应当放在当时的市场背景下去看。20世纪90年代的竞争是"资源整合的竞争"，荣事达开发冰箱有它的道理。

所谓"资源整合"的竞争，即是企业将内部、外部资源实现最佳组合的竞争，这种竞争，比以往在老产品基础上延伸更新开发的竞争有很大的不同。首先，前者的竞争势头很强劲。因为这种竞争集中了知识经济背景下多国、多学科的最新技术优势，再与人才、管理、信息、品牌、经营策略、售后服务网络等资源整合起来，体现出集中优势的竞争势头。投资8亿元的荣事达冰箱，一是集中了美国、德国、意大利等国的世界一流的技术和设备，包括引进了世界销量最大的高效往复式压缩机，引进了制冷剂、发泡剂双无氟技术，引进了我国唯一一条平板喷涂线，以及箱门整体发泡技术等。二是美、德、意、澳等国专家和我国优秀工程师聚合在一起，在先进的实验室里进行开发，整合了人才优势；三是荣事达企业内部采取竞争投标方式组建冰箱公司，从而显现了员工整体素质的优势。该公司中层干部80%以上具有本科学历，平均年龄仅为30岁，其中高工10多人，工程硕士、学士60多人，操作工清一色是技校的毕业生；四是这种冰箱不仅内部性能明显优越，而且外观更与众不同，同时，售价定在中高档的位置上，从而在竞争策略上创造了差异性；五是依托了荣事达的品牌优势与庞大的售后服务网络。

资源整合的竞争基于两个方面的原因：其一，在知识经济条件下，产品与技术的更新频率加快，企业若仅靠内部资源，几乎跟不上国际产品更新的节拍。另一方面，知识和其他资源都具有分散性，并不被一国和一个财团所垄断，因此，它需要当代企业家显示出高超的资源整合艺术。陈荣珍深信这样的道理："企业家是什么？企业家就是优化配置资源的综合艺术家！"具有资源整合竞争实力的企业，往往想尝试"竞争大客串"的"螃蟹"。其二，全球管理一体化的背景以及产、学、研相渗透的趋势，也为资源整合竞争提供了条件。

1998年10月以来，荣事达冰箱在市场中初显身手即赢得消费者的格外青睐。

"和商"理念与"竞合"战略

从模糊数学到模糊电路，再到荣事达在中国推出第一台智能模糊控制洗衣机，荣事达人从模糊科学之中领悟了经营上的"模糊哲学"。学者们把这种模糊现象列入管理，便有了"柔性管理""隐性管理""混沌管理"之说,都是借助了模糊科学的原理。

陈荣珍很注意在企业规章制度之外引导企业员工的言行,例如他倡导的"和商"理念。陈荣珍把"和商"理念总结为32个字:"相互尊重、互相平等,互惠互利、共同发展,诚信至上、文明经营,以义生利、以德兴企",其核心意义是:以人为本,创造和谐的内外环境,减少人际内耗,以仁促智,最大限度地发挥人在事业中的主观能动性。

西方学者认为:在全球经济一体化的今天,不懂得合作,就不懂得当今的市场竞争,这就是所谓的"竞合意识"。但他们并没有解释用什么样的实践去有效地同各个方面合作。而陈荣珍则是这样的思想者和实践者:当人们强调"质量是饭碗"时,他已经带领员工实践着"零缺陷"管理;当人们喊出"用户是上帝"时,他已让用户享受到国宾的礼遇——开展"红地毯服务";当不正当竞争愈演愈烈时,荣事达公布了振聋发聩的《自律宣言》,并率先垂范自律精神;当合作战略演变成一种经济思潮时,荣事达已经很有理性地首倡并实践着"和商"理念。

对商家的合作,陈荣珍以身垂范,出差在外,总不忘到经销商那里拜访,帮助他们解决遇到的困难,在产品调整价格时,都要和各地经销商进行商讨,注意听取他们的意见,维护他们的合理收益。有一次,贵阳一商场因水淹损失20多万元,陈荣珍决定对其受损严重的洗衣机全部无偿退货,零部件受损的一律免费更换,荣事达由此而承担的损失达19万元。

对待社会,荣事达仁至义尽。捐助希望工程、送温暖工程、对口扶贫、支持社会公益事业、支援市政工程……精神文明建设是企业的重要组成部分。在1998年夏天,荣事达投放水灾地区市场产品损失达600万元的情况下,仍向灾区捐款100万元;同时,在湖北、黑龙江等抗洪一线,设立"荣事达洗衣站",荣事达员工免费为抗洪军民洗衣,还免费修理受淹各种品牌的洗衣机。

对待投资合作者,荣事达以诚相待,每次合作总是先做出可行性分析,告诉合作者风险与收益在哪里,互惠互利,风险共担。为此,日本三洋公司领导曾感慨地说:"我考察过中国不少企业,但首先为我们做出投资可行性分析的,只有陈先生。"

迄今,荣事达合作的企业各式各样,有日商、美商,有本市、外市、外省的,有外资、有民企、有国营。荣事达的13个公司,个个效益显著,尤其是让员工个人持有公司的股份,使员工主人翁意识大大增强。

成功的合作是以相互信赖为前提的,而得到他人的信赖是要用行动和时间来检验的。荣事达以值得他人信赖的"和商"精神塑造自己,必定会赢得更广泛的市场,为更大的事业发展奠定牢固的基础,可谓"群雄纷争看沉浮,得人心者得天下",又可谓"胸怀有多宽,事业有多大"。

(摘自荣意传. 激变之中显"和商"——荣事达经营理念追踪[J]. 中国乡镇企业,1999年第5期.)

讨论题

1. 根据案例,请提炼荣事达的企业价值观。
2. 请概括荣事达的企业文化理念层并作出评价。
3. 荣事达"和商"经营理念对中国企业文化建设有何启示?

第七章 企业文化制度行为层设计

本章学习目标

1. 掌握企业文化制度行为层设计的主要内容
2. 掌握企业工作制度的设计方法
3. 掌握企业责任制度的设计原则和方法
4. 了解设计企业特殊制度的重要性和方法
5. 了解企业风俗的定义、特点及其设计方法
6. 掌握员工行为规范的内容和设计方法

企业文化设计和建设,不但要有先进的企业理念,而且关键是如何将这些企业理念要素在实践中加以贯彻实施——这就必须依赖企业文化制度行为层的保证作用。系统地设计企业文化的制度行为层,形成科学合理的企业制度体系和行为规范体系,是企业文化设计的一项重要任务。

第一节 企业制度体系设计

企业文化制度行为层的设计内容包括:企业的制度体系、企业风俗和员工行为规范。其中,企业制度体系又由工作制度、责任制度和特殊制度三部分组成。工作制度和责任制度,统称为一般制度。

一、企业制度行为层设计原则

制度行为层的设计,要坚持以下原则:

(1) 充分传达企业理念。做到符合国家法律;符合社会主义道德,有利于促进两个文明建设;充分体现"以人为本"的管理思想。

(2) 立足企业实际需要。根据企业需要来决定制度体系的构成,根据本企业员工的具体情况来拟定各项制度的内容,把企业实践作为检验制度有效与否的唯一标准,注意充分反映本企业的管理特色。

(3) 由主及次分类制定。使得企业制度体系做到系统性强,结构清晰,主次得当。

（4）相互兼顾整体协调。充分体现唯一性（即每件事只能有一项制度来规范）、一致性（即所有制度应该保持一致，不能互相矛盾）、顺向性（即次要制度服从主要制度）、封闭性（即所有制度要尽量闭合，力求对每项工作都能予以约束）。

（5）刚柔相济，宽严有度，条理清楚，简明实用。

二、企业工作制度设计

企业的一般制度包括企业工作制度和企业责任制度。

工作制度是指企业对各项工作运行程序的管理规定，是保证企业各项工作正常有序地开展的必要保证。工作制度具体有法人治理制度、计划制度、劳资人事制度、生产管理制度、服务管理制度、技术工作及技术管理制度、设备管理制度、劳动管理制度、物资供应管理制度、产品销售管理制度、财务管理制度、生活福利工作管理制度、奖励惩罚制度等。

工作制度对于企业的正常运行具有十分重要的作用，但由于其涉及的具体制度种类繁多，不可能一一详述。设计工作制度时，应遵循以下的原则。

（1）现代化原则。工作制度应该与现代企业制度相适应，体现科学管理的特征。对于股份公司，要建立规范的法人治理制度，包括规范的董事会制度、监事会制度和经理层制度。要建立规范的目标管理制度、财务管理制度、人力资源管理制度、技术管理制度、生产管理制度、购销管理制度等。

（2）个性化原则。企业的工作制度还应有鲜明的个性。国有企业应坚持党委会制度、职代会制度。工作制度应该体现出行业特点、地区特点、企业特点。这样的工作制度才具有活力。

（3）合理化原则。企业的工作制度应该切合企业的实际，对企业现在的发展阶段而言，具有可行性、合理性。

（4）一致性原则。企业的工作制度应该相互配套，形成一个完整的制度体系。这些制度还应与企业核心价值观、管理模式、企业哲学相一致。

三、企业责任制度设计

1. 企业责任制度的沿革和特点

大庆油田是新中国企业中比较早地建立岗位责任制的大型企业，他们的做法引起了许多企业的重视。后来，大河钢厂继承和发展了大庆的经验，创建了内部经济责任制，从岗位经济责任制、专业经济责任制，进而发展到纵横连锁的企业内部经济责任制网格体系，较好地解决了企业和员工的关系。目前，各种形式的责任制度逐渐成为我国企业加强内部管理的重要制度，是构成企业制度体系不可缺少的一个方面。是否具备完善合理的责任制度，已经成为衡量企业管理水平高低的一个重要标准。

责任制度的基本特点是：按照责权利相结合的原则，将企业的目标体系以及保证企业目标得以实现的各项任务、措施、指标，层层分解，落实到单位和个人，全部纳入"包—保—核"的体系。

2. 企业责任制度的三要素

企业内部的责任制度,无论有多少种具体形式,都离不开"包""保""核"三个环节,故这三个环节又被称为责任制度的"三要素"。

(1) 包——就是采取纵向层层包的办法,把各项经济指标和工作要求,依次落实到每个单位、每个部门、每个岗位、每名员工身上。

邯钢1996年的钢产量只占全行业的2%,但利润却达到全行业的17%,奥秘何在?原来关键在一个"包"字,邯钢从1990年开始模拟市场核算机制,创造性地运用"成本倒推法",将10万个指标摊到28 000名员工头上,谁要是超出成本,就将被否决占收入一半的奖金。正如总经理刘汉章所指出的,邯钢把每一个效益指标分解到员工头上,让员工都清楚自己该干什么,自己能干什么,自己想干什么。

包的指导思想是化整为零,其实质是把企业大目标分解为看得见、做得到的每名员工个人的责任指标,通过每个员工的努力,在实现责任指标的过程中实现企业目标。

(2) 保——就是纵向和横向实行互相保证,纵向指标分解后从下到上层层保证,横向把内部单位之间、岗位之间的具体协作要求,一件件落实到人。

在一些企业中,虽然实行了目标、任务的层层分解,但造成部门和员工只关心自身的责任要求是否做到,而在处理需要协作的事情,特别是涉及多个部门、多个岗位的复杂工作时,往往出现配合失调的现象,造成不应有的损失。因此,"保"在责任制度中起着非常重要的纽带作用。

例如,河北衡水电机厂实行工序分解,一台电机的生产由几十道工序组成,由十几个车间负责。为防止工序脱节,该厂引入日本企业的"看板管理",既保证各道工序有明确的生产目标,又有效地保证了不同工序之间的有机联系,使企业内部的生产责任制度成为一个和谐的责任体系。

(3) 核——就是对企业内部每个单位、每个岗位的每项"包""保"责任都要进行严格考核,并与其经济利益和奖惩挂钩。"核"是责任制度的动力机制,保证"包"和"保"落到实处。如果只有"包"和"保",而无"核"的环节,包和保都会毫无意义,整个责任制度也就沦为一纸空文。

甘肃省连城铝厂建立了责任制度,从上到下抓指标任务落实,做到人人身上有指标,千斤重担大家挑。企业每月对各单位和员工进行考核,对贡献突出的重奖,对完不成任务的从重处罚。由于"核"的环节落实,全厂一举扭亏为盈,受到上级领导的称赞。

3. 企业责任制度设计方法

企业责任制度设计时,要注意以下几点:①责任分解要科学合理、公正公平。既有利于调动员工的积极性,又能有效地增强企业内部的凝聚力。②鼓励员工民主参与。避免使员工产生被"管、卡、压"的感觉,增强贯彻执行责任制度的主观能动性。③正确处理责、权、利三者关系。在责任制度中,"责"是核心和目的,"权"是确保尽责的条件,"利"是尽责的报偿。在企业执行各种责任制度的过程中,经常出现员工以"利"为中心,甚至以"利"为追求,利大大干,利小小干,无利不干,这种价值观不但与责任制度的目的不符,而且把员工的需要导向低层次。

四、企业特殊制度设计

特殊制度是企业文化建设发展到一定程度的反映,是企业文化个性特色的体现。与工作制度、责任制度相比,特殊制度更能体现企业文化的理念层要素。不同企业在实践中形成了不同的特殊制度,这里选取一些有代表性的特殊制度加以介绍。

1. 员工民主评议干部制度

这一制度不但在国外一些先进企业里有,而且是我国许多国有(控股)企业共有的特殊制度。具体做法是定期由员工对干部、下级对上级进行评议,评议结果作为衡量干部业绩、进行奖惩以及今后升降任免的一个重要依据。

民主评议的内容主要包括工作态度、工作能力、工作作风、工作绩效等几方面。根据不同企业和干部岗位分工的实际,评议内容可以提出更明确具体的项目。民主评议一般采取访谈、座谈、问卷调查等形式,其中无记名的问卷形式较能准确客观地反映员工的真实看法。对于民主评议结果应认真分析,因为有些干部坚持原则、敢讲真话、敢于要求,往往因此得罪人而不能得到很好的评议结果。

干部接触最多的是下级干部和普通员工,民主评议的结果往往能比较全面反映一名干部的真实能力和表现。员工民主评议干部,是群众路线在企业管理工作中的集中体现。

2. 干部"五必访"制度

"五必访"制度在一些企业里也叫作"四必访""六必访",指企业领导和各级管理人员在节假日和员工生日、结婚、生子、生病、退休、死亡时要访问员工家庭。

被誉为"国有企业优秀带头人"的吉林化纤集团总经理傅万才,三次前往医院探望得了尿毒症的员工。全国"五一"劳动奖章获得者、河北衡水电机厂厂长吕吉泽在每名员工过生日那天,都亲自把蛋糕送到员工手中。像吉林化纤集团、衡水电机厂一样,"五必访"制度体现了以人为本的管理思想,是感情激励的重要组成部分,是员工之间真诚关心、团结友爱的表现,对增强企业凝聚力有着巨大作用。

3. 员工与干部对话制度

干部与员工之间通过对话制度,相互加强理解、沟通感情、反映问题、交换意见、增进信任,是企业领导和各级干部与员工之间平等相待的体现,也是直接了解基层情况、改善管理的有效措施。

在不同企业中,对话制度有不同的具体形式,常见的有:①企业领导干部定期与员工举行座谈会的制度;②厂长(经理)接待日制度;③厂长(经理)热线电话制度,等等。很多企业都在这方面采取了一定的措施,建立了必要的制度。如有的企业老总在每年年底都要亲自和每一位员工单独谈话一次,时间短则半小时、长则一两小时,分别听取员工一年的工作体会和对企业工作的意见建议,并充分肯定每个人的优点,指出其不足和努力的方向。这样的交谈,缩短了员工和总经理的距离,大大增强了员工对企业的归属感,激发了员工更加努力上进、做好工作的内在动力。

4. 其他特殊制度

以上只是介绍了一些常见的特殊制度。企业在自己的核心价值观和经营管理理念的指导下,可以设计出更多、更有效的特殊制度。海尔公司的"日清日高"制度,也叫作

"OEC法",实际上是日考核制度。这个制度与众不同,却卓有成效,它确保了高质量、高效率,集中体现了海尔"追求卓越"的企业精神,和"零缺欠"的质量理念。如今,"日清日高"制度成为海尔文化中最具特色的内容,也成为海尔核心竞争力的重要组成部分。

在设计特殊制度时,企业既要高屋建瓴,又要脚踏实地,这样才能收到实效。

第二节 企业风俗设计

企业风俗是企业长期相沿、约定俗成的典礼、仪式、习惯、节日、特色活动等。由于企业风俗随企业的不同而有所不同,甚至有很大差异,因而成为区别不同企业的显著标志之一。尽管一些企业风俗并没有在企业形成明文规定,但在企业制度行为体系中占有很重要的地位,对员工和员工群体有很大的行为约束和引导作用,往往被称为"不成文的制度"。

一、企业风俗的类型及特点

根据不同分类标准,可以将企业风俗分为下列不同类型。

(1)按照载体和表现形式,可以划分为风俗习惯和风俗活动。企业风俗习惯是指企业长期坚持的、带有风俗性质的布置、器物或是约定俗成的做法。例如,有一些企业每逢年节都要在工厂门口挂上灯笼(彩灯)、贴上标语或对联、摆放花坛。风俗活动则指带有风俗色彩的群众性活动,如一年一度的团拜会、歌咏比赛、运动会、春游等。

(2)按照是否企业特有,可以分为一般风俗和特殊风俗。一些企业由于行业、地域等关系而具有相同或相近的企业风俗,这些相同或相近的风俗就是一般风俗,如厂庆、歌咏比赛就是许多企业共有的。特殊风俗是指企业独有的风俗,如20世纪80年代郑州亚细亚商场每天早晨在商场门前小广场举行的升旗仪式及各种表演,引起了不小的轰动。

(3)按照风俗对企业的影响,可以分为良好风俗、不良习俗和不相关风俗。良好风俗指有助于企业生产经营以及员工素质提高、人际和谐的企业风俗,前面提到的多数企业风俗都是良好风俗。不良习俗是指对企业或员工带来不好影响的风俗,如个别企业赌博盛行。不相关风俗对企业的生产经营和员工没有明显的好或不好的影响。正确区分以上三种类型,对于设计企业风俗是很重要的。

二、企业风俗的性质

了解企业风俗的性质,对于认识企业风俗的内涵,正确区分企业风俗与其他行为识别要素(如企业制度),进行企业风俗的改造和设计具有很重要的意义。

(1)非强制性。与企业正式制定的各种规章制度相比,企业风俗一般不带任何强制性的色彩,是不同于企业"官方"制度的"民间规则"。是否遵守企业风俗,主要取决于员工个人的兴趣和爱好,违反企业风俗也不会受到任何正式的处罚。企业风俗的形成和维持,完全依靠员工群体的习惯和偏好的势力。

(2)偶发性。企业风俗的形成,往往出于偶然因素。例如,东北某企业每年都要搞冬泳比赛,全厂男女老少以及很多家属都参加,场面非常壮观,起因则是工厂多年前有几位老病号尝试冬泳来健身祛病,坚持一段时间后果然见效,于是越来越多的职工参与进来。偶发性特点使得一些风俗由于存在时间长,真正的起因往往被淡忘了。

(3) 可塑性。可塑性有两层含义,一是指可以经过主观地策划和设计企业活动,年复一年逐渐演化为企业风俗;二是指对业已形成的企业风俗,可以按照企业的要求进行内容和程式的改造,使之向着企业期望的方向发展。可塑性使得企业能够主动设计和培育良好风俗,改造和消除不良习俗。

(4) 包容性。企业风俗对人的思想观念和言行的影响,主要通过人们的舆论来实现。由于不同的人认识水平、思维习惯、观念固化程度不同,这使得他们对待企业风俗的态度和程度存在一定差别,从而决定人们的舆论往往并无刚性的明确尺度,而是有一定"频带宽度"的舆论方向。因此,维持企业风俗的群体习惯和偏好势力的上述特点决定了企业风俗的包容性。

(5) 程式性。企业风俗一般有一些固定的规矩或惯例,如特定的程序、必要的仪式、器物的品种和样式、参与者的习惯着装等。这些因素使企业风俗造成一种特殊的环境心理定式,让参与者深受感染,在心理上产生认同。日本甚至把企业风俗宗教化,使之蒙上一层神秘色彩,如"松下教""本田教"等。

三、企业风俗的作用

良好的企业风俗,有助于企业的发展,有助于企业文化的建设和企业形象塑造。其具体作用体现如下。

(1) 引导作用。良好的企业风俗是企业理念的重要载体。在风俗习惯造成的氛围中或通过参加丰富多彩的风俗活动,员工可以加深对企业理念的理解和认同,并自觉地按照企业的预期做出努力。

(2) 凝聚作用。企业风俗能够长期形成,必然受到多数员工的认同,是员工群体意识的反映,这种共性的观念意识无疑是企业凝聚力的来源之一。设计和建设企业风俗,对增强员工对企业的归属感、增强企业向心力和凝聚力有着很积极的作用。

(3) 约束作用。企业风俗鼓励和强化与其相适应的行为习惯,排斥和抵制与之不相适应的行为习惯,因此对员工的意识、言行等起着无形的约束作用。在企业风俗的外在形式背后,深层次的内在力量是员工的群体意识和共同价值观,它们更是对员工的思想、意识、观念具有超越企业风俗外在形式的巨大影响。

(4) 辐射作用。企业风俗虽然只是企业内部的行为识别活动,但常常通过传播媒介(特别是员工个体的社交活动等)传播出去,其外在形式与作为支撑的内在观念意识必然会给其他企业和社会带来或多或少的影响。这种影响就是企业风俗辐射作用的直接反映。

四、企业风俗的影响因素分析

企业风俗在萌芽和形成的过程中,受到来自企业内外的复杂因素影响。这些因素对不同企业风俗的影响角度不一样,但都在不同程度地发挥着各自特有的作用。

(1) 民俗因素。是指企业所在地民间的风俗、习惯、传统等,它们在当地群众中具有广泛而深刻的影响。许多企业风俗都是来自民俗,或是受到民俗的启发。比如,一些北方企业在新年到来时给办公室、车间贴窗花。民俗有时还能够改变企业风俗,例如企业从一个地方搬迁到另一地方,就可能改变一些企业风俗以适应新地方的民俗。

(2) 组织因素。企业风俗一般限在一家企业范围内,参与者又几乎以本企业员工为主,因此企业或企业上级组织对企业风俗有决定性的影响。组织因素可以促使一个新的企业风俗形成,也可以促使其改变,甚至促使其消亡。新中国成立以来,许多企业风俗都是在组织因素的作用下长期坚持而逐渐巩固,并最终形成。例如,政府部门组织下属企业进行的劳动技能比武,后来就成为不少国企的一项风俗。

(3) 个人因素。企业领导者、英雄模范、非正式群体的"领袖"等人由于在企业生活中具有特殊的地位,他们的个人意识、习惯、爱好、情趣、态度常常对企业风俗有较大影响。其中,企业领导者的影响尤为显著,领导者的提倡和支持可以促进企业风俗的形成和发展,他们的反对或阻止可能导致企业风俗的消失,他们的干预则可以使企业风俗改变。因此,企业领导应在企业中倡导良好风俗、改造不良习俗,并努力把企业理念渗透其中。

五、优良企业风俗的设计和培育

在很多企业,要么还没有比较成熟的企业风俗,要么企业风俗并无明显的优劣高下之分。在此情况下,企业主动设计和培育优良风俗就显得特别重要。

1. 优良企业风俗的目标模式

无论何种表现形式,优良的企业风俗都应该具有一些共同特点。具备这些共同点,是企业风俗目标模式的基本要求。

(1) 体现企业文化的理念层内涵。理念层是制度行为层的灵魂,符合企业理念的风俗往往是由先进的思想观念作为软支撑,有助于培养员工积极向上的追求和健康高雅的情趣。例如,江苏有一家以制造文化用品为主的乡镇企业,把培养高文化品位作为企业目标,于是该企业大力倡导和积极鼓励员工开展各种读书、书法画画、诗歌欣赏等活动,后来逐渐形成了一年一度的中秋文化之夜的企业风俗。

(2) 与企业文化制度行为层要素和谐一致。企业风俗是联系企业理念和员工行为习惯的桥梁,对员工行为起着一定的约束、规范、引导作用。这就要求企业风俗和企业的各项制度和谐一致,互为补充、互相强化,形成合力。

(3) 与企业文化符号层相适应。企业风俗活动,必须建立在一定的物质基础上。符号层就是最基本的物质基础,对企业风俗的形成和发展具有很大影响。

下面列举一些优良的企业风俗供参考:

月亮节——元旦时职工、家属聚会联欢(河北某公司);

生日晚会——每月最后一个周末,当月过生日的职工与公司领导聚会(广东某公司);

奥林匹克运动会——一年一度的发奖大会,借用体育场举办(美国某公司);

朝会——每天早晨全体员工集会,升旗,公司领导讲话,员工背诵文化信条等(日本、韩国和中国的一些企业)。

2. 培育崭新企业风俗的原则

(1) 循序渐进原则。在根据目标模式培育企业风俗的过程中,企业通过各种渠道可以对企业风俗的形成产生外加的巨大牵引和推动,但这种作用必须是在尊重企业风俗形成规律的前提下发挥。倘若揠苗助长,则必然"欲速则不达",甚至给企业带来不必要的损失。

(2) 方向性原则。企业风俗需要一个长期的形成过程,需要时间的积累,会不断受到来自企业内外各种积极的和消极的因素影响。这一特点决定了企业应该在风俗的形成过程中加强监督和引导,使之沿着企业所预期的目标方向发展。

(3) 间接引导原则。企业风俗的形成,主要靠人们的习惯偏好等维持。因此企业管理者和管理部门在培育企业风俗时要注意发挥非正式组织的作用,宜间接调控而非直接干预。

(4) 适度原则。企业风俗固然对塑造企业形象和改变员工思想、观念、行为、习惯具有很积极的作用,但并不意味着企业风俗可以代替企业的规范管理和制度建设,更不是越多越好,必须紧紧把握好一个"度"。如果企业风俗太多太滥,反而使员工把注意力集中到企业风俗的外在形式,以致忽视和冲淡了企业风俗深层次内涵的影响。因此,培育企业风俗要既做"加法",也做"减法"。

六、现有企业风俗的改造

一般而言,当企业领导者感受到企业风俗的存在,认识到它的作用时,它已经在企业中基本或完全形成。现有的企业风俗往往有优劣高下之分,既有积极面,又有消极面;同时,由于企业风俗往往是自发形成的,有其萌芽和发展形成的主客观条件,当企业环境变化时,企业风俗也会随之出现从内容与形式的部分甚至完全不适应。因此,有必要主动进行企业风俗的改造。

对现有企业风俗进行改造,首先要对其进行科学全面的分析。缺乏分析的改造,是盲目外加的主观意志,不但难以促使不良风俗向优良风俗转变、企业风俗的消极因素向积极因素转化,而且可能适得其反。对现有企业风俗的分析,应坚持三个结合:结合企业风俗形成历史,正确地把握企业风俗的发展趋势和未来走向;结合企业发展需要,不仅考虑企业的现实需要,而且要结合企业的长远需要;结合社会环境,从社会的宏观高度来考察和认识企业风俗的社会价值和积极的社会意义。

改造企业风俗,关键在于保持和强化优良企业风俗及其积极因素,改造不良风俗及其消极因素。根据企业风俗中积极因素和消极因素构成的不同,主要有四种不同方法:

(1) 扬长避短法。指采取积极的态度影响和引导企业风俗扬长避短、不断完善。这一般用于改善优良范围的企业风俗。

(2) 立竿见影法。指运用企业正式组织力量对企业风俗进行强制性的干预,使之在短期内按照企业所预期的目标转化。这种办法一般用于对内在观念积极,但外在形式有不足的企业风俗。

(3) 潜移默化法。指在企业正式组织的倡导和舆论影响下,通过非正式组织的渠道对企业风俗进行渗透式的作用,经过一段较长的时间逐步达到企业预期的目标。这种办法一般用于外在形式完善、内在观念意识不够积极但尚不致对企业发展产生负面影响的企业风俗。

(4) 脱胎换骨法。指运用企业的正式组织和非正式组织共同的力量,对企业风俗从外在形式到内在观念都进行彻底的改变或使之消除。这是对待给企业发展造成明显阻碍的、封建落后的不良习俗所必须采取的办法。

第三节　员工行为规范设计

在一个企业中,所有员工应具有一些共同的行为特点和工作习惯。这种共性的行为习惯越多,内部沟通和协调越容易,企业凝聚力会更强,工作效率会更高。一些企业看到了这一点,有意识地提出了员工在共同工作中行为和习惯的标准——员工行为规范。通过在企业中倡导和执行员工行为规范,容易在员工群体中形成共识和自觉意识,从而促使员工的言行举止和工作习惯向企业期望的方向和标准转化。现在,员工行为规范已经成为很多企业的制度体系中不可缺少的一项内容。

一、员工行为规范的主要内容

无论什么类型的企业,往往都从仪表仪容、岗位纪律、工作程序、待人接物、环卫与安全、素质修养等几个方面来对员工提出共性要求。

1. 仪表仪容

是指对员工个人和群体外在形象方面的要求,可再具体分为服装、发型、化妆、配件等几方面。

有人会不以为然,认为仪表仪容纯属员工个人的事情,如果企业连这都要管,是不是太过分了呢?其实,很多企业之所以把对员工仪容仪表的要求列入行为规范,是有其充足的理由的:①出于安全的需要,即根据法规政策对员工实行劳动保护,如建筑企业要求工人在工地上必须戴安全帽;②出于质量的需要,如制药业、食品加工业为了保证药品、食品卫生,要求员工穿工作服、戴口罩;③出于企业形象的需要,员工良好的仪容仪表有利于树立具有特色的企业形象,增强企业的凝聚力。

实际上,新员工在企业的成长变化是一个从"形似"(符合外在要求)到"神似"(具备内在品质)的过程。要把一名新员工培养成为企业群体的一员,最基础、最易达到的要求就是仪容仪表方面的规范。

2. 岗位纪律

岗位纪律是员工在工作中必须遵守的一些共性要求,目的是保证每个工作岗位的正常运转。纪律是胜利的保证,严格合理的工作纪律是企业在严酷的市场竞争中不断取胜、发展壮大的根本保证。岗位纪律一般包括五个方面:

(1) 作息制度,即上下班的时间规定和要求,是企业最基本的纪律。有的企业作风涣散,往往就是因为没有严格的作息制度,或不能严格执行作息制度。

(2) 请销假制度。这是根据国家规定,对病假、事假、旷工等进行区分,并就请假、销假作出规定,以及对法定节假日的说明。

(3) 保密制度。保守技术、工艺、人事、财务等方面的企业秘密,是企业的一项重要纪律,绝大多数企业都有严格规定。在一些高新技术企业,还对知识产权保护作出了具体规定。

(4) 工作状态要求。这是对员工在岗位工作中的规定,除肯定的提法"工作认真""以良好精神状态投入工作"等之外,一般用"不准""严禁"等否定形式来具体规范,如"严禁用计算机玩游戏""不准打私人电话"等。

(5) 特殊纪律。这是根据企业特殊情况制定的有关纪律。针对酒风盛行,山东有一家企业率先在员工行为规范里写入"工作日中午严禁喝酒"的规定。

3. 工作程序

这是对员工与他人协调工作的程序性的行为规定,包括与上级、同事和下属的协同和配合的具体要求。工作程序是将一个个独立的岗位进行关系整合,使企业成为和谐团结的统一体,保证企业内部高效有序运转。工作程序一般分以下几部分:

(1) 接受上级命令。做一名合格的员工,首先应从正确接受上级指令开始,如果不能正确领会上级意图,就无法很好地加以执行。例如,廊坊新奥公司曾规定员工"复杂的命令应作记录""为避免出错,听完后最好把命令要点重复一遍",就是很实用的要求。

(2) 执行上级命令。主要是要求员工迅速、准确、高效地加以执行,发现问题或出现困难时的应对,执行结束后以口头或书面向上级复命,这些要求都不是可有可无的。

(3) 独立工作。对员工独立承担的工作一般要作出明确的程序性规定,以保证每一名员工的工作都能够成为企业总体工作的有机组成部分。

(4) 召集和参加会议。企业内部的会议是沟通信息、协调利益、达成共识的重要形式,是企业管理工作的有机组成部分。对于召集会议,提前通知、明确议题、限制时间是非常重要的;对于参加会议来说,事先准备、按时出席、缺席要请假等都是基本要求。

(5) 配合工作。企业许多工作都需要不同岗位的多名员工配合完成,对此也应提出具体要求,以保证在共同工作中各司其职、各显其能,发挥"1+1>2"的作用。

(6) 尊重与沟通。尊重是凝聚力的基础,沟通是凝聚力的保证,有许多企业工作中出现的矛盾和冲突,主要就是尊重和沟通方面存在问题。这方面的要求是建立高效有序的工作秩序的基本保证,特别是在一些科技含量较高的企业,更应强调尊重与沟通的必要性。

(7) 报告和汇报。书面或口头报告、汇报有关情况,是企业信息沟通、正常运转的重要途径。有些企业也因此把怎样进行报告作为行为规范加以明确。

4. 待人接物

对员工待人接物方面提出规范性要求,不仅是塑造企业形象的需要,而且是培养高素质员工的重要途径。待人接物规范涉及的内容比较多,主要包括礼貌用语、基本礼节、电话礼仪、接待客人、登门拜访等方面。

(1) 礼貌用语。中国乃礼仪之邦。文明首先是语言文明,语言美是待人接物最起码的要求。在一个优秀的企业里,"您""请""谢谢""对不起""没关系"等应该成为员工的习惯用语,而脏话、粗话应该被禁止使用。

(2) 基本礼节。待人接物的基本礼节包括坐、立、行姿态及表情、手势、握手、秩序等。于细微处见精神,员工在这些细节方面是否得体将在很大程度上影响外界对企业的看法。

(3) 电话礼仪。当今社会,电话礼仪已经成为员工待人接物的重要方面。企业常常规定"电话铃响后应迅速接听""第一句话要说'您好,这里是某某公司'""电话用语要简洁明了""重要事情要作书面记录""遇到拨错号的电话要耐心解释"等。据有关研究,电话里可以"听"出对方表情,因此打电话时切忌向对方发火,最好保持微笑。有些企业深知电话礼仪的重要,甚至在员工行为规范里单列为一大类。

(4)接待客人。这里的客人包括客户、关系单位人员、一般来访者,尽管其来意不同、对企业的重要性不同,但在接待上的要求却应该是一致的。热情、礼貌是接待客人的基本要求,一些企业根据实际还作出了其他许多具体规定。

(5)登门拜访。拜访对象可能涉及用户、潜在用户和政府、社区等重要关系者。登门拜访,一是要提前预约,避免成为不速之客;二是要做充分准备,以保证在有限的时间内达到拜访的目的。山东小鸭集团要求维修人员在上门服务时一律在脚上套上自带的塑料薄膜,就是考虑周到的行为规范。

5. 环境与安全

(1)环境方面。企业在环保方面对员工提出明确要求,不仅有利于营造和维护良好的生产生活环境和企业形象,而且有助于推动生态文明建设。环保规范主要有办公室、车间、商店、企业公共场所的清洁卫生以及保护水源、大气、绿化等要求,应根据企业实际而定。

(2)安全方面。安全需要是员工的基本需要,维护生产安全和员工生命安全是企业的重要任务。针对不同企业的情况,安全规范有很大的差别。例如,交通、运输、旅游等行业一般提出安全行车要求,而化工企业则对有害化学物品的管理和有关操作程序有严格规定,电力行业则对电工操作、电气安全有相应规范。

6. 素质与修养

提高员工的技术水平、工作能力和全面素质,是企业的重要目标之一。企业除了采取培训、研修、讲座、进修等措施建立必要的培训制度之外,必须激发广大员工内在的学习提高的积极性。因此,许多有远见的企业在员工提高自身素质与修养方面作出了相应规定。

二、员工行为规范的设计原则

设计员工行为规范,应充分考虑下列原则。

1. 一致性原则

一致性是指:①员工行为规范应与企业理念要素保持高度一致并充分反映企业理念,成为企业理念的有机载体;②行为规范要与企业各项规章制度充分保持一致,不得与企业制度相抵触;③行为规范的各项表述应和谐一致,不能自相矛盾。坚持一致性原则,能够使行为规范容易被员工认同和遵守,有利于形成企业文化的合力,塑造和谐统一的企业形象。

2. 针对性原则

这是指员工行为规范的各项内容及其要求的程度,必须从企业实际特别是员工的行为实际出发,从而对良好的行为习惯产生激励和正强化作用,对不良的行为习惯产生约束作用和进行负强化,使得实施行为规范能够达到企业预期的改造员工行为习惯的目的。"放之四海而皆准"的员工行为规范,即便能对员工的行为产生一定的约束,也必然十分空泛，对于塑造特色鲜明的企业行为形象几乎没有任何作用。

3. 合理性原则

员工行为规范的每一条款都必须符合国家法律、社会公德，即其存在要合情合理合法。一些企业的员工行为规范，个别条款或要求非常牵强，很难想象企业为什么会对员工提出这样不合理的要求，也就更难想象员工们怎么会用这样的条款来约束自己。坚持合理性原则，就是要对规范的内容认真研究审度，尽量避免那些看起来很重要但不合常理的要求。

4. 普遍性原则

员工行为规范的适用对象不但包括普通员工，而且包括企业各级干部，当然也涉及企业最高领导者，其适用范围应具有最大的普遍性。设计员工行为规范时，坚持这一原则主要体现在两方面：①规范中最好不要有只针对少数员工的条款，如前面案例第六条中"各级干部以身作则"就不是对所有员工的要求。②规范内容必须是企业领导者和各级干部都能够做到的，如果干部由于工作需要等原因很难做到的条款，应避免写入；或者在同一条款中用并列句"干部应……普通员工应……"来体现各自相应的要求。

5. 可操作性原则

行为规范要便于全体员工遵守和对照执行，其规定应力求详细具体。如果不注意坚持可操作性原则，规范中含有不少空洞的、泛泛的提倡或口号，不仅无法遵照执行或者在执行过程中走样，而且也会影响整个规范的严肃性，最终导致整个行为规范成为一纸空文。荣事达集团首创的家电行业服务品牌"红地毯"，包括："红地毯"服务三大纪律——不与用户顶撞、不受用户吃请、不收用户礼品；"红地毯"服务八项注意——①遵守约定时间，上门准时；②携带"歉意信"，登门致歉；③套上"进门鞋"，进门服务；④铺开红地毯，开始维修；⑤修后擦拭机器，保持清洁干净；⑥当面进行试用，检查维修效果；⑦讲解故障原因，介绍使用知识；⑧服务态度热情，举止礼貌文明。这"三大纪律""八项注意"具有很强的可操作性。

6. 简洁性原则

尽管对员工行为习惯的要求很多，可以列入规范的内容也很多，但每个企业在制定员工行为规范时都不应面面俱到，而要选择最主要的、最有针对性的内容，做到整个规范特点鲜明、文字简洁，便于员工学习、理解和执行。如果一味追求"大而全"，连篇累牍，洋洋洒洒，反而不具适用价值。同时，在拟定文字的时候，也要用尽可能简短的语言来表达。

复习题

1. 企业文化制度行为层设计通常都包括哪些内容？
2. 设计企业文化制度行为层，应坚持哪些主要的原则？
3. 为什么要建立科学合理的企业分配制度？如何设计企业的分配制度？
4. 什么是激励体系和激励机制？精神激励模式包括哪些方面？惩罚制度有什么要求？
5. 企业教育培训制度的目标模式有哪些要求？设计企业教育培训制度要注意哪些问题？

6. 为什么要建立职代会制度？职代会制度包括哪些内容？

7. 企业责任制度有哪三个要素？设计企业责任制度时，为什么要处理好责、权、利三者的关系？

8. 列举你所知道的一些企业的特殊制度。

9. 企业风俗有什么作用？优良企业风俗的目标模式应符合哪些要求？

10. 企业为什么要设计和制订员工的行为规范？员工行为规范通常包括哪些内容？

思考题

1. 对于一家企业来说，建立现代企业制度，你认为最必不可少的是要建立和健全哪些制度？

2. 结合本章学习，你如何进一步理解企业文化的制度行为层与理念层的关系？

3. 请你谈谈，企业应该从哪几个方面来贯彻落实全面推进依法治国的新要求？

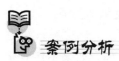

案例分析

大河钢厂的分配制度改革

与其他国有企业一样，1978年以前的大河钢厂一直实行国家统一的工资制度。到20世纪70年代末期，这种"大锅饭"式的分配制度已经难以起到调动职工劳动热情的作用，反而影响和挫伤了广大工人的积极性，极大地阻碍了企业进一步发展。改革势在必行！

1978年之后，随着国家改革开放的步伐，大河钢厂也开始了内部的改革。钢厂在实行承包制的同时，取得了在国家政策指导下自行制定企业内部分配方式的权力。从1979年开始，企业每年将自留利润的20%用于提高职工的收入水平，经过充分调研、论证和实践逐步建立了一套短期、中期、长期激励相结合的分配制度。这一时期职工的收入由四部分组成：

第一部分，固定工资。主要根据每名职工所在岗位的重要程度确定其基本工资级别。

第二部分，月考核奖金。企业每月对每名职工承包任务完成情况进行考核，并根据考核结果发放月考核奖金。

第三部分，年浮动升级工资。企业每年给不超过30%的职工浮动升级。职工在完成岗位责任承包制确定的任务的基础上有突出贡献，并达到上一级技术、业务标准，经严格考试、考核后，可以升一级工资，升级后浮动三年，考核三年，在此期间若始终没有出现"降级的过错"，则将此浮动的一级工资纳入职工固定工资。年浮动升级每年分上下半年各进行一次。

第四部分，年挂率工资。每年职工本人和他所在的单位完成承包任务后都可以在原有工资（固定工资＋浮动工资）上增加一个百分比。例如，当时钢厂八级工的月基本工资为140元，如果完成了岗位责任承包制规定的任务，企业总体效益目标也实现了，假如确定他的工资挂率为10%,就在140元基本工资的基础上增加14元,工资变为154元;第二年若情况相同,该职工仍符合挂率条件而且挂率仍为10%,则在154元的基础上增加15.4元,工资变为169.4元,以此类推。根据车间、部门以及岗位的重要程度不同,完成任务的情况不同,每名职工挂率多少是有差别的。

通过以上这样一整套长、中、短期激励相互关联、各有重点的分配方式,大河钢厂在1979年到1994年的15年间较好地解决了内部利益分配这一焦点问题。职工收入逐年提高,激发出较大的劳动积极性。钢厂对社会优秀人才的吸引力也有所增强,从1990年到1993年钢厂每年接纳的应届大学本科生、研究生都在500人以上。这一时期,大河钢厂每年创利累进递增20%,钢材产量由年产60余万吨提高到500余万吨,多项经济技术指标达到或接近国际先进水平,并由经营单一钢铁产品的企业发展成为跨越钢铁、建筑、电子、运输等领域的大型企业,成为当时国内国有企业改革的一面旗帜。所以说在此期间,大河钢厂的分配制度是比较成功的。

随着企业的发展,分配制度的运行,它的不足之处也越来越暴露出来。

首先,由于年挂率工资逐年纳入个人固定工资之中,而且挂率基数越来越大,挂率工资额不断增大,导致固定工资在职工收入中的比例越来越大。致使职工(特别是长工龄职工)即使平时工作不努力,但只要不犯大错,靠熬年头凭每年的挂率工资收入就可以获取较高的增长。这就使得作为长期激励的年挂率工资的增长部分抵消了月考核奖金的作用,大大削弱了年浮动升级的效果,使得长、中、短期激励明显失衡。此时这种分配方法已经不能有效地激励先进、鞭策后进了。

其次,这种分配制度没有充分体现出经销人员、技术人员和高级管理人员对企业的特殊作用和贡献。导致这部分对钢厂发展起着决定性作用人员的积极性严重不足,并继而发展到不满和消极应付工作的局面,最终造成大量管理人员、技术人员的流失,以致后来一度出现技术人员断档;同时在提拔中层以上管理人员时,本来要求大专以上学历,但因没有合适人选,而不得不降低标准。

最后,钢厂没有注意到当时社会上其他企业相应职位的收入水平的变化,使大河钢厂的收入水平的竞争力大大降低。

在出现了上述现象的苗头之后,大河钢厂领导班子没能敏锐地认识到这些问题的性质及其消极后果,也未能及时对分配制度进行相应的改革。结果,大河钢厂经济效益连年下降,产品严重积压,1993—1995年甚至多次因资金不足而被迫推迟发放工资、奖金。企业再次面临严重的发展危机。

1995年年底,上级决定对举步维艰的大河钢厂领导班子进行改组。新上任的领导班子认识到原有分配制度的不合理之处,很快决定进行分配制度的新一轮改革。新的改革方案是:

(1)保留原来的月考核奖金不变。

(2)在不增加总收入的前提下减少职工收入中固定部分比例。

(3)取消年浮动升级和年挂率工资制度。

(4)在1996年年初推出"企业内部达标升级办法",即各单位在一个考核期内(一般为一年)完成工厂下达的一系列指标(简称"达标")之后,可以给每名职工升一级岗位工资;在此基础上再达到上一级指标,再升一级技能工资。

在1996年推出第三项措施后,由于职工能否升级不完全取决于个人能力,只要单位完成指标也可升级,而升级工资直接纳入固定工资之中又与减少收入中固定部分比例的初衷相矛盾。此时,职工对收入分配制度改革开始持怀疑态度,进而对新一届领导班子的能力产生了怀疑,逐渐发展为从心理上对此后的一切改革举措都有了抵触情绪。这一轮的分配制度改革不但没有给大河钢厂带来预期的效果,反而导致连续4年的经济效益下滑,人才流失也进一步加剧,结果这项进行了4年多的分配制度改革被迫于2000年终止。

2000年的春天,大河钢厂又换了一届新的领导班子,他们开始着手研究建立以经营者年薪制为核心的全新的分配制度改革……

(摘自贾延明. 从首钢分配制度的演变看合理的分配制度对企业发展的影响[J]. 人口与经济,2001年增刊.)

讨论题

1. 大河钢厂几次分配制度改革的特点是什么?利弊何在?
2. 如果你是2000年新上任的大河钢厂厂长,你准备在分配制度方面采取哪些措施?

企业文化符号层设计

本章学习目标
1. 掌握企业标识的作用和设计方法
2. 熟悉企业物质环境设计的内容和原则
3. 掌握企业旗帜、服装、歌曲的设计方法
4. 掌握企业的文化体育设施和活动的设计原则与方法
5. 掌握企业文化用品的内容、作用和设计方法
6. 掌握企业文化传播网络的形式、作用和设计方法

在企业文化的三个层次中,符号层是最外在的层次,也是人们认识一个企业时往往首先感受和了解到的内容。符号层是企业文化的物质载体和物化形态。企业理念通过企业物质形态向外折射,就是企业理念的外化过程;而企业理念外化的结果,构成了企业文化的符号层。如果没有理念层作为核心和灵魂,符号层就像没有生命的躯壳,毫无生气。正确把握两者的辩证关系,是符号层设计的重要前提。

符号层内容丰富,本章将主要介绍如何设计企业标识、企业环境、企业旗帜(服装、歌曲)、企业文化体育设施和活动、企业文化用品、企业文化传播网络等要素。这也是企业CI策划的主要任务。

第一节 企业标识设计

企业标识通常指企业名称、企业标志、企业标准字、企业标准色四个基本要素以及各种辅助。企业标识是企业文化符号层的核心要素,也是构成企业视觉形象的基础,应该集中体现企业文化理念层的要求,充分传达企业理念。

一、企业名称设计

设计企业名称,是注册新企业时的必要步骤,也是老企业二次创业、塑造崭新企业形象的需要。

在计划经济体制下,我国企业名称主要分5种类型:①以地名作为名称,如北京市百货商场、大连造船厂、成都飞机公司;②以数字编号作为名称,军工企业、三线企业基本是如此,如国营853厂、五〇五厂;③地名和数字结合作为名称,一般是地方国有企业,如天津第二制本厂;④带有浓厚制度色彩的名称,如红星拖拉机厂、人民机械厂;⑤沿用老字号的名称,如同仁堂集团、商务印书馆。当时,由于企业名称由上级决定,而且与生产经营并无关系(除最后一类外),因此企业名称几乎都是一个抽象代号,基本上不传达企业信息。

改革开放以后,广大企业在实践中意识到企业名称对于树立企业形象、增强市场竞争力的重要作用,因此不少企业改革、改制的过程中纷纷更名,用富有内涵、个性鲜明的新名称代替旧名称,有力地推动了企业新战略的实施。

企业名称设计,不仅是确定用于工商注册的名称,往往还要同时确定汉语简称、英文名称(及缩写)以及国际互联网域名等。企业名称一般具备下列特点。

1. 个性

企业名称是构成企业的基本元素,是企业重要的无形资产,是一家企业区别于其他企业的根本标志。企业名称一旦注册,便受到法律保护。有的企业故意将名称或商品名称弄得与某著名企业或某名牌产品相仿,以达到以假乱真、牟取暴利的目的,则应予以坚决制止。

随着信息化深入发展,企业应及时注册网络域名。若被他人抢注,不但影响本企业将来的商机,而且可能要付出大笔资金买回这本属于自身的权利。美国麦当劳公司曾被他人抢注域名,后来被迫花800万美元买回。我国著名企业被海外抢注的国际商业域名曾多达上万个。

2. 名实相符

在确定企业名称时,应坚持实事求是、名实相符,较好地传达企业实态。同时,企业名称不但要与企业规模、经营范围等相一致,而且应与企业目标、宗旨等企业文化要素相协调,切不可好大自夸、哗众取宠。2004年联想集团更名为Lenovo,其中Le取自原标识Legend,代表着秉承其一贯传统,而novo取自拉丁词"新",表示联想的核心是创新精神。

3. 民族性

中国企业置身于民族文化的土壤,设计名称应充分体现民族特点。TCL集团是我国的家电企业,但由于名称关系一度被误认为是外资企业。同方股份作为清华大学创办的高科技企业,其名称"同方"源于《诗经》,意为"有志者同方",就具有深邃的民族历史文化内涵。

外国企业在进入中国市场、确定中文译名时,采用有积极含义的词语为企业命名,效果往往胜过音译,如通用、奔驰、宝洁、宝马。而当我国企业进军海外市场时,企业名称译为外文也要充分考虑所在国的民族性,尊重其文化传统和风俗习惯。通常,企业需要确定一个英文名字,以参与国际竞争,例如日本Panasonic,韩国Dawoo,中国大陆Haier,中国台湾地区的Acer。

4. 简易

简短易记是企业名称设计的另一原则。日本索尼公司原名"东京通信工业株式会社",其产品销往美国时,美国人很难把音念准。公司创办人盛田昭夫从福特汽车简洁的名称中受到启发,于1958年将公司更名为Sony(索尼),与它的晶体管收音机品牌名称一样,最终成为家喻户晓的大公司。企业中文名称应避免生僻字,英文名称则要便于拼读。

美国的微软公司、戴尔公司,德国的奔驰公司,日本的松下公司、太阳公司,中国的格力公司、联想集团……都是简洁、易读、易记的名称。

企业名称到底多长为宜?据有关资料显示,4~6个字最容易记忆,而且还符合中文的句式特点和阅读习惯。当然在企业名称必须字数较多时,可以确定一个不会产生歧义的简称作为宣传之用,如同方股份有限公司简称"同方"。

二、企业标志设计

企业标志(logo)是企业的文字名称、图案或文字图案相结合的一种平面设计。标志是企业整体形象的浓缩和集中表现,是企业理念的载体。

企业标志的重要功能是传达企业信息,即通过企业标志让社会公众(包括员工、用户、供应商、合作者、传播媒介等)产生对企业的印象和认知。换句话说,当人们一见到某个企业标志时,就能联想到该企业及其产品、服务、规模等有关的内容。因此,企业标志一旦经设计确定,应该相对固定,而不应经常改变。

企业标志一般被用在企业广告、产品及其包装、旗帜、服装及各种公共关系用品中。企业标志出现的次数和频度影响社会公众的接受程度,因此应尽可能多地加以使用。

1. 企业标志设计的基本知识

设计企业标志无疑是企业的一件大事,因此企业的最高决策层应该了解标志的基本知识,对设计提出具体而明确的要求。其中,首先要了解标志的基本形式,这将有助于决策者提出设计思路、明确设计要求、评价设计方案、作出正确选择。一般而言,企业标志的基本形式分为下列几类。

第一类是表音形式,即由企业名称的关键文字或某些字母组合而成。这种形式的标志由于基本构成要素来自企业名称,因此容易使人把它与企业联系起来,起到很好的传达作用。美国商用机器公司(IBM)的标志是由公司名称中 international(国际的)、business(商业)和 machine(机器)三个英语单词的词首大写字母组成(图8-1)。德国德莱登出版社(The Dryden Press)标志由两个单词首字母 D 和 P 组成(图8-2)。国内,很多企业采用汉语拼音字母或其缩写构成企业标志,如春兰集团、长岭集团等。

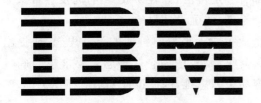

图8-1　美国商用机器公司标志　　　　　图8-2　德莱登出版社标志

第二类是表形形式,即由比较简明的几何图形或象形图案构成。图形本身具有一定含义,而且由于经过平面设计处理,形象感很强。例如,上海浦东发展银行、河南新飞集团的企业标志(图8-3、图8-4)。其不足是往往不太容易让人把图形与企业名称联系起来。因此,许多设计都将图形与企业名称同时使用,以弥补其信息传达的不足。

图 8-3　上海浦东发展银行标志　　　　　图 8-4　新飞标志

第三类是把上述两类结合起来,即音形形式。此类标志兼有前述两种类型的优点,又在一定程度上避免了它们各自的缺点,被很多企业所采用。例如,中国银行(图 8-5)、大唐集团公司(图 8-6)等企业的标志。

图 8-5　中国银行标志　　　　　　　　图 8-6　大唐集团标志

2. 企业标志设计步骤

设计企业标志,无论是单独进行,还是纳入 CI 策划,基本上遵循下列步骤。

第一步,明确设计目的,提出设计预案。为什么要设计企业标志?新建企业,有的立即系统地实施 CI 策划,有的只先设计一个企业标志,并通过它向公众传递一个讯息——"各位,请接纳我这个新朋友!"而有些情况下,则是要用一个新标志代替现有的标志,就需要对现有标志进行客观估价。任何企业标志都有一定价值,如轻易放弃,有时反会带来无形资产流失,影响经营业绩。因此,首先应充分论证,明确设计目的。

第二步,拟定设计要求,落实设计任务。企业负责人最好有鲜明的设计思想,或提出具体的设计要求,否则设计出的标志很难体现企业形象、浓缩企业理念。要求越明确具体,设计出的标志越容易传达企业信息,但是容易束缚思维,因此设计要求应抓住关键,不必苛求细枝末节。

第三步,进行方案评价,确定中选标志。不论谁来设计,都应有多种候选的标志方案,这就需要进行方案评价。有的企业是由决策层直接决定,有的则由管理人员、员工代表、专业美术人员共同组成评审小组集体决定,有时还征求部分用户和其他相关利益者的意见。

第四步,企业标志定稿,进行辅助设计。确定企业标志的中选方案后,一般还要请专业人员完成定稿设计,提交最终的标志效果图。这时一般要确定标准色及辅助色,标定尺寸比例，以便在不同场合、以不同大小反复使用。

设计企业标志，除依靠专业人员以外，发动企业员工和社会公众参与设计是一个很好的创意，这不但能集中群众智慧，而且使新标志比较容易深入人心。北京市电信管理局发动职工设计企业标志，最后中选的企业标志由一条不间断的曲线构成，两个圆形象征地球东西半球，两圆交汇处是象征电信的电话听筒，体现了北京电信作为大型通信企业时刻联系整个世界、不断发展壮大的企业宗旨；标准色定为蓝色，象征着现代、科学、智慧（图 8-7）。

图 8-7　北京电信标志

3. 企业标志设计原则

标志设计除遵循企业名称设计时提到的个性、民族性、简易等原则外，还应坚持下列原则。

第一，艺术性原则。企业标志要有艺术性，要有美感，应注意构图的均衡、轻重、动感，注意点、线、面的相互关系，以及色彩的选择和搭配，并注意细节处理。好的标志要美观耐看，能使人获得美的享受，激发起对美的追求，从而建立起高品位的企业形象。

第二，持久性原则。企业标志一般应具有长期使用价值，不应单纯追逐时髦或流行，而要有那种超越时代的品质，这种"一百年不动摇"的要求实际上也反映了企业超越平凡、追求卓越的信念。

第三，适应性原则。标志代表企业形象，应该把单纯的平面图案符号与企业理念、行为等有机联系。这就决定了企业标志无论是形式还是内涵，都应适合于它经常出现的环境，既协调配合，又相对突出。

4. 商标设计

商标是指企业为了把自己的产品与其他企业的商品区别开来而在商品外表或包装上使用的一种标记。商标是商品的标志，它不但是商品彼此区分的记号，而且是企业文化的载体和企业形象展示的窗口。商标经注册后便受到法律保护，成为企业十分重要的无形资产。

商标从形式上分为文字商标、图形商标、记号商标、组合商标等四类。文字商标是以各种文字或数字组成的商标，其数量超过商标总数的 80%，如雪碧 Sprite、拉法基 Lafarge（图 8-8）。图形商标是指各种图形图案构成的商标，它不受语言限制，比较形象直观。记号商标是指由某种记号构成的商标，一般是用某种抽象的点、线、面及其色彩来表现。组合商标是上述几种商标的混合，即由文字（含数字）、图形或记号组成。我国率先引入 CI

的广东太阳神,其商标就属于这一类(图 8-9)。

图 8-8　拉法基商标

图 8-9　广东太阳神商标

一个企业通常只有一个企业标志,但可以有多种商标,即可以为每种商品注册一个不同的商标。当然,也可以所有商品采用相同的商标,甚至一律用企业标志作为商标,以便用较少的宣传费用达到扩大商品影响的目的。无论单一商标还是多种商标,商标设计应符合下列要求:

(1) 要有独创性,不与其他已注册商标雷同。否则,无法获准成为注册商标。

(2) 布局合理,突出特色。这主要是从视觉上来考虑的,不管采用文字、图形、记号还是组合商标,都应既具有视觉上的美感,又能反映企业及其产品、服务的独特个性。

(3) 不能违反禁用条款。各国都对哪些文字、图案不能用作商标有明确的规定。我国《商标法》规定,与下列文字、图形相同或相近的不得用于商标:

中华人民共和国国家名称、国旗、国徽、军旗、勋章;

外国的国家名称、国旗、国徽、军旗;

政府间国际组织的旗帜、徽记、名称(如联合国徽记);

"红十字""红新月"的标记、名称;

本商品的通用名称和图形(如"冰箱牌"冰箱、"安培牌"电流计);

直接表示商品的质量、主要原料、功能、用途、重量、数量及其特点的(如"名牌"彩电、"丝绸牌"服装);

带有民族歧视性的;

扩大宣传并带有欺骗性的;

有损社会主义精神道德风尚或有其他不良影响的。

三、企业标准字设计

标准字是指将企业名称或品牌名称经过特殊设计后确定下来的规范化的平面(乃至立体)表达形式。标准字与企业标志及商标一样,能够表达丰富的内涵。同样的企业文化理念层和制度行为层,如果借助不同形式的文字,就可能使人产生有差别甚至完全不同的理解,即形象差异。因此标准字一旦确定,企业不应随意改动,而要在各种场合和传播媒介中广泛使用,以树立持久鲜明的企业形象。

1. 字体及其视觉效果

中文汉字中,宋体、楷体、黑体、隶书、魏碑、仿宋等为常用字体。这些字体不但形成年代较早,而且在长期的历史发展过程中被我国人民普遍接受、广泛使用。

西文主要是指起源于拉丁文的英文、德文、俄文、法文等拼音文字,当然它们中最常用的是英文。西文都由一组字母组成(如英文有 26 个字母),有大写、小写之分。西文种类繁多,因此基本字体也非常多,最常用的有新罗马体(Times New Roman)等。

上述常用字体主要见诸于印刷品中,因此又被称作印刷体或基本字体。无论中西文字体,在使用时都可以通过笔画加黑或变细、字形拉长或压扁以及倾斜等手法得到它们的变体。此外,美术字由于富有变化、生动活泼,受到专业人士欢迎,在广告、招贴画和其他公共关系用品中被大量使用。

研究早已表明:内容完全相同的文字,若采用不同的字体表达,会使人产生不同的联想和感受。有一则系列酒的电视广告,画面中心位置有一个字体不断变化的"酒"字,从篆书、隶书到宋体,使人觉得这一品牌的酒不但具有悠久历史,而且深富文化气息。这个例子说明字体具有时间上的含义。甲骨文、篆书(大篆、小篆)、隶书、魏碑等字体表示历史久远,而宋体、仿宋体、黑体等则预示现代、当代,有一些美术字则给人前卫的印象,代表流行、时髦或未来。另一个角度看,不同字体的轻重感、质感等也不同。例如,隶书、魏碑、黑宋、琥珀等字体笔画较粗,给人以沉重、凝重的感觉;而楷体、宋体、细圆等字体则让人觉得比较轻巧。又如,甲骨文具有龟甲、骨头的粗朴质感,隶书带着羽毛、麻、竹等质感,魏碑体则有岩石的冷、重质感,行书、草书具备纸张、绢绸等轻、软质感。此外,因字形及笔画构成不同也存在正式与不正式的印象,宋体、黑体等让人感到比较正规、正式,而草书、行书、楷书则显得比较随意。字体的上述不同视觉感受甚至还导致不同的感情色彩。

有学者发现,企业和品牌名称等的字体不同,会在公众心中留下商品种类的不同印象(图 8-10)。例如,棱角分明、笔画粗重的字体,一般让人想到矿石、钢铁、机器以及其他重工业品;由纤细的曲线或长直线构成的字体,让人联想到香水、化妆品、时装以及纤维制品等;而笔画饱满、字形圆滑的字体,自然让人联想起糖果、糕点、玩具、香皂等儿童用品和食品。上述特征是中西文所共有的,也是企业标准字设计时需要重视的因素。

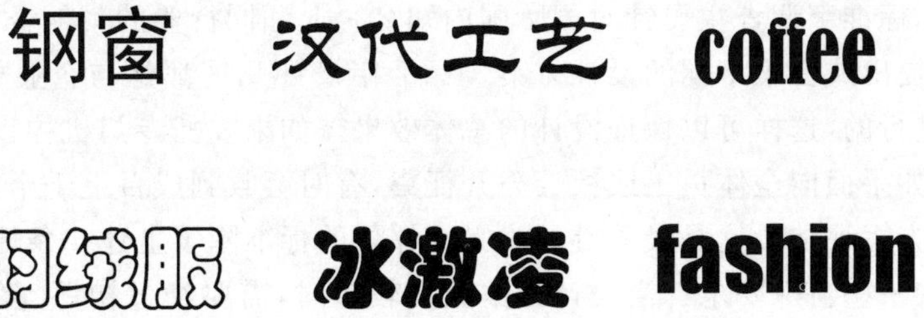

钢窗　　汉代工艺　　coffee

羽绒服　　冰激凌　　fashion

图 8-10　字体与产品印象

2. 标准字的设计原则

标准字设计,主要是确定它的书写形式。"写字"看似简单,但要"写"出反映企业特色和企业形象的标准字却并不容易。为此,应掌握下述 4 条主要原则。

(1) 易辨性原则。字写出来是要给人看。如果标准字设计出来,人们不认识或不容易看清楚,那就是一个失败的设计。易辨性体现在三方面,一是要选用公众普遍看得懂的字体,如果把长虹、联想的标准字换成甲骨文、小篆,恐怕不会有几个人认识;二是要避免与其他企业的标准字相似或雷同;三是字体结构清楚、线条明晰,放大很清楚,缩小也清晰。

(2) 艺术性原则。对视觉要素设计来说,艺术性都是很重要的,标准字也不例外。只有比例适当、结构合理、线条美观的文字,才能让人看起来觉得比较舒服。

(3) 协调性原则。标准字的字体要与企业的产品、包装等相适应,与企业产品或服务本身的特点相一致,也要与经常伴随出现的企业标志、商标等相协调。例如,儿童用品选用很严肃古朴的字体、妇女用品选用棱角分明的字体,都会很不协调。中国联通的标准字与其标志配合得就比较和谐,并富有中国民族特色(图8-11)。

图8-11 中国联通的标志与标准字

(4) 传达性原则。企业标准字是承载企业理念的载体,要能在一定程度上传达企业理念。不能把设计工作作为一项孤立的内容,单纯去追求某种形式上的东西。无论如何,熟悉和吃透企业理念,对于标准字设计都是有益的。

3. 标准字设计步骤

设计企业标准字,一般依照下面步骤进行:

第一步,调查研究。调查的目的是避免与其他企业的标准字雷同,以确定标准字的基本特点。这一步常常是在进行整个CI策划的前期调查中进行的,而无须单独开展,以节省调研费用。标准字调查主要针对国际国内知名企业和同行业的其他企业。

第二步,提出或征集不同的设计方案。标准字设计几乎都是与企业标志、商标、标准色设计一起进行的,这样可以保证设计的总体效果。如果委托专门机构设计,则最多只有三五种方案;如果面向全体员工或社会公开征集,有时会收到成百上千个方案。

第三步,方案评估。这是最关键的步骤。评估的标准除了上述4条原则以外,有时还有企业自身的一些特殊要求。当设计方案数量较多时,需要经过初评、复评、终评等好几个回合。经过终评的2~5种方案再提交企业最高层拍板,选定一个中选方案。有时对中选方案还需要作个别细部修改,以便更加完善。

可见,企业标准字设计并不复杂,一般总是与其他视觉要素的设计同步进行。

企业标志、商标、标准字等最后选中的设计方案,除了效果图以外,通常要设计出放样图(或称坐标图),以便今后制作,如创新公司的标准字(图8-12)。

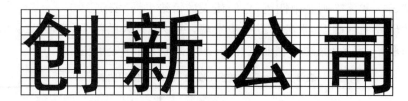

图 8-12　创新公司标准字设计

四、企业标准色设计

企业标准色是指经过设计后被选定的代表企业形象的特定色彩。标准色一般是一种或多种颜色的组合，常常与企业标志、标准字等配合使用，被广泛应用于企业广告、包装、建筑、服饰及其他公共关系用品中。

1. 色彩的基本特点

（1）色彩三要素。在五彩缤纷的世界里，人们看到的色彩首先可分为彩色与无彩色两类，前者有红、黄、蓝等色，后者则指黑、白、灰色。认识和区别不同色彩，就必须了解色相、明度和彩度这三个基本的色彩要素。

色相就是色彩的相貌。它是一种色彩区别于另一种色彩的名称，既有红、黄、蓝等原色，又有橙、绿、紫等混合色。

明度指色彩的明暗程度。明暗是色彩的性质之一，表示色彩所受光度的强弱，光度强的明度高，光度弱的明度低。无彩色中，白色明度最高，黑色最低，中间是各种灰色；彩色中，以绿色为例，明绿、中绿、暗绿的明度由高到低。

彩度是指色彩的纯度，或浓度、饱和度。三棱镜分解阳光得到的光谱中呈现的红、橙、黄、绿、蓝、靛、紫等各种色相就是彩度最高的纯色（或称饱和色）。纯色加白色，变为较淡的清色；纯色加黑色，变为较暗的暗色；纯色加灰色，就成为浊色。与纯色相比，清色、暗色、浊色的彩度都要低。

（2）色彩的感觉。调查研究表明，色彩具有冷暖、胀缩、轻重、进退、兴奋与沉静等不同感觉。

冷暖感，即色彩带给人冷热的感受。令人感到温暖的色彩为暖色，如红色、橙色、黄色等色彩。使人感到寒冷的色彩为冷色，如绿青、青绿、青色等。介于暖色和冷色之间的是中性色，如绿色、紫色、黄绿色等。

胀缩感，即不同色彩带给人膨胀或收缩的感觉。一般说来，凡是明度较高的色彩看起来有膨胀感，而明度较低的色彩则有收缩感。

轻重感，即色彩给人以轻或重的感觉。同样大小面积或体积的东西，明度高的看起来较轻，明度低的看起来较重。

进退感，即色彩带给人前进或后退的感觉。暖色和明度高的色彩有前进的感觉，反之冷色和暗色则有后退的感觉。

兴奋感与沉静感，即有的色彩让人感到兴奋，如红、橙、紫红色等被称为兴奋色；有的色彩则让人有沉静的感觉，如黄绿、绿、蓝色等被称为沉静色。既不属于兴奋色，又不属于沉静色的黄、青、紫色等则是中性色，它们使人的情绪平淡、安定。

在上述研究的基础上，学者们进一步发现，色彩还与人的味觉、嗅觉以及物体形状存在某些特殊联系（表 8-1），这对企业文化符号层设计具有一定价值。

表 8-1 色彩与味觉、嗅觉、物体形状的关系

感 觉		色 彩
味觉	酸	从带黄色的绿到带绿色的黄等一系列色彩
	甜	从橘黄到带橙色的红色和从粉红到红色的系列色彩
	苦	褐色、橄榄绿、紫色、蓝色等色彩
	咸	灰色、白色、淡蓝、淡绿等色彩
嗅觉	香	紫色、淡紫、橙黄等类似香水或花卉具有的色彩
	辛香辣	橙色、绿色等
	芳香	高明度的、高纯度的色彩
	恶臭	暗的、不明朗及暧昧色彩
形状	固体、硬物	暗褐色、深蓝色、金属色等普通发暗的色彩
	液体	寒绿、青绿等色彩
	浓乳液	粉红色、乳白色等
	粉状物	黄色、土黄、浅褐色等

（资料来源：张德、吴剑平．企业文化与 CI 策划［M］．第五版．北京：清华大学出版社，2020．）

（3）色彩的心理效应。由于色彩的不同感觉，它不但会使人产生各种不同的感情，而且可能影响从精神、情绪到行为的变化（表 8-2）。

表 8-2 色彩的心理效应

色彩	感 情 倾 向
红色	生命、热烈、喜悦、兴奋、忠诚、斗争、危险、烦恼、残暴、红火
橙色	温馨、活泼、渴望、华美、成熟、自由、疑惑、妒忌、不安
黄色	新生、单纯、成熟、庄严、高贵、惊讶、和平、俗气、放荡、嫉妒
绿色	生长、胜利、和平、青春、活力、新鲜、安全、冷漠、苦涩、悲伤、环保
蓝色	希望、高远、温馨、和谐、安详、寂静、清高、深邃、孤独、神秘、阴郁
青色	神圣、理智、信仰、积极、深远、寂寞、怜惜
紫色	高贵、典雅、圣洁、温厚、诚恳、嫉妒
金色	华美、富丽、高贵、气派、收获、富足、庸俗
银色	冷静、优雅、高贵、神秘
白色	纯洁、清白、干净、和平、神圣、廉洁、朴素、光明、积极
黑色	庄重、深沉、坚毅、神秘、稳定、消极、伤感、过失、死亡、悔恨
灰色	谦逊、冷静、寂寞、失落、凄凉、烦恼

（资料来源：张德、吴剑平．企业文化与 CI 策划［M］．第五版．北京：清华大学出版社，2020．）

(4) 色彩的民族特性。不同的国家和地区,由于受各自不同历史文化传统影响,对色彩的象征意义有不同理解,因而喜好、禁忌也各不一样。了解色彩的这种民族特性,选择有利于本企业的色彩,对于树立良好企业形象、参与国际竞争有很大好处(表 8-3)。

表 8-3　部分国家和地区对色彩的喜爱和禁忌

国家/地区 喜忌	喜　爱	禁　忌
德国	南部喜欢鲜艳的色彩	茶色、深蓝色、黑色的衬衫和红色的领带
爱尔兰	绿色及鲜明色彩	红、白、蓝色
西班牙	黑色	
意大利	绿色和黄、红砖色	
保加利亚	较沉着的绿色和茶色	鲜明色彩,鲜明绿
瑞士	彩色相间、浓淡相间色组	黑色
荷兰	橙色、蓝色	
法国	东部男孩爱蓝色服装,少女爱穿粉红色服装	墨绿色
土耳其	绯红、白色、绿色等鲜明色彩	
巴基斯坦	鲜明色、翠绿色	黄色
伊拉克	红色、蓝色	黑色、橄榄绿色
中国港澳地区	红色、绿色	群青、蓝、白色
缅甸	鲜明色彩	
泰国	鲜明色彩	黑色(表示丧色)
日本	红色、绿色	
叙利亚	青蓝、绿、红色	黄色
埃及	绿色	蓝色
巴西		紫色、黄色、暗茶色
委内瑞拉	黄色	红、绿、茶、黑、白表示五大党,不宜用于包装
古巴	鲜明色彩	
墨西哥	红、白、绿色组	
巴拉圭	明朗色彩	红、深蓝、绿等不宜用作包装
秘鲁		紫色(十月举行宗教仪式除外)

(资料来源:张德,吴剑平. 企业文化与 CI 策划[M]. 第五版. 北京:清华大学出版社,2020.)

2. 标准色的设计原则

(1) 充分反映企业理念。符号层各要素都必须围绕企业理念这个核心,充分反映企业理念的内涵,标准色也不例外。由于色彩引起的视觉效果最为敏感,因此标准色对于传达企业理念、展示企业形象具有更加突出的作用。例如,海尔集团采用蓝色作为标准色,容易使人联想到大海,进而把海尔那种阔步世界、争创国际名牌的企业目标联系起来。

(2) 具有显著的个性特点。色彩无论千变万化,人眼可视范围无非赤、橙、黄、绿、青、蓝、紫和黑、白这么几种,因而企业标准色的重复率或相似率是极高的。为此,必须考虑如何体现企业的个性,既反映企业理念内涵、产品和服务特色,又避免与同行业重复或混淆。可以考虑采用多种颜色作标准色,如新奥集团就是采用红、蓝二色。标准色一般不超过两种。

(3) 符合社会公众心理。这主要是考虑色彩的感觉、心理效应、民族特性以及公众的习惯偏好等因素。首先要避免采用禁忌色,使公众普遍接受;其次是尽量选择公众比较喜爱的色彩。例如,富士胶卷采用绿色作为标准色,使人联想到生机盎然的大自然、森林、绿树等,给人带来积极的心理感受。

第二节　企业环境设计

良好的企业物质环境,不但能够给员工以美的享受,使他们心情舒畅地投入工作,而且能充分反映企业的文化品位。因此,企业物质环境的设计和改造,是符号层设计不可忽视的内容。物质环境设计任务包括:企业的自然环境,建筑布局和建筑风格,厂房(车间、办公楼、商店)的装修和布置,景观雕塑等。

一、企业自然环境与建筑布局设计

企业的自然环境与建筑布局总是紧密地联系在一起的。人不能违背自然规律,却可以选择、利用自然环境,通过认识自然规律来改造和优化自然环境。企业建筑布局既是对自然环境的适应和利用,又对企业自然环境产生影响、进行改造,是大自然与人类社会活动的一个结合点。

1. 设计目标

在企业内部,必须要有一个与人类生理和心理需要相一致的环境,实现人与自然的和谐。创造这样的和谐环境,是企业自然环境和建筑布局设计的根本目标。

这一目标可进一步分解为5个子目标:

(1) 安全目标。这是最低层次的子目标,指企业选址、规划和建筑总体布局及构造要符合安全要求。安全要求既涉及员工个人的生命财产安全,又包括企业财物的安全。

(2) 经济目标。即要充分挖掘和利用现有的自然资源,做到经济实用。我国是人口大国,必须合理利用土地等资源,加之企业是社会经济组织,需要考虑成本、效益等经济目标。

(3) 美化目标。对美的追求是人内在的心理需求。在优美的企业环境中,不但能让员工心情舒畅、精神饱满地投入工作,提高劳动效率,而且还能给用户、经销商、供应商等公共关系对象留下美好印象,塑造良好的企业形象。

(4) 生态目标。又称可持续发展目标,是企业自然环境与建筑布局设计时要求层次很高,也很不容易实现的子目标。生态目标不是简单的种花养草的绿化目标,而是包含能源综合利用、三废治理、防止噪声污染、光污染等方面的要求,是推进生态文明建设的需要。

(5) 文化目标。即企业物质环境要突出文化氛围，充分反映企业价值观的要求。这一目标体现了企业文化符号层与理念层的结合，应引起高度重视。

2. 设计原则

为兼顾上述目标，企业环境设计应力求符合下列原则。

(1) 功能分区原则。即把企业用地按功能划分为若干不同区域，将功能相近的建筑集中在同一区域。如厂区与生活区，厂区中的办公区、工区，办公区内的办公室、会议室等。在规划厂区与生活区时要科学布局，在化工、炼油、冶金等企业一定要把生活区放在上风口，以减少厂区烟尘对生活区的污染。

(2) 经济高效原则。建筑布局设计时要尽量考虑工作环节的科学性和系统性，以提高生产效率、减少不必要的中间费用。例如，上下道工序的两个车间应尽量靠近，这样可以有效降低中间产品在两个车间之间的搬运费用。

(3) 整体协调原则。一方面是不同建筑之间、建筑与企业自然环境之间的协调，另一方面也要考虑企业整个建筑与外部环境的协调。

(4) 风格传播原则。建筑布局应力求体现企业的自身特点和风格，避免照搬照抄其他企业或与其他企业雷同。这种特点和风格，反映了独具特色的企业文化。

二、厂房环境设计

厂房是指工业企业的生产车间及其辅助用房。这里的厂房设计，主要不是从建筑工程和结构工程的角度，而是从文化的角度来分析。生产力的主体是人，只有从文化角度来进行厂房设计，才能促使人的内在主体与外在客体在心理上的和谐统一，促使管理学与美学有机结合，充分调动员工的劳动热情，激发其内在的创造能力。

1. 厂房的布局设计

厂房在整个企业的布局要符合前述的目标和原则，下面介绍厂房的内部布局设计要求。

(1) 符合技术和工艺特点。大到整个车间的布局，小到机器设备的安置，零部件、原材料的堆放，都必须有利于生产要素的结合，即符合科学技术和工艺过程的要求。这是人对技术、对工艺的认识结果，既是自然的人化，又是生产的科学化。不同行业、不同企业、同一个企业内不同产品的技术和工艺特点都不相同，因此厂房布局设计要反映各自的技术和工艺特点，以保证生产过程的科学性，促使技术工艺的改进和生产率的提高。

(2) 符合员工的生理要求。机器设备虽然是企业不可缺少的生产资料，但它们毕竟只是人体器官的延伸，而不是把人作为机器工具的延长。在企业生产的人－机(器)系统中，人始终都处在核心地位，这个系统应以人为出发点。只有真正认识到劳动生产率受劳动者生理特点等多方面因素影响的客观事实，通过改变劳动者与生产资料的相对位置以改变工作条件，尽量符合员工的生理需求，才可能减轻劳动强度、保障劳动安全、提高劳动效率。

(3) 符合员工的心理特征。生产资料的空间布局，不仅影响劳动者的生理机能，而且影响其心理状态。厂房是员工进行生产活动的空间环境，人的行为心理状态与之有着密切的关系,因此必须重视厂房空间布局与员工心理需要的协调。在一些先进企业的厂房里,机器设备布置错落有序,零件、半成品堆放整齐,干净的地面上各种分区线、提示线十分醒目,员工在这样的厂房里工作会感到心情比较舒畅。

劳动对于人而言不只是谋生的手段,而且是自我实现的手段。符合科学规律和人的生理、心理需要的厂房布局,可以体现一种和谐的理性美,也有利于提高工作绩效。

2. 厂房的色彩设计

不同色彩对人具有不同的生理和心理暗示。色彩协调的厂房会给员工带来美的享受,有助于激发他们的积极性、主动性和创造性。

(1) 工作空间色彩。首先要考虑光源,应尽量采用自然光,以减少对人的视觉刺激、保护人的健康。其次要考虑色彩的反射性,厂房内应采用反射性好、不易引起视觉疲劳的白、绿、黄绿、蓝绿等颜色,最好不用红、紫、橙等色。此外,根据工作性质、地理位置、空间大小等不同,厂房的色彩选择也会有不同要求。如,北方的厂房、宽敞的车间应偏暖色调,而南方的厂房、冶炼车间、狭小空间则宜采用冷色调。

(2) 机器设备的色彩。机器设备是员工在工作中接触最多的,色彩设计首先要考虑人的生理和心理因素,机器设备的主体颜色通常使用绿、蓝绿或蓝色等冷色调,以减轻视觉疲劳,稳定员工心理状态。其次,机器设备的色彩要与整个空间环境色彩协调,如果车间是浅绿色,机器外壳则宜为蓝绿或深蓝色。再次,要突出关键部位的颜色,开关、按钮、把手、操纵杆等应与机器主体颜色有一定对比度,安全警示标志则要采用醒目的黄、红、橙等与环境对比度很高的颜色。最后,机器工作面的色彩要求低明度、低反射率,色彩对比要有利于提高对细微零件的分辨率,避免错觉带来误操作。

3. 厂房的声学设计

声音分噪音和乐音,乐音对人的生理、心理产生积极影响,噪音则给人带来烦恼,甚至危害健康。因此,厂房的声学设计主要是控制和减少噪音污染,利用和发挥乐音的调节功能。

(1) 噪音控制。厂房里马达轰鸣、机床上金属切削铣磨的尖锐声音等,都是人们不愿听到的噪音,应在声学设计时加以控制。根据声学原理,一般从控制生源和声音传播途径两个环节想办法。例如,改进机器设备本身以减少噪音的发生或强度,或在机器周围的墙上安装吸音材料以吸收噪音、减少反射。

(2) 音乐调节。适当播放音乐,可以使员工精神振奋、情绪昂扬、产生愉悦,有助于提高工作效率。有实验表明,播放悦耳的音乐,白班、夜班的工作效率可分别提高6%和18%。当然,不是所有工作环境都适合播放音乐,而且即使播放,也要注意乐曲选择和音量控制。同是餐厅,麦当劳等快餐店的音乐节奏较快,而仿膳等饭店的音乐则比较悠缓。

4. 厂房的空气设计

空气设计主要考虑通风、温度和湿度。保持良好的通风和适宜的温湿度,不但是产品质量的保证,也是员工身心健康的需要。在化工、冶炼、纺织等企业,要减少和避免空气中有害物质对员工身体健康的威胁,保持良好通风非常重要;而在一些精密仪器、生物化学、制药等企业则对厂房内的空气温度、湿度有一些特殊要求。

三、办公室环境设计

对于企业管理、行政、技术人员而言,办公室是主要工作场所。办公室环境对人们从生理到心理都有一定影响,并在一定程度上影响到企业决策、管理效果和工作效率。

1. 办公室设计要求

办公室设计主要包括规划、装修、办公用品及装饰品的配备和摆设等内容。设计时有三个相联系的目标:一是经济实用,二是美观大方,三是独具品位。办公室是企业文化的物质载体,要努力体现企业文化特色,反映企业形象,对员工产生积极、和谐的影响。因此,办公室设计应努力做到:

(1)立足企业实际。有些企业不顾自身的生产经营状况和人财物力实际,片面追求办公室高档豪华气派。这种做法既不符合中华民族勤劳节俭的传统美德,又同党和国家反对"四风"、大兴艰苦奋斗之风的要求格格不入,暴露出企业领导者素质不高的问题。

(2)符合行业特点。例如,五星级宾馆和校办科技企业由于分属不同行业,因而办公室在装修、家具、用品、装饰品、声光效果等方面都应有显著不同。如果校办企业的办公室布置得和高档宾馆一样,无疑是有些滑稽的。

(3)满足使用要求。例如,董事长、总经理办公室在楼层安排、使用面积、室内装修、配套设备等方面都与一般职员的办公室不同,主要并非二者身份不同,而是因为办公室具有不同的使用要求。

(4)契合工作性质。例如,技术部门的办公室需要配备电脑、绘图仪器、书柜等技术工作的必需物品,而公共关系部门则显然更需要电话、传真机、沙发、茶几等与对外联系和接待工作相应的设备和家具。

2. 办公室布置

在任何企业里,办公室布置往往都因人员的岗位职责、工作性质、使用要求等不同而有所区别。

董事长、总经理、党委书记等企业主要领导人,是否有一个良好的日常办公环境,对企业决策效果、管理水平都有很大影响,也在保守企业秘密、传播企业形象等方面有些特殊需要。因此,他们的办公室布置有如下特点:①相对封闭。一般是单独的办公室,比较安静、安全、少受打扰。②相对宽敞。办公室布置要追求高雅而非豪华,切勿给人留下俗气的印象。国企各级管理干部带头廉洁自律,严格执行国家规定,办公室严禁超面积占用、超标准装修。③方便工作。一般就近安排接待室、会议室、秘书办公室等用房。④特色鲜明。要反映企业形象,具有企业特色。例如墙面色彩采用企业标准色,办公桌摆放国旗和企业旗帜以及企业标志,墙角安置企业吉祥物等。

对一般行政人员,许多企业常采用大办公室、集中办公的方式,目的是增进沟通、节省空间、便于监督、提高效率。为避免相互干扰,一是可以按部门或小部门分区;二是可以采用低隔断,给每名员工提供相对封闭和独立的工作空间;三是可设专门的接待区和休息区。对于创造性劳动为主的研发人员和对外联系较多的公关人员,则不宜采用大办公室。

3. 办公配套用房的布置

办公的配套用房主要指会议室、接待室(会客室)、图书资料室等。

会议室布置应简单朴素,光线充足,空气流通,并突出企业文化品位。中国企业会议多、效率低。为解决这一问题,除企业领导和会议召集人注意以外,可以在办公室布置时采取一些措施:一是不设沙发(软椅)等家具,提倡站着开会;二是在显著位置摆放或悬挂时钟,以提示时间;三是减少会议室数量,既提高会议效率,又提高房屋利用率。

接待室(会客室)是企业对外交往的窗口,设置的数量、规格要根据企业公共关系活动的实际情况而定。接待室要提倡公用,布置应简朴干净、美观大方,可适当摆放企业标志物和绿植,以体现企业形象和烘托气氛。

四、商店环境设计

对各类商场、超市、专营店等商业企业来说,商店设计旨在创造良好的购物环境,使顾客不但能够买到满意的商品,而且能享受到购物的乐趣。商店设计应坚持以顾客为中心,符合安全、方便、舒适美观等要求。

1. 安全

一是在建筑结构设计时,必须预留安全通道,以便在发生火灾、地震等危险时及时疏散员工和顾客,保证他们的人身安全。安全出口、安全通道的指示标志应十分醒目。

二是保持良好的通风。商场(商店)往往人群密集,如果不能保持良好通风,则会导致含氧量下降、空气污浊,影响员工和顾客的身体健康,严重时还会导致呼吸道疾病。

三是装修必须按规定采用无毒、阻燃的建材,要配备符合消防安全规定的消防器材并使之处于有效的状态。

2. 方便

首先,按商品的基本功能、主要用途进行分区。例如,一些综合性商场中往往分为食品、化妆品、首饰、男女服装、童装和玩具、鞋帽、家电、办公和文体用品、工艺品等若干商品区,并在商场每个入口和内部每层楼的入口处设置指示牌。

其次,除贵重商品外,应尽量采用开放式的货架。开放式货架比起封闭柜台,既便于顾客挑选,又表示对顾客的信任和尊重。货架最好低于视线高度,以便顾客能同时看到更多商品;童装、玩具等货架则应更低,以方便小顾客。不同商品在摆放高度上要考虑人们的生活习惯等因素,如帽子宜放在高处、鞋子宜放在低处。商品的陈列要整齐,不要太过拥挤。

最后,具备方便顾客购物的各种配套设施。例如,在商业大楼里,除扶手式电梯之外,一般要安装厢式升降电梯,以体现对残疾人的关心。又如大型商场实行购物和收款分离,则收款台应合理分布,以便于顾客付款。

3. 舒适美观

舒适主要体现在:①光线良好,避免刺眼或过暗。有些商场的光学设计十分讲究,顾客不会直接见到光源。②温湿度适宜。例如北方冬天有暖气,但因为商场里人多,所以暖气温度要稍低,以免顾客因走动或长时间停留而感到燥热。③设置休息区,以便顾客短暂休息和放松。很多大型商场都设有免费的儿童游戏区,就是为方便带着孩子的顾客。

同时,还应从墙面、橱窗、POP广告、柜台布置、装饰品、室内绿化等角度综合考虑视觉效果,努力给顾客以美的享受。

第三节 企业旗帜、歌曲、服装设计

企业旗帜、歌曲、服装等是符号层中最能引起人们感官注意,也最能给人留下鲜明深刻印象的部分,因此,是建设独具特色的企业文化不可缺少的内容。

一、企业旗帜设计

企业旗帜,通常指一家企业专用的旗帜,又俗称厂旗、公司旗。就像国旗是一个国家的象征,企业旗帜也是企业的象征。松下公司在每天朝会升公司旗帜,表示新的工作日开始,随着旗帜冉冉升起,员工对公司的希望和对未来的追求也同时在心中升起。

企业旗帜有多种用途:①一般用于企业参加对外活动或者组织内部集体活动时,作为引导、展示、宣传,这是最主要的用途。②作为企业的象征,用于企业广场、大门等重要场所每天悬挂,或者在公司内部的重要场所、办公室日常悬挂。③印制在员工的工作衣帽上作标志用。④其他需要的场合。

企业旗帜设计要突出企业文化个性,注意以下几方面。

1. 企业旗帜的形状设计

多数企业旗帜是长方形,长宽比例通常按照黄金分割比。此外,三角形、凸五边形和凹五边形等也被一些企业采用,比长方形要更能体现企业个性。或者以一种形状(如长方形)为主,在不同场合有不同的变形。如正式场合使用长方形,而把三角形或凹五边形的小旗作为企业对外的纪念品。旗帜还可采用其他形状,但切忌过于奇特而有失庄重。

2. 企业旗帜的布局设计

最简单的办法,是把企业标志或标准字,或者同时把两者按一定比例放在旗帜几何形状的适当位置。如果企业标志比较复杂,或名称字数较多,则不宜采用这种做法。也有采用其他图案、线条配合企业标志和名称的。

图案和文字的大小比例要适中。横向还是纵向布局,则视具体情况而定。以长方形旗帜为例,图案和文字通常位于旗帜的左上方或者在中间(图8-13)。

3. 企业旗帜的色彩设计

一般而言,企业旗帜的色彩应尽量采用标准色以及辅助色。例如,紫光集团就把清华大学的校色紫、白两色作为标准色,不仅干净和谐,而且十分醒目。

新中国成立后很长一段时间,受国旗和党旗的影响,加上极"左"思潮和计划经济对人们思想的束缚,我国企业旗帜绝大多数为红色。这也是当时企业文化"千厂一面"的一个反映。改革开放以来,企业文化在强调共性的同时,个性日渐突出,并反映在企业旗帜的色彩变化上。

4. 企业旗帜的规格和用料设计

企业旗帜的规格设计,就是平常说的确定尺寸大小。对企业而言,往往不是只有一种

(a) 横向

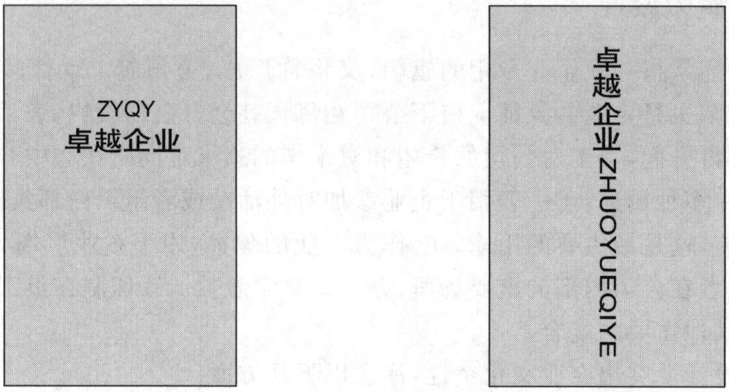

(b) 纵向

图 8-13 企业旗帜图案和文字的常见布局

规格的旗帜,而是由多种规格(尺寸)构成一个或多个系列。

企业旗帜的用料设计,就是确定旗帜使用何种材料来制作。随着纺织技术发展,有许多新型的化纤布料可以用来印制旗帜。

旗帜图案和文字的制作工艺,如染印工艺,也是企业旗帜设计需要考虑的。各地都有很多专门制作旗帜的商店,如果对制作工艺不熟悉,最好事先征求制作单位的意见。

5. 企业旗帜悬挂方式的设计

作为企业的重要象征物,对企业旗帜的尊重也是对企业的尊重,因此除了设计和制作之外,对企业旗帜的悬挂方式作规定也是其设计全过程中不可缺少的环节。

企业旗帜的悬挂虽然不像国旗的悬挂规定那么严格,但通常也需要对悬挂和使用的场合、悬挂的方式、旗帜的规格提出必要的要求。企业旗帜与国旗同时悬挂时,不仅高度应低于国旗,规格也应比国旗稍小,以表示对国家的尊重。

二、企业之歌设计

企业之歌,俗称厂歌,指一个企业专有的,反映企业目标、追求、精神、作风等的歌曲。企业之歌是企业文化个性的又一个鲜明体现。它通常是合唱歌曲,通过集体歌唱不但能增强员工的自豪感和归属感,增强企业的凝聚力和向心力,而且能够激发员工的上进心和责任感,鼓舞他们积极进取、开拓创新。因此企业之歌设计,也是企业文化符号层设计的内容。

1. 企业之歌的创作原则

很多企业没有专门从事音乐创作的人员,设计企业之歌需要外请专业人士负责或参与,因此首先需要企业和创作者双方都明确一些基本的原则。

(1) 反映企业文化。企业之歌对企业文化的反映不要面面俱到,而应突出企业的核心价值观等企业理念。有一家企业以牛作吉祥物,就把《耕牛之歌》作为企业之歌,以颂扬吃苦耐劳、默默奉献的企业精神。

(2) 易学易唱。这是企业之歌的生命力所在。只有在广泛、反复的歌唱中,企业之歌才能真正被广大员工所掌握和喜爱,成为企业文化的一道亮丽风景。因此,企业之歌往往采用歌词简洁的进行曲。

(3) 昂扬向上。无论歌词内容,还是音乐旋律,企业之歌都应该渲染一种积极健康、奋发向上的情绪,而不能过于软绵绵,更不能无病呻吟。

2. 企业之歌的创作方法

通常的做法是先确定歌词,再请人谱曲。也可以先有曲,如选择社会上广为流传的某段音乐(或者某首歌的曲调),再填词。确定歌词是企业之歌创作的关键,有些企业的主要领导十分重视企业之歌的作用,亲自撰写歌词。确定歌词后,可邀请专业的音乐人士谱曲。

中央电视台举办的首届形象歌曲音乐电视展播活动中,陕西法士特集团公司《法士特之歌》荣获最佳作词、最佳作曲、最佳企业形象三项大奖。其歌词如下:

"迎着明媚的阳光/我们法士特人豪情满怀歌声嘹亮/团结 务实 顽强 开拓/披荆斩棘我们由弱到强/挺立时代潮头/搏击时常风浪/高速旋转的法士特齿轮啊/传递给我们/做大做强的力量;

怀着远大的志向/我们法士特人昂首阔步奔向前方/团结 务实 顽强 开拓/改革发展我们百炼成钢/敢争世界一流/再创新的辉煌/飞速运转的法士特齿轮啊/承载着我们/振兴民族工业/振兴民族工业的希望;

敢争世界一流/再创新的辉煌/飞速运转的法士特齿轮啊/承载着我们/振兴民族工业/振兴民族工业的希望。"

三、企业服装设计

企业服装,指企业为员工配发的服装。

1. 企业服装的功能和分类

过去,企业服装功能单一,通常仅指工作服,往往被单纯划入劳保和福利的范畴。例如,机械工人的蓝色卡克式工作服("蓝领"一词就由此而来),制药工人的白大褂,饭店服务生的马甲。如今,企业服装除劳保和福利的功能外,还增加了许多功能,特别是企业文化和企业形象的功能日益受到重视。因此,企业服装设计被明确纳入了企业文化的符号层设计,并由企业文化部门负责。

对企业服装进行适当分类,有助于进一步了解其功能,对设计有很大帮助。按照功能,企业服装可以分为工作服(如卡克式工作服、白大褂等)、礼服(如西服套装、中山装)、休闲服(如运动服、T恤)。按照职业,企业服装可分为不同的大类,例如制造业、服务业、

IT产业的企业服装就有显著区别。

2. 企业服装设计的内涵和层次

企业服装设计,有狭义和广义之分。狭义仅指对某种特定用途企业服装的款式设计,它属于服装设计师的工作。广义则是从企业文化角度,指对企业服装的整体规划、设计与管理,具体包含下列设计工作。

(1)总体设计。确定企业服装的性质、功能、分类和设计的总体原则。例如,M企业规定,企业服装分工作服、休闲服、礼服三类,工作服每年发两次(秋季长袖、夏季短袖),休闲服每两年发一次,礼服每五年发一次。这个规定实际上就是对企业服装的总体设计。

(2)方案设计。根据总体设计,确定企业服装的序列、规格、款式、价格范围及预算、管理规定和发放的具体原则。仍以M企业为例,确定工作服为2个序列(长袖、短袖)、5种规格型号,采用传统的卡克式,价格约为长袖每件80元、短袖每件60元;则其一年的工作服预算约为14万元。

(3)款式设计。不少企业直接从服装批发市场选择已有的款式,省去了款式设计环节。

3. 企业服装设计的原则和方法

(1)以满足工作需要为第一原则。企业服装首先还是在工作中穿着,因此必须从实际工作需要出发来进行设计,特别是要满足安全需要和劳动保护的要求。同时,也要符合人体工程学的原理,方便员工工作。

(2)以反映企业文化作为重要目的。符号层的企业标志、标准字、标准色等要素,在企业服装中很容易反映。但是企业理念、价值观等理念层要素如何在服装上反映呢?这的确不太容易,但并非没有办法。例如,高科技企业B公司以创新作为核心理念,为此在服装设计时避免都是一样的工作服,而是突出宽松、自由的原则。公司给员工一定的服装费,让员工自己选购一套深色的西服套装作为公司重大活动时的统一着装。

(3)以美观大方作为基本要求。作为企业的"形象名片",企业服装必须设计得美观大方,有层次,有品位。为此,要照顾不同年龄、不同性别、不同工种的员工,使他们都认同、喜欢和愿意穿。例如M企业,所有服装都区分男款和女款,并在色彩上选择了明黄色。

四、企业之花设计

企业之花,是与企业旗帜、歌曲、吉祥物等一样正式被确定为企业象征物的专门花卉。在工厂,它就被称为厂花。一些企业之所以确定企业之花,是因为它受到多数员工喜爱。人们喜欢的不仅仅是它的色香味形,而且因为它具有某种象征意义引起了广大员工的心理感情共鸣,从而起到传达企业理念、增强企业认同感和凝聚力的作用。由于每个企业所选择的花卉不同,其象征意义也不同,成为反映企业文化个性的生动载体。

梅花的傲雪立霜,兰花的朴实幽香,牡丹的热情奔放,百合的典雅高贵,荷花的出淤泥而不染。不同的花卉,通常有不同的象征意义(表8-4)。

表 8-4　部分花卉的象征意义

花卉名称	象征意义	花卉名称	象征意义
牡丹	富贵,繁荣	菊花	高洁,长寿
梅花	不怕困难,坚毅,顽强	迎春	希望,春天,光明
水仙	高雅,清逸	桃花	避邪,爱情
茉莉花	优美,清雅	向日葵	光明,活力,忠诚
紫荆	团结,向上,高贵	荷花	纯洁,高尚
康乃馨	伟大、神圣、慈祥	郁金香	真挚的情感
红玫瑰	热恋,真心实意	红月季	爱情,真挚纯洁的爱
百合	神圣、纯洁与友谊	黑色月季	有个性和创意
勿忘我	浓情厚谊,永恒的友谊	白月季	尊敬和崇高
风信子	胜利	绿白色月季	纯真、俭朴或赤子之心
非洲菊	有毅力、不畏艰难	剑兰	用心,坚固
波斯菊	永远快乐	紫罗兰	永恒的美或青春永驻
白山茶	真情	黄栌	真情不变
火鹤	薪火相传	石斛兰	慈爱,祝福,喜悦
金鱼草	有金有余,繁荣昌盛	红掌	热情豪放、地久天长
南天竹	长寿	长寿花	长寿
天堂鸟	自由、幸福	一串红	离愁别绪

（资料来源：潍坊芝兰花府网站 http://www.zhilanhuafu.com/hy1.htm，作者作了个别补充）

确定企业之花的象征意义，可以把表 8-4 作为参考，但不必拘泥于通常的认识，而应结合企业的成长经历、企业文化，做进一步阐述和解释。东北某国有企业在向市场经济转轨的过程中曾遇到很大困难，步履维艰。时值早春，大地萧瑟，但一丛丛迎春花却在企业里到处绽放。从迎春花中，企业负责人和全体员工看到了生机和希望，齐心协力，锐意改革，成功地实现了二次创业。于是，公司决定把迎春花作为企业之花，代表不怕困难、团结奋斗、艰苦创业、开拓进取的公司精神。

据有关调查，企业之花经常表达或代表企业精神。例如，某企业在员工中提倡"美化生活，服务社会"的芙蓉精神，并把芙蓉花作为企业之花；另一家企业则把蒲公英作为企业之花，倡导"见缝插针"的蒲公英精神。

有些企业把某种树、草或灌木作为象征物，借以表达企业理念，与企业之花异曲同工。例如，我国西北地区有些企业分别把白杨、胡桃、柳树等作为企业之树，就是借助它们表达扎根西部、不怕艰苦、拼搏奋进的精神。

第四节　企业文化体育设施与活动设计

文化体育设施是企业工余文体活动的保障,是企业文化理念层的物化载体和符号层的组成部分。虽然早已不是企业办社会的计划经济时代,但是对一些远离城市中心、社会服务不配套的大中型企业而言,仍需要建设必要的文化体育设施,组织员工开展工余文化体育活动。

一、企业文化体育设施设计

文化设施是指企业组织员工开展文化活动的场所,例如阅览室、音乐茶座、展览室、报告厅、影剧院、网吧等。体育设施则是指企业开展群众性体育活动的场所,例如田径运动场、篮球等球类运动场馆、乒乓球室、台球室、健身房、游泳池(馆)、棋牌室等。

文化体育设施设计包括整体规划、具体设施设计等环节。设计应坚持以下几点:

(1) 有利于提高员工素质,促进企业文化建设和企业发展。文体设施的利用,要体现先进文化的引导作用,体育运动对身心健康、意志品质、团队合作等的促进作用,提高员工的文化品位和综合素质,从而促进企业文化和企业的健康发展。为此,这些设施要坚持大众化,面对大多数员工开放;坚持服务导向,切忌以营利为目的。例如,一些企业为打造学习型组织,开辟了阅览室、图书室,购置了大量书籍报刊免费供员工借阅。

(2) 从企业实际出发,因地制宜,量力而行。文体设施的建设,应考虑企业的规模、实力和员工的集中情况及共同爱好,尽量满足多种使用需求。例如,小微企业虽不必设计建造专门场馆,但可以配备一些小型体育健身器械。有的企业可建设多功能厅,既能开展业余文体活动,又可以作为会议、展览等场所。有些收益面不广,或者通过社会化渠道能够解决的文体设施,就不必单独设计和建造。

(3) 力求美观、创新,突出个性特色。企业文体设施本身就是企业文化的载体,因此应该和设计符号层的其他元素一样,既要美观大方,与周围环境和谐一致,又要力求创新,充分体现企业个性。德国汉尼尔公司为了提高公司文化品位,购买了大量名画,把公司的走廊和办公室布置得像精品画廊,大大节省了空间。

对于一些大型的文化设施设计,如俱乐部、影剧院、文化宫、体育馆等,应进行公开招标,由资质等级较高的设计单位参加设计。这些文体场馆必须严格遵守安全、消防等要求,特别是要预留足够的安全通道,防止造成员工和顾客群死群伤的恶性事件。

二、企业业余文化体育活动设计

企业业余文化体育活动,是指利用工余时间组织员工开展的群众性文艺活动和体育健身活动。

有些企业片面认为企业文化建设就是开展一些文体活动,反而忽视了核心价值观、企业精神等更重要的企业文化要素,这显然是不对的。实践证明,有组织地开展群众性文化体育活动,不仅是丰富员工业余生活的主要手段,而且有利于增强员工对群体的认同,使企业精神、企业作风在喜闻乐见的形式中传承和弘扬,增强对企业的认同感和归属感。因此,业余文体活动是企业文化理念层的重要载体,也是进行企业文化建设的重要途径。

业余文体活动,按照不同的分类依据,可以分为强制性和非强制性、经常性和偶发性、定期和不定期、娱乐性和竞赛性、参与性和观赏性等许多类别。娱乐性的活动重在参与,寓教于乐;竞赛性的活动则往往以集体为单位,突出团队精神和集体荣誉感。

在我国企业中,常见的业余文体活动有演讲比赛、知识竞赛、歌咏比赛(卡拉OK大赛)、文艺汇演(晚会)、交谊舞会、书画摄影比赛(展览)、游园、休闲、运动会、集体长跑、球类比赛、登山、棋牌、健美操、广播体操等。

例如,"企业文化知识竞赛"是促进员工理解和贯彻企业文化的很好形式。文艺汇演中的小品、三句半、朗诵等节目往往由员工自编自演,内容贴近大家的工作和生活,容易引起共鸣,潜移默化传播企业理念。书画摄影比赛可以展示员工书画水平和综合修养,引导和鼓励员工追求真善美。演讲比赛的内容往往是阐述企业理念、分享成长心得、赞扬好人好事,是员工进行自我企业文化教育的有效方式。又如,登山比赛既鼓励员工不断攀登、努力进取,又促使他们接近大自然、热爱大自然。

三、业余文体活动的设计原则

设计业余文体活动,就是确定活动的具体形式、周期、规模并形成职工业余文体活动的体系。设计时必须坚持下述主要原则。

(1)有益员工身心健康。这是企业设计业余文体活动应始终坚持的原则。例如,沙漠穿越、江河漂流、攀登雪山等较危险的活动,最好不要组织;而带有赌博性质或内容低俗的活动,更是坚决不允许的。

(2)有利企业经营管理。这也是企业开展所有业余活动都应坚持的原则,要求企业的业余活动要从实际出发。一方面不要过于频繁,以免员工在这些业余活动上花费太多精力而影响工作;另一方面,最好选择一些员工喜闻乐见、与企业相关性较大的活动,如促进团队建设的集体项目、促进员工学习提高的知识竞赛。

(3)有助企业文化建设。作为企业文化符号层的一个组成部分,业余文体活动要能够促进员工对企业文化理念层、制度行为层和符号层的理解、认同和贯彻,使整个企业文化成为一个和谐的系统。有些企业发动和支持职工组建艺术团、剧社、秧歌队、锣鼓队、国标舞队、书画协会、摄影协会等业余组织,对企业文化建设起到了很大促进作用。

第五节 企业文化传播网络设计

企业文化传播网络与符号层的其他载体相比,具有更突出的传播功能。传播网络主要有两种形式:一种是正式网络,如企业创办的报刊、闭路电视、有限广播、宣传栏、网站等;另一种是非正式网络,如企业内部非正式团体的交流、小道消息。全面的企业文化传播网络设计,包括对前者的建立和维护,以及对后者的调控和引导。

下面,主要介绍企业文化正式传播网络的设计要求和方法。

一、企业报刊设计

企业报刊又称厂报、厂刊,是企业自行创办的内部报纸或刊物。企业报刊一般不是公开出版物,发行范围主要限于企业内部,少数也发送到公共关系者(如顾客、合作者、政府、新闻界),因此也称内刊。

1. 企业报刊分类

按照报刊形式可分为期刊和报纸两种类型,如华为技术有限公司的《华为文摘》和《华为人报》就分属这两类。

按照内容可分为综合性报刊和专门性报刊,如长虹集团的内刊《长虹》、河北衡水电机厂的《猛牛周报》为前者,而联想集团的《超越》以企业文化为主要内容,就属于后者。

按照出版时间可分为定期报刊和不定期报刊,定期的报刊具有固定编印发行周期,按周期长短又可分为日刊、周刊、半月刊、月刊、双月刊、季刊等。

按照批准创办的机关不同而分为内部正式报刊和非正式报刊。经过新闻主管机关批准、有内部报刊准印证的为正式报刊,如《华为人报》;而非正式报刊未经新闻主管机关批准、无内部报刊准印证,如《华为文摘》。

2. 企业报刊的内容设计

文以载道。企业报刊的类型、形式、出版周期、印刷质量等固然重要,但内容更加重要。内容是企业报刊的质量,特色是企业报刊的生命。

企业报刊内容应坚持:①符合党和国家的路线、方针、政策,遵守法律法规,体现"二为"方向和"双百"方针;②充分反映企业理念的要求,努力服从和服务于企业经营管理这一中心工作,体现企业个性和特色;③坚持群众办报办刊原则,立足广大员工,照顾不同员工的素质和需要,做到引导员工与满足员工相统一。为此,企业报刊不但需要熟悉报刊业务的编辑人员,而且应吸收普通员工担任兼职记者、通讯员,扩大稿源。

报纸与刊物在内容组织上有不同特点:报纸及时性强但容量小,因此文章应短小精悍;而刊物虽然周期较长,但容量大,适合刊登一些有深度的文章。综合性报刊通常包含以下内容:①企业生产经营管理的重大事件,企业重要政策、方针、决定,以及企业主要领导的重要讲话;②企业各方面、各部门工作的报道和介绍;③企业人物报道和专访;④与企业有关的信息、经验、资料;⑤员工的工作体会、心得及作品;⑥企业公共关系活动。

3. 企业报刊的版式设计

版式设计即报刊的版面安排、栏目设置。要坚持形式服从内容,坚持从企业实际出发,以更好地服务经营管理工作、服务员工需要、服务企业文化建设。在一段时间内,版式一般应保持相同风格(图 8-14、图 8-15)。

二、企业网站设计

随着互联网的广泛应用,许多企业建立自己的网站,使企业文化传播网络家族增添了一名新成员。

1. 企业网站的作用

企业网站可以只供内部使用,又可面向企业外部的所有网络用户。

卓越之声

卓越企业创办 总第33期

本期导读

我公司2002年再创佳绩

利税均列全行业第一名

卓越文化的成功

第二条生产线进入试运行

强强合作共谋欧洲市场

何九任副总裁

AB

简讯

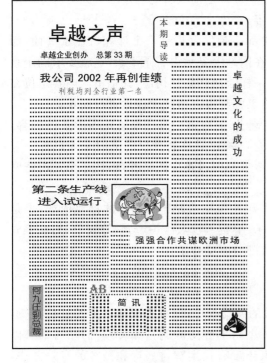

图 8-14 企业报纸第一版
（卓越企业案例）

好书推荐《文化管理》

清华大学经管学院张德教授和吴剑平博士合著《文化管理——对科学管理的超越》，是继《企业文化与CI策划》之后的另一部力作。该书由清华大学出版社2009年出版。

文化管理是20世纪80年代兴起的一种新的管理思想、管理学说和管理模式，是继经验管理、科学管理之后企业管理发展的一个新阶段。文化管理模式是把组织文化建设作为管理中心工作的管理模式。随着知识经济的发展，文化管理的实践方兴未艾。

本书从研究文化管理的理论假说出发，深刻揭示了组织管理的内在客观规律，阐明了文化管理的主要矛盾、核心竞争力、性质、管理原则、管理职能以及应用范围，首次建立了完整的文化管理理论体系，并阐明了文化管理

ZYQY 卓越之道 5

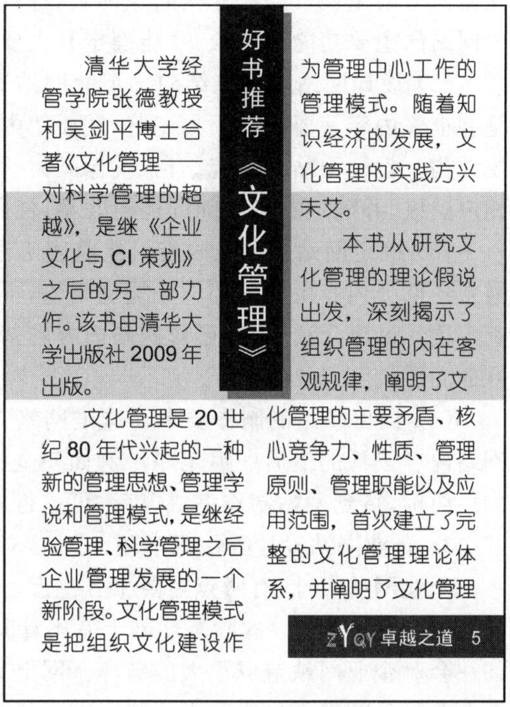

图 8-15 企业刊物内页
（卓越企业案例）

企业网站不但可以分别实现企业报刊、广播、电视、宣传栏、广告牌等传统传播网络的全部功能，而且可以克服它们的缺陷、综合其优点。例如，视频新闻就是把闭路电视新闻节目转换为数字信号通过网站在计算机上播出，其图像、音响效果都不比电视逊色，并且可随时观看。同时，通过网站不但可以开办企业网络刊物，还可以通过办公信息自动化系统开设聊天室、公告栏、广告牌、通知栏、建议箱等。例如，杰克·纳赛尔（Jacques Nasser）在担任美国福特汽车公司执行总裁期间，坚持每周五下午5时通过计算机网络以聊天的方式向员工描述和讲授公司的经营新方法等，加强管理层与员工的沟通，传播公司的经营理念。

网站具有信息传播快、不受时空限制、信息容量大、交互式、节省纸张等优点，因而有越来越多的中国企业开始重视这一新的企业文化传播形式，以代替部分或全部的传统传播形式。企业网站的开通，无疑促使企业文化的传播方式发生了质的变化。

2. 企业网站的设计方法

设计企业网站，首先是内容层面的设计，其次才是技术层面的设计。技术层面的设计和制作，通常委托专门的网络工程师（或者专业公司）来完成。相比之下，网站内容的设计和维护则更为关键。下面重点介绍网站内容的设计。

（1）界定网站的主要功能。网站主要针对外部网络用户，企业内部用户，还是两者兼顾？以企业宣传和形象展示为主要目的，还是以介绍产品和服务为主要目的，抑或以员工

交流沟通为主要目的？这些问题都是在网站内容设计之前应首先确定的。只有首先确定了网站的主要功能和对象，才能确定其主要内容。

（2）设计网站的系统结构。企业网站通常都不是仅仅只有一个计算机显示页面，而是有很多内容。要便于用户浏览，就要使内容在网站上显示得有条不紊，这就要求确定系统结构。设计网站的系统结构，就像画树状图一样绘制网络结构图，并把不同内容定位在相应层级，并确定它们之间的逻辑联系，使网络工程师可以清楚无误地进行制作。

（3）确定网站的具体内容。在前述工作基础上，需要进一步详细确定各项具体内容。通常各部分内容由相关部门先提交草稿，再由企业领导层及其授权的部门和人员逐一审查定稿。健康合法，当然是对网站内容的基本要求。同时还应图文并茂，切忌全是密密麻麻的文字。

（4）提出网站的制作要求。这是网络工程师进行技术设计和制作的重要依据，也是网站内容设计的最后一道工序。例如安全、显示、链接、兼容、维护、动画等要求，如不事先加以明确，待到网站制作完成以后，再进行修改既费时又费工。

3. 企业网站设计的注意事项

企业网站设计，有两点需要十分注意。

（1）网络安全。国际互联网上有不计其数的网络病毒，而且愈演愈烈的趋势，它们往往会对企业网站造成很大的破坏。网上另一个防不胜防的就是黑客，它们随时都可以对企业网站的安全构成巨大威胁。由于科学家还没有找到对付病毒和黑客的有效办法，因此在设计制作面向互联网公众的企业网站时，必须高度重视网络安全问题。为降低病毒和黑客破坏造成的损失，建议企业商业机密尽量不要与网站链接，而且各种资料也要随时进行备份。

（2）网络维护。网络的特点就是信息传递速度快，而有些企业网站不重视维护，数据、资料陈旧，大大降低了网站的价值。为此，企业除了要指定部门和专人进行网站维护、更新，在设计时就应充分考虑维护的要求，使有关人员可以方便地进行维护操作。

4. 企业微博、微信的开设与应用

微博（Weibo）是微型博客（MicroBlog）的简称，意思是一句话博客，它是一种通过关注机制分享简短实时信息的广播式社交网络平台。微博用户可通过 WEB、WAP 等各种客户端组建个人社区，以不超过 140 字（含标点符号）更新信息，并实现即时分享。

推特网（Twitter）在世界上最早推出微博。在中国，微博从 2007 年开始推出，并在 2010 年以后迎来大发展，特别是手机微博用户快速增加。

企业微博是指企业在微博中开设的"官方"账号。例如，Twitter 开设了"品牌频道"，供企业在其中构建品牌页面并组建各种小组，向用户发送各种促销和活动信息。由于具有信息发布及时、互动性强等特点，企业微博不仅拓展了网络营销的新渠道，而且成为传播企业文化的新途径。2009 年欧莱雅在新浪开通官方微博，将一年一度的"欧莱雅媒体风尚大奖赛"全程直播，吸引了大批用户。

在快速发展的信息化进程中，开通和维护企业微博成为重要趋势。开设企业微博，可以利用现有的网络平台，并指定相关部门和专人进行维护，严格依法依规进行管理，保证企业信息和文化理念及时更新、有效传播。

2011年,腾讯推出微信(Wechat)这一社交信息平台,2013年11月注册用户数突破6亿,成为亚洲拥有最大用户群体的移动即时通信软件。随着微信支付宝、微信商场的开发,用户只要通过微信平台,就可以享受到商品查询、选购、体验、互动、订购与支付的线上线下一体化服务。由于快速发展,微信继微博之后成为信息化条件下企业文化传播的重要载体。

三、企业广播电视设计

企业的广播电视是指按照有关规定或经上级主管部门批准,企业自行开办的有线广播、闭路电视。它们是企业正式文化传播网络的重要渠道,与报刊相比,信息传播及时、内容更加丰富,但办好的难度也更大,因此一般适用于大型企业。

1. 有线广播和闭路电视的技术特点

企业广播按照信号传输方式,可分为有线广播和无线广播。有线广播技术要求低、投入少、见效快。按照节目制作方式,可分为录播和直播两类,直播对设备和播音人员的要求均较高。按照播出时间,还可分为定时和不定时广播,等等。

企业电视目前都是闭路有限电视节目。开办电视节目,从技术设备、编播制作人员、经费投入等方面都远远大于其他文化网络类型,而且办出优秀节目十分不易。

2. 有线广播和闭路电视的内容设计

企业广播、电视的节目一般分为两大板块:一个板块是娱乐节目,例如厂广播站在员工休息时播出的音乐,闭路电视播放的影视剧。另一个板块是新闻板块,主要是报道、播发企业内外的新闻,人物介绍,事件追踪等。从企业文化和企业形象的角度来看,新闻板块是直接的文化传播途径,而娱乐节目是企业文化的间接传播途径。无论是什么节目,企业都坚持以高尚精神鼓舞人、以科学理论武装人、以正确舆论引导人、以优秀典型鼓舞人。

四、企业员工手册设计

员工手册是由企业印制的、员工人手必备的日常工作资料。

1. 员工手册的主要内容

(1) 企业概况。关于本企业的发展历程、基本现状、组织机构、业务领域等的简要介绍。

(2) 企业文化。主要是介绍和阐述企业理念以及企业文化的主要特点。

(3) 员工行为规范。即企业对员工在仪表仪容、岗位纪律、工作程序、待人接物、环卫与安全、素质修养等方面的要求。

(4) 与员工有关的其他各项政策、制度和规定。例如薪酬、劳保、福利、培训、职业发展等方面的规定,就是手册中不可缺少的内容。

2. 员工手册的设计要求

(1) 反映企业文化。一名员工是否真正融入了企业,关键在于是否融入了该企业的文化。因此,必须把企业文化作为员工手册最重要的内容之一,让每名员工从中了解和理解企业文化,并最终自觉用企业文化指导自己的行为。从这个意义上讲,员工手册就是一本企业文化手册。

(2) 内容充实详细。员工手册可以说是广大员工在企业工作生活的指南,因此凡涉及全体员工的有关情况、规定和要求,都应尽可能收录其中。有的企业员工手册,多达数百页。员工与企业的关系是双向的,充实详细的员工手册也是对员工知情权的尊重。

(3) 方便携带查阅。一是指内容方面,要求编排结构清晰、叙述清楚简明、文字准确易懂;二是指形式方面,要求版式设计合理、装帧美观大方、印刷字迹清楚,即内容与形式相统一。有的企业用小开本(如32开)来制作员工手册,像口袋书,以方便员工随身携带。

(4) 及时补充更新。任何企业的员工手册,编印工作都不可能一劳永逸。随着企业发展,及时将新要求新内容增加进去,将陈旧内容进行删除或更新,是十分必要的。

复习题

1. 企业标识的四个基本要素是什么?它们各有什么作用?
2. 请分别说出企业标志与标准字的设计原则?
3. 设计企业自然环境与建筑布局,有哪几个层次的目标?
4. 进行企业旗帜设计时,可以从哪几个方面体现企业文化的个性?
5. 企业的文化体育活动与企业文化是什么关系?企业开展文体活动应坚持哪些原则?
6. 企业文化传播网络的主要形式有哪几种?试比较它们各自的优缺点。

思考题

1. 哪家企业的标志给你留下的印象最深?该企业标志的主要特点是什么?
2. 新科技革命加快了人类社会的信息化进程,这会对企业文化符号层的设计带来哪些影响?
3. 你现在要代表公司参加一个全国性的企业文化交流会,如果只给你3分钟的发言时间,你准备介绍公司文化的哪些内容?

案例分析

宇通客车的身份识别战略

郑州宇通客车股份有限公司(以下简称宇通客车)位于郑州宇通工业园,稳定日产整车达210台,已发展成为世界规模最大、工艺技术条件最先进的大中型客车生产基地,也是国内客车行业第一家上市公司。目前,宇通已形成了6米至25米,覆盖公路客运、旅游、公交、团体、专用客车等各个细分市场,普档、中档、高档等产品档次的完整产品链,已远销古巴,俄罗斯,伊朗,沙特以及中国香港、澳门特区等海外市场。

一、宇通 CI 体系构成

1. 企业理念（MI）识别系统

（1）企业理念——以客户为中心，以员工为中心。以客户为中心是敏锐洞察和深入挖掘客户本质的、潜在的需求，实现对客户需求的主动适应和有效引导；以员工为中心，笃行人性化管理，最大化地调动员工积极性、主动性和创造性。

（2）企业愿景——巩固中国客车第一品牌，成为国际客车主流供应商。宇通客车能从小公司发展到行业内第一，其成功的关键是紧紧抓住"市场"和深化改革那个准心。宇通客车对内不断进行供应链整合和流程再造，提高自己的实力和竞争力，对外实施稳健的国际化战略。

（3）企业使命——与合作伙伴共赢、为客户创造价值、造福社会、富裕员工、回馈股东。宇通客车作为亚洲最大客车制造基地，其自身发展牵涉到上下游企业、客户、员工、投资者，因此宇通时刻铭记自己肩负的责任和道义。

2. 企业行为（BI）识别系统

宇通以经营理念为基本出发点，对内建立完善的组织制度、管理规范、职员教育、行为规范和福利制度，对外开拓市场调查，进行产品开发，透过社会公益文化活动、公共关系、营销活动等方式来传达企业理念，以获得社会公众对企业的识别认同。宇通遵循的组织建设原则有以下 4 点。

（1）规范化管理：不断提升制度化、流程化和精细化水平。

（2）规范与创新结合：以规范完善创新机制，以创新提升规范水平。

（3）责权利统一：依法落实并履行责任，依法授予并行使职权，依法创造并分配利益，实现人尽其才，才尽其用。

（4）法理情相谐："法"为本，以完备的制度规范行为；"理"为核，以公平、公正、廉洁的管理净化环境；"情"为魂，以人性化的关爱凝聚人心。

图 8-16　宇通集团标识

3. 企业视觉（VI）识别系统

图 8-16 为宇通客车企业文化标识——CI 中的 VI 部分。标志的造型由三个半圆弧组成，有着三层含义：

（1）象征着宇通如冉冉升起的太阳，充满了生机活力；

（2）好似一个滚滚向前的车轮，宇通客车行驶在天地之间；

（3）圆具有扩散性，象征着宇通客车不安于现状，追求卓越、勇于开拓进取的精神。

公司采用蓝色作为标准色,以象征宇通客车先进的技术和严谨的管理,体现着以科技创造价值和科学决策、依法治企的核心经营理念。宇通客车几乎对其所有项目都进行了VI设计,使用标志字,大到宇通大厦,小到信纸、客车玻璃窗花都使用统一的视觉形象。

宇通客车于1997年率先在行业内导入CIS战略,并在之后十年的发展过程中,不断地追求卓越和创新,分阶段、有策略地进行业务调整和战略布局,形成了具有"宇通印记"的CIS战略。其中宇通的CI模块中的MI、BI部分,都以日本丰田汽车为榜样,坚持企业理念、文化、质量意识与企业生产经营的完美结合,如精益生产、质量管理、6S等,包括"为客户创造更大价值"等理念都很好地贯穿于企业的各种运作活动中。如果说一个企业的发展壮大,拼的是自己的内功,那么MI、BI就是内家功夫的外在表现形式。理念指导生产经营实践才有了今天发展壮大的宇通,而BI部分,有了企业规章制度的规范,在全体员工中树立了质量意识,才是产能提升、质量提高的保证。宇通在VI的应用和实施方面已经做得比较到位,车身结构设计以及色彩的使用等,都表现出相当深厚的文化和技术底蕴。

二、对宇通客车CI战略的调查研究

为了调查宇通客车CI战略的实际效果以及品牌影响力,我们特地进行了现场调研。客车行业是一个受到地方政府保护的行业,因此我们把取样地区设定在河南省境内,这样获得的数据更有代表性。现场调研的形式是问卷调查,具体内容见表8-5。此次调查共发放问卷500份,回收468分,其中有效问卷439份,有效率87.8%。

表8-5 宇通客车市场调查问卷表

问 题	典型回答1	所占比例	典型回答2	所占比例
1. 教育程度	本科	71.43%	硕士	26.19%
2. 职业	学生	61.9%	国企员工	26.19%
3. 您知道宇通客车股份有限公司吗?	听说过	83.33%	不知道、很了解	各7.14%
4. 您熟悉宇通客车的最重要的原因	市场占有率	45.24%	家乡的品牌	19.05%
5. 您知道宇通公司的企业标志吗?	不知道	45.24%	知道,但概念模糊	38.1%
6. 您知道宇通公司企业标志的含义吗?	不知道	100%	知道	
7. 您最熟悉的客车品牌有哪些?	宇通客车	88.1%	金龙客车	57.14%
8. 您知道宇通集团的英文名字吗?	知道	9.52%	不知道	90.48%
9. 您是否觉得宇通的英文名字适合其国际化战略?	是;不合适	4.57%	否;很好、不用变更	13.04%
10. 您平时注意观察宇通牌客车吗?比如车身设计、颜色、标志、型号	一般,偶尔会留意	59.52%	没注意过	35.71%
11. 您是否知道宇通产品型号的含义?如"ZK6120H"	不知道	85.71%	知道一部分	11.90%

续表

问题	典型回答1	所占比例	典型回答2	所占比例
12. 您是否觉得宇通客车车身标志的尺寸偏小？	说不清楚	45.24%	是的，一直是这种感觉	21.43%
13. 您是否觉得宇通客车产品名字过长、复杂？如"ZK7117HA"	是，复杂、看不懂	45.24%	说不清楚	35.71%
14. 您觉得是否有必要简化产品名称？	是，有必要	42.86%	说不清楚	23.81%
15. 如果举办宇通品牌推广活动，您愿意参与吗？	愿意	52.5%	看情况	23%

从上表中，我们可以得出几个关键信息：

(1) 社会公众是通过客车产品来认识、熟悉宇通客车的；

(2) 社会公众在一般情况下都是被动地接受信息；

(3) 宇通的品牌营销战略不够完善，存在盲区；

(4) 公众愿意参与企业举办的推广活动。

因此如何完善CI战略对于宇通未来的品牌建设和市场开拓有着重要的作用。

三、措施和建议

结合上述关键信息以及市场信息，可以对宇通客车的CI战略提出以下改进措施和建议：

(1) "推广"宇通品牌。据调查表8-5显示，大部分公众有参与品牌推广活动的意愿。此处的"品牌推广"活动的目标人群是非专业领域的社会公众，正是因为他们对客车产品的认识仅停留在表面，所以公司必须将自己的优势，如设计、生产、研发、维护等环节以及经营理念等深层次的精神文化展现给社会公众，使得他们全面客观地认识宇通客车，从而赢得这些非专业领域人群的认同，树立起良好的企业形象。

(2) 更改宇通现有的英文名称（YUTONG）。此次调查发现，居然有90%以上的社会公众（高学历人士）不知道宇通的英文名字，由此可见，"YUTONG"的传播力也远不及"宇通"二字，这显然是宇通客车品牌传播的盲区。而且从整体看，"YUTONG"音节长，不易读写，难以与本国、外国的文化、风俗形成共鸣，因此在文化层面，"YUTONG"不易深入人心，传达企业形象。本文认为宇通客车在遴选新的英文名字时，应采用组合字母，首选英文+拉丁字符。原因有二：①英语是国际通用语言，选择具有预示和启发性的单词作为企业名称无疑会增加企业的传播能力；②宇通目前的海外市场分布于南美、西亚等地，拉丁语在这些地区曾经较为普遍使用，而且拉丁语的内涵和历史不逊于英语，在外国主流文化中有一定的底蕴和沉淀。

(3) 对客车车身的logo尺寸进行放大。表8-5中的数据显示：约21%的受访者认为车身logo尺寸过小，与车的整体不协调，45%的受访者表示无法表达对现有logo的看法，笔者认为这说明宇通客车产品VI的设计不够完善，不能很好地传达自己的品牌。对宇通客车车身的尺寸进行放大设计，具有两个好处：①在行驶中或静止状态下，能够扩大识别距离，可以由原来的3米延伸至10米，甚至更远，企业身份识别的效果可以提升。

②有利于更明确地树立宇通——中国客车行业龙头的企业形象,宇通不仅规模大、销量大、品牌价值高,如果其产品 logo 尺寸也进行放大,这样就能与其在客户心目中的形象相吻合。

(4) 简化产品命名原则。宇通客车现行的命名原则是"ZK+6+车身长度+序列号+发动机配置参数+随机参数",其中"ZK"是"郑州客车厂"(宇通客车前身)的拼音简称,6 是国家规定,代表客车。以现在公司最畅销的一种车型为例:"ZK6799H"表示该款车长 7.9 米,9 是该产品序列号,H 代表发动机后置,车型名称往往出现在客车尾部。显然,这种产品命名原则过于复杂(由表 8-5 中的数据可知,接近 50%的受访者也有着相同的看法),导致车型名称太长,不易识别。应考虑对名称做简化处理,对每一客车产品系列用统一的名称,可以参考德国汽车厂商奥迪、宝马的产品命名规则。比如,奥迪 A 系列,包括 A1,A4,A6,A8;宝马 X 系列包括 X1,X3,X5,X6 等几种主要车型。

(根据范奇伟、曾春媛等《浅谈企业身份识别战略——以宇通客车公司为例》一文编写,原载《中国商贸》2013 年 4 月)

讨论题

1. 宇通客车的标识设计有哪些优点和不足?
2. 假如你是宇通客车的主要负责人,拟如何处理本文提出的改进措施和建议?
3. 如果你正参与创办一家从事生物芯片检测的专业公司,请试着设计公司标识的四个基本要素并说明理由。

第九章 企业文化建设的体制机制

本章学习目标
1. 了解企业文化建设的领导体制
2. 了解企业文化建设的组织系统和职能部门
3. 掌握企业文化建设计划的编制方法
4. 掌握企业文化建设的主要措施
5. 掌握企业文化建设考核与奖励的方法

企业文化的实施是一个使之被全员认同和内化的过程,好比《孙子兵法》讲的"令民与上同意"。为此,必须建立健全企业文化建设的组织领导体制和实施机制。

第一节 企业文化建设的领导体制

企业文化的实施,主要包括构建领导体制、设置组织机构、配置人员、计划、组织、考核、奖惩7个环节(图9-1)。本节首先介绍企业文化建设的领导体制和领导方法。

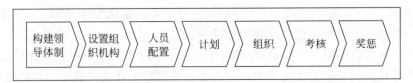

图9-1 企业文化的管理与实施主要环节

一、构建领导体制

企业文化建设,是一个破旧立新的过程。建立必要的领导体制,就是在思想上吹响文化变革的冲锋号,在组织上建立文化变革的团队,并在企业中营造一个适合文化变革的氛围。

1. 建立企业文化建设的领导团队

作为变革发起者的企业最高领导者,其最主要工作就是要组建文化变革的领导团队。

这个团队刚开始可能只有几个人,随着变革工作的展开,领导者要有意识地对其进行充实,除了最高领导群体外,还应包括企业中层管理人员和非正式管理者,以形成科特所说的领导联盟。

组建企业文化领导小组尤为重要。一般来讲,领导小组的成员和职责如下。

(1) 领导小组组成人员:组长(董事长、总经理或党委书记),副组长(副总经理、党委副书记或企业文化部部长),组员(总经理办公室、人力资源部、事业发展部、公共关系部、财务部等部门负责人);

(2) 领导小组的职责:计划、指挥、组织和协调人、财、物、时间、信息等资源,对企业文化的实施进行全员、全方位、全过程的领导和管理。

2. 设立企业文化建设的专职部门

企业文化建设是一个长期渐进、动态完善的过程,领导小组作为一个决策和协调机构,无法承担其具体实施的职能。因此,还应设立企业文化的常设执行机构。

这个机构可以由总经理办公室或人力资源部兼做。在国有企业,还可以改组和加强党委宣传部或设立企业文化部门,作为领导小组的常设执行机构,担当企业文化建设的重任。为此,可以采取"一套人马、两块牌子"的做法,即在党委体系中它是宣传部,承担宣传思想工作;同时在行政体系中又是企业文化部门,协调落实企业文化建设与变革。这样既保证了党委对企业文化工作的核心领导地位,又可避免重复设立机构,导致组织臃肿。不过在企业文化部门的人员配置上,除了现有的宣传人才外,还应该增加一些熟悉企业生产经营和工作流程的人才。因为企业文化的实施不仅仅要触动人们的思想观念,更多的是引发企业在经营理念、管理模式、管理制度和行为规范等方面的建设和变革。

对于已经建立现代企业制度的股份公司,可以设立"企业文化中心"或"企业文化部",承担企业文化建设与实施的专门职能。

3. 构建全员参与的企业文化实施体系

企业文化涉及企业的各个方面,没有其他职能部门和各直线部门的配合和参与,建设与变革的实施工作寸步难行。所以,在领导小组的指挥下,由企业文化部牵头,工会、人事、宣传、行政、后勤、研发、营销、生产、财务、公关等部门密切配合,分工合作,形成有效的实施体系,才能推进企业文化建设的整个进程。

其中,工会具有维护职工权益、保障员工民主参与的职责,是企业文化建设的重要组成部分,应将其纳入企业文化建设体制中。工会要按照企业文化领导小组的统一部署,积极配合,大力协同,培养员工的主人翁责任感,着力提高企业的凝聚力、向心力。

同时,各个直线部门——各分公司、事业部、车间的主要领导者,都应承担起本部门企业文化建设的领导责任。这是搞好企业文化建设的根本基础和组织保证。

综上所述,只有充分调动各级各部门各方面的积极性和力量,明确彼此的分工与合作,才能真正实现企业文化建设的目的,形成文化建设的浓厚氛围,达到"随风潜入夜,润物细无声"的境界。

二、传递危机感

生于忧患,死于安乐。如果企业员工群体缺乏危机感和忧患意识,企业文化建设与变革的实施必然缺乏内部动力。因此,传递危机感是领导团队在企业文化实施中的重要任务。

1. 传递危机感的相关理论

系统科学理论表明,如果把企业文化看成是不断与外界环境发生作用的系统,则文化的变革可认为是该系统的演化。而系统内部有稳定性要求,它会对外来"干扰"产生自觉的抵抗。只有系统处于临界点时,各种涨落都很活跃,系统原有的结构才能丧失稳定性。由此,可以得出一个启示:企业文化建设与变革不能蛮干,要学会辨别系统演变的临界点,在该点上发力,可以事半功倍。否则,在临界点前使劲,就会受到系统本身抗干扰机制的阻碍。

罗宾斯的《组织行为学》指出,如果企业面临着危机的时刻,企业成员会积极地响应变革。这种危机状态可能包括财务困境、公司失去重要客户、竞争对手取得重大技术突破等。因此,企业文化变革要学会利用企业危机这个"临界点",变不利因素为有利因素。只有让员工认识到企业的危机,才能使他们产生焦虑感和不安定感,产生对原有文化的怀疑,从内心产生对变革的需求和动力。当年美国罗斯福总统就巧妙地利用了珍珠港事件,迅速呼唤起全国人民的反法西斯热情,使整个国家的战争机器在极短的时间内就高效运转起来。

2. 传递危机感的主要方法

企业文化的变革团队要善于发现、利用甚至创造危机状态,使企业接近系统演变的临界点,再对原有文化实施变革,便有"四两拨千斤"的效果。具体可以采取走出去、请进来的方法,例如组织员工到企业文化的先进单位参观、与最终用户座谈,请企业领导或专家宣讲外部市场竞争环境等渠道,让员工直接感知企业面临的危机和挑战。

企业在文化变革过程中,也需要保持一定的危机感。否则,企业在未来就会出现真正的危机。一般认为,企业的危机感和变革绩效存在以下关系:使企业员工保持一定的危机感,可以降低变革的阻力,提高变革的绩效。高于或低于这个点,都有可能出现变革绩效的下降。那么,这种危机感应该达到什么程度呢?科特教授的经验是:当公司的管理层中75%的人真正认识到企业目前的状态非改不可时,企业变革才能成功;低于这一比率,将会给随后的阶段带来问题。

三、保证时间

对于企业文化实施,领导团队最大的问题往往是时间投入不足。在整个实施阶段,领导团队要做许多工作,需要消耗大量时间和精力。尤其在早期,尚未建立起一个有效的变革领导团队,这时大部分工作是由少数几个人来完成的,特别是最高领导者。而领导者还有很多事情要做,会感觉到时间不够用,常常由于各种原因无法参加变革团队的工作,时间一长,就拖延变革进程。

时间投入不足的根本原因不是时间本身,而是领导者的认识问题以及自我管理问题。领导者并没有真正意识到企业文化变革是一场管理的质变,它将引发一场全面、深刻的组织变革,因而是一项长期艰巨的战略任务。如果领导团队没有认识到这一点,就会以为这不过是一次小变革,无须投入太多精力。

针对这种情况,可以采取一些积极措施来转变领导团队的观念:①组织领导群体加强学习,端正认识;②尽可能把企业在同一时间进行的其他变革,与企业文化实施整合在一起,不要各自为战;③改变领导风格,充分授权,相信别人可以做好他们的工作;④科学合理安排时间,集中精力,把宝贵的时间用在文化变革这项重要的工作上。

第二节 企业文化建设的支持系统

企业文化建设的支持系统,主要指信息传播、资源保障、舆论环境等必不可少的支撑要素。

一、建立传播网络

企业文化建设的组织实施,不仅需要建立领导体制和组织体系,而且还需要利用可能的媒介,建立起企业文化的传播网络。通过这个网络把企业价值观、愿景、精神、道德等理念层要素传达到全体员工,辐射到整个企业。

企业文化传播网络既要保证自上而下的信息畅通,还要保证自下而上和横向的信息畅通。根据上一章的内容,企业文化传播有多种途径和载体,可根据企业的情况和条件选择使用。在企业文化建设的实施过程中,宣传内容主要以介绍和引导为主,包括企业文化实施的重要意义、企业文化目标模式的内容、建设或变革的实施步骤等,其目的是培育员工的危机感,激发企业内生的文化建设原动力。

企业非正式传播渠道,也有助于建设优良的企业文化。通过全方位地引导,潜移默化地影响员工,改变他们的思维和行为习惯。在实施阶段,尤其要充分利用企业文化传播网络,大张旗鼓地宣传新文化,对内形成良好的学习氛围和变革态势,对外发出企业进行新文化建设的信号。

1. 对内宣传

(1)举办企业的文化展览,结合企业发展的历史,把企业优良传统的形成过程,以及典型的人和事,以照片、历史文件、报刊文章等形式,加以展示,使员工对本企业的文化传统有一个形象的了解。

(2)举行企业文化论坛、研讨会、座谈会,发动员工参加研讨,发表对企业文化内容、实施的感想及相关建议。

(3)利用企业网站、内部电视、报纸、刊物及宣传栏、黑板报等,进行企业文化建设的专题报道,开设专栏发表员工文章。

(4)构建多种沟通渠道,设立"直通信箱""直言制度"、微博、微信,促进管理层与员工之间的相互理解。

2. 对外宣传

(1)充分认识新闻媒体的作用,企业文化变革要制定好宣传方案,以免口径不一;

(2)加强企业公关,树立企业形象;

(3)扩大对外宣传的方式,比如新闻发布会,参加电视台及报纸专题访谈节目,都可以给企业文化造势。

二、设立专项基金

企业文化建设涉及面广、周期长,需要企业领导者和员工长期持续努力。为了能够顺利开展这项工作,有必要设立企业文化建设专项基金,或纳入企业年度预算,专款专用,保证企业文化建设顺利实施。

具体的财务预算由企业根据实际情况制定,下面仅列出一些参考项目:

（1）宣传费用:形象设计、公关费用、公益广告牌费用,新闻发布会费用,各种宣传手册、标语、条幅制作等费用。

（2）文化活动费用:关于文化建设的活动,如演讲比赛、征文、晚会、研讨会、团队建设、文体比赛等所需的费用和奖品。

（3）培训费用:培训教材费用、外请专家讲座费用、参观学习等费用。

（4）部门建设费用:人员配备、办公设备购买等费用。

三、营造变革氛围

在企业中进行文化建设,应营造一种适于变革的舆论氛围和心理气氛。如果一个企业长期畏惧变化、害怕新鲜事物,那么目标文化的实施阻力就很大。因此,首先要在企业中达成一个共识,就是要鼓励变革,不但允许犯错误,而且要允许有足够的时间来改正。

如何营造这种变革文化呢？可以从以下环节入手。

1. 营造创新氛围

要完善现有的创新激励制度,以一种积极的心态对待创新尝试和创新失败。对于员工创新要以鼓励为主,不要过多地批评。有意识地把员工的创新热情,从技术创新引向组织创新、文化创新、制度创新和管理创新,这样自然就会产生强大的内在动力。

2. 营造民主氛围

完善合理化建议制度,鼓励员工对文化变革的具体问题提出意见和建议。领导层要虚心听取员工的意见,广纳良言诤言,广集众智。对员工提出的问题要及时处理,及时反馈,从而营造出公开、坦诚的民主氛围。这对提高企业文化的认同度十分有益。

3. 营造学习氛围

提倡学习风气,鼓励员工主动学习,不断提高自身素质。为员工提供机会和条件,如设立助学金和奖学金制度,培育和激发员工的学习热情。加强学习型组织建设,培养企业组织学习的能力,鼓励员工以车间、科室、生产小组等为单位组织学习。员工认识提高了,企业文化建设与变革就会被大家所认同,这种自我学习的效果要胜过他人说教百倍。

4. 营造竞争氛围

通过引入竞争机制,打破员工的平均主义思想、老好人心态和等靠要心理。领导者要树立建设新文化的信心和决心,一方面,加强自身修养,带头转变观念和遵守行为规范;另一方面,对背离企业价值观、违反行为规范的不良行为给予坚决处罚。在全体员工面前展示领导者对企业文化建设的决心,倡导优胜劣汰的思想。

第三节　企业文化实施的人员保证

人是企业兴衰的决定因素,也是企业文化建设成败的决定因素。采取合理的人事政策,扩大和凝聚员工的共识,加强各级各类人员的培训,目的都是从人员上为企业文化实施提供保证。

一、人事政策

罗宾斯认为,企业文化一般要历经多年才能形成,它植根于企业员工的深层价值观中。它是一些相对稳定的要素,维系着原有文化的运作。主要包括:关于组织宗旨和经营理念的书面文件;组织的领导风格;员工甄选标准;过去的晋升制度;固定的组织形式;关于公司主要人物和事件的故事;组织常用的绩效评估标准;组织正式的结构等。管理者要进行文化变革比较困难。

其中,员工甄选和晋升制度会影响企业文化的变革。员工与企业的结合,往往是一种价值观的相互认同。当他们习惯了企业已有的环境,就会反对任何破坏这种平衡的力量。企业在选拔管理者时,往往会选择那些能够传承现有文化的人。可见,内部提升机制增强了企业的稳定性,减少了不确定性;同时,也强化了旧文化的顽固性,增加了文化实施和变革难度。要想保证企业文化的连续性,就要选择认同现有文化的接班人。同理,要想变革文化,也要从组织层面和人员层面入手。

对人事政策的调整和配置新人,是企业文化建设的关键一步。主要任务有三方面:①配置变革型人才。根据企业文化实施的难度、规模和工作需要,在企业文化部配置相应人员,力保他们成为文化变革或创建的中坚力量。②调整考核指标。在原有考核标准里,加入是否认同企业价值观、是否贯彻企业文化变革、是否在行动上率先示范、以身作则等内容,做不到这些,不予提拔。③理顺选拔机制。在对管理者的选拔任用上,建立公平竞争、择优录用的制度,通过科学的选拔程序,满足员工自我实现的愿望,创造出一种奋发向上的氛围,对企业文化建设的实施很有帮助。

二、凝聚共识

在企业文化实施阶段,领导者可能遇到两个问题:没有足够的同盟者,无法与员工达成共识。领导者首先要从自身找原因,例如:①可能是领导者过于自信,以为自己可以一呼百应,不需要寻求别人的帮助;②可能是领导者受传统思想的影响,认为企业文化是高层次的变革,普通员工根本不懂;③可能是领导者在宣传上投入不足。

同时,员工在认识上可能会有一些不到位。主要表现在以下两方面:一方面,员工对未知文化心存疑虑,对变革前景难以做出精确的描述和判断,容易产生对文化变革的消极观望心态。另一方面,员工的选择性信息加工,只听自己想听的,忽视对自己构成挑战的信息,从维护自身利益的角度去感知变革,按照自己的心理感受去接收和传播信息,会导致片面理解环境的变化或歪曲事实,难以接受新的价值观。

以上原因将导致核心价值观的群体化过程受阻,让企业领导者缺少帮助和支持,倍感挫折。最终,大大降低员工的工作热情和积极性,使文化实施进展缓慢,甚至只好放弃。

为使全体员工达成共识,可通过以下几方面来努力:①在实施开始前做好筹划,配置好满足变革需要的核心人才;②在实施过程中,积极寻找合作伙伴,尽可能扩大文化变革的领导团队;③充分认识到企业文化变革绝不是一两个人可以实现的,它必须要靠团队力量来完成;④加大对员工的培训力度,充分利用企业文化传播网络,通过演讲、授课、座谈、辩论、微博、微信等形式传播自己的变革理念;⑤领导者要带头遵守价值观和各项行为规范,以自己的实际行动来推动价值观的群体化,与更多的员工形成共识,争取更多的志同道合者。

三、全员培训

企业文化的落实需要员工的认同与配合。但员工因为受到惯性思维、传统情结和既得利益的影响,不会主动去接纳新文化。因此在实施阶段,需要由企业文化部在领导小组的统一部署下,会同有关部门,对全体员工进行系统培训和宣讲,让员工能够发自内心地认同和拥护新文化,真正理解新文化、接纳新文化、实践新文化。

在培训对象上可分高层领导、中层管理者和普通员工三个层次,时间安排上要先领导层,再中层,最后是基层员工。这是因为企业文化建设一般采取自上而下、层层推动的方式。

(1) 领导层研讨和共识。要在公司领导层内展开热烈讨论和深入学习,形成统一意志,为企业文化的实施打下坚实基础。

(2) 中层干部系统培训。这是实施阶段工作的重点。中层干部在企业中起着承上启下的作用,他们的认同与执行是整个企业文化实施成败的关键,所以要通过强有力的培训来取得他们的支持。对于拒绝新文化的人,在必要时候可以进行相应的人员调整。

(3) 普通员工培训宣讲。通过中层管理者和企业文化部的共同努力,使员工从内心认同新的价值观。要向全体员工宣讲新文化,组织部门内的培训和讨论,调动起员工的积极性,使其以主人翁的姿态参与到新文化的实施中来。

在培训前要编制培训手册,包括企业文化理念体系、员工行为规范、企业重要制度等,这是培训和自学的主要教材。可采取多种培训方式,比如教师授课、中层宣讲、员工自学、小组讨论、情景模拟以及到优秀企业参观访问等。最终目的是使大家心领神会,内化为个人的理念,外显为企业预期的行为。

第四节 企业文化建设的计划

企业文化建设是一场特殊的变革,其特殊性在于它要改变的不是有形的物,而是无形的思想,是一场思想的变革。因此,企业文化建设既有企业变革的共性,又有不同之处。掌握企业文化建设的内在规律,对安排每一步的工作十分重要。

制订和落实企业文化建设的计划,可以使整个建设工作有组织、有步骤地进行,避免不必要的弯路,克服实施的盲目性,增强针对性、实效性。

一、明确实施流程

制订企业文化建设计划,首先要了解企业文化的实施流程,明确实施的主要步骤。一般而言,企业文化实施过程应包括对现有文化的分析与诊断、文化设计、文化导入、实施变革、制度化、评估与反思、进一步深入等关键环节(图9-2)。

企业可以根据实际情况,增减相关步骤,制订切实可行的实施流程图,作为制订计划的一份蓝图。有这样一个实施框图后,就可以拟订具体实施计划了。

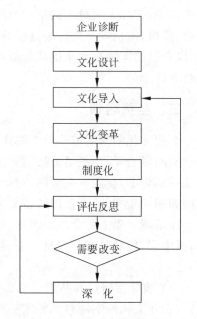

图 9-2 企业文化实施流程

二、确定实施原则

在计划当中,不仅要说明计划的具体步骤和工作安排,更为重要的是确定企业文化的实施原则,以便对日后工作进行指导。因为任何计划都难免或多或少地脱离实际,为了保证企业文化建设的一致性和连贯性,需要在制订实施计划时,确定一些指导性原则。

1. 系统性原则

企业文化建设的组织实施是一个系统工程。这包含两层含义:一是企业文化与企业战略、组织结构、人力资源等诸多方面共同构成企业管理体系;二是企业文化自身也是一个完整的系统。这两方面都要求企业文化的实施要系统思考、统筹协调,否则很难顺利推进。

因此,在计划制订过程中要注意把握系统性原则。在安排实施时,综合考虑各方面的条件和影响因素,才能使企业文化融入整个管理之中。在企业文化建设受阻时,这一原则会引导企业进行系统分析,寻找原因和对策。

2. 辩证性原则

企业文化建设是一种艺术,加强辩证思考,可以帮助企业把不利的因素转化为有利因素,把阻力转化成动力。因此,辩证性原则是企业文化实施的重要原则。领导者更要学会辩证思考,客观冷静地面对文化变革,从容应对各种意想不到的情况。

有时候,这种辩证性的思考,要求企业灵活变通。企业文化建设不可能一蹴而就,随着实施过程和企业发展,往往需要根据情况变化进行变通。如果完全按既定方案推行,往往造成刻舟求剑。通过实践来校正企业文化目标模式的设计和建设计划,是实事求是的态度。

3. 团队领导原则

彼得·圣吉在《变革之舞》中提出,领导是指塑造未来的能力,特别是持续不断进行必要变革的能力。他还指出,我们应该更关注领导者群体而非单个英雄式的领导人。企业任何重大变革,开始时总是一两位主要领导者操作,但要取得成功就必须成立一个领导联盟,并随着时间推移而不断壮大。企业文化的建设更是这样,它需要管理层形成共识、凝聚合力。因此,在制订企业文化建设计划时,需要研究如何使领导团队不断壮大,如何形成领导联盟,为企业文化实施造势。

4. 全员参与原则

员工在企业文化建设过程中,既是被改变的客体,也是变革的主体。领导团队要激发员工的主动性,变"要我改"为"我要改",才能取得实施的成功。这是企业文化建设的核心环节,是指导每一步工作的重要原则。在制订企业文化实施计划时,一定要始终坚持这条原则,并时时处处加以运用,这也是企业文化建设不同于其他一些改革的地方。没有广大员工主动参与的企业文化建设是没有生命力的,也是不可能成功的。

三、兼顾长期短期

企业文化建设是一个长期性工作,它的形成周期要长于一般企业改革,这一点上要有充分的思想准备。从世界各大公司企业文化变革的过程可以看到,即使是中型企业也需要4年的时间(表9-1)。这就要求企业制订一个长期计划,来指导短期工作。

表 9-1 企业文化变革所用时间

公 司 名 称	企 业 规 模	重大变革经历时间
通用电子公司	超大型	10 年
帝国化学工业公司		6 年
尼桑公司		6 年
施乐公司		7 年
银行信托投资公司	大型	8 年
芝加哥第一银行		10 年
英国航空公司		4 年
斯堪的纳维亚航空公司	中型	4 年
康纳格拉公司		4 年

(资料来源:刘光明. 企业文化[M]. 北京:经济管理出版社,2006.)

长期计划需要规划企业文化发展的主要阶段,以及每个主要阶段的工作策略和目标。比如,规划导入期的时间长度,变革期的主要策略,控制期的有力措施等。这些指导性的意见,需要得到领导团队的认可,才能很好地开展工作,保证政策的持续性和连贯性。

同时,为了更好地实施,企业文化建设还要有短期计划。每一主要阶段都要有明确的、详细的工作计划,把可能发生的情况都考虑到,以免出现问题时无所适从。在导入期,重点考虑如何使大家了解企业文化建设的内容和步骤,利用什么传播渠道,采取什么措施来宣传企业文化。在实施阶段,计划的内容主要是如何组建领导团队、如何设立组织机构、如何配备人才、如何制定考核奖惩机制、如何组织运作等。在控制阶段,要计划如何监督控制,如何保持和强化企业文化。企业文化部应根据实际制订较为详细的工作计划,及时向决策层汇报,得到主要领导者的支持,以便进一步开展工作。

制订计划不仅是为了指导工作,而且要与员工充分沟通,把进度安排告诉管理者和员工,让他们心中有数。这也是表明企业推进文化建设的决心,对员工具有促进作用。

第五节　企业文化建设的运作模式

企业文化实施阶段需要全面推进,进行自上而下的观念更新,健全企业制度体系、养成企业风俗,做好企业标识等符号层的设计与应用。总结国内外企业的实践经验,可以将企业文化建设的任务归纳为"四大工程",即价值观工程、行为工程、凝聚力工程和企业形象工程。它们相互联系、相互作用,其运作模式各有侧重。

一、价值观工程

实施价值观工程,目的是引导员工反省企业的价值观以及经营理念、管理方式和行为模式,从企业发展战略要求出发,理解企业提倡的价值理念,最终自觉地接受和拥护。这需要一个过程,可从以下三方面着手。

1. 树立共同愿景

通过开展演讲比赛、研讨会、征文比赛、领导宣讲等方式,让全体员工明确企业愿景目标、企业哲学和企业精神,启发员工结合企业愿景,来制订自己的发展目标。比如,最近有的企业举办"中国梦·企业梦·我的梦"主题活动,就收到很好的效果。

2. 贯彻经营理念

通过召开企业经营理念研讨会、辩论会、专家演讲等活动,引导员工以新的经营理念,检查现有工作,进行重新思考。与企业目标文化不相符的,要坚决予以纠正,与之相适应的要予以有力支持和加强。在企业内逐渐养成以企业倡导的经营理念作为一切工作的判断和取舍标准。引导员工特别是中层以上管理者,从经营理念出发,探讨如何改进现有管理体系、降低管理成本,如何提高市场意识、竞争意识、服务意识,加强自律。

3. 践行企业道德与作风

企业道德与作风的建设,可以通过一些活动和宣传典型人物事迹,弘扬优秀道德与作风。同时,针对企业中一些不良作风和道德问题,可以发动员工对正反两方面的案例进行讨论或辩论,对问题加强整改。工作作风与道德观不是一两天形成的,也不是短期可以改变的,需要长抓不懈。

在推进以上工作时,要用务实的态度作好务虚。组织全体员工进行讨论和剖析,引导员工抛弃落后观念,接纳先进思想,尽量使企业价值观具体化、形象化、人格化,不要流于形式。

二、行为工程

价值观要通过行为来表现,行为反过来影响价值观。实施行为工程,就是通过强化外在行为规范(《员工行为规范》等各种规范),使企业核心价值观不但内化于心、扎根思想深处,而且外化于行,成为员工的工作作风和自觉行为,从而巩固观念更新的成果。

在文化实施阶段,常常会遇到部分员工特别是中高层管理者的公开反对或消极抵抗,他们会找出一堆的理由说明建设新文化没有必要,根本不需要文化变革。这么做的原因很大程度上来源于他们的保守观念和念旧心理。

人们有时会有"叶公好龙"的心态:既积极地希望改善自己的现状,又有强烈的求稳心态,不喜欢有太多变化,害怕变革带来的不确定性。尤其是知道变革将给自己带来什么时,会有一种强烈的惰性。正所谓"人们并不害怕改变,只是害怕自己被改变"。这种保守观念会使他们不自觉地抵制变革。在我国全面深化改革的进程中,进一步推进企业改革和企业文化创新,必须打破人们的这种求稳怕变心理。

企业文化的实施过程是对企业历史和经验的再认识,那些不适应企业发展的文化将被抛弃。现有企业文化是长期形成的,凝聚着公司创业者和元老们的心血。企业存在时间越长,旧文化的沉淀就越深,员工对文化变革的阻力就越大。不管一项变革有多少优点,要员工忘掉这些沉淀总是有难度的。这也是为什么老企业比新企业面临的变革阻力更大,资深的管理人员比年轻管理者更加反对文化变革。一般来讲,最大的阻力往往来自于中高层的管理者,而不是普通员工,因为他们曾经努力营造过现有企业文化,排斥新文化也在情理之中。

为解决这个问题,可以采取以下措施:

(1) 对领导团队严格要求,要带头学习新文化,还要带头践行新文化,特别是第一把手的率先示范,往往发挥破局和引领的作用。

(2) 领导团队特别是基层领导者有责任向员工耐心解释企业文化建设的意义。要想让员工对文化建设有所贡献,就必须要让他们认识到工作的意义。否则,只会口头允诺,不会真心投入。

(3) 要加强沟通,增加决策透明度,让员工了解更多的信息,领导团队要利用各种机会,坦率地和员工探讨企业文化建设的内容和方式。

三、凝聚力工程

企业文化建设只有领导的重视是不够的,需要全体员工的积极参与。只有在参与过程中,员工才能自觉接纳新的文化。员工通过深度参与,感到新企业文化是来自于内心的需求和愿望,才能真正达到汇聚人心、增强凝聚力之目的。因此,在企业文化实施过程中,一定不要把员工看作被动接受的客体,而是企业文化建设的主体,通过各种形式吸引、组织、激励员工参与到企业文化建设中去。

凝聚力工程是推进企业文化建设的重要载体,主要包括:

(1) 健全员工民主参与机制,广泛深入群众、发动群众。进行调查了解,听取员工的心声。

(2) 开展丰富多彩的文化体育活动,活跃员工业余生活,增进员工联系和友谊。

(3) 领导以身作则,廉洁自律,采取有效的奖惩措施,约束领导的不良行为,推动领导作风和工作作风的改进,改善干群关系,实现上下同欲。

(4) 发现和宣传员工中的模范人物。通过宣传模范人物的先进事迹,实现企业文化的人格化,使得员工通过感性的方式来认识企业文化,理解企业追求的价值观和经营理念。

企业文化建设必将引发其他方面的变革,如经营模式的改变、组织机构调整、工作流程重组、薪酬体系改革等,这些都会打破现有的利益分配格局,产生权力和利益的重新分配。因此,都会影响到既得利益者的安全,给既得利益者带来不安,使他们担心现有的地位、权势、收入和福利等方面的好处会受到损失,从而容易产生恐慌和抗拒心理。

企业文化建设的本质就是破旧立新,在否定旧价值观、打破原有管理体制的同时,必然会使少部分人的利益受损,否则就不能称其为变革。只要领导者坚信所实施的企业文化是顺应时代潮流,符合企业长远利益和全体员工根本利益的,就要坚定不移地执行。

当然,企业不能漠视利益受损者,而要积极稳妥地应对,正确处理改革发展稳定的关系。具体操作时要注意几点:①从小事做起,逐步深入,积小胜为大胜。切忌过于急躁,一下子就触及大多数人的利益,制造障碍,要分而治之;②加强沟通,消除思想疑虑,增进领导者和员工的彼此信任。鼓励对企业文化建设进行公开讨论,让员工清楚企业文化建设的设想,树立长远眼光,让他们理解到短期的阵痛是为了企业今后更好地发展;③在进行利益调整时,要秉持公开、公平、公正原则,对事不对人,不能借此机会打击报复;④为保证实施进程,对某些关键人员有时还要适当妥协,给他们一点时间进行心理调适,逐步接受现实。

四、企业形象工程

企业文化建设的一个重要任务是外塑形象。

企业形象包括领导者形象、员工形象、产品形象、服务形象、环境形象等。这些组成部分相互关联、密不可分,不同角度给外界一个知觉冲击,形成多层次、全方位的企业形象。任何一部分的失误都会对企业形象造成损失。因此,要有计划、有体系地开展对外宣传和公关活动,让外界了解企业文化,提高企业的知名度和美誉度,增强企业的整体竞争能力。上海大众在继承基础上创新,提炼出以"追求卓越,永争第一"为核心价值观的卓越文化。2010年,为了继续巩固并保持在中国汽车市场的领先地位,上海大众进一步完善企业价值观体系,并启动"卓越企业形象"战略。"卓越企业形象"的战略目标,就是明确历史使命、立足未来发展,致力于打造企业在品牌、研发、技术、产品、市场、销售等方面的核心竞争能力,实现企业新的跨越。

企业应该看到,企业文化建设不可避免地要涉及一些社会问题。比如,股东、客户会对企业文化有所评价,公众和社会舆论也会有不同的理解,还有来源于政府以及上级公司的干扰等。为了解决外部干预,企业可以从以下几方面推进企业形象工程:

(1)在企业文化建设的整个过程中,都要通过文化传播网络积极向外界,特别是上级公司、政府部门和重要利益相关者宣传文化建设的意义、目的和动态,获得他们的理解和认同。

(2)用自身文化建设的阶段性成果去积极游说和推动上级公司的企业文化建设。如果能够从下而上引发上级公司的文化变革,阻力自然会消失。

(3)培养先进典型,用企业文化建设的实际效果来增强说服力、感召力,始终把握宣传舆论导向和主动权。

第六节 企业文化建设的考核与评估

企业文化建设和其他各项工作一样,如果只有一般号召,很难落到实处、取得实效。实行考核与评估,是促使企业各级管理人员和广大员工重视企业文化建设、推动目标文化实现的重要措施。

一、考核的必要性

在企业文化的实施阶段,人们常常发现一些员工,甚至企业领导者的实际行动与企业倡导的价值观并不一致,甚至背道而驰。有些领导者口口声声说要引进民主管理的企业文化,加强员工参与,可一到决策时就大搞"一言堂"。这种言行不一的做法将会严重损害企业领导团队的威信。

仅要求员工在思想和行为方面做好准备是不够的,企业文化建设关键在于领导者和领导团队。如果领导团队的信念模糊、言行不一,或者内部思想不统一,自然不会赢得员工的信任,也难以真正建立起新型文化。尤其是在企业文化实施还没有取得成效之前,领导者的威信和决心是员工信心的主要来源。

多数领导者在变革初期出现的言行不一,主要还是行为惰性问题。面对复杂的现实,人们往往会用习惯性思维来应对。而习惯不是一天形成,也不是一天可以改变的,对此一定要有心理准备。推进企业文化建设,需要领导者率先改变自己的行为规范、思维模式。

因此,有必要通过硬性措施来推进,考核就是手段之一。通过一些考核措施,可以达到约束行为、规范理念的作用:

(1) 通过考核可以改变员工行为。观念的转变可能需要一段时间,但一些行为的改变是可以具体考核的。尤其是对各单位主要负责人的考核,可以考察他们落实企业文化建设的力度和效果,并及时发现问题、解决问题,从而起到一定的督促作用。

(2) 通过考核可以明确奖惩对象。没有比较,就没有鉴别。企业文化建设也是如此,没有考核,就很难及时发现先进典型。通过考核,奖励企业内符合企业文化要求的先进员工,这对企业文化建设具有极大的促进作用。

(3) 通过考核可以表明企业变革的决心。制定考核制度本身就是向员工表明,企业进行企业文化建设的巨大决心,考核越严厉,表明企业越重视。当然考核应该重在鼓励,不要给员工制造恐惧感。

(4) 通过考核可以塑造长期行为。企业文化具有长期性,如果没有形成制度,很难使一种新理念得到认同并长期存在。因此,考核制度作为企业文化实施的重要一步,应当被很好地应用。

二、考核的制度化

随着企业文化深入实施,它将由突击性工作转变成经常性工作,企业文化部的工作也将从宣导、推动转变成组织与监控。企业文化建设实际上进入了一个制度化的阶段。这些制度主要包括企业文化建设考核制度、奖惩制度、传播制度、预算制度等,需要通盘考虑。

20世纪90年代,哈佛大学的卡普兰和诺顿提出了一种管理工具——综合平衡记分卡(the balanced scorecard)。它由财务、顾客、内部、革新与学习四方面内容构成(图9-3)。其中提到对员工的管理是企业的长期投资,它与企业经营状况一样重要,是强制考核的内容。企业文化建设正是相关内容,应纳入对各级管理者的考核体系中。

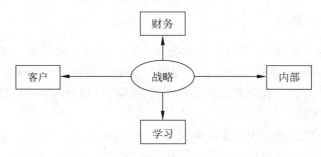

图9-3 综合平衡记分卡的考核内容

把企业文化考核制度化,目的是巩固企业文化建设成果,使之融入企业的生命,并形成新的文化沉淀。需要注意以下几点:

(1)目标具体。把相关考核内容进行目标细化,比如把企业文化宣传落实到培训次数,将培训评估后达到什么效果等描述出来,便于执行和考核,也可以把看似虚的工作落到实处。

(2)明确时限。考核要有时间为限,在规定时间完成规定任务,以保证企业文化建设的整体进度。有些部门由于工作繁忙,经常忽视这项看似不会给企业带来多少收益的工作,致使落在其他部门之后。这些人为滞后的因素,可以通过硬性考核来纠正。

(3)联系实际。考核要保证部门之间的平衡,同时,还要注意各部门和单位的实际情况,对于机构复杂、人员集中的单位要视情况安排进度和考核标准,具体问题具体分析。

(4)长抓不懈。考核工作可以由企划部或直接由企业文化部来长期执行,这也是现代考核制度的一个趋势,因为企业文化建设是对员工的塑造,是企业长远发展的基础。不能简单地认为只要大搞宣传,就高枕无忧了。

三、考核的全员化

通过企业文化的引导和实施,企业将初步建立起新的文化体系。理念层要素被大家所认知和理解,基本得到认同;企业制度和风俗基本成型,成为人们日常工作的一部分;企业标识等符号层也已设计完成,企业开始以全新的形象展现在员工、客户、社会面前。这时,企业文化建设就进入了巩固阶段,主要工作是总结经验教训,将成熟的做法通过制度加以巩固。而固化的最有效方法,就是将企业文化纳入全员考核体系。

可以根据企业实际情况,把各部门和员工贯彻企业文化建设的情况,纳入考核体系,给予一定的权重(如5%~10%)。通过日常的考评来提醒、督促员工遵守企业文化,奖励先进、督促落后,处罚个别严重违反企业核心价值观的行为。

企业文化体系建立以后,企业原有的传统观念和习惯势力不会很快消失。如果不加重视,企业文化会随着制度执行的松懈,而失去控制力,新文化将会逐渐被旧文化所腐蚀,最终导致前功尽弃。同时,社会上一些不良思潮和风气也会对员工产生影响。所以,对全员进行考核时,有必要建立企业文化的监督考查机制。这项工作可以由企业文化部来承担,定期对企业文化的情况进行监测(如每年开展一次企业文化问卷调查),发现偏差及时纠正。

第七节　企业文化建设的激励机制

要真正把目标文化模式内化为员工群体的文化认同和共识,实现文化自觉和自信,从而改变人们的价值观念、心智模式以及行为习惯,需要外力的引导和推动。对于员工群体和个体而言,激励就是行之有效的外力。

一、奖惩制度

制定奖惩制度,就是要引导和督促员工遵循企业文化,通过奖励肯定员工的好思想好行为,通过惩罚抑制、消除落后观念和不良行为。让企业文化建设进入考核指标,进入奖惩条例,使"软管理"硬化,使各级管理者把企业文化建设看成本职工作的一部分,其工作绩效同样会影响考核成绩,影响薪酬和奖罚,从而重视企业文化建设工作。

1. 奖惩制度与考核制度结合

将企业文化考核指标纳入全员考核体系,使之与员工的薪酬和激励挂钩,奖励先进,鞭策落后。奖惩制度是考核结果的运用,可以与考核制度一起设计和执行。要控制好权重,不宜选择大比例数,以免造成员工的不安心理,给企业文化建设带来负面影响。

2. 设立年度奖项,表彰先进分子

在企业已有奖项中,加入企业文化方面的奖励,既要有先进个人,也要有先进集体,在企业年度大会上进行表彰。评比要控制好一定比例,尤其是开始要保证评比效果,名额不宜过多,随着企业文化建设的进一步深入,再加大名额。

3. 设立专项基金,保持奖励的持续性

奖惩制度里可以设立专项基金,用于支持企业文化建设,特别是奖励先进单位和个人。这种奖励不一定是等评选结果出来后才支付的,而应当根据企业文化建设的需要,也可以进行不定期开支,重要的是控制过程,而非结果。

4. 设立特殊荣誉称号,鼓励先进集体和个人

根据企业实际,设立一些有意义的荣誉称号是奖励的一种好形式。这不仅可以给予员工奖励,还可以带来一种特殊感受。比如,微软公司设立的"盖茨总裁奖",会给获奖者带来一种特殊的受重视感。在中国的企业中,普遍采用年终评比等环节,奖励优秀员工、优秀管理者,包括企业文化先进个人、先进集体等。

二、适时奖励

应当认识到,企业文化系统有其固有稳定机制,当对其进行变革时,结构惯性就会成为一股反作用力。这种文化惯性是企业长期形成的,一个企业的过去越是成功,它的习惯认识就会越根深蒂固,难以改变。这种新旧文化之间的拉锯战将是长期、艰巨的,是一场"持久战"。正如列宁所说的:"千百万人的习惯势力是最可怕的。"这种长期性往往表现为一种阶段性,这就要求我们针对每个特定的阶段采取不同的措施。作为奖惩制度,也应分析这种阶段性的特点,在内容和时间上多加考虑。

(1) 企业文化变革是人理念上的变革,是一次思想教育。因此,多使用正面激励效果会好一些。奖励就是一种正面激励,而惩罚是一种负强化,它只适用于那些严重违反企业核心价值观的行为。奖惩制度要以奖为主是企业文化建设的特点,通过正面激励来培养企业文化,更能使企业理念深得人心。

(2) 实施奖惩的时间要有统一安排。既在不同阶段形成重点和亮点,又要保持一种连贯性,不能一段时间特别热,一段时间特别凉。奖惩制度是为了强化和保持企业文化的建设成果,因此要把各项奖励活动加以统筹协调,保持比较稳定的强化频率,不能太松,亦不能太紧。

(3) 在一定阶段,可以组织大规模的活动,扩大奖励制度的影响面。例如,当企业文化建设初战告捷时,举办"企业文化活动周",进行企业文化建设先进集体和先进个人的评比和表彰,大范围宣传先进事迹,有组织地开展学习活动。这时,可以给小部分持怀疑态度的人一次很好的说服,让大家心悦诚服,会进一步扩大企业文化建设的战果。

三、树立典型

人的行为改变主要来自模仿,因此榜样的力量是无穷的。企业文化建设更是如此,先进个人的行为具有很强的示范作用,可以成为员工学习的榜样。企业可以定期评选一些执行企业文化的先进集体和个人,给予精神和物质奖励。还可以选择群众基础好的企业文化代表人物,进行有意的培养和塑造,不断总结先进事迹,在时机成熟后推而广之。这些优秀人物会对企业文化建设起到很大的促进作用,是一个不可忽视的力量源。

中国平安保险公司把企业使命叙述为:"对客户负责:服务至上,诚信保障;对员工负责:生涯规划,安家乐业;对股东负责:稳定回报,资产增值;对社会负责:回馈社会,建设国家。"由此提出"诚实、信任、进取、成就"的核心价值观。那么,如何锻造平安精英文化呢?平安要求各级管理者首先成为精英。公司设立了"平安勋章""合理化建议奖",鼓励文化精英,并每年组织一次全系统的寿险高峰会,表彰文化精英,让业绩最佳的营销人员担任会议的"会长",主持这场自我教育、自我激励的活动。公司还成立了平安产险"明星俱乐部",鼓励产险业务员争当明星。

北京公交行业的售票员李素丽,不仅是公交行业的标兵,而且成为全国学习的劳动楷模。许多公司员工都争先恐后地前去学习,由于员工在车上太多,公司只好规定不得在工作时间上车学习。这种自发的学习精神,是行为改变的最好形式。如果企业本身就有崇尚先进的风气,那么塑造典型的做法就更不能缺少。

在评选先进典型时,切忌名不符实。员工之间最相互了解,来不得半点虚假,不能为了塑造典型而塑造,结果适得其反。

复习题

1. 企业文化的实施包括哪些具体步骤？
2. 应该如何配置企业文化建设的人员？企业文化实施应该遵循哪些原则？
3. 如何进行企业文化建设的规划？主要原则是什么？
4. 什么是企业价值观工程？
5. 何为企业形象？何为企业形象工程？
6. 如何组织企业文化建设工作？结合自身情况谈谈如何完成"价值观工程"。
7. 如何运用考核工具帮助建设企业文化？是否可以利用惩罚制度？如何用？

思考题

1. 你认为企业文化建设是否应该建立奖惩制度？
2. 如果让你制定企业文化建设考核体系，你会如何做？

案例分析

福特公司的文化建设

福特汽车公司发明了全世界第一辆汽车，至今已有近百年历史，拥有 34 万名员工，遍布全球 200 个国家。福特有着辉煌的发展历史，其 T 型车圆了无数美国人的汽车梦，是全球第二大汽车公司。福特是无数美国人最向往的工作对象，优厚的薪水使众多福特员工加入美国比较富有人群的行列。

创业初期，福特公司的代表产品是 T 型车。这部在全世界销售情况最好的小汽车创造了一段光彩的历史，也因此造就了福特汽车以生产为导向的企业文化。随后，福特汽车在全球各地逐步建立起了庞大的生产网络，但由于市场的高速膨胀，形成了各分公司各自为政的局面。由于日本汽车公司"低价高质"的强硬竞争态势，福特公司节节败退，市场占有率逐年降低。

面对危机，福特公司重整旗鼓，展开全面改造，通过裁员来降低成本，陆续开发多项产品质量改革项目。经过 20 世纪八九十年代的改革阵痛，福特公司重新振作起来，再次以注重品质、价格合理、注重经营市场确立自己的市场地位。同时，公司注意到在企业观念、文化上进行深层次改革的必要性，明确内部必须真诚合作，整体面向顾客，建立以顾客为导向的企业文化。

1998 年，为了确保这一目标的实现，董事会决定任命在澳大利亚生长、曾担任过欧洲区域总经理的纳瑟担任首席执行官。对这位已在福特工作 31 年、具有丰富海外工作经验的最高执行官，董事会赋予他的使命是：打破各分公司、各事业单位、各功能部门各自为政的势态，使福特成为一家真正注重顾客需求，团结统一的全球性公司。纳瑟是如何实现这一目标的呢?

福特新型企业文化的四要素是全球化理念、注重顾客需求、保持持续增长、向领先者学习。随后,公司制订实施了一系列改革培训计划,从高层管理人员开始,逐步推行新型企业文化,主要由四个部分组成。

第一部分:巅峰(capstone)课程

这是一个为期半年的学习过程,对象主要为高层次的管理人员。首先学员必须参加一个5天的密集训练。由高层主管主讲,体验团队建立的过程,讨论福特面对的危机和挑战,计划未来6个月的任务目标。

学员必须利用两个月的时间,通过各种方式讨论、分析和完成计划任务。在此过程中,学员有机会与讲师及模拟高层主管团队见一次面,讨论项目的困难和进度。

最后,学员再次参加一个密集训练,提出改革思路,团队成员之间进行分享、讨论和学习,尽快决定改革计划,并在一周之内执行。实际上,训练内容已被运用于福特公司后来的具体商业活动中。

第二部分:中层管理人员互动训练(business leader initiative)

部分类似于巅峰课程,但培训的对象已扩展到中层和基层主管人员,时间大约100天。首先,是3天的密集训练课程;其次,分配专项任务,运用100天的时间进行学员间的讨论、分享与制订发展改革计划;最后,再通过密集训练,讨论与确定改革计划。

整个训练有两个特点:其一,所有学员都必须在100天之内,参加半天的社区服务,主要是让这些未来的领导者除了了解福特所强调的"企业公民"精神外,也让他们感受到生活中有这么多更需要帮助的人,进而消除抱怨和不满。其二,以摄影录像的方式,记录"新福特"与"旧福特"的形象,认识新旧企业文化的差异。

第三部分:实习课程(executive partnering)

实习课程专为培养深具潜力的年轻经理人设立的。三位学员组成一个实习小组。每次,每个实习小组必须利用八周的训练时间与七位高层主管一起工作、开会、讨论和接待访问客户。面对一些企业经营问题,高层主管会请实习小组提出可行的解决方案,合适的方案会被选用并具体执行。对于实习者,这是一个绝佳的观察和学习机会,通过八周实际的实习课程,这些年轻主管不仅可以学习高层主管的思维特点,还可以实际直接了解公司的资源分配、长短期目标、企业目前存在的问题,以及决策过程等。

第四部分:公开商业对话(let us chat about the business)

时间由纳瑟自己安排,一般在每周五傍晚,他会发一封电子邮件给全世界大约10万名的福特员工,告诉员工自己的经营理念和思路,倡导员工针对邮件内容或企业经营提出任何观点和建议,员工可以直接发邮件给纳瑟,并进行深入探讨。

纳瑟认为,福特要建立顾客为导向的企业文化,必须让每一位员工了解企业的历史和经营过程,让员工懂得经营之道,共同参与到福特的伟大事业中来。因此,在电子邮件中,他会谈及全球的发展趋势、克莱斯勒与奔驰的合并事宜、福特的亚洲市场发展形势等,让员工了解高层主管的思路,与最高执行官一同推动企业发展。

纳瑟的电子邮件广受员工的好评,有效拉近了与员工的距离,获得许多宝贵的建议。

福特公司的企业文化改革和新型文化的建立,为福特公司面对激烈的汽车市场竞争赢得了优胜的地位,凝聚了全球福特员工,深得客户信赖,成为福特发展的长久动力。

(马力)

讨论题

1. 纳瑟上任以前福特公司面临的问题是什么?
2. 纳瑟的企业文化建设内容是什么?如何实现的?
3. 你对福特公司的成功有哪些看法?福特企业文化后续建设如何推进?

第十章 企业文化的实施艺术

本章学习目标
1. 熟悉企业文化实施中制度机制的建立过程
2. 掌握企业文化实施中制度、工作、人员的落实方法
3. 掌握企业文化的人格化方法
4. 掌握领导者的示范技巧
5. 掌握企业文化建设的情境强化艺术

很多企业管理者虽然认识到企业文化重要,很想抓好企业文化建设,但是抓不到点上,有劲使不出来,或者苦于方法不当,不得其门而入。因此,本章将重点介绍企业文化建设的实施方法和艺术,以帮助学习者更好地了解和掌握企业文化的实施规律。

第一节 软管理"硬"化

企业文化建设的一个普遍问题是表面化。很多企业满足于发倡议、喊口号,既没有对职工的教育培训,也不注意通过制度把企业文化落到实处。只重视企业文化理念层的建设,而缺乏制度行为层、符号层的支持、保障和辅助,企业理念往往成为空中楼阁。

一、制度要"硬"

所谓硬管理,就是建立规章制度,进行直接的外部监督以及行政命令等刚性管理措施,也包括采用计算机管理信息系统、人机监控系统等现代化的管理手段。所谓软管理,是指开展思想工作,培育共同价值观,树立良好企业风气,形成和谐的人际关系等柔性管理。企业文化是一种软管理,不同于其他管理手段,它的效果是通过业绩、企业氛围等方面间接反映出来的。

科学管理主要依靠硬管理,而文化管理则要求刚柔并济、软硬结合。用中国企业习惯的语言来说,就是要把管理工作与思想工作有机结合起来,变两张皮为一张皮。企业文化建设正是把软、硬管理两者结合起来的最佳方式。

在建设企业文化时,可以采取一些"硬"的制度作为辅助手段,帮助确立和巩固新型企业文化体系。群体价值观、规章制度都是企业文化的组成部分。制度和纪律是强制性的、硬的,但它们靠企业精神、靠共同价值观得到自觉的执行和遵守;企业精神、企业道德、企业风气是非强制性的、软的,但其形成的群体压力和心理环境对员工的推动力又是不可抗拒的、硬的。这种软环境的建立和维持,一点也离不开制度约束、奖惩强化等手段。

以一系列"硬"制度来规范员工行为,并不是一种惩罚工具,而是起到一种提示作用,是用纸面化的制度来宣传、倡导员工的某种行为。所谓软环境保证硬管理,硬环境强化软管理,这就是文化管理的辩证法。

二、机制要"硬"

健全而富于特色的制度行为层是企业文化的突出特点,各种制度构成了一个严密的管理机制,集中体现企业理念。机制与理念和谐地统一起来,可以成为企业成功的有力保障。

零售业巨人沃尔玛公司,就是一家把企业文化落到实处的公司。创始人山姆·沃尔顿提出"员工是合伙人"的企业口号,他说:"这些高技术的设备离开了我们合适的管理人员和为整个系统尽心尽力的员工,都是毫无价值的。"鼓励杰出员工,让他们成为企业真正的"合伙人",是沃尔玛公司的法宝。因为沃尔顿并没有把这一观点作为宣传用语,而是通过利润分享机制、雇员购股机制和损耗奖励机制三大机制加以落实。

1971年,山姆开始建立利润分享机制,他使每个在沃尔玛公司工作1年以上,以及每年至少工作1000个小时的员工都有资格分享公司利润。通过一个与利润增长相关的公式,把员工工资的一定比例纳入此计划,员工离开公司时还可以取走这部分钱。接着他又开始建立员工购股机制,让员工通过工资扣除的方式,以低于市值15%的价格购买股票。凭借这个计划,沃尔玛80%员工拥有了公司股票,剩下20%基本上是不够资格的。第三个机制是损耗降低的奖励机制,损耗,即偷窃,是超市的大敌。这项制度就是通过与员工共享公司因减少损耗而获得的盈利,对有效控制损耗的分店进行奖励,使沃尔玛公司的损耗率降至零售业平均水平的一半。

由此可见,如果把"员工是合伙人"的理念挂在嘴上,它只不过是一句动听的口号,毫无实际意义。只有把它落实在管理机制中,才会令它大发神威,显示文化管理的巨大魅力。对于一个企业来讲,光有漂亮的理念表述是不够的,还需要用具体的机制和制度来保证。

三、推动要"硬"

企业文化变革到底是一个什么样的过程呢?艾弗莱特·罗格博士的研究给了我们一些启示。

罗格的"规范"理论认为,变革思想往往是从占很小比例的集体中产生(只占总人数的2.5%)。它进而传到"早期采纳者"(可能占13.5%),一旦这些人对变革思想予以赞同,则"大多数人"就会采纳它(正态分布曲线中间的68%)。最后,"迟缓者"(剩余15%)也接受了变革思想。因此,"变革者"倡导新文化的唯一方式就是联系"早期采纳者"。罗格认为,这些人认识到了出现的差错,却不知如何应对,他们也在寻找一种"好的方式"。"大多数人"与"迟缓者"不会直接从"变革者"那里接受新思想,必须先通过"早期采纳者"的认可,才能全面接受。

在企业文化实施中,会遇到很大的阻力,因此需要有力的推动。具体表现在以下方面:

首先,组建稳定的领导团队,推动企业文化变革。领导者的决心关系到企业文化建设的成败,有些领导者自己决心很大,但没有使领导团队达成共识,没有形成有影响力的少数,结果使企业文化变革受到很大的阻力。领导团队是企业文化建设成功的最有力的保证,要建立一个相对稳定的领导团队,使企业文化建设当中出现的问题得到及时解决,才能保证企业文化建设顺利进行。

其次,组建长期实施企业文化管理的部门。无论是成立企业文化部(处),还是由党委宣传部主抓,总之,企业要明确一个部门负责企业文化的实施,企业文化推动工作才能真正"硬"起来。

最后,调动全体员工的积极性、全面推动。企业文化建设是全员的事,需要得到广大员工的认同和支持,才能顺利推广。同时,一些认识上的阻力是在所难免的,它需要领导者有耐心、有恒心,毫不放松、常抓不懈、滴水穿石、久久为功。为了有效推动企业文化建设,还应将其列入考核和奖励体系:对于企业文化建设工作出色的部门和个人,其绩效评价较高,薪酬也高,并且还会获得各种荣誉和奖赏;反之,那些轻视企业文化建设的部门和个人,绩效评价较低,得到的薪酬较低,并且还会遭到批评和惩罚。这就使得企业文化建设"硬"起来,收到事半功倍的效果。

第二节 "虚功"实做

不少人感到,企业文化特别是企业理念,看不见、摸不着,是比较虚的东西。其实,企业文化建设的一个重要方法,就是虚实结合、虚功实做。

一、制度落实

企业的内部管理制度,对员工来讲是外加的行为规范,它与内在的行为和道德规范——群体价值观是否一致,可以说明企业家是否真正确立了文化管理观念。有一些企业之所以搞不好,思想观念和企业制度不统一、相矛盾无疑是一个突出的问题。

存在决定意识,不同的制度强化不同的价值观。平均主义的分配制度强化"平庸"和"懒汉"的价值观,按劳取酬的分配制度强化"进取"和"劳动"的价值观,真是泾渭分明。在承认企业制度对共同价值观的决定性作用的同时,也要承认共同价值观对企业制度具有反作用,二者之间是相互影响、相互作用的辩证关系。最关键的是企业制度和共同价值观要协调一致,就像一个人必须"心手一致""心口一致"一样。

不妨来看看IBM是如何进行企业文化变革的。从1980年到1984年,IBM进行了为期4年的文化变革,分为三个阶段:第一阶段进行了"风险组织"的试点;第二阶段进行了全面调整与总公司领导组织的变革,形成新的领导体制;第三阶段调整了子公司的领导体制。每次制度的变革,都伴随着企业文化的变革。

在第一阶段,开发了风险组织。1980年,IBM内部就进行了"风险组织"试验,到

1983年先后建立了15个专门从事开发小型新产品的风险组织。这些组织有两种形态,"独立经营单位"(IBV)和"战略经营单位"(SBV)。IBV在产销、人事、财务等方面都有自主权,受总公司的专门委员会领导,总公司对其经营活动一律不干涉,故有"企业内企业"之称。这是一次由集权向分权的变革,企业文化也随之产生变化,员工独立经营的意识在加强。

在第二阶段,建立了战略领导体制。首先进行了决策的民主化变革,从原来只有董事长和总裁等人组成的经营会议,变为由16人参加的决策机构,使更多的人才参与最高决策,这是一次集体决策制度的改革,增加了民主气氛。

第三阶段则改变了传统的习惯,有秩序地授权与分权。根据新的领导体制,分层次、有秩序地扩大授权范围和推进分级管理。为进一步贯彻IBM的"三信条":尊重个人、服务至上和追求卓越,公司完善了委员会制度、业务报告制度和直言制度,健全了授权和分权机制,充分发挥了员工的主观能动性,为落实企业理念奠定了坚实基础。

可见,一切制度建设都是围绕企业核心价值观进行的,只有制度上的充分落实,才能保证IBM的三信条具有较强的生命力,否则,企业理念便无法付诸行动。

二、工作落实

企业文化建设是由许多具体工作组成的。韩非子讲:"天下之难事必作于易,天下之大事必作于细。"企业文化建设尤其如此,很难毕其功于一役。习近平同志提倡"钉钉子精神",要求"踏石留印、抓铁有痕",完全适用于企业文化建设。

万向集团有一则故事,总经理要一名负责人把员工的生日蛋糕亲手送到,但这位负责人嫌麻烦,就给员工一张票让他自己去领。老总得知后,开除了这位负责人,因为他没有理解和落实老总的企业理念。可见,不论企业领导者对企业理念的培养何等重视,如果具体工作不落实,只喊几句空洞口号,在企业文化建设上也根本行不通。

"慎易以避难,敬细以远大。"企业文化的落实往往是从细小处着手,才能积少成多。英特尔是全球第一家突破万亿美元大关的企业,在企业内部有一项"清洁大使"制度。公司请一些资深管理者担任"清洁大使",在办公楼内检查卫生,如果发现哪里不合格就公布出来,直到合格为止。这看似琐碎的工作都得到如此重视,企业行事严谨的作风可见一斑。

三星集团创始人李秉哲是怎样落实企业理念的呢?李秉哲坚持这样一个信念:"君子之仕也,行其义也。"他要求员工要有质量第一、事业第一、利润第一"三个第一"精神,利润的前提是质量和信誉。为落实三星精神,李秉哲制定了10条"三星人生活守则":①每天清晨六时起床;②养成节俭朴素的生活习惯;③节省物资;④苦干实干,绝不懈惰;⑤自动自发,完成分内工作;⑥公私分明;⑦要养成至少积蓄10%的习惯;⑧爱本公司产品;⑨不用外国货;⑩出差回国,不带(或不购)礼物送人。他对员工的工作、生活细节都提出了明确要求,可谓想到了细微之处。

其实,企业文化建设就是由极细小的事情构成的,而每个细节背后都隐约可见企业所提倡的核心理念。

三、人员落实

企业文化建设需要自上而下的人员配合。如果人员不到位,推行企业文化建设就会"有心无力"。人员落实主要包括三个层面:一是领导者要扛大旗,二是领导团队要努力推,三是职能部门要持续抓。

1. 发挥领导者的主导作用,用企业家精神带动企业文化的建设

企业家精神是企业领导者面对市场竞争的精神风貌、价值体系,是企业家素质的核心和灵魂,理所当然地应该成为带动企业文化建设的主要动力。企业领导者是企业文化的倡导者、策划者和推动者,理应率先示范,身体力行,为员工做出榜样。身教胜于言教,主要经营者在企业文化建设中的作用往往是成败的关键。东信、三九、海尔、春兰、长虹、蓝岛大厦、王府井百货等企业,都是由董事长或总经理亲自抓、亲自促,并以身作则,形成风气,才建设起优秀的企业文化,并树立了良好的企业形象的。

2. 理顺领导体制,履行企业文化建设的领导职能

鸟无头不飞,建立一个企业文化领导团队十分重要。许多国有企业由党政双方共同组成企业文化领导小组,一些民营企业则多由董事长或总经理亲自挂帅。但需要注意,这个团队首先要取得共识,不同意企业理念的成员最好不加入,以免意见不一,给执行带来阻力。

3. 设立职能部门,长抓不懈

要有常设机构来负责企业文化建设。有些企业由党委宣传部或人力资源部作为企业文化建设的职能部门,也有的专门成立企业文化部,形成人力资源部、企业文化部或总经理办公室齐抓共管的格局。如果一些职能部门工作量小,又有相应工作能力,也可以采取两块牌子、一套人马的办法。这样就可以形成从上到下的领导组织,层层落实。

第三节　企业文化的人格化

没有人,就没有文化。企业文化是以人为中心的管理模式,实施的最好办法就是使之人格化,对抽象的理念、刚性的制度、静止的符号和物质载体赋予思想、道德、感情、个性等人类特有的因素。

一、坚持以人为本

人在企业文化建设中有双重身份,既是建设的主体,又是建设的客体。坚持以人为中心,就要从这两个方面入手,确立人的中心地位,发挥人的主体作用。

人是企业文化建设的主体。这是说,企业文化建设要依靠人,不仅依靠企业领导,更要依靠广大员工。既要看到企业领导者在文化建设中的重要作用,又必须认识到员工并不是被动的接受者。一方面,他们也是企业文化的创造者。作为企业文化灵魂的企业核心价值观、企业精神、企业道德等,主要是员工群体在长期的实践中创造形成的,领导者往往只是对其总结加工、升华倡导。离开了群众共同创造的企业历史,就无法形成企业的文化。另一方面,他们是企业文化的建设者、发展者。企业文化建设,最终要落实到广大员工的思想和行动中去,这一过程离不开广大员工的主动参与。人是有思想的,强制、灌输只能是事倍功半,甚至背道而驰。企业领导者应使企业文化建设成为员工的自觉行动,不仅认真贯彻、自觉实践,而且积极参与、献计献策。这样就能集中全体员工的智慧和力量,把企业文化建设好。

人是企业文化建设的客体。这是说,企业文化建设的目的是塑造人、满足人、发展人。首先,建设企业文化的目的是为了企业的生存和发展,而企业生存和发展的目的又是为了满足人们不断增长的物质和文化需求,可见,企业文化建设的根本目的是为了人。对内,是为员工;对外,是为消费者,为人民群众。日本学者村田昭治认为:"'顾客至上''职工幸福'和'为社会服务'这三种价值观将成为企业经营的标志。""过去那种市场占有率至上和销售额第一的观点将站不住脚,对人和社会做多大贡献将成为一个评价企业的标准。"

二、塑造员工的集体人格

每个现代企业都是"法人",有其人格。

一些企业在市场竞争中采取了短期行为,不仅对企业形象造成巨大损害,而且对整个社会形成不良影响。此时,更需要企业家利用企业文化这个软件,对企业行为和员工行为进行引导和控制。

作为中华民族品牌之一的冠生园,创立于1918年,它旗下的"大白兔"奶糖被称为"世界第一奶糖",在海外也有很大的市场。但由于出现了轰动全国的"南京冠生园陈馅月饼"事件,使这个老品牌受到巨大的打击,同时对整个行业造成不良影响。人们不禁为此叹息,企业行为一旦脱离道德的轨道,企业终将走向灭亡。

企业文化建设实际上是一个思想观念建设,它的作用通过每个员工表现出来。塑造积极向上的企业文化氛围,对培养员工的高尚人格十分有益,而企业文化的人格化正是一个有效的手段。

面对家电行业的一些恶性竞争,荣事达集团推出了"和商"理念,发表了"中国第一部企业自律宣言——荣事达企业自律宣言"。荣事达地处合肥,是中国徽商商业文化的发祥地,徽商的传统精神是"和气生财""互惠互利",荣事达就是秉承了徽商这种传统美德,提炼出"互相尊重、相互平等、互惠互利、共同发展、诚信至上、文明经营、以义生利、以德兴企"为核心的和商精神。"和"就是中国人传统的"和为贵""和衷共济"精神。

荣事达公开宣布:"和商"理念是企业调整各种关系的道德规范和自律准则,努力把"和商"理念转变为全体员工彼此共约的内心态度、思想境界和行为方式,以此激发全体员工的创造性,实现"办一流企业,创一流品牌,树一流形象"的企业目标。

可见,通过企业文化建设,塑造员工的集体人格,使每名员工从我做起、从小事做起,提高自身的职业素养,以一流的服务求生存,以诚信和信誉求发展,在当前全球化的市场竞争中有着特别的意义。

三、培养典型人物,强化文化品格

从员工中选择和培养企业文化的代表人物,是实施企业文化的有效手段之一。

北京同仁堂风雨兼程300多年,生生不息,是中国企业的常青树。这与企业能够长期保持优良的传统文化和核心价值观是分不开的。企业十分重视先进员工典型事迹的宣传,对企业文化建设起到了不小的推动作用。

同仁堂奉行的理念包括:"同修仁德,济世养生"的发展观;"炮制虽繁必不敢省人工"的工艺观;"品味虽贵必不敢减物力"的生产观;"修合无人见,存心有天知"的自律观;"做人以德为先,待人亲和友善"的行为观。这些充分体现了孔子"仁者爱人"的道德思想。

企业理念最终要体现在企业领导者和员工的行为当中,因此,成功的企业必然会涌现出许许多多符合企业文化要求的典型人物和事迹。在企业文化实施当中,凭借这些突出人物的事例,比空洞的说教更加形象,更容易被人接受。

同仁堂有大量代表企业文化发展方向的人和事,并且编写成书,在员工中广为流传。"人参王"贾贵琛就是一个代表,贾老 14 岁学徒,在中药行业干了 66 年。贾老掌握一手中药鉴别的绝活,恪尽职守,只求奉献,被称为同仁堂的参天大树。他的行为和精神,鼓舞着所有同仁堂人。

在企业内流传着许多关于贾老的故事,员工耳熟能详。他经常为病人义诊,上到中央领导,下到布衣百姓,分文不取。每年要看千人以上,许多病人为感谢贾老,给他送来礼金、礼品,都被拒绝了。有一些经营药材的商人,给同仁堂推销的贵重药材中不乏伪劣产品,他们经常给贾老塞红包。每遇这种情况,贾老都严词拒绝,讲明利害,被供应商称为同仁堂的"门神"。他以实际行动实践着同仁堂"修合无人见,存心有天知"的道德观。

正是通过这种典型人物的宣传,使员工更加严格自律,注重内省,自觉履行企业提倡的价值观和道德观。企业文化可以通过生动的人和事,起到"润物细无声"的作用。

第四节 领导者的示范技巧

一个企业的文化,从一定程度上讲是企业家经营管理理念的集中体现。为了使企业文化深入人心,使企业更具竞争力,必须引导员工的行为和思考模式。领导的示范作用正是企业文化建设的关键。示范是一门艺术,又是一门必修课。没有领导者的示范,企业文化就像一棵无根之草。

一、巧妙引导

韦尔奇执掌 GE 公司时,不仅善于通过他著名的"数一数二论"来合并改组,而且还在"软件"上成功地改变了员工的思考模式。他指出:"如果你想让车再快 10 公里,只需要加一加马力;而若想使车速增加一倍,你就必须要换铁轨了。资产重组可以一时提高公司的生产力,但若没有文化的改变,就无法维持高生产力的发展。"

在 GE 公司的理念中,自信是比较特别的一个,韦尔奇给予了极大的重视。他还把"永远自信"列入了美国能够领先于世界的三大法宝。他分析到,迅捷源于精简,精简的基础是自信。如何让员工执行这一看似简单的理念呢?办法就是对员工的尊重和放权。他为此指出:"掐着他们的脖子,你是无法将自信注入他们心中的。你必须要松手放开他们,给他们赢得胜利的机会,让他们从自己所扮演的角色中获得自信。"

一个好的表达,会使领导者的理念更好地被员工接受。韦尔奇在阐述三大理念之一的"速度"时,用了两个形象的比喻——"光速"和"子弹列车",这也是他很爱用的词。他坚信,只有速度足够快的企业才能生存。当这两个词被员工广泛传播的时候,韦尔奇的一种观点便被大家所接受了,那就是"世界正变得越来越不可预测,而唯一可以肯定的就是,我们必须加快来适应环境。"于是,员工行动起来了,使信息流传达得更快,产品设计得更易打入市场,组织的调整则更便于快速决策。这一切与他对理念的巧妙解释不无关系。

二、以身作则

文化的变革需要领导者用示范来加以引导,尤其在新文化确立之初,更需要领导者以身作则。

英特尔公司确立了六项准则:客房服务、员工满意、遵守纪律、质量至上、尝试风险和结果导向。为了贯彻公司文化,公司首先培训高层管理者,因为他们对企业文化具有很强的示范作用。

时任公司总裁巴雷特(Craig Barrett)说,如果说有什么关键因素指导我们如何推进企业发展的话,那么这个关键因素就是企业文化。20世纪80年代,世界上风靡"走动式"管理,这种管理模式就是强调领导者的身先士卒,又称"看得到"管理。巴雷特每年都要巡视英特尔在美国国内所有的工厂,并成为惯例。人们给了他一个"环球飞行管理者"的称号,他本人也把家安在最大的制造基地,而不是英行尔在硅谷的总部。

在芯片制造上,日本公司给英特尔带来了很大的竞争压力。为了实现公司质量至上的信念,巴雷特不停地向购买芯片的大客户询问,听他们在日本供应商处的见闻,他还亲自到英特尔公司的日本合作伙伴那里进行调查。他研究每一条有关竞争者如何设计、管理业务的信息,公开的和学术上的不同渠道都会给他带来灵感,并同所有员工一起,从头到尾改进了英特尔的制造流程,保证了技术制造上的领先。

这就是领导示范的作用。

三、行动巨人

领导者不能只做言词巨人,还要做行动巨人。尤其要重视细节方面,只说不练没有效果,在企业文化方面同样是"行胜于言"。

再以韦尔奇为例,他坚信:简单意味着"头脑清晰"和"意志坚定",其内涵是什么呢?一是思维集中,二是流程明晰。如何达到这一理念要求呢?几条口号或要求永远达不到目的。

针对第一条,韦尔奇要求所有经理人员必须用书面形式回答他设定的策略性问题,问题涉及自身的过去、现在和未来,以及对手的过去、现在和未来。这样就使管理者明白什么是真正需要花时间考虑的问题,而书面形式可以把自己的思绪整理得更清晰条理。

针对第二条,他要求为各项工作勾画出"流程图",从而能清楚地提示每一个细微步骤的次序与关系。一旦流程图画出来,就会发现哪些环节是可以被删除、合并和扩展的,使作业速度与效率有所提高。

韦尔奇不仅自己头脑清晰和意志坚定,而且手把手地教会部下怎样做到头脑清晰和意志坚定,所以GE企业文化才会层层落实。

小沃森、松下幸之助、乔布斯、柳传志、张瑞敏,无一不是企业文化的缔造者、坚定执行者和示范者。可见,没有行为要求的企业理念,只不过是一句很有道理的空话,对于企业来讲务实是生存之本,空洞而高深的理念只会给员工带来困惑和不解。企业的理念只有通过实际行动得以体现。因此,领导者需要就一些行动做出示范,自身先表现出言行合一,员工才能心服口服。此正所谓"上行下效"。

第五节 情境强化的艺术

企业文化建设还要利用情境强化来实现,即通过营造一定的情境,让员工自觉体会其中隐含的理念,从而达到自觉自悟的效果。

一、巧用情境感染力

海尔公司当众砸毁76台冰箱,是一个广为流传的故事。

那时,海尔叫"利博海尔",正处于卖方市场,难免"萝卜快了不洗泥",产品质量问题较多,张瑞敏决心狠抓质量。厂方检查出76台不合格冰箱,怎么办?领导班子中,有人主张"修一修卖出去",张瑞敏主张"全部砸成废铁"。

于是,一个别开生面的现场会开始了。76台冰箱被分成几堆,每一堆前站着质量责任单位的车间主任,他们的任务是把眼前的一堆冰箱砸成废铁。工人们看着自己的车间主任挥汗如雨地砸冰箱,深深地被震撼了。有的工人甚至激动得哭起来。此情此景,刻骨铭心。从此以后,工人们生产时十分重视质量,眼前总会浮现车间主任砸冰箱的情景。

质量最重要,但质量意识最难形成。"质量第一""质量是生命",成为许多老总的口头禅,但随后就变成工人的耳旁风。张瑞敏"砸冰箱"之举,就是利用情境的视觉冲击力,达到了触及灵魂的目的。

企业理念是抽象的,不易入脑入心。怎么克服企业文化建设的这一瓶颈呢?"情境强化"是一把金钥匙。如果情境设计得巧妙,可以发挥其视觉冲击力大、印象深刻等特点,有效地把企业理念渗透到员工内心。"情境强化"艺术,关键在于情境设计。应该针对不同的理念,不同的对象,选择不同的环境,不同的参加者,营造不同的氛围,展现不同的场景,以充分发挥特定场景的视觉冲击力和心灵震撼力,收到振聋发聩的效果。

二、鼓励全员参与

统一认识最好的办法就是在参与中同化。最能让人感觉到顺乎情、合乎理的事,员工最能够接受。但是,对任何新事物的接受总有一个过程,员工们对于企业文化理念的接受也是一个少数带动多数的过程。让员工参与企业文化建设,对理念的转变很有好处。但遗憾的是,这种参与往往不是在决策的时候,更多的是在执行当中。也就是说,领导者在进行了变革决策之后,为了推动变革而组织的参与活动。

"人非草木,孰能无情。"松下公司提出"人人是总裁"的管理理念,人人都站在总裁的角度考虑问题,自然会形成全局观点,这就是企业文化建设的基石。东芝公司有一项"社长室开放"制度,即每天早晨上班工作前半小时,公司的高管或普通员工,都可以来到社长室,即公司最高决策部门,面见首脑,提出建议。因此,把管理者位置放低,鼓励员工参与,是优秀企业文化的表现。

再来看看GE公司如何贯彻其企业理念的。公司的一条经营理念——"做行业的第一或第二",即保留那些在市场上出类拔萃的业务,不符合的要出售或关闭,购进服务性企业和高科技企业。为使这一理念深入人心、达成共识,公司用"自由辩论"的办法来进行大范围的沟通。韦尔奇认为,真正的沟通不是演讲、文件和报告,而是一种态度,一种文化环境,是面对面的交流,是双向的互动。他认为,只要有时间面对面沟通,大家总能取得共识。GE有一个培训中心,员工和总裁在那里面对面辩论也可以抒发不满和提出建议,先后有20多万人参与了这项活动。通过这种环境的营造,培养了员工自信、坦率和面对现实的勇气。

可见,越是大范围的员工参与,宣传鼓动效果越明显。同时,员工的行为由于可以相互模仿和影响,改变就会越加迅速,利用从众心理推广企业文化建设。

三、寓教于乐

企业文化建设很重要的一条就是贴近员工,符合企业实际,一些空洞的口号对员工来讲便是过眼烟云。尤其是员工行为规范和员工训条,一定要联系员工的实际工作,看得见摸得着,使员工在日常情境中,可以随时想起企业提倡的理念,以便真正起到对员工行为的指导。

"四海之内,心手相连,选择平安是你我的心愿……"身居祖国四面八方的13万平安人,每天清晨于同一时间,高唱这支司歌——《平安颂》。在不经意之间,温馨的旋律化为滴滴甘露,滋润着每一位员工的心田,就连平安的保户也感到一种温暖亲切的感觉。

中国平安保险公司还精心策划了一系列活动,如周年庆典、中秋晚会、平安夜、平安运动会等,塑造一种简朴务实、气氛热烈的工作生活环境,让员工真正感受到家庭一般的温暖,使"依存于平安,奉献于平安,发展于平安"的理念油然而生。

学不如好,好不如乐。企业文化的终极目标,是要让员工沉浸在企业大家庭的温暖之中,沉醉于创造性工作的快乐之中。企业领导者可以运用企业风俗,营造一种融洽快乐的工作氛围,感染和陶冶员工的心灵,使企业理念不知不觉中深入人心。

正如佛家思想中讲的人有"灵适之心",大家都有追求轻松快乐的心理需要。毛泽东提倡的"团结、紧张、严肃、活泼"就是一种很好的工作作风,其中活泼是为了制造一种放松的气氛,以满足人内心的需要。企业如果可以为员工创造出一种和谐、愉快的工作环境,自然会得到员工内心的认同,产生一种归属感,从心底热爱企业,愿意与企业风雨同舟。

第六节 观念、故事、规范三部曲

企业文化建设的艺术之一是用真实的故事来说明问题,故事越真实,教育意义就越大。这就是著名的观念、故事、规范三部曲。观念就是领导者清晰阐明的企业理念,故事是最能体现这一理念的典型故事,而规范则是由观念外化成的各种行为规范。

这里以摩托罗拉和海尔的企业文化强化故事为例。

摩托罗拉在被联想集团收购前,是一家久负盛名的企业。公司曾把数十年经营历史和成功经验总结为"精诚为本与公正",并确定为企业理念。这是一种企业神圣的责任感,公司以这种企业责任感教育员工。摩托罗拉CI手册中写道:"诚信不渝——在与客户、供应高、雇员、政府以及社会大众的交往中,保持诚实、公正的最高道德标准,依照所在国家和地区的法律开展经营。无论到世界的哪个地方进行贸易或投资,必须为顾客提供最佳的服务。"

这种理念不仅写进手册,还通过情境强化的手段,传达到每位员工的心里。摩托罗拉的企业伦理顾问爱罗斯在布拉格曾用一个案例来说明产品安全和品质的重要性,教育和提升公司经理层的每一个人。

这一案例发生在1992年,EIAI公司的货机在阿姆斯特丹遭遇空难,造成灾难的原因主要是引擎螺栓的设计问题,波音公司的主要责任是设计上的错误和质量控制上的疏漏。实际上,波音公司很早就已发现这个问题,但没有引起足够重视。爱罗斯就是用这个沉痛的教训,告诫各级经理们:企业必须认真对待产品反馈信息,不断改善产品设计。

摩托罗拉的培训之所以引用这些事故案例,不是制造恐惧感,而是通过情境来强化员工的道德观念和责任感。每位员工由此知道,人的行为虽然不可能至善至美,但追求技术和产品质量的不断完善是每个人神圣的职责。

海尔公司还有一个贯彻"对用户忠诚到永远"服务理念的故事。怎么理解这个理念?怎样做才算做到了呢?公司收集了许多故事。例如,2002年春节前几天,北京有一个用户买的海尔彩电坏了,很着急。海尔北京分公司经理亲自上门维修,在双方约定的下午8点到达,但这个用户不在,门锁着,灯却亮着。怎么办?等!一直等到次日早晨6点用户回来时,才进门维修。这名经理和助手整整在门外冻了一夜,邻居们请他们进屋休息,被他们婉拒。这件事深深感动了那位用户和邻居们。诸如此类的故事,把抽象的服务理念具体化、形象化,变成可感受、易把握的东西。

抽象的企业理念不易把握,更不易入脑入心。解决这个问题,"典型故事"就是一把金钥匙。有了故事,知道了努力方向,但还缺少具体标准和行动指南。为此,海尔又制定了一系列服务规范,如"5个一""5不准"等,使广大服务人员清晰地了解服务文化的底线,久而久之,普遍达到了很高的服务水平,从整体上做到了"对用户忠诚到永远"。

观念、故事、规范三部曲,是一个文化落地的成功经验,值得借鉴。

复习题

1. 如何将"软"管理变成"硬"约束?如何落实企业文化建设?
2. 机制要"硬"指的是什么?
3. 如何落实企业文化实施的人员?
4. 企业文化的人格化指什么?如何塑造企业"英雄"?
5. 在实施企业文化当中,领导者要注意什么?有何技巧?
6. 什么是"观念、倡导、规范"三部曲?
7. 情境强化指的是什么?如何运用?

8. 如何才能做到寓教于乐？

思考题

1. 结合自己的体会，谈谈如何理解领导艺术在企业文化建设中的应用。
2. 谈谈你对企业文化实施中的"故事"是如何理解的。

案例分析

松下电器公司这样培养商业人才

在日本著名的旅游胜地琵琶湖畔，有一座美丽的花园式庭院，这就是松下电器商学院。

松下电器商学院是为松下集团培养销售经理的一年制商业大学。自1970年创办以来，为松下公司培养了3000名各专业人才。

松下电器商学院的教育方针和教学内容十分有趣。它融中国儒家哲学和现代企业管理于一炉，对学员进行着严格的教育。

松下电器商学院的纲领是：坚守产业人的本分，以期改善和提高社会生活，为世界文化的发展做贡献。松下电器商学院的信条是：和亲合作，全员至诚，一致团结，服务社会。

松下电器商学院的研究目标是：中国古典《大学》中的"明德"——竭尽全力身体力行实践商业道德，"亲民"——至诚无欺保持良好的人际关系，"至善"——为实现尽美的目标而努力。

松下电器商学院的作风：寒暄要大声，用语要准确，行动要敏捷，服装要整洁，穿鞋要讲究，扫除要彻底。

我们来看一下学员一天的学习和生活情况。

清晨5:30，松下电器公司的旗帜冉冉升起。

6:00，象征进攻的"咚咚"的鼓声把大家唤醒。

6:10，全员集合，点名之后，各个学员面向故乡，遥拜父母，心中默念："孝，德之本也，身体发肤，受之父母，不敢毁伤，孝之始也。立身行道，扬名于后世，以显父母，孝之终也。"接着，做早操。然后列队跑步3公里。

7:10，早饭。每顿饭前，全体正襟危坐，双手合十，口诵"五观之偈"，飘飘然，若在世外：一偈"此膳耗费多少劳力"，二偈"自己是否具有享用此膳之功德"，三偈"以清心寡欲为宗"，四偈"为走人之正道享用此膳"。

饭后还要双手合十，诵念：愿此功德，广播天下，吾与众生，共成道业。

7:50，商业道德课。通过学习《大学》《论语》《孟子》和《孝经》，确立"经商之道在于德"的思想。

8:40，早会。全体师生集合，站成方队，朗诵松下公司的"纲领""信条"和"精神"，齐唱松下公司之歌。

9时,以班为单位,站成一圈,交流经验。

9:10至下午4时,4节业务课。由讲师讲解经营之道,诸如,经营思想、经营心理学、市场学以及顾客接待技术和商品推销术。

如何接电话、打电话,也是其中的科目之一。要求在接、打电话时,正襟危坐,聚精会神,不许吃东西,不许吸烟。听到电话铃响,马上去接,要首先声音清晰、态度和蔼地表明自己公司的名称和所属部、课,并准确地记下电话内容,交由主管人处理。打电话时,内容力求简明扼要,拨通电话后,马上报出公司名称和所属部、课及自己的姓名,在做简单的问候后,把要求和希望简要告诉对方。说话时,语气要委婉诚恳。讲完后,要说些"拜托了"之类的客气话才能挂上电话。

下午4:30,自由活动。有的到运动场打球,有的到卡拉OK歌厅唱歌,也有的到体育馆练柔道、剑道。

晚上6:50,茶道。大家都换上和服,席地而坐,通过煮茶和品茶,追求形式上的完美、气氛上的和谐和精神上的享受。

10:17,点名。全体学员面壁反思,检视自己对父母的孝顺,感谢父母的养育之恩。

10:20,全体危坐冥想,总结一天的收获。

10:30,熄灯。一天的学习结束了。

讨论题

1. 松下电器公司对销售经理的培训有什么特点?其指导思想是什么?
2. 松下电器公司试图培育一种什么样的企业文化?为什么?
3. 松下电器公司用哪些方法和手段培育优良的企业文化?
4. 你从此案例中受到什么启发?

企业文化变革与创新

本章学习目标
1. 了解企业文化变革的原因
2. 掌握企业文化变革的内容
3. 了解企业文化制度和风俗的变革
4. 掌握企业文化的变革原则
5. 了解企业文化变革过程和应注意的问题

企业文化的性质之一是相对稳定性,只有保持稳定,才会发挥作用;但"相对"二字又说明企业文化是会变化的,随着企业变革和环境变化而产生改变。在刚开始研究企业文化时,很少有著作谈及企业文化的变革问题,有的只是提出一些简单的企业文化变革模式。而在实践中,企业文化的变革一直是摆在管理者面前的难题。艾伦·威尔金斯曾列举了22家试图进行企业文化改革的公司案例,而其中16家公司经理自己承认没有成功案例。因此,本章将结合企业管理实践来研究企业文化变革的问题。

第一节 企业文化变革的原因分析

与其他组织变革的发生相似,任何企业的文化变革也有其产生的原因,按照变革动力的来源可以分为内因和外因。

一、企业文化变革的内因

企业文化变革的内因是企业文化本身产生的冲突。只要存在着文化,随着文化的发展,一定会产生冲突,但企业文化冲突不像人类社会文化冲突那样复杂剧烈,因为企业文化的时间跨度、空间跨度、民族与国家跨度以及文化冲突的动因都是有限的。企业文化冲突可能通过矛盾的缓和、转化而直接得到解决,但也可能引发一场文化危机,结果就会产生企业文化的变革。

以福特汽车公司为例,亨利·福特1905年白手起家,15年后建立了世界上最大、盈利最多的制造企业,并在20世纪初的美国汽车市场上处于近似垄断的地位,其主要依靠公司利润而进行的公司积累,就达到了10亿美元(这个数字在当时是相当大的)。但到了

1927年,福特汽车公司却摇摇欲坠,失去市场领先地位;接下来的20年,几乎年年亏损,直到第二次世界大战。

1944年,亨利26岁的孙子福特二世在没有任何经验的情况下接管了公司,两年后,又将他的爷爷从管理最高宝座上赶了下去,引进了一套全新的管理班子拯救了公司。这次管理革命,实际上是公司文化的一次重大变革,通过这次变革,福特汽车公司抛弃了落伍陈旧的文化传统。

用彼得·德鲁克的话讲:"老福特之所以失败是由于他坚信一个企业无需管理人员和管理,他认为,他需要的只是所有者兼企业家,以及他的一些助手。福特与他同时代的美国和国外企业界绝大多数人士不同之处在于,正如他所做的每一件事那样,他毫不妥协地坚持其信念,他实现其信念的方式是,他的任何一个助手,如果敢于像一个管理人员那样行事、做决定或者没有福特的命令而采取行动,那么无论这个人多么能干,他都要把这个人开除。"

从这段描述中可以看出福特汽车公司原有文化的根深蒂固,以及福特汽车衰落的原因:其文化的核心价值观无法适应市场竞争加剧的外部环境。这是一个文化冲突的例子。

二、企业中的文化冲突

那么具体来讲,哪些因素可能带来企业文化的冲突进而引发企业文化的变革呢?

1. 企业经营危机

企业经营危机使企业文化往往成为危机根源的候选对象,因为当企业陷入重大危机时,除个别的不可抗力或偶然的重大决策失误造成的以外,多半都有深刻的根源。这种根源就与企业的既有文化联系起来,并使管理者认识到,危机是文化冲突的结果。而且企业的经营危机的结果,特别是危机的直接、可怕甚至灾难性的结果,使企业的所有人都受到心灵的震撼,使大家认识到企业文化与企业和个人前途命运息息相关,为新文化的形成提供了心理基础。

2. 企业主文化与亚文化的冲突

所谓主文化是指居于企业核心地位的文化、正宗的文化以及整体的文化。而亚文化是指处于非核心地位、非正统的文化或局部的文化。如果企业目前的主文化是落后的、病态的,那么适应内外部环境的亚文化在发展的过程中就会受到主文化的打压和限制,这种冲突就如福特汽车公司的例子表现出来的,最终会带来文化的变革。当然,更常见的文化冲突则是由于企业整体和部门之间的利益矛盾与失衡、认知差异造成的。

3. 群体文化与个体文化的冲突

企业文化虽然是企业成员共同遵守的价值观和行为规范,但它作为群体文化并不是个体文化的简单叠加,因此个体文化与群体文化的冲突普遍存在。比如中国员工在加入外企的时候,往往都会有些不适应,对公司所提倡的价值观也有不理解的地方,这就是由于社会文化传统和社会制度不同带来的文化冲突。企业成员在尚未熟悉和认同企业文化的时候,也会产生文化冲突。在同一个组织内,由于不同的利益诉求或不同的观念认知,也能带来个体文化与企业文化的冲突,最极端的情况则是,个体对企业的不满与反感所引起的个体文化与企业文化之间的强烈冲突。群体文化与个体文化的冲突如果广泛发生且激化到一定程度,就会引发企业文化的变革。

三、企业文化变革的外因

除企业文化内在的原因引发企业文化的变革外,企业主动对外部环境适应而进行的经营管理变革,都要求企业文化变革相配合,也就是企业在进行其他变革时都要求企业文化也随之发生改变。这类企业组织变革包括战略变革和结构变革等。

今天,企业所面临的经营环境是瞬息万变的,既没有常胜将军,又没有万能战略。企业在竞争日益激烈的情况下会主动地进行战略调整,从结构调整到规模调整,而伴随结构调整和规模变化的往往都有文化的转变、冲突和融合问题。而按照企业生命周期理论,随着企业的成长,会面临不同的危机,解决这些危机的手段就是组织结构的调整。

还有一个重要的外因,是企业的并购及其引发的高层管理者的更迭。众所周知,企业文化与高层管理者有密切的关系,因此高管人员的更迭是可能引发企业文化变革的另一因素。下节将以惠普公司的发展历程来综合分析企业文化变革的各种原因。

第二节 企业文化变革的实证案例

一、宝钢文化的今昔

乘着改革开放的春风,宝钢集团从1978年12月在上海长江口破土动工至今,已经走过了40多年历程。目前,宝钢是中国最具竞争力的钢铁企业,多次进入美国《财富》杂志的"全球最受尊敬的公司"榜单。

2007年,宝钢提出了新一轮六年发展规划,发展的基本战略思想可以归纳为:"一条主线""两个转变""一个落脚点"。即:围绕"规模扩张"这一未来发展的主线,实现从"精品战略"到"精品+规模"战略的转变;规模扩张实现从"新建为主"到"兼并重组与新建相结合"的扩张方式转变;大力提升宝钢综合竞争力,引领中国钢铁行业发展。战略目标是:成为拥有自主知识产权和强大综合竞争力、倍受社会尊重的、"一业特强、适度相关多元化"发展的世界一流的国际公众化公司;成为世界500强中的优秀企业。

在宝钢的40多年历程中,企业文化始终被作为企业管理工作的重要内容,并且随着企业的发展而不断变革和发展。从1978年建厂至今,围绕"建设世界一流清洁钢铁企业"的目标,宝钢企业文化主要经历了四个发展阶段。

(1) 创业期(1978—1985):创业期文化。围绕宝钢一期工程的建设、生产准备和投产等工作,在引进日本新日铁"集中一贯"管理模式的基础上,提出了"高质量、高效率、高效益,建设世界一流钢铁企业"的文化理念,注重"光荣感、责任感、紧迫感"的教育,提出了"确保85.9投产万无一失"(1985年9月)的口号,成为当时宝钢员工和各路建设大军强大的精神动力,可以说"85.9精神"鼓舞并且锤炼了第一代宝钢人,是宝钢文化的源头。

(2) 发展和转轨期(1985—1998):发展和转轨期文化。宝钢从缩小与国外先进钢铁企业的差距出发,在消化、吸收引进的日本先进管理的基础上,提出"建设一流的队伍、培养一流的做法、掌握一流的技术、实行一流的管理、生产一流的产品"的争创一流文化理念。针对质量、按合同交货、售前售后服务等观念问题,确立了宝钢的市场意识。同时,还开展了宝钢精神大讨论,建立了量化可考的职业道德规范。率先在全国普及用户满意理念、实施了 CS 战略,提出全方位满意管理的运作模式,逐步形成了具有宝钢特色的用户满意文化。

(3) 整合期(1998—2003 年):整合期文化。1998 年年底,宝钢成功实现与上钢、梅山钢铁的大联合,为实现从"成功联合"到"联合成功"的转变,宝钢走了一条文化逐步融合与创新的道路,通过"六统一"管理,从向上钢、梅山选派干部,输出管理、技术改造等方面入手,逐步实现宝钢管理模式向上钢、梅山移植以及宝钢与上钢、梅山的文化融合。

(4) 新一轮发展期(2003 年以来):新一轮发展期文化。2003 年下半年,宝钢集中精力对企业文化建设的历史进行了回顾总结,对企业文化创新进行了比较深入的研究,2004 年正式提出宝钢企业文化的主线和基本价值观(图 11-1)。

图 11-1 宝钢文化的主线和基本价值观

宝钢文化的主线和宝钢的基本价值观是对宝钢文化的历史性、概括性的深刻总结,覆盖和继承了宝钢的优秀文化传统,并使宝钢文化达到一个新高度,进入一个新境界。无论是创业期文化、发展和转轨期文化,还是整合期文化、新一轮发展期文化,都体现出宝钢文化的基本特征。

(1) 宝钢文化是管理之魂,宝钢管理是文化之载体。宝钢文化与宝钢的发展水平相对称,与宝钢所面临的环境相适应,与宝钢所追求的目标相一致。宝钢的发展离不开先进文化的支撑,先进文化的培育离不开先进管理的保证。只有融合进企业管理实践的文化,才是有生命力的文化,才是有竞争力的文化。

(2) 宝钢文化的发展,既保持核心内涵的延续性,又体现具体内容的与时俱进。宝钢文化的核心内涵始终围绕"严格苛求的精神、学习创新的道路、争创一流的目标"这条主线。虽然核心内涵不变,但具体内容则不断加以丰富和完善(图 11-2)。

在宝钢文化中,严格苛求是基础,学习创新是关键,争创一流是目标。"严格苛求"是企业发展的基础,是一种实干和从严的文化,是一种讲认真、讲敬业、讲忠诚、讲诚信的精神,是企业文化极为重要的基础;"学习创新"是企业发展的关键,是一种对外开放、崇尚科学、自主发展的文化,是充满活力的学习型组织;"争创一流"是企业发展的动力,是一种面向全球、为民族复兴而追求卓越的文化,是一种高层次的目标激励文化,是企业文化发展的不竭动力。

宝钢人认为,以"严格苛求的精神、学习创新的道路、争创一流的目标"为主线,以"诚信、协同"为基本价值观的宝钢文化,是宝钢最宝贵的精神财富,是宝钢新一轮发展的原动力和基业长青的根本保证,也是宝钢人实现自身全面发展的根本保证。

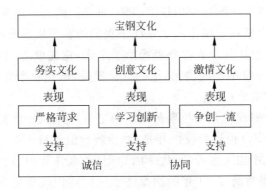

图 11-2 宝钢文化发展模式

二、惠普的战略变革

惠普公司在 20 世纪 70 年代,经历了自从创立以来最大的变革:公司进行了战略性转移,从电子仪器设备转产计算机设备,计算机设备销售额占到总销售额的三分之二,公司的创始人也逐渐淡出,公司由中型企业成长为大型集团公司。

公司每一次变动都伴随着企业文化的某些变革。比如进入计算机制造业,导致了一种新的部门文化,更注重从较高层次来制订生产经营策略,富有西部开拓精神的牛仔式企业家的作用越来越小,创始人的纷纷退休使个人决断大为减少,但公司决策却更为集中统一。这些变化有时会受到很多抵触和非议,但持续较长一段时间后,多数员工还是认同了新型的企业文化,它的确是对市场经营新环境的合理反馈。在这次变革中,可以看到战略、结构变革、高管更迭以及群体文化与部门文化冲突等原因在发挥作用。

到 90 年代末期,惠普高层再次意识到经营危机的严重性。在 1998 年召开的全球总经理大会上,300 多位总经理通过先进的电子技术,在每一议题汇报后,将自己的意见敲进笔记本电脑,系统很快汇总意见给总裁。短暂休息后,一位高层经理就会回答大家的建议并答复问题,特别用心倾听对改革的意见。

1999 年 3 月,惠普正式宣布分家,把电子测量仪器部、化学分析仪器部、医疗仪器部以及半导体事业部等占销售额 17% 的创业领域剥离出来,成立安捷伦科技有限公司。此举主要考虑到四部门所生产的产品与惠普其他 IT 类产品性质截然不同,导致市场营销策略差异过大。这说明惠普公司决定专心致力于信息技术市场的开拓。

新成立的安捷伦科技公司将专注于电子通信与生命科学两大领域。1999 年 11 月 18 日,安捷伦科技在纽约证券交易所挂牌上市,21 亿美元股票初始发行创下了硅谷的历史性记录,惠普公司股票也大幅攀升至每股 120 美元左右。安捷伦科技公司在主要业务领域都占据领先的市场份额。它分布在 40 多个国家,拥有 4 万多名员工,客户分布在 120 多个国家。

这次拆分实际上也是一次复杂的战略变革。拆分后的安捷伦英文名称为 AGILENT,其中包含 AGILE 字根,其意思是敏捷、迅速。剥离后,安捷伦依然奉行使惠普公司成功的价值观,包括致力于创新和贡献,信任、尊重和团队精神以及正直诚实。在"创新惠普之道"(INNOVATING HP WAY)之外,安捷伦还加上了速度、专注和责任。

"速度,因为我们想要以更快的速度做任何事情,对我们的客户更为敏感,在寻求商机上更有闯劲;专注,因为我们想在安捷伦内更专注于我们的客户以及业务;勇于负责,因为你是一家独立的公司,我们想让每个人都要考虑给予承诺,兑现承诺,不管是对客户、股东还是自己。"①按照安捷伦CEO纳德的说法,他的目标就是"做到三个方面的完美平衡:专注用户,提升工作效率和创造公司文化"。②

为了做到这些,纳德首先大谈与惠普的不同之处,速度、专注和勇于负责很快在安捷伦传开,但几个月后,CEO得到的反馈却是,对传统价值谈得不够。人们说:"我不是因为速度、专注和勇于负责才加入惠普的,我是因为创新、人性管理、信任、尊重和协作等价值观而来到惠普的。"在惠普待了34年的纳德终于明白,"传统价值观是公司赖以建立的基础,我们必须向人们说明这个事实,使大家明白我们将仅仅在这些基础上去建造我们的新价值观"。按照美国法律,拆分一年后就不能再出现原公司的名字,因此安捷伦把价值观更改为"梦想成真"。但在安捷伦中国的入口处,人们仍可以看到那句"创新惠普之道",显示着对传统的继承和执着。

在经历拆分后三年的发展黄金期后,受全球经济环境影响,安捷伦的许多业务领域销售额持续下滑。其间,公司宣布在全世界范围内裁减4000名员工,员工薪金降低10%,并推迟一切奖励计划以降低成本。2000年,安捷伦还做出一项重要决策,进一步剥离医疗仪器事业部。剥离后的医疗仪器部将与飞利浦公司相关部门合并。这主要是由于在美国医疗保健市场,规模大、产品种类多的厂商更受医疗部门青睐,同时剥离该业务部门对客户、股东、员工更有利。虽然经历了减薪裁员等一系列冲击,安捷伦员工却比较平静。2002年3月,CEO纳德到上海时,一位因全球重组而上了"黑名单"的中国员工写了一幅"梦想成真"的书法作品送给他。这位员工在老惠普和安捷伦工作了11年,很喜欢惠普文化,舍不得离开,但即使离开也没有怨言。这个故事的美国版本,则是一位被裁掉的员工在离开公司的前一天,在电话里告诉妻子,他可能很晚才能回来。他默默工作到深夜,关灯后才消失在茫茫夜色中。这些故事的背后仍是惠普的价值观在发挥作用。

惠普的另一次战略变革则发生在2001年9月,它正式宣布将与康柏(COMPAQ)公司实施并购,并购涉及金额约250亿美元。根据协议,惠普股东将以0.6325股换取康柏1股,康柏约溢价19%,惠普将持有新公司64%股权,康柏持有36%的股权。如果成功,惠普康柏并购案交易金额超过200亿美元,堪称美国高科技史上最大的一次交易。合并后的公司将成为全球最大的计算机和打印机制造商,同时也是全球第三大技术服务供应商。两家公司合并后的年营业收入将超过870亿美元,其规模仅次于IBM。因其巨大的行业影响力,欧盟和美国联邦贸易委员会对其进行了行业垄断和反托拉斯调查。全球并购研究中心等几家研究机构按并购规模、行业影响力、社会影响力、并购技术运用和并购竞争程度等方面综合评分,将惠普康柏并购案评为2001年全球十大并购事件之首。

惠普的高级管理层在实现业务剥离后,努力将惠普人带回到创业时的状态。菲奥里纳对惠普核心价值观和车库法则给予了高度评价和肯定,并且采取了几方面措施力求把

---

① 中华企业内刊网,仲进,《安捷伦:超越惠普》中纳德自述。
② 《北京晨报》2002年4月4日。

惠普从原来保守、内向、技术导向的文化,转变成行动导向、对市场需求反应敏捷的文化。①作为新上任的最高领导人的菲奥里纳就成为文化转型的典范,她的言行和风格无时无刻不在影响着其他的惠普人。②公司选拔、提升、支持那些愿意学习新观点并以新的行为方式去工作的员工;而那些不能或不愿这样做的员工,要么不自愿地退出,要么在公司扮演次要角色。③调整员工业绩测评标准和奖励办法,使员工的收益与公司的市场业绩联系更加紧密。加上公司制定的增长目标都极富挑战性,从管理层到普通员工都感受到巨大压力。财务指标衡量的周期从原来的每半年缩短至每季度,乃至每个月。④为重新占据世界IT舞台上的领先地位,惠普管理层不断强调要有强烈的取胜欲望。

中国惠普有限公司时任总裁孙振耀就经常举骆驼与狮子的例子,说明由于市场竞争加剧,企业需要的不只是像骆驼一样能适应恶劣环境,而是要像狮子一样有强烈取胜欲望。孙还提出新惠普的三大特色:开放、敏捷和规模。开放是指新公司继续保持产品的开放性,也体现在惠普与商业合作伙伴之间密切的合作关系,给客户提供更多选择,更多灵活性、自由度;敏捷则是指新的组织结构更敏捷,既保持大公司的规模优势,又具有小公司的灵活性。

传统的惠普之道能包容下康柏这个后起之秀吗?企业文化不兼容,在历史上的确是很多兼并失败的根源。在现实生活中,许多惠普的管理者讲,很不适应突然在办公室的对面进来了康柏的人,而且谁看谁都不顺眼。这种冲突是文化融合遇到的最大障碍(图11-3)。

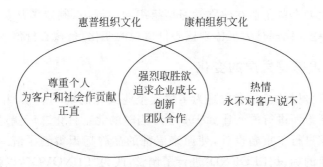

图 11-3 惠普与康柏组织文化比较图

在这两次战略变革中,安捷伦为新的文化特征的建立和培养适合的管理者,投入了大量的资源,包括参加最佳雇主的评选等活动,在较短的时间内赢得了各方对安捷伦核心价值观的认同;而新惠普在合并后对文化差异是有认识的,不过在双方文化的融合和新文化特征的建立上,力度明显不够。用某些惠普员工的话讲,"已经不像原来的惠普了"。但新的是什么样,员工不清楚,常常流露出不喜欢的情绪。在对惠普(中国)员工的访谈中,一个有意思的现象是:在合并中幸存下的原康柏员工在新惠普的感觉很好,"这里的人很NICE,与原来康柏的TOUGH不同";而感觉别扭的恰恰是原来惠普的员工,有很强的失落感。这个现象也反映了文化融合的问题。

惠普在世纪之交的这场变革是由经营危机、战略、结构、高管更迭所驱动的,而惠普并购后的文化冲突则反映出两种企业文化的冲突,以及在两种文化融合过程中另类企业文化与个人文化之间的冲突。

2014年10月,惠普宣布将拆分为两家独立上市公司,一家名为惠普公司(HP Inc.),主营 PC 和打印机业务;另一家为惠普企业(Hewlett-Packard Enterprise),主营企业硬件和服务业务。这标志着有 75 年历史的惠普摆脱困境,开始了新一轮战略变革。

第三节 企业文化变革的内容

企业文化的变革是企业所有变革中最深层次的变革,因为它涉及对企业成员从认知到行为两个层次上的改变。文化变革内容主要包括以下三方面。

一、企业价值观和理念的改变

这种变革既涉及对企业整体的深刻把握,也涉及对企业环境变化的重新认识。在企业价值观中,管理哲学与管理思想往往随着企业的成长和对外部环境的不断适应发生变化。例如,在海尔全面推行国际化战略后,在海尔的价值观中,创新或者说持续不断创新成为最主要的经营哲学;在海尔的宣传中,也可以看到以"HAIER AND HIGHER"(海尔永创新高)代替了早期的"真诚到永远"。

二、企业制度和风俗的变革

企业制度和风俗变革包括员工和管理者行为规范的调整,企业一些特殊制度和风俗的设立与取消。比如有些企业在建立学习型组织的过程中,制定了从员工到管理层的学习制度。当然,这些变化都是为了体现核心价值观的变化,是核心价值观的行为载体。

三、企业标识等符号层的变化

企业标识等符号层的变化多数是为了建立企业文化的统一形象,并树立个性鲜明的企业形象和品牌形象而进行的。比如 1998 年,当时的北京日化二厂就对企业"金鱼"系列产品的包装和标识进行了重新设计,使原来混乱的品牌标识得到了统一。2003 年春,联想公司对沿用多年的标识"LEGEND"进行了调整,改为"LENOVO",以强调创新的内涵。毫无疑问,符号层的变化也是为了配合核心价值观的调整。

总的来讲,企业文化变革的核心是理念层的改变,包括核心价值观、经营哲学和经营思想的变革,制度行为层和符号层的变化是为了配合理念层的改变,是理念层变革的外在表现。这是在实施企业文化变革中需要特别注意的地方。

第四节 企业文化变革的原则

在规划和实施企业文化变革中,管理者必须遵守下列原则。

一、审慎原则

企业文化不同于一般的管理制度,可以采取摸着石头过河、试验的方式来调整。企业文化反映了企业的基本哲学态度和行动指南,对企业成员行为有明显的导向作用。企业文化总要在相对较长时期内保持稳定,因此,企业文化的变革必须审慎地进行。对哪些东西要变,如何变化,都要进行充分思考并具有一定的前瞻性,这样才不会出现改来改去,让人无所适从的现象。反复频繁地进行文化改变,只能说明企业仍没有形成统一的思想体系,反映出管理者的能力欠缺和思路不清。这将会使企业文化的作用大打折扣,企业的经营也会受到影响。因此,企业文化的变革要审慎进行。

二、持久原则

企业文化变革从不会轻易迅速地产生,在大企业中所需的时间更长。即使是领导力出众的管理者,也需要其他人的配合来实施变革。在约翰·科特研究的10家企业实施文化变革的案例中,所需时间最少为4年,最长为10年,且仍在继续,并未结束。因此,企业管理者不要奢望文化变革可以一蹴而就,而要有打持久战的思想准备,这样才不至于低估文化变革的难度,甚至在实施过程中因为缺乏毅力而半途而废。正是因为企业文化变革的持久性,新的企业文化才能真正改变企业成员的认知和行为。

三、系统原则

组织的任何变革都是一个系统的过程,企业文化变革也不例外。在进行文化变革的时候,一定要注意其他相关制度的相应调整与配合,其中用人制度和薪酬考核制度是最直接反映企业的价值导向的制度,必须做出调整。如果一面强调创新,一面又不愿任用勇于开拓的管理人员,不愿改变原来强调资历的工资制度,决策时仍强调规避风险,那么这种价值观的改变是不可能成功的。所以管理者在推进企业文化变革时,一定要对整个企业管理和经营的系统进行重新的审视,并用新的价值观决定取舍,这样才能保证文化变革的最终成功。

第五节 企业文化变革的过程

企业文化变革主要是利用行为科学的理论结合组织发展的技术来实现。

美国学者蒂奇(N. M. Tichy)认为,企业文化是一个战略变量,管理人员能够利用角色模式、圈内术语、传奇、仪式以及人力资源的挑选、培训、评价和奖惩,来变革企业的文化。

日本学者河野丰弘则认为,企业文化变革可以通过下列6种手段实现:①高层管理人员的替换,尤其是最高经营者的替换;②经营理念与目标的变化;③经营阶层政策决定的变化;④产品市场战略的变化;⑤组织与人事制度的变化;⑥组织成员的替换等。但这些更像是企业文化变革的可能时机,并不能保证企业文化的变革必然实现。

一、组织文化变革的模型

美国学者兰德伯格提出的通过组织学习来变革组织文化的模型(图11-4),则是一个相对动态的过程。他认为,文化变革的组织学习是一个循环过程,它的起点是一系列现存的文化价值观和基本假定,并把组织成员的注意力集中到一些特定事情上,对一些现象

（如困境）的注意就可以形成一种经验。当有足够关注时,经验可以捕捉意外情况,进而形成探询。探询牵涉到发现,即发现先前没注意到的各个层次的现象,从文化的符号层到基本假定。在适当情况下,这种发现会导致价值观和基本假定的重新建立,从而完成组织学习的文化变革。

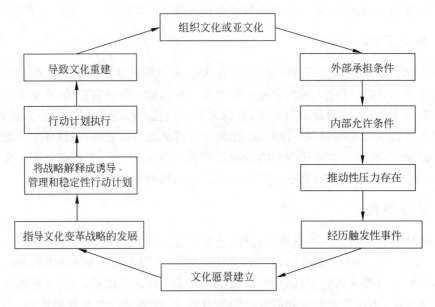

图 11-4　文化变革的组织学习循环图

从变革的原因和内容来看,企业文化变革是打破原有企业文化并建立新文化的过程,这是一个动态的、系统的过程。它要打破现有企业文化的结构,剔除那些不适应企业发展和竞争环境的内容,通过一定途径建立与企业内外环境相适应的新结构,赋予企业文化新的内容,并通过一定方式将其固定下来,形成一种新的稳定的企业文化。

二、企业文化变革的三阶段

企业文化的变革过程,可以分成破除、涵化与定格三个基本阶段。

1. 破除阶段

破除意味着审视与反思现有企业文化的符号与意义,挖掘出深层的基本假定,并与企业目前的内外环境加以比较,对不适应发展的内容予以确认并剔除。

在这一阶段,特别需要注意的,就是建立起员工对变革必要性的一致认识。因为对原有文化的熟悉,可能造成企业成员的惰性心理,从而使企业文化的变革受到抵触。所以找出原有企业文化过时的内容,并对它已经或者可能造成的企业经营上的危机进行充分的评估,并反馈给所有企业成员,才可能使文化的变革继续下去。

2. 涵化阶段

涵化就是按照企业发展的要求,创立新的企业文化内容,确定新的企业文化的符号和意义。这是企业文化变革的核心步骤,但是这一步骤复杂而困难。管理者一定要注意坚持合适的才是最好的,千万不能脱离企业发展的实际阶段和员工的成熟度而盲目设计和宣扬文化。如果一味地追求企业文化的高深和先进，而不考虑企业现状，只会阻碍企业长远发展。例如，海尔集团一开始的文化并没有今天这么完善，在1984年订立的"十三条"，其中有不许在车间内大小便的规定。那是根据员工当时的成熟度和企业发展阶段而定的。如果当时张瑞敏就制定非常先进的规章制度，未必能促进企业快速发展。而有些公司的文化大而全，是时髦词汇的堆砌，员工既不理解又无法接受。这就反映出一种不适应。

在涵化阶段，管理者需要提出的是符合企业个性的企业文化内容。如果我们检视最优秀公司所推崇的核心价值观，的确可以发现一些共同的东西，比如诚实和正直，我们可以在惠普和波音的价值观中见到，又如尊重创造力，尊重个体，团队合作。但不能因此就得出企业文化大同小异的判断，因为往往每个公司最为人称道的价值观是独具个性的。如IBM的最佳服务，迪斯尼的"把欢乐带给大家"，波音的"在航空的世界中吃饭、呼吸、睡觉"等。而在我国企业文化建设的最大问题就是个性不突出。所以，涵化阶段是结合企业实际和内外部环境，对新企业文化的创造过程。

3. 定格阶段

定格就是将涵化的结果固定下来，它通过企业的大量宣传和企业成员之间的广泛沟通和学习等社会方式，使新的企业文化能为企业成员认可和接受，真正成为企业成员共享的价值观和行为准则。

在这一阶段，企业成员的认知和行为方式发生转变，从而形成一种稳定的企业新文化。当然这种定格是相对的，在企业发展到一定阶段后，还会面临新的破除。定格阶段也是新企业文化的实施阶段，新的企业文化能否发挥作用，实施阶段非常重要，我们将在后面详细地介绍实践中可能的实施方式。

第六节 企业文化变革的策略

在文化变革的过程中，企业内外的众多利益相关者都会受到不同程度的影响。本节就从受影响最大的几个角色入手，研究他们在变革中的作用，有针对性地采取相应策略。

一、发挥员工的主体作用

在多数情况下，在企业文化变革的过程中，员工对企业文化的理解与管理者的理解是不同的，尤其是对核心价值观的理解。而且企业文化变革往往是由高层管理者推动的，新企业文化的主要倡导者一般是公司最高领导者，因此企业文化往往带有浓重的个人色彩，经常被称为"老板文化"。但如果因此就认为文化变革只是高层管理者的工作，与企业其他成员无关，就谬以千里了。

普通员工，在企业文化建设中扮演着双重的角色：他们既是企业文化建设的主体，是推动者和参与者；也是企业文化建设的客体，是接受者和被改变者。离开了全体员工，就失去了推行企业文化建设的根本意义。因此必须要与员工进行充分的沟通，得到员工的理解与支持，激发员工的主动性、积极性、创造性，由"要我改"变成"我要改"，真正发挥主体作用，成为企业文化变革的支持者与实践者。只有这样才能使企业文化建设落到实处，取得良好的效果。

在企业文化变革的过程中,自始至终都需要员工的共识与参与,从对现有文化的总结与反思,对未来所倡导的价值观的讨论和斟酌,一直到负载这样价值观的行为规范和制度的制定,都需要员工的积极参与,才能保证实施过程的顺利。也只有员工的全程参与,才能使企业上下全面准确地理解企业文化中的价值观,上下同欲。因此应该改变员工在企业文化变革中的被动地位,从变革一开始就使他们主动参与到变革过程中来,尊重理解他们的想法,通过沟通、培训建立共识。这是企业文化变革顺利进行的关键。

二、强化领导者的主导作用

领导者或领导群体在企业文化建设中的作用举足轻重,不仅在发起和设计时起领导作用,而且在实施过程中起着示范、组织和推动作用。

作为企业上层建筑的表现形式,企业文化应该从上到下贯彻实施。首先领导层要达成共识,充分认识到了企业文化建设的重要性,这是使文化变革顺利进行的前提。有远见、有能力的领导者,不仅善于选择与企业文化一致的人作为员工,更要善于使与企业文化不一致的员工改变初衷,转而与组织文化协调,这一过程就需要高级、中级管理层的推动。所以,要充分发挥企业高级、中级管理层对企业文化的推动与示范作用,领导的亲自参与推行至关重要。

在企业文化变革中,管理者需要做好下列工作:①让员工明确企业所面对的威胁,理解文化变革的必然性,并指出变革是可能实现的;②提出新的基本假定和价值导向,并成为新文化的角色模范;③选拔与新企业文化适应的人到企业的关键岗位上;④对认同新企业文化的行为予以奖励,反之则给予惩罚;⑤引导员工采取符合新企业文化特别是价值观的行为;⑥对旧文化价值观进行深入批判和彻底粉碎;⑦创造符合新价值观的管理体系。

三、遵循企业文化建设规律

在企业文化变革的过程中,虽然价值观是变革的主要内容,但价值观需要物质载体来加以推动和实现。也就是说,企业文化绝对不可以通过精心的设计而快速的形成,而需要长期的倡导和实践,并将理念要素落实到制度和物质层面。唯有如此,文化变革才能落到实处。

企业文化建设的最大危险是流于形式,搞花架子。如果只是走走过场,那么还不如不做。要让企业文化深深地扎根于每个员工的心中,使他在日常的工作当中潜移默化地向企业文化靠拢。所以在实施企业文化的过程当中,要认认真真地去做,不做表面文章,不搞形式主义,并在执行的过程中及时地收集反馈信息,及时发现和解决问题,保证企业文化的实施效果。

企业文化在许多企业家的眼中,是很"虚"的东西,有点等同于精神文明建设。因此出现两种倾向:一种倾向于将企业文化"实"起来,注重企业文化的符号层面,将之与企业形象联系起来,在企业标识、企业纪念品等上颇下功夫,做得非常漂亮堂皇,但却忽视了企业文化最核心的理念——企业价值观。在中国企业文化建设初期的CI战略就经常犯这样的错误,只重视VI(视觉识别),而轻视MI(观念识别)和BI(行为识别),这必然使企业文化成为水中浮萍,毫无根基。另一种倾向就是"虚"下去,对企业文化不重视,不关心,不投入,只关心经营业务,关心市场占有率,认为企业文化与经营没有关系。

对于中国企业而言,企业文化的变革具有更为重要的意义。40多年的改革开放,使企业的外部环境发生了天翻地覆的巨大变化,从计划体制走向市场体制,从相对封闭到全球竞争,企业的经营管理模式发生了根本的变化,相应地,企业的核心价值、经营管理理念和员工的精神风貌也发生了根本性的变革。可以说,改革开放的时代,就是企业文化变革和更新的时代。现代中国企业的文化建设,在不同程度上都是企业文化的变革。

在企业文化变革的过程中,一定要充分认识到更新后的文化实施的长期性和艰巨性。实际上,从战略的高度来考虑新企业文化的实施,本质上是提高企业的竞争力,是为企业的战略服务的。一个企业建设先进文化是一个长期、渐进、艰苦的过程,优秀企业文化的形成往往需要几年、甚至十几年的积累与沉淀,需要几代员工的共同努力。新的企业文化的实施一定会在组织内部兴起一场变革,有时甚至是革命性的。这必然会影响到现有人员的既得利益,遭到一定的阻碍,甚至是反抗。所以管理者应该树立长期渐进的观点,并且要有克服各种阻力和困难的心理准备,有计划、分阶段地完成企业文化的再造。

企业文化是一个企业最真实的镜子,通过企业文化的变革,可以使这面镜子成为聚焦的镜子,可以代表企业所有成员的愿景和价值,可以凝聚所有成员的力量和智慧,可以成为最具有竞争力的武器,可以使企业在日益激烈的市场竞争中一马当先,立于不败之地。

第七节　企业文化的创新之道

创新是一个国家兴旺发达的不竭动力,也是一个企业发展进步的力量之源。进入21世纪,新科技革命突飞猛进,经济全球化深入发展,人们的个性化需要更加凸显,这些都预示着企业进入了创新制胜的时代。

一、企业文化创新的含义和重要性

企业文化创新,是指企业根据环境变化不断推动企业文化的变革、发展和更新,以实现自身使命和长远目标的过程。

变革是渐进式的改变,创新是颠覆性的革命。企业文化创新往往是对现有组织文化的全面评估、系统反思、重新设计和整体建设,是企业内部的一场思想解放运动和思想观念革命。较之企业文化的变革,企业文化创新由于会触及核心价值观、长远目标等根本理念,不仅会引发生产经营管理的全面深入改革,而且将对企业未来发展产生重大而深远的影响。

企业文化建设是一个长期不懈、动态完善的过程,贯穿于企业的整个生命周期。在企业发展的不同阶段,受外界环境和内部条件的约束与影响,企业文化也表现出不同的内涵与外延。随着社会进步和企业发展,企业所处的外部环境和自身条件将发生变化,意味着现有企业文化设计时所依据的前提条件和基本假设也将随之发生改变。今天成功的经验可能成为明天失败的源头,目前先进的企业文化到时可能会表现出历史的局限性,成为未来阻碍企业继续前进的绊脚石。

当今时代,企业已经成为技术创新的主体,是实现创新驱动发展战略、建设创新型国家的重要力量。作为企业微观的"上层建筑",企业文化既由企业自身的财力物力、产品和服务、技术水平、设备条件等微观"经济基础"所决定,又对企业的微观"经济基础"具有反作用,影响企业的技术创新和转型升级。企业文化要发挥创新功能,自身必须与时俱进、不断创新。IBM、三星、中兴通讯、海尔等大量企业的实践证明,文化创新是企业管理、组织、技术、产品和服务等各方面创新的先导,是企业立于不败之地、永续发展的根本保证。

二、把握企业文化创新的时机

企业文化创新往往发生在企业内外环境出现以下重大变化的时候。

1. 世界格局深刻变化和科学技术重大突破

"二战"以后美国取代欧洲成为西方世界的头号强国,美国推崇的自由、民主、法治等价值观和美国企业管理模式被广为借鉴,在世界范围掀起了一场企业文化的创新浪潮。20世纪七八十年代日本经济快速崛起,日本企业文化为各国企业纷纷效仿,再次引发了全球企业文化的建设和创新。20世纪中叶以来信息技术迅猛发展,目前美国等发达国家基本上完成了从工业化向信息化的转变,创新、速度等观念广泛普及,成为企业文化创新的时代标志。当前,全球化深入发展,中国和平崛起,世界格局深刻变化;以信息技术为代表的新科技革命突飞猛进,生命科技酝酿着重大突破,知识经济方兴未艾……这些都预示着,新一轮企业文化创新正在孕育之中。

2. 国家经济社会发展深刻转型

一个国家在社会转型的时候,都是该国企业文化创新的重要契机。近代以来,中国社会发生了天翻地覆的巨变。从洋务运动到辛亥革命,从新中国成立到改革开放,每次社会发展的重大转型,都引发了中国企业思想观念和组织管理模式的变革和创新,形成了不同时期中国企业文化的鲜明特色和独特传统,对推动社会进步和文化发展发挥了重要作用。当前,中国发展进入了全面深化改革、全面推进依法治国的新阶段,全国人民正在中国共产党的领导下向着全面建成小康社会、实现中华民族伟大复兴中国梦的宏伟目标奋勇迈进。特别是加快转变经济发展方式,必然带来整个社会的深刻转型、人们思想观念的巨大变化和企业生产经营方式等重要改变,也意味着中国企业必须相应地加快推进文化创新,以适应经济社会发展的新常态。

3. 企业自身转型升级和战略调整

企业发展转型和战略调整,既为企业文化创新提供了强大动力,又创造了宝贵机遇。实践证明,企业的发展战略、业务领域、经营范围、核心技术、生产要素配置模式、服务对象、产品结构以及在产业链中的位置等发生重要变化时,往往会引发企业文化创新。20世纪八九十年代,韦尔奇领导GE公司实现从制造业向服务业转型,成功地推动了公司文化创新,大力清除公司长期形成的"NIH"观念(即不是产生于GE,公司就不会对其感兴趣),建成了学习型文化。当前和今后一段时期,在中国经济从高速增长转为高质量的中高速增长的新常态下,中国广大企业必须走自主创新道路,加快转型升级步伐;同时,迫切要求企业领导者和全体员工进一步解放思想,全面深化体制机制改革,大力推进企业文化创新。

三、破除企业文化创新的障碍

创新,是一个破旧立新的过程。企业文化创新意味着文化变革进入了深水区,将面临更为复杂尖锐的矛盾,遇到更多更大的阻力。如果不能彻底打破各种障碍,企业文化创新将无从谈起。因此,在企业文化变革过程的破除、涵化与定格三个阶段中,推进文化创新需要把更大的力量用于破除阶段。

1. 思想束缚和思维障碍

作为微观的意识形态,企业文化很大程度上表现为管理团队和员工群体的思想观念。越是过去业绩良好的企业,越是强有力的企业文化,员工们越容易受到以往成功经验的束缚和制约,越容易形成僵化的思想认识。这种"成功综合征"导致的思想僵化,使诺基亚错失发展智能手机的良机,可能也是微软没有布局移动互联网的原因。只有解放思想、实事求是、与时俱进,像韦尔奇清除GE公司的排外观念,像张瑞敏用"砸冰箱"唤醒海尔的质量意识,才能破除企业中的思想禁锢,为文化创新打开大门。

思想认识与思维方式有关。制约企业文化创新的,主要有三种思维障碍:①思维定式。这是由此前活动而导致的一种对活动的特殊心理准备状态,在环境不变时有助于人运用已掌握的方法迅速解决问题,环境变化时则妨碍人们采用新的方法。从众心理、盲从权威就是阻碍创新的消极思维定式。②思维惯性。也称常规思维或顺势思维,指人们在认识处理问题时往往用过去的知识、经历、经验和直觉,不由自主地对问题的原因或结果直接作出条件性判断,如刻舟求剑、习以为常。③思维封闭。这是一种孤立、拘谨的思维方式,例如坐井观天、鼠目寸光等。企业领导者和广大员工改变思维方式,增强创新思维能力,是破除思维障碍、推动文化创新的重要前提。

2. 体制机制约束

对企业而言,体制机制是管理体制和运行机制的简称。管理体制主要是指企业内部的机构设置和管理权限划分及其相应关系的制度;运行机制是指企业生存和发展的内在机能及其运行方式。当企业发展到一定程度,体制机制往往相对稳定甚至固化,并成为各级管理者和员工的潜意识和工作习惯。固化的体制机制,一方面有利于提高工作效率、减少随意性,另一方面又制约人们接受新观念、产生新想法、采用新方法,成为企业文化创新的巨大阻力。例如,"大企业病"的主要特征是企业内部管理层次多、条块分割严重、信息传递慢、官僚主义和形式主义盛行,显然是组织文化变革与创新的大敌。

3. 利益固化藩篱

企业是经济组织,利益固化现象首先表现为企业层面。例如,有的国有企业靠垄断地位长期维持高额利润和远高于行业平均水平的薪酬待遇,管理层和员工的创新精神不足;有的企业靠地方政府的保护主义政策维持生存和发展,也缺乏内生的创新动力。另外,企业内部的利益固化现象也很常见。例如,有些企业"老人"排斥"新人",有些特权部门和待遇好的岗位人员难以流动,这些都反映了企业中群体和个体的利益固化问题。

实践证明,既得利益者群体或个体往往寻找各种冠冕堂皇的理由,反对任何触动其利益的改革创新。特别是当企业改革从存量调整转为增量调节时,利益固化的藩篱将更为突出,极大地阻碍企业文化创新和任何创新探索。

四、把握企业文化创新的时代方向

先进文化总是昭示和代表着人类社会的前进方向。从国内外优秀企业的文化发展走向来看,当前企业文化创新主要集中在以下几方面。

1. 国际化

随着经济全球化深入发展和科技进步日新月异,人类的前途命运从未像今天这样紧紧相连。人才、技术、信息、资本、能源资源等各种要素已经在世界范围内流动,过去分割的市场正成为一个整体,不同企业日益成为全球产业链的组成部分。在全球化的竞争中,任何企业都难以偏安一隅、独善其身。最近十年,以美国为首的西方国家掀起了逆全球化恶浪,妄图在经济上、技术上、外贸上与中国脱钩。但无论如何,国际化仍是当今的时代特点。要适应国际化时代,企业文化首先要从封闭走向开放,在过去注重地域、民族、国别等特征的基础上注入国际化要素。只有这样,企业才能树立国际视野、全球眼光,在世界范围内找准定位、确立目标、发现机遇、拓展空间。值得注意的是,企业文化强调国际化,并不是否定民族特色和企业个性,因为对于文化而言,只有民族的才是世界的,只有普遍性没有特殊性就没有生命力。但是,企业文化又绝不能以民族特色或个性特征为由拒绝学习其他国家的优良文化,坐井观天,故步自封,抱残守缺。

2. 信息化

毋庸置疑,人类已经进入了信息社会,人们的思维方式、生产方式、生活方式正发生深刻变化。在工业化时代卓有成效的企业理念、管理经验和发展模式,均面临着信息化带来的巨大冲击和挑战。现代信息技术彻底改变了产业结构和经济结构,更改变了生产组织方式和企业成长模式,阿里巴巴、脸谱网(Facebook)等全球信息产业的领头羊只用短短数年便超越了传统行业的无数巨人。即使在传统产业,信息技术也带来了颠覆式创新,即时通讯、移动互联、物联网、大数据、云计算创造了新的巨大市场,打破了行业界限和企业边界,行业领先者的优势地位随时可能荡然无存。企业走向信息化,首先意味着企业文化要实现信息化,摒弃与信息时代有悖的陈旧观念,引入速度、创新、无边界、扁平化等理念,并体现到企业制度、落实到员工行为。

3. 法治化

法治是现代社会的重要标志,依法治企是现代企业治理的基本精神和重要特征。目前,世界各国不但加快完善国内法律法规,而且积极参与制定国际法、国际贸易规则和国际标准,以此保护本国利益、获取更多经济利益。其中,各国企业往往是规则竞争的幕后推手和主要力量。同时,随着社会的法治化进程,人们的法治精神、依法维权意识和能力都大大增强,给企业对外合法经营、对内依法治理提出了新的更高要求。依法治企,要求企业一是守法经营、合法求利;二是依法管理,健全制度,增强制度执行力,用制度管权管人管事管物;三是积极参与制定和善于运用各种法律法规及行业标准、市场规则。为此,企业必须加强制度建设、加快完善现代企业制度,同时又必须加快建设现代企业文化,使二者并重并举、同步发展。因为如果法治思维、守法观念、契约精神、规则意识等没有成为企业的核心理念,没有深入人心,再完备的法律和制度都难以有效执行,依法治企势必成为一句空话。

4. 个性化

企业文化的个性,是由企业的特殊性决定的。个性鲜明的企业文化,又强化着企业的特色和独特竞争力。随着全球范围企业文化热的蓬勃兴起和不断深入,特别是企业家们的日益重视和企业间相互借鉴,企业文化总体上呈现出趋同化、同质化的倾向。这在一定程度上暴露出企业的个性衰减和企业家的创新创业精神不足。坚持和而不同,克服从众思维、趋同心理、盲从思想,增强创新思维、求异思维,通过创新彰显企业的个性特色,建设个性化的企业文化,永远是企业文化创新的方向。

复习题

1. 企业文化变革的原因和内容是什么?
2. 结合你的工作经历来看,企业文化变革过程中最困难的是什么?
3. 如何进行企业价值观的变革?
4. 如何正确理解企业文化变革的原则?
5. 新企业文化在实施中需要注意哪些问题?
6. 企业文化变革的主要过程是什么?
7. 企业文化变革应当注意哪些问题?
8. 为什么要推进企业文化创新?

思考题

1. 你认为企业文化变革和企业组织变革有何异同?
2. 结合你所在企业的情况,谈谈企业文化变革的最大阻力是什么。

案例分析

海尔的 SBU

张瑞敏正在做这样的探索:他把一个海尔变成3万个海尔。如同本来就神通广大的孙悟空,刹那间又会有无数个"小悟空"一样。前人的无限遐想正在变成海尔的商业传奇。

张永劭就是这样一个"小悟空"。按海尔独创的管理理论,他是海尔3万名员工组成的3万个SBU策略事业单位中的一个。20岁出头的张永劭加盟海尔不过两三年,然而,海尔物流系统里的钢板采购业务却是他一个人"独掌大权",一年下来,海尔钢板采购业务涉及金额数亿。在全球钢板价格上扬时,张不但保证了集团的生产需要,而且在同行业中仍具备很大的价格优势。之后,他又自主雇了两个人,形成"三人帮"。

2002年12月26日,海尔度过了自己的18岁生日。和18年前相比,海尔的营业规模增长了2万倍,达到年营业额723亿元人民币。在5年前的1998年,海尔的年营业额接近200亿元的时候,张瑞敏就在思考这样一个问题:如何推倒企业内部的"墙",让每一个员工都像他一样充分感受到市场的压力。那一年,张瑞敏引用一句很著名的话"战战兢兢,如履薄冰"。

1998年9月8日,张瑞敏开始在海尔内部推行"内部模拟市场",让上道工序与下道工序之间进行商业结算,下道工序变成上道工序的市场。他打破原来的管理框架,至2002年年底,先后调整组织结构竟达40余次。2000年,张瑞敏将"内部模拟市场"的概念探索成为"SBU理论"。他的企业管理理想是至2008年把每一名员工都变成一个合格的"小老板"——就让这些"老板"们亲身感受市场的压力吧。

张瑞敏先后应邀登上瑞士洛桑国际管理学院、美国沃顿商学院、日本"亚洲的未来"论坛、日本生产革新综合大会等一流商学院或顶级经济论坛讲解"SBU理论"。虽然这些西方的专家和企业家可能在心里并不认为海尔的商业地位与这些西方的企业并驾齐驱,但他们确实认为张瑞敏的管理理论是一种新的探索,因此都表现出浓厚的兴趣。沃顿商学院教授马歇尔·迈尔说:"如果海尔能够成功,在全世界将是独一无二的。"日本率能协会高地先生说:"海尔如果能将SBU经营好,不仅对海尔,对整个人类都将做出巨大贡献。"

全世界的企业目前都面临着"流程再造"的困境,而张瑞敏的SBU理论等于给"流程再造"提供了一个很好的路径。目前洛桑国际管理学院、沃顿商学院都把海尔的SBU列为典型管理案例。上述这些虽并不能证明海尔在管理方面做到了领先,但是,如果海尔获得了成功并迅速跻身世界500强,SBU或许就会成为一种方向,带动管理上的巨大革命。张瑞敏所有管理变革的原动力都来自于市场。市场的风云变幻使他坚信"不管信息时代多么发达,都代替不了领导者的御驾亲征"。张瑞敏认为自己在海尔的地位就是一个"大SBU"。其实,海尔的战略基础也是市场,包括他们的名牌战略和国际化战略等。

(资料来源:节选于2003年3月24日《经济观察报》"再造海尔——访海尔集团首席执行官张瑞敏")

讨论题

1. 你认为海尔推行SBU是企业文化的变革吗?
2. 在推行SBU的过程中,需要什么样的企业文化的支持?
3. 海尔原有的企业文化可以完成这个任务吗?

企业集团文化整合

本章学习目标
1. 了解企业集团内部的亚文化及其影响因素
2. 了解企业集团亚文化整合的目的和原则
3. 掌握企业集团文化横向整合和纵向整合的内容
4. 掌握企业集团文化整合的过程和方法
5. 了解和掌握集团文化建设的机制

改革开放以来,随着我国企业的规模化、多元化、现代化发展和股权结构调整,各种形式的企业集团大量涌现。进行集团文化整合,强化集团内部的文化纽带,已经成为企业集团管理的重要内容。

第一节 集团文化与亚文化

任何企业都有自身的文化,企业集团也不例外。企业集团文化与其组织结构有关。本节将从企业集团的组织结构入手,分析集团文化与其内部亚文化的关系。

一、企业集团的概念与结构

企业集团是19世纪末在欧美国家工业化过程中的产物,后来逐步推广到全球。在企业集团的母子公司之间、不同成员企业之间,通常存在着资产、契约、技术、人事、文化、业务等各种纽带。

企业集团,广义是指以正式或非正式方法捆绑在一起的公司的集合。它可以是纵向型的,主要特点是一个核心企业、垂直射线持股、集团母公司协调;也可以是横向型的,特点是多个核心企业、环形相互持股、经理会协调。狭义的企业集团,则是指纵向型的母子公司或企业联合体。本书主要采用狭义的概念,例如联想集团、华润集团、海尔集团等。

当前,企业集团主要有财团型与母子公司型两种类型。母子公司型的企业集团,通常为金字塔型的组织结构。在集团内部,企业有多个甚至10多个层次,最上面是母公司(集团公司),下面是子公司、孙公司,最下面是基层企业(图12-1)。随着企业向大型化、集团化发展,一些企业集团内部还出现了多个子公司、孙公司等共同投资控、参股下级公司等更复杂的组织结构。

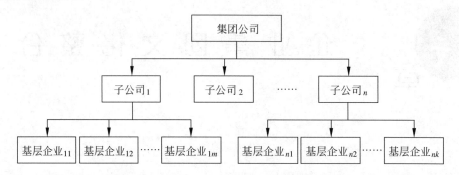

图 12-1 企业集团内部三层次组织结构

(资料来源:张德、吴剑平. 企业文化与CI策划[M]. 第五版. 北京:清华大学出版社,2020.)

二、集团文化与亚文化的关系

企业集团层面的企业文化,称为集团文化。相对于集团文化(或母公司文化)而言,各子公司、孙公司等的文化就是集团内的亚文化。集团内的企业层次越多,亚文化层次也越多。

在企业集团形成过程中,如果是由一家企业投资设立若干全资或控股的子公司,这样的企业集团往往具有相对统一的企业文化,即子公司从一开始就与母公司有着基本相同的文化。但由于子公司之间在行业上、地理上和成立时间上的差距,子公司会表现出各自不同的特点。如果母公司通过投资、兼并等方式控股其他企业,这时子公司的亚文化与集团文化并不相同,即子公司的亚文化与集团文化差距较大。

三、集团文化对亚文化的影响

企业集团内部各级公司的亚文化,不仅受到集团外部各种文化的影响,而且受到集团文化(母公司文化)直接的、深刻的影响。集团文化影响亚文化主要有三种途径:

(1) 通过子公司《章程》作出规定。例如,有的企业集团在设立子公司时,在子公司章程中明确规定采用集团文化的全部或部分内容。在企业章程这个"基本法"中作出规定,是集团文化影响亚文化的基本制度保证。

(2) 通过集团公司的文件作出规定。由于企业的隶属关系,子公司或基层企业对于集团公司(母公司)文件负有执行的责任,如果这些文件涉及企业文化(如集团企业文化建设规划),集团文化就会对亚文化产生影响。例如,根据《中国国电集团公司关于宣传贯彻企业文化理念的通知》,国电双鸭山发电有限公司制订了宣传贯彻集团企业文化理念的方案。

(3) 通过委派子公司负责人施加影响。思想路线确定以后,干部是决定的因素。中石化集团选派李安喜到旗下的广东茂名石化公司担任总经理、党委书记,对原有的企业文化进行了整合和更新,很快扭转了亏损局面。海尔在兼并企业时,则是首先选派企业文化中心的人员去进行文化整合。

通过资产划转、收购等形式,企业从一家企业集团的子公司变为另一家企业集团的下属企业时,亚文化则往往带有原来集团文化的深刻烙印。此外,亚文化也受到参股公司、集团内其他成员公司的企业文化影响。

第二节 集团文化整合的目的与原则

与单一企业具有统一的组织文化不同,企业集团的成员企业由于发展历史、联系纽带、主要业务、核心技术、市场定位等不同,母子公司、成员企业之间的企业文化往往并不相同甚至相互冲突,必须进行整合。

一、整合亚文化的目的

著名经济学家于光远曾说:"小企业靠人管人,大企业靠制度管人,大集团靠文化管人。"有了文化的"大",企业集团才有长远发展的根基。简单地说,企业文化是"老板不在的时候,我们也这样做"。只有文化做好了,才能更长远地激励员工,使集团企业实现"大而强,强而灵活,灵活而更大更强"的良性循环。对亚文化进行整合,是集团文化建设的重点。

企业集团文化整合,是通过对集团内部各成员企业文化观念的整合来达到行为的整合,通过对价值观念的认同来达到行为的规范,通过对个体的规范达到群体的和谐,使其成员能以社会和群体认可的一种新的方式来活动,从而使得企业集团达到真正的预期目标。2000年,美国时代华纳与美国在线两家企业宣布合并,双方高层领导者都把注意力放到财务、法律等"硬"的方面,没有重视企业文化等"软"因素,结果很快陷入了文化冲突,最终导致这桩价值1660亿美元的交易成了一个典型的错配案例。实践证明,对集团内的亚文化进行整合不仅十分必要,而且十分重要。

1. 增强企业集团的凝聚力

企业集团由于组织庞大、层次较多、员工众多、空间分布广泛、资产关系和业务联系松紧不一,内部凝聚力存在先天不足。为此,进行集团内的亚文化整合,通过建立共同的核心价值观和理念体系、增强制度体系和行为规范的共性、打造统一的企业集团形象,有利于把成员企业紧密联系起来,实施统一的发展战略,让集团政令畅通,同时有利于将所有员工联系在一起,增强对集团的认同感、归属感,从而增强整体的凝聚力、向心力。

就像美国管理大师德鲁克所说,与所有成功的多元化经营一样,要想成功地开展多元化经营,需要一个共同的团结核心,必须有"共同的文化"或至少要有"文化上的姻缘"。很多大型跨国公司虽然成员企业千差万别、员工文化背景各不相同,但由于有共同的企业文化,从而成为有机的统一体。

2. 增强企业集团的竞争力

与单个企业完全靠市场规则、商业合同进行的合作和组成的企业联盟相比,多个企业构成的企业集团往往具有更强的整体竞争力。企业集团成员企业"1+1>2"的作用,主要表现为协同效应和规模效应。当然,在企业集团内部,协同效应和规模效应不会自然形成。如果协调不好,成员企业作为市场中独立的经营主体和利益主体,为实现自身目标反而会相互竞争、相互牵制,削弱各自的竞争力。

如何避免集团内部由于追求局部最优引发的矛盾,从而实现整体最优?一种办法是加强集团内部的管理控制,通过行政手段协调和处理,但是这样做行政成本较高、管理效率较低。另一种有效的协调方式就是文化整合。通过整合亚文化,使成员企业形成共同的核心价值观、企业精神、伦理道德和经营理念,增强对集团整体发展目标和战略的认同,在处理局部和全局关系时自觉以集团全局为重,在一定条件下放弃和牺牲局部利益,以提升集团整体的竞争力。共同的文化对成员企业所起的协调、约束作用,比起行政命令所产生的抵触情绪和副作用小,影响深入而持久。

3. 增强企业集团的文化资本

今天,强大的文化资本已经成为优秀企业持续增长的重要原因。企业集团虽然不同于单一企业,但是如果要实现持续发展,文化资本同样起着非常重要的作用。与实物资本不同,文化资本对于企业集团的作用主要在于4个方面:①导向作用,使所有员工在认识和行动上保持一致,共同为实现集团目标而奋斗,从而有效降低管理成本;②凝聚作用,使所有员工以企业集团为中心,凝聚在集团周围,形成命运共同体;③创新作用,使各成员企业主动适应外部环境变化和集团发展需要,积极进行文化变革,为集团文化创新注入源头活水;④形象塑造作用,使成员企业的组织行为和员工个体行为有利于塑造企业集团的整体形象和品牌,提升集团的市场竞争力和顾客的忠诚度。

要充分发挥文化资本的上述作用,企业集团的亚文化一定要服从集团文化,而不能相互割裂、貌合神离。

二、集团文化整合原则

文化整合是一个复杂的过程和一项系统工程,应努力遵循以下原则。

1. 尊重差异

企业文化是广大员工实践的产物。对于作为整合对象的亚文化,首先要采取实事求是、一分为二的科学态度,尊重事实、尊重差异。尊重差异是文化整合的前提条件,尊重事实则是尊重差异的根本基础。

尊重事实,包括三方面:①尊重原来企业的发展历史和文化形成过程,否则容易引起与对象企业广大员工的感情对立,使整合难以进行。②尊重该企业现实文化中的积极因素,这样才能扩大对集团文化的共识。③尊重广大员工在企业文化建设中的主体地位和首创精神,使文化整合得到广大员工的支持。

尊重差异,首先要认识并承认不同企业有不同文化,同时要认识到文化差异有不同性质和程度的差别。成员企业的亚文化与集团文化之间,核心价值观等主要理念的差异是带有本质性的,这种差异是整合的关键;而次要理念、行为习惯、符号元素等非本质的差异,可以整合,也可以不整合。对于兼并收购的优秀企业,在整合时除了核心价值观等主要理念要统一之外,其他文化要素尽可能予以保留,这样可以更好地发挥原有文化的优势特色。

2. 有效沟通

文化整合是要把原来不同文化的员工群体凝聚到共同的价值观念、目标愿景和思想认识上来,以形成共同的精神气质、组织风气、行为习惯及组织形象,其本质是对人的思想和观念进行整合。因此,文化整合首先要解决人的认识问题,这依赖于有效的沟通。大量实践从反面说明,文化整合不成功,原因往往是缺乏有效沟通。

抱着真诚、平等的态度,是有效沟通的基础。只有尊重整合双方的文化差异,切实从员工队伍的实际出发,设身处地为成员企业的发展和员工的前途着想,才能形成共同的立场,文化整合才有了立足点。

共同的目标和愿景,是有效沟通的关键。进行文化整合应根据集团长远目标,形成整合对象的愿景并为员工所共识,这样文化整合才有根本基础,沟通才能继续下去。中铁工在与中海外重组以后,及时召开中海外职工大会,宣传重组的重大意义,将全体员工的思想统一到企业改革发展的战略目标上来。这一做法值得借鉴。

文化整合是企业集团统一思想、凝聚意志的长期过程,不能强行灌输,更忌行政命令。辽通化工集团在收购锦天化工的过程中,针对对方员工的思想情绪,集团领导亲自与员工沟通交流,处理问题小心谨慎,不做大的变动,使员工心理上逐步适应和接受,经营状况发生了显著好转。

3. 兼容并包

在企业集团内部,各成员企业往往有自身的企业文化。越是规模巨大、跨行业多的企业集团,旗下企业的文化多样性越是突出。面对下属企业丰富多彩的企业文化,应坚持兼容并包的整合原则。因为包容开放是先进文化的重要特征,如果连内部不同亚文化都难以包容,这样的集团文化称不上先进。

兼容并包,首先要全面客观分析看待各种亚文化,对于其中积极的文化因素要予以认同、支持和鼓励,使之成为集团文化创新发展的源头活水;对于消极落后的文化因素,则要加以抑制、整合和变革。为此,要求集团文化的定位要高、内涵要大、表述要精,具有很强的包容性,切忌过于繁杂具体。有的企业集团,集团文化只有集团使命、核心价值观、企业精神等少数几条,给予基层企业文化建设很大的空间,就是这个道理。

攀枝花钢铁集团在并购重组成都钢铁公司等企业时积极进行文化整合,不但引导下属企业干部职工接受以"奋斗、进取、创新、诚信、和谐"为核心价值观的攀钢文化,也很好地继承和发展了原有企业的优秀文化,对全体员工思想和行为起到了很大的凝聚和导向作用,为企业的深度融合提供了保证,也为公司发展积累了新的文化资本。

4. 因地制宜

所谓因地制宜,就是根据各子公司、各成员企业的具体情况,建设适宜的企业文化。

坚持因地制宜,要鼓励下属企业创造性地开展企业文化建设,而不是完全套用集团文化。作为宝钢集团的子公司,上海第一钢铁有限公司在60多年的发展历史中,员工们养成了吃苦耐劳的奉献精神,公司为此提出"精力有限、潜能无限"的企业精神,意思是,人的精力虽然有限,但却蕴藏着无限能量,以营造一种人人敢于创新、善于创新的文化氛围。这样既充分体现宝钢以人为本的价值观,又结合上海一钢实际,凸显了企业特色。

5. 和谐过渡

作为人们长期习惯的组织文化环境,企业文化如果在短时间内发生剧变,员工有时会出现文化休克现象,甚至引起文化冲突和排斥。因此,企业集团在对亚文化进行整合时,比较好的选择是和谐过渡,让员工有一个逐步适应、接受和认同的过程。

整合亚文化切不可急功近利、急于求成,而要把握规律、循序渐进。宝钢集团1998年底组建后不久,通过调研认识到集团内部客观上存在两种不同文化,一是原宝钢公司的用户满意文化,二是原上钢、梅山等老企业艰苦创业的奉献文化。集团通过干部交流、宝钢管理方式的输出推广、"新千年新思路"专题研讨会、制定公司文化体系和制度等措施,有力地推动了各大子公司的文化融合,促进了集团联合重组的成功,提升了竞争力。

制度行为层、符号层的整合,也不必强求一步到位,可逐步过渡。台湾嘉新水泥集团在兼并江苏京阳水泥公司时,考虑到江苏用户熟悉"京阳"品牌而不知"嘉新",于是前3年在大陆使用"京阳嘉新"品牌,以"京阳"带"嘉新";接下来3年改用"嘉新京阳"品牌,突出"嘉新";最后才用"嘉新"品牌,通过逐步过渡完成了品牌整合。

第三节　集团文化整合的类型和内容

根据企业集团内部的不同情况,集团文化的整合主要有横向整合和纵向整合两种类型,整合内容虽然都涉及企业文化的三个层次,但是整合的重点和方式相应有所不同。

一、集团文化的横向整合

所谓横向整合,是对本来具有不同企业文化的子公司进行文化变革、更新与调整,使它们具有文化上的一致性。

当企业通过投资收购、兼并重组形成企业集团的时候,新纳入集团旗下的子公司原来有着自身一套完整的企业文化,与集团文化和其他成员企业的组织文化存在差别和冲突,这时就需要横向整合。前面提到的惠普公司与康柏公司并购,我国南方五省6家国企重组为"南方电网集团",都是典型的企业文化横向整合。

1. 理念层整合

企业文化的横向整合,是理念层、制度行为层、符号层的全面整合,但重点是进行核心价值观等理念要素的整合。

核心价值观不一致,是企业文化不同的根本标志。如果在企业集团内部,不同成员企业有不同的核心价值观,这样多元文化并存就意味着缺乏统一的集团文化。核心价值观不同带来的文化多元化,与基于共同价值观的文化多样性,有本质区别。无论什么类型的企业集团,几乎都在文化整合时首先推行相同的核心价值观。韦尔奇坚持为各级管理人员和新员工讲授GE价值观,就是想让企业上下认同和践行相同的价值观念,指导各级企业和员工的行为。

如果子公司的经营发展状况不大理想,说明原有的亚文化存在一定问题,特别是理念层有某种缺陷,这时也需要对企业愿景、企业精神等理念要素进行整合。整合时,通常采用文化融合模式,即根据实际把集团文化理念和原来亚文化中的先进理念相结合,形成新的亚文化。当亚文化较弱或者不健全,或当子公司与其他成员企业的业务、技术、管理等特点相同或接近,整合时可以用集团或相近成员企业的理念体系代替原有的亚文化。

2. 制度行为层整合

整合制度行为层,目的是促使和保证理念层整合得到落实,把核心价值观内化为各级组织和员工个体的共同意志并外化为实际行为,使企业集团的战略、方针、制度、命令得到有效的贯彻执行。

人事制度对员工行为的影响最直接,是文化整合的重点内容。绝大多数企业集团都会制定统一的人事制度,在人员选聘、使用、考核、分配、激励、晋升、流动等方面实行统一的政策。如果人事制度或政策不一致,成员企业干部职工会觉得不公平、不公正,从而影响工作积极性和队伍的稳定。海尔坚持"赛马不相马"的人才观,执行统一的人事政策,激发出所兼并企业的全体员工的热情。有的跨国公司在海外设分公司,对总部派出的员工和当地员工实行不同的薪酬标准,客观上造成同工不同酬,挫伤了当地员工的积极性,也妨碍了人才本土化战略的实施。

企业行为规范对人的影响也很大。集团各成员企业执行相同或相似的员工行为规范,有利于内聚人心、外塑形象,并提高管理效率、保证工作质量。例如,很多连锁商店、酒店集团都采用一致的员工行为规范和工作制度。在实行多元化经营的企业集团中,如果成员企业的行业跨度大,则不可能也不需要实施相同的行为规范。

对于企业的其他制度,是否需要进行整合、整合到什么程度,应从成员企业的实际出发,千万不能盲目地搞"一刀切"。

3. 符号层整合

符号层整合,实质是进行企业视觉形象的整合和塑造,使企业集团以统一的企业形象出现在公众面前。这样不但有利于公众和顾客辨认和识别,而且有助于增强员工的认同感、归属感。中国五矿集团公司以整合和实施企业形象识别体系为突破,促进兼并重组企业的文化融合,例如被并购的湖南省二十三冶建设集团就根据五矿企业形象的总体原则,设计出符合其自身特性的企业标识和实施方案。

企业标识的整合,是符号层整合的重点。在对兼并企业进行整合时,一般都采用集团的统一标识,包括标志、标准字、标准色等。外企在通过收购、兼并进入中国市场时,大多把原来企业的标识换成自己的标识。我国一些国有大型企业集团,是在多家独立企业的基础上组建的,成员企业有较大知名度,也可以沿用已有的标志。

品牌也是文化整合的一个主要内容。很多跨国公司为了占据中国市场,通过收购中国企业,把原有的中国自主品牌弃之不用。联想集团在收购IBM个人电脑业务以后,也主要使用联想的品牌。很多企业集团实施多品牌战略,保留子公司有一定知名度和美誉度的品牌。例如,百丽鞋业在收购森达鞋业后,就继续保留森达品牌。

符号层其他要素的整合方案,要从成员企业的实际出发,根据集团发展战略来确定。

二、集团文化的纵向整合

纵向整合有两层含义:①指企业集团内部各层次企业之间的文化整合,包括集团文化、子公司文化一直到基层企业文化的垂直整合;②指成员企业内部组织结构不同层次的文化整合,整合对象覆盖决策层、管理层、执行层、操作层等各级。同横向整合一样,纵向整合内容也涉及企业文化的三个层次。

1. 各层次企业间的纵向整合

(1) 自上而下逐级整合。这样做，一方面，可以使集团的核心价值观等在各亚文化层次上逐级落实，确保集团文化成为一个有机的文化体系，确保基层组织文化不会迷失方向；另一方面，可以根据不同层次企业的实际，保留和体现各级的先进文化因素，发挥各级干部和员工参与企业文化建设的积极性，丰富集团文化的内涵，增强文化发展活力。在实行多元化经营或不同成员企业行业跨度很大的企业集团，适合采取这种方式，既保持集团文化的整体性，又突出各级企业的文化特色。

(2) 从上到下同时整合。如果企业集团内部管控能力强，且各级成员企业的业务领域、管理模式相同或相近，就可以对各层次企业同时进行文化整合。例如，中国工商银行发布新的企业文化体系后，就在全行上下同时开展宣贯落实工作，使分行、支行等各层次的文化整合与更新同时进行。

2. 成员企业内部各层次的纵向整合

(1) 决策层整合。成员企业的董事会和总经理（总裁、CEO）领导的经营管理班子，不仅对本企业重大决策和经营管理决策负有直接责任，而且对集团文化的贯彻执行负有主要责任，因此在纵向整合中处于核心地位。通常，集团公司会要求决策层不但能够准确理解、深刻领会集团文化，而且能结合本企业实际创造性地加以贯彻执行。在被收购、兼并的企业，原来的主要领导者有时难以达到企业文化方面的要求，这时，集团或上级公司往往通过更换下级企业的主要负责人来快速实现决策层整合。

(2) 管理层整合。中层以上管理人员起着承上启下的骨干作用，是纵向整合的关键层次。他们要正确认识和理解企业文化整合的目的和要求，全面了解和掌握整合后的新企业文化体系，并且能从集团发展和本企业发展相结合的战略高度出发，积极主动地推动文化整合和建设。对管理层加强集团文化培训，明确文化整合的具体职责，是进行整合的主要方法。由上级企业选派企业文化、人力资源等部门主管，也是推动管理层整合的有效手段。正如法国拉加戴尔公司总裁菲利浦·凯莫斯所说："兼并成本必须把原企业管理层的情绪考虑进去，没有他们的配合，公司股票的价格就很难升上去。"

(3) 执行层整合。班组长、项目经理等基层管理人员是企业管理工作的基础和各项任务落实的组织保证，在纵向整合中发挥着基础性作用。为此，要求执行层不但要解决认识问题，对整合持积极支持的态度，接受和认同整合后新文化的理念，而且要解决行动问题，自觉遵守整合后的制度体系和新的行为规范，为普通员工理解、认同和执行新的企业文化起到带头和示范作用。成功的企业并购在进行文化整合时，母公司不但组织新成员企业的干部职工进行文化培训，母公司主要领导者还经常直接深入执行层进行沟通，释疑解惑，既稳定了基层骨干队伍，又促进了并购过程和文化整合的顺利进行。

(4) 操作层整合。普通员工直接工作在生产、销售、售后服务、研发、管理等各项工作第一线，是企业文化最广泛最坚实的群众基础。文化整合如果离开了操作层广大员工的支持和参与，不可能成功。对操作层的整合，既要务虚更要务实，不但要讲道理、转观念、树新风，而且要讲操作、重制度、见行动，即通过新制度体系的执行和考核检查，引导员工自觉遵守整合后的行为规范；通过使用新的企业标识、穿新的工作服等措施，实现新的身份认同。

第四节　集团文化整合的重点

文化整合的成效,在很大程度上决定着资本、人员、组织等整合的成败。尤其对于大型企业进行收购、兼并、拆分、重组之后的文化整合,涉及大量的资产、庞大的市场、数量众多的员工、复杂的文化资本,必须高度重视,精心谋划,科学实施,系统推进。

一、领导团队重组

无论独立的企业,还是企业集团的成员企业,主要经营管理者对企业文化都有着直接的深刻影响。因此,集团公司或上级公司,往往通过对下属企业的主要领导者进行调整、对管理团队进行重组来推进文化整合。

选派优秀的管理骨干到下属企业担任主要领导(董事长、总经理等),是进行领导团队重组、实现文化整合的根本举措。2003年,中国铁路工程集团有限公司(中铁工)和中国海外工程总公司(中海外)合并重组后,经国资委批准,在保持中海外领导班子基本稳定的基础上,中铁工在全系统选调政治素质高、经营能力强,而且具有高学历、高资质、熟悉国际商务的领导干部出任中海外一把手。中海外新班子注重把经营理念与价值观念的融合放在突出位置,把"勇于跨越,追求卓越"的中铁工精神与自身企业文化进行融合,避免了文化"排异"现象,在较短时间内形成了与中铁工相适应的主导文化,有力推动了企业合并重组。

国内外很多企业兼并重组的案例之所以不成功,并不是母公司没有向子公司委派主要领导人,而是因为所派的高管不重视、不擅长企业文化建设。因此,在选择下级企业主要负责人时,不仅要求他们懂经营、会管理,而且必须高度认同集团文化、懂得如何抓企业文化建设。企业集团在公开招聘下属企业主要负责人时,也要把是否认同本集团的文化作为一条重要的选聘标准,并把贯彻实施集团文化纳入对下属企业领导班子的考核指标体系。

二、组织机构和人员调整

组织结构和员工队伍,与企业文化有着紧密的联系。特定的企业组织积淀和承载了特定的组织文化,特定的企业文化又总是与特定的企业组织相适应的。改变企业的组织形式和队伍构成,是企业文化变革的重要手段,也是企业集团文化整合的必要环节。

通常,集团文化整合都意味着对下属企业进行文化变革。按照文化变革的步骤,首先就要进行文化"解冻",打破原有的企业文化模式,为在集团文化统率下建立新的企业文化创造条件。由于原有的企业文化模式依赖于固化的组织体系,于是通过调整下属企业的组织机构,任命新的干部,变动员工岗位,破除人们业已习惯的工作关系和人际环境,改变原有的心理定式、惯性思维和行为习惯。组织和人员的调整,不能单纯出于文化整合的角度,而要同时着眼于企业战略发展的需要,紧密结合生产经营方式和技术工艺特点,这样才能使文化整合促进下属企业的发展。攀钢集团在重组攀成钢公司之初,就要求"新的企业要有新的观念、新的组织结构、新的管理制度和新的激励机制",加大管理整合力度,以建立现代企业制度为目标,实施组织扁平化改革,优化工艺流程,对机关部室业务重新整合、职能重新划分,减少了管理环节,提高了管理效能。

对于通过投资收购新加盟企业集团的成员企业,由于员工对集团缺乏了解和信任,组织机构和人员的调整要十分慎重。如果草率从事,处置不当,往往会导致严重的骨干人才流失现象,大大削弱了成员企业的竞争力。荣事达集团在兼并重庆洗衣机总厂时,宣告不减人员、不动班子,保留原厂级领导职位,并决定把当年利润用于增加员工工资和奖励管理者。这些措施不仅留住了人才,还激发了全员的积极性。

三、制度变革和整合

制度整合是集团文化整合的关键环节,是企业理念整合的制度保证。大量实践表明,及时进行制度整合,尽快形成新的制度体系,有利于企业兼并重组的顺利进行,也有助于新的价值观和理念体系得到贯彻落实。

人是生产力中最积极最活跃的因素。制度整合的首要目的,是提升员工队伍的整体素质,充分激发全员的劳动积极性和创造潜能,因此,制度整合应先从人力资源制度开始。在人员聘用制度方面,有的企业集团借机对下属企业重新定岗定编,实行全员重新聘任,强化了广大员工对集团的认同感和归属感。在分配制度方面,有的企业集团推行统一的薪酬体系,在多劳多得的前提下提高下属企业的薪酬水平,增强了员工对集团管理的信任度和满意度。在激励制度方面,有的企业集团对于积极实践集团文化的干部职工运用多种激励手段,激发了员工践行企业理念和行为规范的积极性主动性,增强了集团的凝聚力、向心力。其他工作制度、特殊制度的变革与整合,则要视下属企业的经营管理需要而定。

下属企业的制度整合,绝不能照搬和机械执行集团公司的统一制度体系,而要结合实际把集团制度、政策、原则与自身特殊性相结合,建立一套与发展战略相适应的新的制度体系。

四、价值观的整合和更新

集团文化整合的核心和难点,是价值观的整合。完成了价值观整合,通常意味着整个集团信守同样的核心价值观,使下属企业新文化体系的建立有了根本基础,也标志着亚文化正式成为集团文化的有机组成部分。

当下属企业有完整的、优良的企业文化体系时,价值观整合并不是简单地用集团核心价值观替换下属企业原有的价值观,最好是找到二者的内在联系,使之有机统一起来。这样既不颠覆原来的意识形态,又强化了集团文化。2007年,龙岩卷烟厂改制为龙岩烟草工业有限公司(简称"龙烟"),成为福建中烟公司(简称"中烟")的全资子公司。龙烟经过60多年发展,形成了以"永不服输、争创一流"为核心价值观,以"团结、求实、创新、奋进"为企业精神的"狼文化",以及"责任、激情、超越"的龙烟之魂。中烟则于2008年凝练出"和·睿·行"企业文化框架体系,如何将其贯彻到龙烟"狼文化"中?一方面,龙烟的企业使命"国家利益至上、消费者利益至上",是中烟使命"践行'两个至上',创造社会价值"的组成部分;另一方面,是把"和·睿·行"核心价值观进行拓展与延伸——"狼文化"之"和"

是和谐合作、和而不同,尊重员工个性,鼓励独立思考和创新;"睿"是通达深远、充满智慧,强调提升个人和团队素质,强调站得高、看得远、谋得深;"行"是行动力,强调像狼那样有很强的执行力以及活力、反应力、群策群力。

价值观整合时,子公司可以根据集团的核心价值观和自身实际,形成独特的企业理念体系。广州本田汽车公司和东风本田发动机公司合资的广州市达康经济发展有限公司,秉持"本田哲学"的核心思想"尊重个性""三个喜悦",根据服务业特点提出"为顾客提供满意与喜悦的服务"作为公司使命,实现了从"本田哲学"到"达康文化"的无缝对接。

下属企业确立集团的核心价值观,一靠宣传教育,二靠融入制度,三靠实际行动。为此,要在全员中开展集团文化培训,充分利用企业文化网络大力宣传集团的核心价值观,讲述典型人物和故事,阐明具体要求,做到人人知晓、个个理解、时时触及、处处行动。

五、新行为习惯的养成

认识只有变为行动,企业文化整合才算彻底完成。因此,子公司全体员工把集团核心价值观等理念内化于心、外化于行,养成与集团文化相一致的新行为习惯,是文化整合的最后步骤。这也是企业新文化体系的实施过程,而且往往需要历时数年。

新行为习惯的养成,是一个忘掉原有习惯特别是克服落后习惯、纠正不良习惯的过程,也是一个外因通过内因起作用的过程。首先,要制定集团公司统一的员工行为规范,或者由子成员企业根据集团的原则要求制定新的行为规定,并加强宣传、教育、培训力度,使员工对行为规范做到了解和理解,增强贯彻执行的自觉性,从自身做起、从点滴做起。其次,要发挥领导示范和榜样引导作用,为员工树立身边看得见、学得来的榜样,为建立新行为习惯树立起能够达到的标杆。再次,要建立健全激励机制,强化制度的执行力,使良好行为及时得到肯定、表扬和奖励,使不良行为及时受到提醒、警告和惩罚,形成有利于新行为习惯养成的长效机制。最后,要注重运用从众心理等心理机制,发挥同事、小组、团队等作用,使员工相互学习、相互监督、相互促进,共同改进和提高。

总之,培养员工新的行为习惯,一要反复沟通,不要强行硬灌;二要循序渐进,不要急于求成;三要突出重点,不要无的放矢;四要注重实质,不要流于形式。

第五节 集团文化的整合艺术

由于企业集团规模和企业层次有大有小、有多有少,形成机制千差万别,成员企业的具体情况各不相同,母子公司的联系纽带多种多样、强弱不一,使得集团文化整合的内容、重点、方式、方法异彩纷呈。这也决定了集团文化整合在遵循企业文化建设普遍规律的同时,要结合本集团与下属企业的具体实际,努力探索和把握其特殊规律。

一、主旋律与变奏曲

主旋律借以指企业文化体系中的价值观,变奏曲用来比喻文化体系的其他组成部分。只有主旋律的音乐,必然十分单调、枯燥,听起来索然无味;只有主旋律的文化,必然内容空洞、苍白、没有亲和力、吸引力。没有主旋律的音乐,必然杂乱无章,听起来摸不着头脑;没有主旋律的文化,必然没有核心和灵魂,难以给人以心灵的冲击和震撼。因此,在集团文化整合与建设中,必须把握和处理好主旋律与变奏曲的关系,使二者相互呼应、相得益彰,形成强大的文化力,化为雄厚的文化资本。

企业集团上下一致恪守的核心价值观,无疑是不可动摇的主旋律。集团公司层面和内部各级企业,企业文化设计、整合与建设都必须始终围绕集团核心价值观这一主旋律来进行,保持集团文化的一元化基调。同时,集团文化结构中的各层次要素、各亚文化体系,在围绕、强化和呼应核心价值观的前提下,又要突出个性,强化特色,共同构成集团文化的丰富内涵,体现在企业经营管理活动的全过程,落实到组织行为和个体行为的方方面面。

"中华大地、雨露滋润"。华润集团在70多年的发展风雨历程中,始终秉承"诚信至上"和"以人为本"的核心理念,积极实践"开放进取、以人为本、携手共创美好生活"的承诺。由于旗下企业众多、行业领域广泛,华润集团在亚文化整合与建设中十分注意把握主旋律和变奏曲的关系。例如,华润集团的价值观"诚实守信、业绩导向、客户至上、感恩回报",企业使命"通过坚定不移的改革与发展,把华润建设成为在主营行业有竞争力和领导地位的优秀国有控股企业,并实现股东价值和员工价值最大化",都是对核心理念的拓展和具体化。又如,华润集团控股的北京医药集团以"使生活有质量,让生命更健康"为自身使命,就是对集团使命的个性化实现;华润集团的企业精神是"务实、激情、专业、创新",而旗下华润电力公司的企业精神为"挑战自我,持续进步",二者既有共性,又各有特色。

二、大纪律与小自由

大纪律,指集团公司要对文化体系做出一些统一规定,以建设统一的集团文化,树立一致的集团形象。小自由,是指各下属企业在执行集团文化统一规定的前提下,可以根据实际提出或决定其他的文化要素,以增强自身的企业文化特色。

大纪律与小自由,类似跳水运动的规定动作与自选动作,是集团文化整合对立统一的两个方面。没有大纪律,集团文化整合就没有了根据;没有小自由,完全搞一刀切,企业文化也就失去了特色和活力。

大唐集团在文化建设过程中,充分体现了权责的划分和整体的协同,通过"合"来追求整体的高效率与高效益,通过"分"来划清权责,激发各层级单位的积极性,出台了《关于规范集团公司母、子文化建设的若干意见》,要求集团所属各单位的核心价值观、企业精神和视觉识别系统必须与集团公司保持高度统一,在此基础上,各企业可以根据本单位的特点和需求,提出特色文化理念。这样,既有利于凝聚集团广大职工的思想,以集团先进的文化理念带动各企业共同前进,激励观念相对滞后的企业进行变革,提升全系统文化建设的品位和管理能力,又有利于避免集团文化概念化,使其内涵更加丰富,从而最终确立以母文化为纲、下辖各企业子文化为目的"紧密型"集团文化管理模式,形成集团文化"对外旗帜一面,内部百花齐放"的局面。

中国铁道建筑总公司在进行文化整合时,通过调查研究提出了"大统一、小自主"的方针,统一了企业标识、企业歌曲、企业价值观和企业精神,形成了以"诚信、创新永恒,精品、人品同在"的企业价值观和"不畏艰险,勇攀高峰,领先行业,创誉中外"的企业精神为核心内容的统一的主体文化。同时,给下属企业在文化建设上留有充分的展示个性的空间,激励基层在坚持统一性的前提下,从自身实际出发,提出各自企业的目标、经营方针、企业作风、员工行为准则等,做到家家有特色、有亮点、有建树、有创新,在全系统创造了企业文化建设生动活泼的局面。

中国航天科技集团公司在坚持统一性的前提下,鼓励各成员单位按照集团公司统一部署开展丰富多彩的子文化建设,形成了独具特色的科研院所文化,例如一院的"神箭文化"、五院的"神舟文化"和八院的"成功文化"等。

以上这些大型国有企业集团的案例,都充分说明了把握好大纪律和小自由的关系,是集团文化整合艺术性的集中体现。

三、求大同与存小异

求大同、存小异,首先是指集团内部亚文化与集团文化的关系,下属企业的亚文化要服从集团文化建设规划,恪守集团核心价值观、人事政策、财务制度、企业标志等集团文化的主要元素,同时可以在一些次要理念、一般制度以及一般的符号物质要素方面有所不同,以反映下属企业自身的行业特点和具体实际。其次,也是指集团内部不同亚文化之间,在文化体系的主要方面相同,在次要方面可以有所不同、各有特色。

在一些大型、特大型企业集团,有许多二级、三级公司,甚至于分散在全国、全球。在长期的发展过程中,这些下属企业形成了各自的文化。在文化整合时,求大同与存小异就显得更加重要,这样能够妥善处理集团文化与下属企业亚文化的关系,使文化整合和谐过渡。

2000年成立的中国南方机车车辆工业集团公司(简称"南车集团"),在集团文化整合与建设中注意处理好表层文化与深层文化的关系,就是较好地把握住了求大同与存小异的关系。在实践中,南车集团的思路是:集团公司文化的提炼以宜简不宜繁、宜精不宜杂为原则,建设重点放在核心价值观、共同愿景、企业精神、企业作风、经营理念的培育上,解决核心理念的先进性问题,体现南车特点,留出子企业发展的空间。子企业应在不违背集团核心理念、大力倡导核心理念的前提下,结合自己的文化特色,对集团公司文化进行细化、具体化、外延,多侧面地表现集团文化的丰富内涵,建立丰富、直观、活泼的集团文化理念的外在表现形式,使之更切合企业实际需要。比如株洲电力机车有限公司的"精湛制造"文化、资阳机车公司的"共筑和谐车城"文化,石家庄车辆厂的"文化重塑"工程,株洲车辆厂的"家园文化",洛阳机车厂的"车间文化",以及很多企业都在开展的责任文化、制造文化、质量文化、安全文化、廉洁文化、团队文化、创建学习型组织活动,不仅成为南车集团企业文化建设中最具有活力的部分,更是对集团企业文化深层理念的生动诠释。同时,南车集团注重塑造鲜活的南车品牌,认为在品牌背后是看得见摸得着的企业特有的精神和作风,是企业高层人员和普通员工共同认可的价值观,深化了品牌建设的内涵。

四、整体的一致性与局部的创造性

整体一致性,是指集团文化体系应该是和谐一致的有机整体。局部的创造性,是指集团下属企业文化在集团文化框架下的创新与发展。没有整体的一致性,集团文化是一盘散沙,企业集团也缺乏整体的凝聚力和统一的社会形象。没有局部的创造性,子企业的亚文化因循守旧、墨守成规,集团文化缺乏源头活水,也就失去了生命活力。正确认识和处理整体一致性和局部创造性的关系,有利于推动集团文化的创新发展。

集团文化整体的一致性,建立在共同的价值观基础上。南方报业集团重视企业核心价值观的提炼、传播与共享,全集团以"传播中华文化、承载民族记忆"为理想,立志成为一家跨媒体的大型国际文化传媒集团。南方报业集团的理想,实际上也是集团的核心价值观。同时,集团旗下各企业又创造性地提出了有针对性的价值观,例如《南方日报》的"高度决定影响力"、《南方周末》的"深入成就深度"、《南方都市报》的"办中国最好的报纸"、《21世纪经济报道》的"新闻创造价值"等。这种整体一致性和局部创造性的有机统一,增强了集团文化的发展活力,对于南方报业集团的快速成长提供了精神动力。

集团文化局部的创造性,源自正确处理继承和创新的关系。南车集团在建设集团企业文化的过程中认识到,企业要得到进一步的发展就必须坚持与时俱进,以市场竞争为导向,在继承企业优秀文化传统的基础上,自觉地融入时代精神,进行观念创新,创建新的适应企业建设发展要求的企业文化,用与时代同步的新观念引领企业的发展。通过观念创新引领企业的体制创新、管理创新、机制创新和技术创新,构建企业价值体系与管理实践相统一的企业文化体系,努力实现新形势下企业文化的新发展。为此,南车集团支持各企业将继承与创新相结合,注重传统文化资源与现代先进理念的整合,以新的内容、新的形式,不断优化和加强企业文化建设,机车车辆工业的优良文化传统得以传承,企业文化的时代特征更加显现。比如武汉江岸车辆厂、北京二七车辆厂等具有"二七"斗争光荣历史传统的企业,对"二七"精神进行了具有时代内涵的新诠释,使"二七"精神在新的建设时期焕发出新生命。四方机车车辆股份公司、戚墅堰机车车辆厂等在引进消化吸收国外先进技术,开展对外交流与合作过程中,对企业传统文化进行了重新审视,并积极借鉴吸收国际先进企业文化的优秀部分,使百年老企业的文化焕发出新的活力。

第六节 集团文化落地的机制和关键

一、集团文化落地的内在机制

优秀的企业文化要"飞得起,落得下"。所谓"飞得起"是指企业文化要有一定的前瞻性,文化体系要体现一定的思想和理论高度;"落得下"是指企业文化体系要真正做出来,能体现到员工的想法、态度和行为。落地,对于集团文化建设来说就显得尤为重要。

1. 统核心

统核心是指集团文化建设要有统一的指导思想,要有核心的领导者,要有核心的理念。"统核心"是把整个集团连接在一起,不偏离方向,又有重点。这里,"统"的只是核心,而不是全面的"统",是"求大同、存小异",是整体的一致性与局部的创造性的统一,要给予成员企业适度的灵活性,保持文化个性。

集团文化建设涉及多个层次,多个主体,与单个企业的文化建设有很大不同。企业集团所属各成员机构必须统一使命、愿景、核心价值观、企业精神乃至logo等基本标识,以形成统一的集团文化和企业整体形象,而不是集团文化和所属成员企业文化"两张皮"。

具体表现在以下两方面:

(1) 统一的指导思想。集团的典型特点是"大",那么,如何把集团总部与各成员企业统一起来,关键是要有统一的指导思想。企业文化建设的目的是实现员工的精神和行为的一致性,没有统一的指导思想是难以实现的。集团文化是指导性的,与下属公司的文化背后的假设是一致的。集团文化的层次性体现在集团有总的文化要求,下属公司的文化又保持一定的特殊性和灵活性。

(2) 核心的领导者。企业文化建设是一项十分耗费心力、需要长时间及全员投入的活动。由于企业文化建设的全面性,不宜仅由单一部门实施,而应由集团公司领导班子及各部门主要负责人共同协商和决策,并调动各层次成员企业的积极性。各级管理者必须处在企业文化建设的核心地位,切实发挥领导作用。如果用一个"陀螺"来比喻企业文化,那么各级管理者就是文化陀螺的轴。陀螺转得好不好,轴起着关键作用。轴从上到下,代表着企业各层次的管理者。各层次管理团队与企业文化小组配合得越紧密、交流越融洽,企业文化建设推进就越顺利。集团文化建设的推进过程,实际上也是培育高效能的企业经营管理团队的过程。

2. 重循环

企业集团文化建设要"循序渐进""螺旋上升"。如果"循环"做不好,就没有"渐进"和"上升"的可能。

循环过程可以运用 PDCA 循环理念。PDCA 循环包含 plan(计划)、do(执行)、check(检查)和 action(处理)。PDCA 循环在生产管理中得到广泛运用,但是又并不只是限于生产管理。例如,海尔的 OEC 法,是全方位地对每人每天每事进行清理控制,做到"日清日毕,日清日高"。OEC 法中的 PDCA 循环,是将管理工作的循环周期压缩到一天,对反映出来的问题随时进行纠偏,使偏差在最短时间、最小环节内得到控制消除。

实现 PDCA 循环,是集团文化能够落地的一个重要内在机制,因为集团文化建设各阶段本身就是一个更长周期的 PDCA。可以说,集团文化的整个实施过程,就是大、小 PDCA 的嵌套。只要着眼长远、循序渐进,注重过程中的控制和纠偏,逐步完善,就一定能把文化推行下去。PDCA 循环对应到企业文化实施,P 指企业文化要素的目标、主导思想、主题、宣传计划、活动方案等;D 是执行,严格按计划实际去实施,体现公司的执行文化;C 为检查,通过检查肯定效果和成绩,并找出问题;A 是处理,总结经验、肯定成绩、纠正错误,以利再战,是管理效果稳定提高的关键。具体讲,各层级管理者与普通员工对应的循环不同,但是两个循环却有着密切关系(图 12-2)。应根据具体实际,保证这两个环节更好地配合。

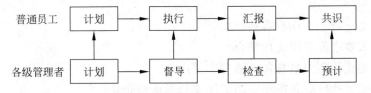

图 12-2 集团文化建设的 PDCA 循环模型

(资料来源:张德、余艳玲. 集团文化建设落地的关键点[J]. 中国人才,2007 年第 10 期.)

基于 PDCA 循环模型，集团文化建设过程要不断重复集团所倡导的理念、制度和行为，反复宣传倡导与灌输沟通，让员工充分参与并达成深入理解和认可，逐步内化于心、外化于行，变成思维方式和行为习惯。循环机制与集团文化的实施是相辅相成的，每一次循环都有新的内容和目标，都要前进一步，实现螺旋式上升。

二、集团文化实施的关键点

根据企业文化建设规律，把集团文化落到实处，要牢牢把握住以下几个关键点：

1. 建立健全集团文化实施的组织体系

集团文化实施，首要工作是建立组织体系，提供体制和人员保证。

（1）集团公司成立企业文化领导小组。领导小组主要负责集团文化建设的规划、设计和决策，把握文化建设的方向及监督、指导建设的全过程。

（2）在集团公司设立企业文化职能部门。例如企业文化部（或办公室），对集团内部的亚文化整合和企业文化的实施进行全方位、全过程的管理。

（3）各成员公司成立企业文化工作组。负责在企业实施集团文化建设规划，配合集团企业文化部门工作，顺利实现企业文化在整个集团的整合和推广。

2. 采用"四维一体"培训模式

在集团文化的推进过程中，培训工作应贯穿始终。有效推进企业文化建设，宜采用培训面授、自我学习、学用转换和分享评价等四个环节构成的"四维一体"模式。

3. 绩效考核和奖惩制度的配套

在人力资源管理中，绩效考核作为一种管理工具，主要的目的是"引导"员工。企业文化建设根本上是引导员工朝一个方向努力，那么，自然就离不开绩效考核这一引导工具。考核不是目标，只是培育企业文化的手段，通过与员工的反馈面谈形成文化建设的良性循环机制。"员工可能不听你倡导的，但是不会不听你考核的"。企业集团在推行企业文化过程中，要将集团文化落实的考核指标融入绩效考核体系中，引导员工朝着企业期望的方向行动。相应的考核指标要落实到集团的各级单位、部门和个人。

4. 通过知识管理巩固阶段性成果

集团文化建设必然会遇到很多困难，发现很多问题。在克服困难和解决问题的过程中，企业得以逐步地成长。基层出经验，也出政策。这其中有很多好的做法、好的思想，需要企业文化工作者带领全体员工将这些成果转化为在企业集团内部可以传承的"知识"，通过知识管理使集团文化建设迈上新的更高的台阶。

复习题

1. 集团文化对亚文化有哪些影响？
2. 为什么要进行集团文化整合？
3. 集团文化的横向整合包括哪些主要内容？
4. 如何推进执行层和操作层的集团文化纵向整合？
5. 企业集团实施统一的人事制度有何利弊？
6. 集团文化整合如何做到求同存异？

7. 在集团文化整合中,怎样处理整体一致性和局部创造性的关系?
8. 请简述集团文化建设的 PDCA 循环过程。

思考题

1. 企业集团和单一企业的企业文化建设有哪些相同之处和不同之处?
2. 在文化整合过程中如何保持亚文化的个性特色?

文化融合 母子同兴

近年来,攀钢集团公司(简称攀钢)在加大结构调整力度、整合内外资源的进程中,高度重视集团管理模式下母子公司之间,尤其是与兼并重组企业的文化差异,采取一系列化解文化冲突、消除文化障碍、推动文化融合的举措,用文化纽带把攀钢联结成一个统一的整体,推动了企业和谐发展。

1. 始终坚持一个原则

集团管理模式下母子公司之间文化融合的过程中,母公司文化要成为主导和主流文化,就必须与时俱进地丰富和发展文化内涵,增强母公司文化的感召力、影响力。同时,各分子公司尤其是被并购重组的分子公司既不能一味排斥,又不能简单照搬照抄母公司文化,全盘否定原有文化的合理因素,而是兼收并蓄、共同创新。

2002年,攀钢在已有的企业理念系统的基础上,深入开展了"发展观、创新观、生存观、动力观、团队观"等"五观"大讨论,确立了以"攀钢精神"为核心的七大理念,并将其中的"勇"改为"永",变"敢于"为"永远",一字之改,体现了不断追求卓越的精神风貌。2003年,攀钢精神的内涵进一步被拓展为"与时俱进,奋发有为的精神状态;不畏艰难,百折不挠的思想品格;追求卓越,造福社会的价值取向;实干进取,敬业奉献的工作态度;团结协作,忠诚攀钢的团队意识;勤俭节约,艰苦朴素的生活作风"。2005年,攀钢又组织开展了"攀钢精神与时俱进"专题研究,在充分提炼、借鉴、吸收各下属企业,特别是并购重组企业优秀文化因子的基础上,提出弘扬攀钢精神要突出"奋斗、进取、创新、诚信、和谐"五大时代内涵,进一步增强了包容性、涵盖面和影响力,实现了企业核心价值理念的与时俱进。

与此同时,攀钢各下属企业,特别是并购重组企业在接受攀钢文化的同时,也很好地继承和发展了原有企业的优秀文化。如攀成钢公司,自兼并重组以来,自觉接受攀钢文化的指导,认真研究攀钢和原成都无缝、成钢文化底蕴,全面整合文化资源,努力将攀钢文化、原成都无缝文化和成都钢铁厂文化融为一体,总结提炼了以攀钢精神为核心的、具有攀成钢特色的的企业价值理念体系和行为规范,对全员的思想和行为起到了凝聚和导向作用,为企业的深度融合提供了保证,为公司发展注入了新的活力。

2. 注重协调二者关系

集团管理模式下母子公司之间的文化融合,必然涉及集团文化与下属企业亚文化之间的关系问题。协调二者关系,就要在保持集团文化严肃性和统一性前提之下,充分发展亚文化的独特型和创造性,即坚持集团共性化基础上的个性化,从而实现母子文化间的良性互动。

2002年,攀钢成立了由集团公司党政主要领导为组长,有关职能部门为成员的企业文化建设领导小组,形成了党委统一领导、党政共同负责、职能部门齐抓共管的工作局面和统一策划、周密部署、精心组织、分步实施的工作思路。成立了统筹策划、组织、实施攀钢企业文化建设的企业文化部。提炼统一了攀钢核心价值理念体系、行为规范体系和形象识别体系。将企业文化建设作为企业发展战略的重要组成部分,定期制定企业文化建设的中长期规划,坚持每年制定企业文化建设安排意见,做到了年初部署、年中检查和年底总结。着眼于企业文化建设的长效化、规范化和制度化,颁布了《攀钢企业文化建设管理标准》《攀钢企业标识管理标准》《攀钢网站管理标准》等企业文化建设的一系列标准制度,并将其纳入了企业经营管理的基本制度体系。

同时,集团各下属子企业在攀钢文化的旗帜下,在坚持理念统一、标识统一、行为规范统一的同时,积极进行文化实践,形成了各具特色的亚文化形态。如新钢钒公司的诚信文化、攀成钢公司的精品文化、攀长钢公司的安全文化、矿业公司的学习型组织文化、钢研院的创新文化、冶建公司的法制文化等,大大丰富了攀钢文化内涵。

3. 坚持"三化"实践模式

集团管理模式下母子公司之间的文化融合不是覆盖,不是取代,更不是统治,而是充分梳理,整合优势文化资源、先进文化要素之后的深度融合与再造。因此,必须根据企业发展战略和企业文化战略,选择符合企业实际、适合企业发展的融合模式。

经过多年实践探索,攀钢提炼形成并始终坚持独具个性的文化融合实践模式,即"一线三化"。"一线三化"即以弘扬攀钢精神为主线,努力实现文化理念的"内化于心、固化于制、外化于行"。内化于心,就是通过理念故事化、理念人格化和理念自觉化,在充分尊重和引导并购重组企业员工文化心理差异的基础上,用企业倡导的观念、意识和原则武装职工头脑,转化为员工的共同认识,并进而转化为员工的自觉行动。固化于制,就是通过文化管理化、制度文化化和建设项目化,将企业的基本理念体现到各项规章制度中去,促进企业管理升级。外化于行,就是通过具化于行为、美化于形象和物化于产品,将企业的文化理念和价值观通过职工的实践行为和企业形象展示表现出来,实现企业形神的高度统一。

4. 强化四项具体措施

一是"融景",即确立发展愿景,以共同的发展目标凝聚人心。2000年,在完成对攀成钢公司的重组之初,攀钢就高度重视用企业美好的发展愿景凝心聚力,为重组后的攀成钢确立了"三个一流"即"建设成为世界一流的无缝钢管精品基地、国内一流的建材精品基地和攀钢产品深加工基地,年销售收入150亿元以上,具有核心竞争力的现代化钢铁企业"的战略目标,激励攀成钢干部职工迅速克服了失落感,增强了对企业未来发展的信心,更加奋发图强、努力工作,推动企业生产经营迅速走入正轨,当年就实现扭亏为赢。

二是"融脑",即沟通思想感情,做到"心相通、情相融、力相合"。从2003年至今,攀钢文化宣讲团每年都深入攀成钢、攀长钢等下属企业,通过座谈、主题报告、文艺晚会等形式广泛宣传攀钢文化理念,全面介绍集团概貌和发展构想;同时,将内部媒体《攀钢日报》和攀钢电视台延伸至外埠子分公司,并组织外埠企业干部到本部集中轮训和挂职锻炼,强化下属企业员工对攀钢和攀钢文化的认知和认同,增强了"攀钢人"意识,为文化融合、整体发展奠定了坚实的思想基础。

三是"融制",即统一母子公司管理理念和管理制度,实现流程再造。攀成钢重组后,就按照攀钢集团关于"新的企业要有新的观念、新的组织结构、新的管理制度和新的激励机制"的要求,不断加大管理整合力度,对机关部室和经营单位进行了整合归并,减少了管理环节,提高了管理效能;加强制度整合,把原有1000多项管理制度重新规范形成375项,初步建立起符合现代企业制度要求的管理体系;健全人才激励机制,广泛推行干部公开招聘制、员工竞聘上岗制和集中学习、人才循环等办法,很快实现了人员、资金、生产、项目、原燃材料等统一管理的格局,迅速扭转了企业经营管理的被动局面。

四是"融行",即规范员工行为,不断提升员工队伍整体素质。在抓行为融合的过程中,攀钢一方面长期坚持开展"爱岗敬业、争创一流"岗位实践活动和"诚信为本、忠诚攀钢"主题教育活动,实施了《攀钢职工行为规范》和《攀钢职工岗位职业道德规范》,引导全体员工珍惜、热爱本职岗位,努力塑造"遵章守纪,行为端庄,实干进取,忠诚攀钢"的攀钢人形象。另一方面,高度重视员工综合素质的培养,建立了科学的教育培训格局,着力提升全员的基本道德素养、文化理论素养和专业技能素养,夯实了企业发展的人才基础。

近几年来,由于母子公司文化融合工作的深入开展,"1+1>2"的聚合效应在攀钢初步显现。实践证明,在企业集团的发展进程中,只要秉承"资金和技术有限注入的同时无限投入文化建设"的思路,以"理念同一化,行为规范化,形象标准化,实践个性化"为目标,大力加强母子公司文化融合,不断创新企业文化,就能构建企业命运共同体,就能促进和保证企业集团的科学发展和不断壮大。

(原载于《企业文明》2007年第9期,吴剑平改写)

讨论题

1. 攀钢如何发挥集团文化在文化整合中的主导作用?
2. 攀钢的"三化""四融",体现了企业文化建设的哪些原理和方法?
3. 攀钢文化融合的实践经验主要有哪些?

企业伦理与社会责任

本章学习目标
1. 了解企业伦理的概念和内涵
2. 了解企业社会责任的概念、内涵和重要性
3. 掌握企业伦理管理的原则和方法
4. 了解企业伦理决策的理论和模型
5. 了解和掌握绿色GDP对中国企业伦理建设的要求

企业伦理是现代西方企业管理中产生的概念。随着市场竞争的日益激烈,企业伦理问题,特别是企业社会责任问题,越来越多地受到广大企业和社会各界的关注。本章将介绍企业伦理以及企业社会责任的有关知识。

第一节 企业伦理的概念和作用

一、企业伦理的概念

在考察企业伦理之前,有必要先了解一下伦理(ethies)的概念。《辞海》对"伦理"的解释是:处理人们相互关系所应遵循的道理和准则。伦理也被认为是人与人相处所应遵循的道理,并可以根据人与人关系的不同而分成家庭伦理与社会伦理两类。

企业伦理(business ethies)是蕴含在企业生产、经营、管理等各种活动中的伦理关系、伦理意识、伦理准则与伦理活动的总和。

(1) 伦理关系包括企业与投资人(股东)、员工、顾客、合作者、竞争者、媒体等的关系。

(2) 伦理意识包括企业的道德风气、道德传统、道德心理、道德信念等。

(3) 伦理准则包括企业的生产和服务伦理准则、营销伦理准则、研究与开发伦理准则、信息伦理准则等。

企业伦理表明一个企业为什么要存在,将会以什么方式和途径来体现和实现存在。从某种意义上说,企业伦理是企业竞争力的最初发源地。企业伦理是企业内部的微观道德规范,属于企业道德的范畴。众所周知,道德、艺术和真理之间是互相渗透的。所谓真理即是非问题和真伪问题,所谓道德即善恶问题(正义与非正义的问题),所谓艺术即美丑问题。真、善、美是相通的。企业文化包括了真、善、美三方面的内容。企业伦理主要反映

"善与恶"的价值判断,是企业文化的一个重要组成部分。

企业伦理不同于商业伦理。商业伦理是指与社会经济中生产、交换、分配和消费四大环节相应的交换伦理或流通伦理,它是经济伦理的重要组成部分,属于宏观伦理的范畴,而企业伦理属于微观伦理的范畴。企业伦理比商业伦理涵盖内容还要宽一些,不仅包括企业对外的伦理行为,而且包括企业内部的道德观念。

二、企业伦理的内容

企业伦理涉及企业行为的方方面面。有学者结合企业的经营管理活动,将企业伦理划分为企业科技伦理、企业生态伦理、企业经济伦理和企业管理伦理等类型。根据我国企业的实际情况,可以看到企业伦理主要包括以下3个方面内容。

1. 企业的社会责任与义务

企业的社会责任与义务,就是企业的社会道德责任感,是指企业自觉承担社会责任的主动意识,这其中既有企业法人按法律规定应尽的社会责任,也有企业应当负担的社会义务。在企业伦理匮乏和监督机制不健全的情况下,经营者一味追求经济利益,不仅会给社会带来混乱,而且可能损害整个国家和民族的声誉。

有一项"中国企业经营者成长与发展问题"的调查,对于"您对企业家精神如何理解?"这一问题的回答,排在第一位的是"追求利润最大化"(35.4%)。这条西方经济学的准则,对中国企业家来讲,可能是一个最大的误导。尽管经济学家哈耶克认为,企业家就是"推动财富生产并得以增长的人",而更为合理和有益的说法是米塞斯提出的"企业家应是推动市场有序变化的人"。对于一个成功企业来说,它不仅要实现经济目标,还要能完成社会使命,这也正是管理学家德鲁克提出"企业家精神"的深层含义。

2. 经营管理的道德规范

企业经营管理的道德规范是指企业处理义与利、经济效益与社会效益等关系时的一系列准则。自古以来,中国人讲究"商德",奉行"贾而儒行"的儒商精神,正如明代思想家王明阳在《大学问》中所说:"商贾虽终日做买卖,不害其为圣贤。"现代企业有一些秉承了优良传统,提出诸如"童叟无欺""公平交易""诚信为本""竭诚服务"等经营理念。

但是目前,企业家对企业伦理的认识却令人担忧。据零点公司一项"中国企业家的商业伦理指南"的调查显示,企业经营者只有15%能全面理解商业伦理的概念。许多"企业经营者对非道德行为采取态度"的调查显示,很多企业家对非道德行为采取了高度容忍的态度。这验证了伯德(Bird)"经理人道德缄默"的观点:尽管经理人能意识到道德问题,但他们不愿意把其作为道德问题表达出来。这一问题必须引起足够重视。

3. 调节人际关系的行为准则

中国人强调和谐的人际关系,一直以来是我们的处事原则,正如《礼记·礼运》所讲:"大道之行也,天下为公。选贤与能,讲信修睦。"如何协调企业内的人际关系是企业伦理的重要内容,企业常用一些行为准则来指导员工处理人际关系。不少企业提倡"和为贵""仁爱""忠恕""诚实""正直""谦虚""团结""友爱""礼貌"等行为规范,追求和谐的人际关系。例如,湘财证券提出"团结求和",联通进出口公司以"诚信、和谐、严谨、创新"为公司理念,中国人寿保险公司把"成己成人"作为核心价值观,都体现出企业伦理对人际关系的调节作用。

三、企业的伦理模式

从企业伦理学角度来看，企业经营一般可能采取两种伦理模式：伦理经营和非伦理经营。而伦理经营又有两种对待道德的态度：道德的经营与不道德的经营。所以，据美国企业伦理学家阿奇·卡罗尔（Archie B. Carroll）所确定的伦理标准、动机、目标、法律导向和策略5个指标，可以把企业经营的伦理模式细化为3种：不道德经营模式、道德经营模式、非道德经营模式。

1. 不道德经营模式

不道德经营模式可以理解为有害于企业利益相关者的经营行为模式，采取这种经营模式的企业对伦理道德价值观念持一种积极的反对态度，其经营行为是不符合伦理道德原则或规范的。支配这种经营模式的动机是企业的自私，其目的是为了盈利，为了本企业的利益，会不惜一切手段。企业经营人员做出这种行为选择是有意识的，他们不希望利益相关者被合乎道德地对待。该模式的经营策略主要集中于利用一切机会来获取本企业的利益，在任何时候和任何地方，只要有利可图，企业就会采取走捷径的不道德方式。指导企业的经营观念是："无论采取什么行动，这个行动、决定或行为能让我们赚钱吗？"其隐含的意思是除了能赚钱，其他东西都是微不足道的。

2. 道德经营模式

道德经营模式是指有利于企业利益相关者的经营行为模式，它与不道德经营模式相对立。采取这种经营模式的企业把相关的法律和道德规范作为经营标准，对法律和道德规范持积极的赞同态度。支配该模式的动机是各种道德标准，如公平、诚信、责任等，其目的也是为了盈利，但是它们是在法律和道德标准规定的范围内追求利润。为了获得成功，它们会考虑手段的合伦理性，而不以破坏伦理价值标准为代价。它们把法律和道德都纳入伦理的框架内进行思考，认为法律是最低限度的伦理标准，道德是高于法律、对守法经营进行境界提升的伦理标准。该模式的经营策略集中于合理的道德标准，强调在道德行为的范围内追求经济利益。指导企业的经营观念是："我们的行动、决定或行为能让我们成功，但是道德的吗？"其意思是希望自身的经营能够义利双赢。

3. 非道德经营模式

非道德经营模式是指不具有道德意义，也不能从道德上进行善恶评判的经营行为模式。对这种经营模式不能从企业伦理学的角度进行分析，而应从其他学科范式进行分析。非道德经营模式不能简单地与不道德经营模式等同，它既可以转化为不道德经营模式，也可以转化为道德经营模式。非道德经营一般可以分为两类：有意的非道德经营与无意的非道德经营，前者是指经营者没有把道德关怀纳入其经营决策之中，认为经营活动不同于其他活动，不属于道德评判的范围，因而在经营活动中运用的标准应该与其他活动中运用的标准有别；后者是指经营者在道德上相对迟钝，没有顾及其经营行为给利益相关者带来的影响，他们只专注于自己的事情，而没有考虑经营行为的伦理含义。非道德经营把利润作为唯一追求的目标，没有考虑到利润追求会涉及道德问题。支配经营者的动机是法律，在利润追求中，经营者认为合法就行。

非道德经营模式的经营策略集中于法律,对于道德,经营者保持一种中立的心态。指导企业的经营观念是:"我们采取这个行动、决定或行为能赚钱吗?"这种观念是经营者考虑的重要问题,但不是唯一的问题,他们还考虑经营行为的合法性。

四、企业伦理的发展阶段

企业必须拥有自己的文化品位和伦理道德准则,这一点在《跨文化管理》中有详细论述,整理如下(表13-1)。由表中可见,任何一家企业在自己的发展历程中,都会在企业伦理方面日益提高追求,否则企业将无法持续繁荣。在同一时间,各个企业则处在不同的伦理道德阶段。企业家的责任是沿着非道德组织—法制型组织—反映型组织—初级道德型组织—道德型组织的方向,不断地推动企业进入更高的伦理道德境界。

表 13-1 企业伦理发展阶段

企业伦理的发展阶段	管理层的态度和手段	组织文化中商业伦理的内容	人为规定的内容
第一阶段:非道德型组织	做所有能做到的事,只要不被抓,就是道德的,而如果被抓就是商业成本	"超脱"于法律的文化;顽强而快速生存;谴责风险;只要有利可得就敢于冒风险	没有非成体系的道德准则或其他的文件;贪婪是最大的价值观
第二阶段:法制型组织	在法律允许的范围内行事;与经济收益的变化做斗争;当社会问题出现时利用公关手段来进行损失控制;组织对于社会问题的直接反应是损失	合法就行;在灰色区域行事;保护漏洞,不经过斗争绝不投降;经济利益决定评价标准和回报	如果道德准则存在,也只是组织内部的文档;"不要做对组织不利的事情",做一个好雇员
第三阶段:反应型组织	管理层明白不要在法律问题上独断独行,即使他们相信自己可赢;管理者仍然有反应性心理状态;管理层在利润和伦理道德之间进行增长型权衡,虽然一个基本的假设仍然可能是一个玩世不恭的"道德支付";管理者开始从更多的反应行为中检验和学习	为利益相关者和其他组织考虑更多了;组织也有了做一个"负责任公民"的态度	行动准则更多地考虑组织外部;其他的道德工具还没有被开发
第四阶段:道德型组织的初级阶段	开始主动把道德作为考虑问题的一方面;"我们希望做应该做的事";高层管理者的价值观成为组织的价值观;有关道德的考虑欠缺秩序和长远规则;用成功和失败来给道德管理定性	道德价值观成为文化的一部分;在一些问题中起到指导作用,但在另一些方面却遇到麻烦;当遇到公共关系方面的问题时态度显得更为主动	道德规范成为行动条款;这些规范项目反映了一个组织的核心价值观;有时候使用手册、政策声明和稽查官员
第五阶段:道德型组织	权衡利润和道德;发展战略和计划中,道德分析是不可或缺的一部分;利用SWOT分析、解决问题并分析可能的结果	一个完整的道德准则,有着精心挑选的核心价值观,这些价值观反映了那些指导了公司文化的准则;道德地计划和管理公司文化;招聘、培训、解雇以及奖励都反映了道德准则	组织中所有的文件都聚焦于道德行动准则和核心价值观;组织中的所有段落都反映了它们

(资料来源:R. E. Reidenbach & D. P. Robin《跨文化管理》)

五、丧失企业伦理的代价

在市场经济中人们逐步认识到,企业行为不仅要具有经济上的可行性、法律上的合法性,而且还应该具有伦理道德上的行为正当性。企业角度来看,企业伦理在为企业及个人利益服务的同时,通过是否为社会所认同的判断,对利益关系发挥着很大的约束和引导作用,使企业及个人在追求利益最大化的过程中或多或少、自觉不自觉地渗入了社会共同利益的成分。从社会角度来看,企业伦理有助于营造公平、诚信的社会经济交往环境,有助于维护正当的财产权利、契约关系和交换活动,大大降低了交易成本,直接或间接地促进了效率的改进和提高。

丧失企业伦理,企业终将付出巨大代价。震惊中外的安然事件,使一家在 2002 年还在《财富》500 强中居第 6 位的安然公司灰飞烟灭。无独有偶,世界通信(Worldcom)虚报 38 亿美元利润,引发股票崩盘。2003 年 2 月,世界上最大的食品批发商和第三大零售超市荷兰皇家阿霍德公司(Royal Ahold)因虚报利润 5 亿美元,导致公司股价随即下跌超过 60%,几乎是一年前的十分之一,公司市值也缩水 50 亿美元,被标准普尔公司将其长期债券的评级降至垃圾债券一类。全球电信巨头、加拿大北电网络 2006 年被披露在此前三年里虚报 3.78 亿美元利润,导致公司发展急转直下,2008 年申请破产保护。隐藏在这些会计丑闻之下的,是企业伦理的全面危机。由这些企业的悲惨经历,不难描出一幅企业衰败的路线图(图 13-1)。

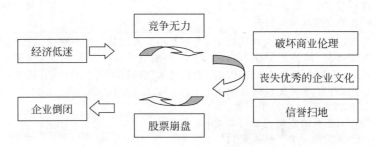

图 13-1 丧失企业伦理的必然结局

在我国,以南京冠生园月饼事件、石家庄三鹿奶粉事件等为代表,企业伦理问题日渐凸显。我国消费者投诉案始终居高不下,质量问题最为突出,2007 年全国各地消协就受理了消费者投诉 65 万多件。这些数字还不包括消费者受到损害而不予投诉的事件,约有 51.7% 的消费者采取了忍受态度。2008 年发生的婴幼儿奶粉受三聚氰胺污染事件,导致数以万计的婴幼儿泌尿系统结石病例,在国内外造成极为恶劣的影响,三鹿集团也因此破产倒闭;同时,蒙牛、伊利、光明液态奶等被国家质检总局撤销中国名牌产品称号。2011 年中国中央电视台《每周质量报告》调查发现,仍有七成中国民众不敢买国产奶粉。

然而,类似的质量问题却并未禁绝。例如,2014 年 3 月,杭州广琪贸易有限公司将过期面粉贴上的生产日期进行篡改后,再销售给 8 家杭州烘焙企业,引发浙江省面包全行业地震。在中国的外企也存在类似问题,2014 年 7 月,麦当劳、肯德基等洋快餐供应商上海福喜食品公司被曝使用过期劣质肉,仅上海使用福喜产品企业就达 11 家。在我国台湾地区,2014年9月也爆出强冠公司生产劣质猪油案,有236家上游经销商、加工制造业者、餐饮业,以及973家下游业者受到影响,被台湾当地媒体称之为"全岛沦陷"。

企业虚报利润、欺骗投资者和公众的事件也屡屡发生。厦门海洋实业股份有限公司1996—1998年虚报利润1亿多元,严重损害了股东利益,原正副董事长双双入狱。科龙集团2002—2004年编造虚假财务报告,3年合计虚增利润3.87亿元。2014年,在全国超过9个省区拥有分支超过千家的"兴麟系"房产中介公司相继倒闭,初步统计涉及购房款或中介费被骗金额超过了2亿元,每位购房者少则被卷走几千元,多则上百万元。财政部有关公告显示,2005年对39户房地产开发商的检查中,共查出资产不实93亿元,收入不实84亿元,利润不实33亿元;39户企业会计报表反映的平均销售利润率仅为12.22%,而实际利润率高达26.79%,隐瞒利润超过一半。

企业合同方面,问题也层出不穷。中国近年来每年订立的合同约40亿份,而履约率仅50%,经济合同失效问题同样严重。其中,银行等机构的"霸王条款"尤其倍受社会关注。在浙江省注册登记的10家银行中(除浙江农信),包括消费类保证合同、信用卡合同、公务卡申领合同、个人银行账户管理合同、个人业务综合服务合同、电子银行服务合同以及各种理财协议等8大类消费类合同。2014年12月,浙江省工商局抽取了80份进行全面审查,结果显示银行业基于控制风险和防止不良贷款,在部分合同中设定了一些不合法、不公平、不合理的格式条款,共计564条,涉及问题795个。

企业故意造成的重大环境污染事件,在多地接二连三发生。2004年12月,由于一些造纸企业向四川乐山市青衣江偷排大量工业污水,导致江水一度被严重污染。2005年1月,重庆綦江古南街道取水点被上游重庆华强化肥有限公司排放的废水所污染。2006年8月,吉林长白山精细化工有限公司向忙牛河中人为排放化工废水,形成长约5公里的污染带。2009年2月,江苏盐城市标新化工厂为减少治污成本,趁大雨天偷排化工废水,最终污染了水源地,造成大面积断水近67小时,20万市民生活受到影响。2009年4月,山东沂南亿鑫化工有限公司非法生产阿散酸,并将生产过程中产生的大量含砷有毒废水趁降雨偷偷排放到涑河中,造成水体严重污染。此外,2009—2012年,安徽怀宁、浙江德清、广东紫金、上海康桥先后发生蓄电池企业导致的周围人群血铅超标事件,其中大量为儿童。环境保护部2011年3月对388家铅蓄电池企业进行督察发现,大多数中小企业存在环境违法问题。

不良的企业伦理,不仅是企业经营问题,更是社会问题,其对社会造成的损失和影响是巨大的。众所周知,中国是文明古国,中华民族有着悠久的伦理传统和高尚的道德水平。古人讲:"人有三不朽,太上为立德,其次为立功,再次为立信。"其中,伦理道德是处世第一准则。对于我国企业伦理的不尽人意,需要引起高度关注。

第二节　企业社会责任

关于企业社会责任的思考始于20世纪20年代的西方国家,原因是当时资本不断扩张引起了贫富差距、劳资冲突等一系列社会问题。1924年,美国的谢尔顿首次提出了企业社会责任(corporate social responsibility,CSR)的概念。此后,企业社会责任受到人们的日益关注,并成为企业伦理的重要内容。

一、企业社会责任的内涵

对于企业社会责任(CSR)的定义,目前尚未完全形成一致的看法。诺贝尔经济学奖获得者米尔顿·弗里德曼1970年在《纽约时代》杂志上把CSR解释为:"一个企业的社会责任是指依照所有者或股东的期望管理公司事务,在遵守社会基本规则,即法律和道德规范的前提下,创造尽可能多的利润。"目前,国际上普遍认同的CSR理念是:企业在创造利润、对股东利益负责的同时,还要承担对员工、对社会和环境的责任,包括遵守商业道德、生产安全、职业健康、保护劳动者合法权益及资源等。

除了雇主和雇员方面的责任外,企业应尽的社会责任主要有公众责任、社区责任、环境责任等。杨少华等人撰文指出,企业要选择有效的发展模式,例如循环经济模式、产业带动模式、技术创新模式、污染防治模式、产品(服务)责任模式等,以缓解与不同利益群体的冲突,减少对经济发展的负面影响。例如,早在2004年底我国手机用户已达3亿人,居世界第一,而平均每年有9000万部手机退役,产生大量对生态环境具有持久负面影响的电子废弃物,因此手机生产厂商应承担废弃手机及配件的回收责任。为此,摩托罗拉公司发起"绿色中国、绿色服务"的环保项目,其产品责任意识为我国企业树立了榜样。

1999年1月,在瑞士达沃斯世界经济论坛上,联合国时任秘书长安南提出了"全球协议",并于2000年7月在联合国总部正式启动。该协议号召公司遵守在人权、劳工标准和环境方面的九项基本原则,其内容是:①企业应支持并尊重国际公认的各项人权;②绝不参与任何漠视和践踏人权的行为;③企业应支持结社自由,承认劳资双方就工资等问题谈判的权力;④消除各种形式的强制性劳动;⑤有效禁止童工;⑥杜绝任何在用工和行业方面的歧视行为;⑦企业应对环境挑战未雨绸缪;⑧主动增加对环保所承担的责任;⑨鼓励无害环境科技的发展与推广。以上也可以看作是国际社会对企业社会责任内涵的一种共识。

近年来,国际上兴起了一个新的贸易门槛——SA8000,即"社会责任标准"。这是全球首个道德规范国际标准,它的宗旨是确保供应商所供应的产品皆符合社会责任标准的要求。其起因是美欧发达国家为遏制发展中国家提高竞争力的手段和途径,特别是防止廉价的劳动密集型产品制造国用其大量廉价产品冲击发达国家国内市场,在政府的首肯和支持下由民间组织提出,并出现了由民间壁垒走向政府壁垒的趋势。SA8000标准的要求包括:①童工;②强迫性劳工;③健康与安全;④组织工会的自由与集体谈判的权利;⑤歧视;⑥惩戒性措施;⑦工作时间;⑧工资;⑨管理体系。要应对SA8000标准等国际贸易壁垒的挑战,只能依靠企业增强和切实履行社会责任。

二、企业不是纯粹的经济组织

企业社会责任的提出,反映了人们对企业的本质和存在的社会性的深化认识。

企业是社会经济组织,首先具有经济属性,必须通过生产产品或提供社会服务取得利润,求得自身发展,毫无疑问企业首先肩负着经济责任。但同时,企业是社会组织,社会是企业的发展空间和利润来源,企业必须承担自身的经济活动所导致的社会后果,即在以营利为目的的生产经营活动中,履行回报社会、支持公益、救助贫困等多种社会责任。企业经济责任是企业社会责任的基础和前提,企业社会责任是经济责任的延伸和保障,二者是一种辩证的互动关系,二者和谐统一才能使企业得到最大的发展。

一方面,企业的经济责任和社会责任是一种互相包含的关系,因为单从生产力的角度看,企业履行经济责任也等于履行了重要的社会责任,因为企业为社会、为民众、为消费者提供了产品和服务。松下幸之助在《松下经营哲学》一书中曾指出:"企业从社会中获得的合理利润,正是该企业完成社会使命,对社会做了贡献而得到的报酬。"

另一方面,从生产力和生产关系双重角度看,经济责任所代表的这部分社会责任还不够完整。必须承认,企业的社会责任和经济责任之间存在着一定的矛盾,特别是经济利益的冲突。这是因为赢利是企业的目的,追求利益最大化是企业发展的原动力,在企业发展中往往会出现片面追求自身经济利益而忽视或损害社会利益的状况。韩国现代集团的创办人郑周永也说过:"企业的根本是什么?是在竞争中取胜。只有那些比同行生产出更好更便宜的产品供给国民的企业,才有存在的价值。为国民提供满意的产品,为国家提供应该负担的税金,这是企业的社会责任。只有很好地尽到这一责任的企业才有资格发展壮大。那些垄断市场,生产高于国际市场价格产品的企业,不管你广告说得如何漂亮,都不能掩盖你掠夺国民的实质。这样的企业获得发展,就是国民的灾难。"

如果企业在履行经济责任的同时不能特别重视社会责任,把两者有机地统一起来,往往就会出现片面追求经济利益而损害社会利益的现象。这样做的结果往往事与愿违,最终损害到企业自身的利益。美国学者对《商业伦理》杂志评出的100家"最佳企业公民"与"标准普尔500强"中其他企业的财务业绩进行比较,得出结论:"最佳企业公民"的财务状况要远远优于"标准普尔500强"中的其他企业,前者的平均得分要比后者的平均值高出10%。2003年美国一家机构所做的一项互动式调查结果显示:当美国人了解到一个企业在社会责任方面有消极举动时,高达91%的人会考虑购买另一家公司的产品或服务,85%的人会把这一信息告诉他的家人、朋友,83%的人会拒绝投资这个企业,80%的人会拒绝在这家企业工作。2008年由美国次贷危机引起的全球金融危机,折射出一些西方企业特别是金融企业在承担和履行社会责任方面的缺陷。

因此,企业要明确自己作为社会的一个组成部分,必须在履行经济责任的同时,履行相应的社会责任,把履行两种责任有机统一起来,既实现企业自身的发展,又实现社会的和谐发展。企业管理者必须认识到,只有坚持自觉履行经济责任和社会责任,并更加看重社会责任的企业才有发展前途,这是一种真正的科学的企业发展观。

三、西方企业社会责任的实践

1. 企业社会责任的法律与规章制度

立法对于推动企业承担社会责任,无疑具有不可替代的积极意义。

美国是较早颁布法律、法令、条例等强制性手段对企业社会责任行为进行规范的国家。到20世纪70年代,美国已有48个州通过了法案"明确支持注册公司可不通过特别的章程条款来资助慈善事业"。80年代后,为减少恶意收购浪潮对公司相关者利益的侵害，美国 29 个州相继修改了公司法，要求经理人员对各利益相关者负责，而不仅仅是对股东负责，从而给予经理拒绝恶意收购的法律依据。

1990 年美国政府编制的《美国工商界的伦理政策与规程》中制定了一些与"决策伦理"密切相关的"检测项目"。1991 年美国颁布的《联邦判决指南》允许法官按照一企业所采取的社会责任方面的道德措施状况，酌情减少对其经理人员的罚款和监禁时间。21 世纪初，安然等公司丑闻事件后，美国政府又颁布了一系列严肃公司道德准则的法案，加大了对忽视社会责任、侵害相关者利益的企业的处罚力度。

在美国影响下，法国、英国、德国、荷兰等也在各自的立法中确立了倾向于就业、工资、工作条件等劳动问题的企业社会责任。1999 年世界经合组织（OECD）公布的《公司治理结构原则》也明确指出，"公司治理结构的框架应当确认利益相关者的合法权利""公司的竞争力和最终成功是集体力量的结果，体现各类资源所作出的贡献，包括投资者、雇员、债权人和供应商"。2004 版的《OECD 公司治理准则》大大扩展了对"利益相关者"的定义范围和重视程度。

2. 企业界履行社会责任的实践

发达国家对于企业履行社会责任问题日益重视。到 20 世纪 90 年代中期，美国约 60%、欧洲约一半的大公司设有专门的伦理机构和伦理主管，负责处理各种利益相关者对企业发生的不正当经营行为所提出的质疑。现在，西方企业的社会责任已远超过慈善阶段，有正式的社会责任履行计划、系统的项目设计、科学的决策机制和完善的执行程序与控制系统。社会责任已成为企业的行为准则与企业形象诉求，成为旨在塑造品牌形象的非价格竞争手段。

1981 年，由美国 200 家最大企业的领导人参加的企业圆桌会议在其"企业责任报告"中指出，追求利润和承担社会责任并不矛盾。《财富》杂志在对 1000 家公司的调查中发现，95% 的被调查者坚信在今后的几年中，他们将必须采取更具有社会责任感的企业行为以维持他们的竞争优势。企业的长期生存有赖于其对社会的责任，而社会的福利又有赖于企业的盈利和责任心。2002 年召开的世界经济峰会上，36 位 CEO 呼吁公司履行其社会责任，宣扬社会责任是公司核心业务与运作最重要的一部分。

由传统企业向新的"社会责任企业"转变的企业革命，正在全球悄然兴起。2003 年，世界经济论坛中关于"企业公民"的标准包括四方面：①好的公司治理和道德价值；②对人的责任，包括员工安全计划、就业机会、反对歧视、薪酬公平等；③对环境的责任，包括维护环境质量、使用清洁能源、共同应对气候变化和保护生物多样性等；④对社会和经济福利的广义的贡献，如传播国际标准、解决贫困问题等。当很多企业努力将这些要求修改到企业宣言中的时候，领先的企业已经将企业社会责任整合到企业运作的各个层次中去，按照优秀企业公民的标准打造长青基业了。

3. 企业社会责任审计的实践

在理论发展的基础上，西方各国企业社会责任审计的实践也逐渐展开。社会责任审计是评价与报告那些在传统的企业财务报告中没有涉及的企业成果及影响，旨在全面、广泛地了解和掌握企业社会责任的履行情况，督促各方面的工作，保护各企业相关者的利益。

在美国,来自企业外部的对社会责任审计机构主要是投资基金组织和如环境保护协会、消费者权益保护协会等社会公共利益监督机构。前者审计的目的首先是为了确保资金投向那些有较高社会责任感的企业;其次是为了敦促接受投资的企业遵守投资者的要求。后者审计的目的是为了给消费者、投资者、政策制定者、雇员等企业的相关利益者更好地作出经济决定提供信息,同时也对公司起到监督作用。企业内部进行的社会责任审计目的是为了了解自身履行社会责任的状况。企业社会责任审计的数据来源,一是公司内部各种文件、记录、各种审计数据和新闻报纸、商业期刊、公司报告等公共记录;二是对员工、经理、供应商、经销商、顾客、投资商、专家、新闻记者等的访谈和问卷调查。

企业社会责任审计的内容是企业对有关的经济与社会问题的活动绩效。这些问题可能随产业不同而体现不同的侧重点,但一般都体现利益相关者的要求和伦理的导向。1986年企业伦理中心在美国所做的一项研究表明,《财富》500强企业的43%都在不同领域作过内部的企业社会责任审计,所涉及的领域包括工作中的平等机会(89%)、遵守法律和社会规定(81%)、参与当地社区建设(67%)、工作场所安全(65%)、产品和服务质量(57%)、环境保护(55%)、遵守国外的法律(50%)、产品和服务安全(44%)等。欧洲财经会计联合会在1987年的专门研究报告中建议,公司的社会责任报告应反映雇佣标准、工作条件、健康与安全、教育与培训、劳资关系、工资及福利、增值分配、环境影响、与外部集团的关系等方面的问题。

大量事实证明,企业社会责任实践的前景是广阔的。随着维护经济社会的可持续发展成为全世界的共识,政府、行业和公众都要求公司遵守伦理经营的假设,将自身利益与顾客利益、社会利益和生态环境利益协调统一起来,更使得公司履行社会责任的紧迫性日益加大。各种敦促公司履行社会责任的论证和呼吁时常见诸报刊的头条,公司声望调查、最佳公司排名等都显示出使用社会责任标准评价公司的趋势和迹象。从时代发展的角度看,信息社会大大增强了舆论的监督力度,公众已经开始抵制那些不负社会责任的企业提供的产品和服务,越来越多的投资者在选择投资对象时也都希望挑选有社会责任感的公司。

对企业来说,承担社会责任增加的并不仅仅是成本,而是未来的收益。接受社会责任观念并成为自觉行动,使社会责任目标与利润目标协调,必将带来长期的回报,实现经济和社会可持续发展的大业。

第三节 企业伦理管理的原则与方法

一、企业伦理建设的基本原则

企业伦理要求企业按照3个基本准则行事,即关心消费者、关心环境、关心员工(表13-2)。企业家只有给予社会和环境以关切,才能得到社会的认可与回报;只有关怀员工、关心消费者,才能焕发企业的生命力。

表 13-2 基本企业伦理

对象	目标	内容要求
关心消费者	消费者满意	为消费者提供使用方便
	消费者安全	安全设计、使用说明
关心环境	输出导向的环境保护	废物处理的规范
	限制有害垃圾	逐步处理项目
		过滤器具的应用
		拆装设计
	输入导向的环境保护	减少废物项目
	减少自然资源消耗	再循环
关心员工	最低劳动条件	没有折磨
		不雇佣童工
		最低安全和卫生标准
	公正的赏罚标准	明确界定工资和奖励制度

(资料来源:P.普拉利.商业伦理[M].北京:中信出版社,2000.)

我国塑造企业伦理的良好环境正在形成。1996年,中宣部、国家工商局等部门在全国提出"以真诚赢得信誉,用信誉保证效益"的口号;1997又推出了企业承诺活动,这些都为企业家弘扬企业伦理提供了外部环境。一些企业从内部着手,建设优秀企业文化,努力塑造良好的企业伦理。改革开放以来,每年"3·15"国际消费者权益日都举行一系列活动,如央视的"3·15晚会"和"消费者投诉平台"都有效地营造了企业改善伦理道德的氛围,企业伦理塑造为越来越多的企业所重视。

二、依托企业文化塑造企业伦理

企业文化是企业之魂,企业核心价值观是企业文化之根,而企业伦理是企业文化的重要组成部分。企业家要在经营管理中,不断培养企业伦理,使其成为全体员工的行为准则。塑造企业伦理,可以从理念、制度和行为三个角度入手(表13-3)。通过企业家和员工的不断完善,使企业伦理最终成为企业不可或缺的企业文化组织部分。

表 13-3 塑造企业伦理的三个角度

角度	内容
理念引导	以德经商、诚信为本、以义取利、正直公正、敬业报国
制度规范	流程制度、督导制度、奖惩制度、考核制度、民主参与制度
行为约束	领导者行为规范、员工行为规范、服务规范、礼仪规范

1. 理念引导

国外学者尤里其(Ulrich)和蒂勒曼(Thieleman)做过一个商业伦理调查,询问经理人如何看待商业伦理的作用,85%的人都认为"健康的伦理观,从长远看,就是良好的商业"。企业经营者的价值观导向,直接决定着企业的伦理观念。企业家在描述企业核心价值观时,是否以国家兴旺、社会繁荣为己任,反映出企业家的境界和企业伦理水平。例如,长虹集团提出"以产业报国、以中华民族繁荣昌盛为己任",既塑造了品牌形象,又反映了企业责任,成为凝聚员工斗志的强大精神力量。

成功的企业家都把企业伦理放在企业文化的重要地位,比如以德经商、诚信为本、以义取利等。北京西单商场以"引领消费、回报社会"为宗旨,海尔提出"顾客永远是对的",中国农业银行以"诚信立业"为核心理念,都突显了企业伦理的重要地位。

2. 制度规范

是否具有符合企业伦理的规范流程,也是检查企业伦理建设的好标准。作为守法组织,应把法律条款内化为企业行为准则,用严格的规章消灭不法行为。例如,《招标法》的条款可以转化为一套相互监督的招标工作流程;《环境保护法》的规定可以转化为生产作业规范。

企业可以建立一套企业伦理督导制度,比如,成立督查小组、定期和不定期督查、引进外援为企业严格把关。同时,对相关问题进行明确规定,什么情况算是利用职权接受馈赠以及如何惩罚,主管不得以未直接参与为由推卸责任,主管督导不利处以连带责任,等等。通过职代会等民主参与制度,可以进一步强化对企业伦理的监督和控制。道德规则的履行需要正反两方面的强化,一套科学、公正的考核制度和惩恶扬善的奖惩制度是必不可少的。作为企业伦理的强化手段,考核奖惩制度不仅是事后强化措施,它还是所有员工的行动指南。人们信奉的道德标准会因为对模范执行者的奖励和对触犯者的打击而得以强化。因此,在伦理道德方面的奖惩措施,具有积极的倡导和警示作用。

3. 行为约束

心理学研究发现,评价一个人的受信任程度,可以有五个维度:正直、忠实、一贯性、能力和开放,其中最重要的是正直。成功的企业家往往能够运用正确的观念,引导员工正确的行为。世界著名企业的创始人和领导者,大都强调员工的正直和诚实。韦尔奇明确提出,GE全体员工要以正义为师。他在选拔管理人员时,第一个条件就是要正直。重视员工的行为,是因为员工有了卓越的表现,企业才会走向辉煌。

企业经营者可以从制定行为规范入手,将企业伦理外化为员工的伦理行为。包括制定领导者行为规范、员工行为规范、服务规范、礼仪规范、人际关系规范等方面,约束员工的伦理行为。在世界500强的公司条例中,就有许多关于个人行为的规定,比如对有伤风化者、胁迫行为者要给予重罚。美国约80%的大公司制定了正规的伦理规则,其中44%的公司还为员工提供道德培训。企业家还要对个人行为进行连续性反馈,发现违背企业伦理的行为要及时纠正。一旦员工发生不符合企业伦理的行为,损害的远不止是利润,很可能使多年积累的企业形象一夜之间化为乌有。

第四节　企业伦理决策理论与模型

一、企业伦理决策的主要理论

西方企业对伦理决策的重视,始于20世纪中期。1962年美国政府公布"关于企业伦理及相应行动的声明"以后,美国企业界开始把企业伦理应用于决策实践,揭开了伦理管理的序幕。

据美国本特莱学院企业伦理中心1986年的调查,《财富》杂志美国前1000家企业中,有85%将企业伦理与企业日常经营决策相结合,有75%的企业制定了成文的伦理准则来规范员工行为。在美国制造业和服务业前100强企业中,有20%的企业聘任了伦理主管,有的企业还成立了伦理委员会,负责企业伦理准则的制定与实施。

欧洲许多国家也十分重视企业伦理的应用,于1987年在比利时首都布鲁塞尔成立了欧洲企业伦理网络,在英国、德国,许多企业纷纷制定了各自的企业伦理准则,设立专门的企业伦理机构。

在企业对决策导入伦理考量的时候,采用何种伦理理论或者标准来判断决策是否道德就成为十分现实的问题。西方企业进行企业伦理决策时,由于各自秉持的企业价值观不同,所面对的公众的价值观不同,因而采用了不同的伦理理论。

1. 合理利己论

合理利己论是目的论的一种,是从后果来判断决策是否符合道德。合理利己论诞生于19世纪资本主义走向成熟的阶段,思想代表有洛克、爱尔维修以及费尔巴哈等人。

合理利己论认为,每一个经济利益主体都有权追求自己的利益,这是社会发展的一项有效的动机。经济利益主体在市场交易中要遵循两个基本条件或目标:①通过利益共享的手段,让交易诸方都得到理想的效益;②保证非当事人享有最低限度的权利。可见,合理利己论既承认经济组织追求自身利益的正当性,又要求不损人利己,主张企业与社会的交换必须通过谈判协商而达到互惠的目的,即一种符合道德要求的交易;它还要求当事人避免对他方的严重伤害,这正适合了商业活动的逐利性和社会性特点。

在道德规范上,合理利己论强调法律与道德同等重要,个体利益的实现应当在合乎良心与法律规范的前提条件下进行,克服了极端利己主义只管自己、不顾他人和只论眼前、不论长远的缺陷。因此,合理利己论是一种适合市场经济条件下企业经营活动的道德评价标准。而且,它针对企业的管理决策给出了明确的衡量标准,即考虑的利益次序是:企业自身,交易诸方,更广泛的利益相关者。这与市场经济下人们从事商业交易的直觉一致,因而成为市场经济条件下西方企业伦理决策的主要理论基础。

2. 功利论

功利论是19世纪根基深厚、颇有影响的目的论流派。在启蒙思想家霍布斯、洛克那里产生萌芽,经过人的本性是利己还是利他的长期争论,最后由英国哲学家威廉·葛德文和杰里米·边沁系统地建立其思想体系,由约翰·穆勒进一步完善而成。

功利论认为,所谓善就是"最大多数人的最大幸福"。善亦可以被描述为"效用"

(utility),效用是道德的基础,是正当与错误的最终判据。如果一个决策的效用比任何别的选择都大,那么它便是道德的。功利论假定人们可以对某个决策或行为所产生的利弊后果做出权衡,可以对几种决策备选方案进行成本—效用分析,然后选择能产生最大效用的行动方案。这一特点使它在应用中显得方便、简捷。国外很多实证研究证实,企业经理在作商业决策时的确是偏好功利,原因之一是经理们接受的学校教育在不断地强化成本—收益分析法的运用。

3. 显要义务论

当代英国哲学家罗斯(William D. Ross)在1938年出版的《"对"与"善"》一书中,系统地提出了"显要义务"(或显要责任)的观念。显要义务论是道义论的一种。与目的论从后果判断行为是否道德不同,道义论是基于行为本身是否遵守了某些义务来评价人们的行为,决策是否道德与结果无关。因此,道义论常表达为一系列准则或义务原则。

罗斯认为,在大多数场合,一个有足够的智力、成熟的、神志正常的人往往不需推敲就能认识到自己应当做什么,并以此作为一种道德义务。他归纳出6条显要的、最基本的义务:诚实,感恩,公正,行善,自我完善,不作恶。违背任何一条义务的行为都是不道德的。罗斯的显要义务论从正常人的直觉出发,以决策或行为是否遵守显要义务为判断标准,符合人们的生活体验,易于实践,因此在很多企业伦理决策模型中被运用。

4. 公平公正论

公平公正论也是道义论的一种,由美国哈佛大学哲学教授罗尔斯(John Rawls)在1971年提出。它包括自由原则和差异原则两大原则,认为如果决策遵循了这两大原则,决策本身是符合道德的。

自由原则是指在不影响他人行使同样权利的前提下,让社会每一成员尽可能多地享受自由。自由原则强调每一社会成员都有权决定自己的命运,有权享受与其他社会成员一样的平等待遇。这意味着企业决策必须尊重利益相关者的自由和权利,否则是不道德的。比如消费者有权根据自己的意志选择产品,有权获得关于产品和服务方面的完备信息,有权获得安全、可靠的产品,企业决策不应当剥夺消费者的这些权利。

差异原则是指社会、经济中如果有不平等,应使社会最底层获得最大的利益。根据差异原则,企业不能凭借在交换中的优势地位,损害别人的利益换取自身利益,尤其是不能恃强凌弱。如果企业的行为使弱者的生存状况更差,这是不道德的。

公平公正论强调了保障社会最底层的弱势群体的基本利益,要求企业决策不能继续恶化弱势群体的生存状态,是对道义论其他原则的有益补充,给具有社会影响力的企业制定决策提供了一个基本的依据。前美国克莱斯勒汽车公司就依据公平公正论制定并发布了一份《汽车购买者六项权利清单》,表明公司对消费者自由权利和平等权利的尊重。

5. 相称论

相称论是一种结合目的论和道义论的综合性伦理理论,是美国学者加勒特(Garrett)在1966年提出的。该理论认为,判断一项行为或一项决定是否道德,应该从行为的动机、手段和后果3个方面加以综合评价。

相称论包括了4条评价伦理决策的基本原则:①无论是作为手段还是作为目的,期望对他人造成"大恶"(major evil)是不道德的。②假定所用的手段和想达到的目的均无可指责,但如果行为人预见到该项行为将产生不好的副作用,则行为人应当有足够的理由来容许副作用的发生,否则,行为就是不道德的。③提不出相称理由就允许或放任一种"大恶"或给人造成重大损害,这是不道德的。④提不出相称的理由就期望、允许或放任一种对他人的"小恶"或小害发生,同样也是不道德的。

相称论要求从目的、手段、后果3个方面来考虑某项行为是否合乎道德,能克服单纯依靠利己论、功利论或道义论的缺陷,能促使企业决策者从动机、手段、后果等方面较为全面地评估一项决策的道德性。在指导实践上,相称论要求人们将商业活动中有规律地发生的不道德弊病划分"严重等级",以便采取不同的控制和补救措施,广泛地为企业采用。

二、企业伦理决策模型

为了将伦理决策理论融入企业决策活动中,西方学者和企业还提出并运用了一些简明易行的决策模型,帮助经理们做出符合道德的决策。由于信奉的理论基础不同,相应地采用的决策模型也不同。主要的模型有以下一些。

1. 卡瓦纳道德决策树模型

此模型是1981年由杰拉尔德·卡瓦纳(Gerald F. Cavanagh)等人设计的(图13-2)。这个模型有两个特点:①从决策的后果和决策对义务与权利的尊重两方面来评价决策在道德上的可接受性。模型首先要求决策者考虑决策对相当广泛的利益相关者的影响,如对企业自身、对整个社会目标的实现、对整个经济体系的运转、对决策涉及的个人权利的

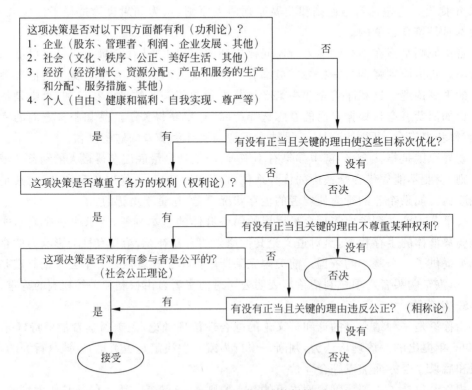

图13-2 卡瓦纳的道德决策树模型

影响等,是在较高的层次运用功利论的。在从后果上衡量之后,模型要求继续从道义方面评价决策,必须考虑对受影响者权利的尊重和对各方的公正性。②运用加勒特的相称理论,考虑例外情况的解决方式。模型虽然比较复杂,但考虑比较全面。

2. 莱兹尼克问题式模型

该模型由美国马奎特大学教授基恩·莱兹尼克(Gene R. Laczniak)在1983年提出。模型在9个问题中运用了显要义务论、相称论和公平公正论,企业决策者可以通过回答这些问题来制定符合道德的决策。如果回答全为否定,则该决策是道德上可接受的。该模型的问题是:

(1) A行动违法吗?
(2) A行动违反以下任一条普遍性的道义吗?
　　——诚实的责任
　　——感恩的责任
　　——公平的责任
　　——仁慈的责任
　　——自我完善的责任
　　——无伤害的责任
(3) A行动侵犯由组织类型而相应产生的特定义务吗?
(4) A行动的动机是邪恶的吗?
(5) 采取A行动会不会发生某种"大恶"?
(6) 是否故意否定了可以比A行动产生更多的善、更少的恶的B行动?
(7) A行动侵犯了消费者不可剥夺的权利了吗?
(8) A行动是否侵犯别的组织的权利?
(9) A个人或组织是否已经没有相关的权利了?

我们可以看出,这个模型遵循的设计思路是:从法律检验开始,依次进行显要义务检验、特殊行业责任检验、目的检验、结果检验、过程检验、权利检验、公正检验。该模型的一个优点是不仅照顾到了一般性的问题,还针对了特定行业、特定产品面临的特殊问题。

3. 亨特-维特尔伦理决策模型

1986年,亨特和维特尔从描述性角度解释道德决策过程,探寻影响道德评判的因素和原因,提出了一个道德决策模型(图13-3),对后来的企业伦理和营销道德研究产生了重要影响。1991年,他们又进行了一些修正,扩充了各环境因素的具体内容,并把情景约束因素换成更多的行为约束因素。

该模型的一个重要特点就是采用了描述性而非规范性的形式,重点研究企业营销人员怎样对营销行为根据道义论和功利论所确立的两大判断标准作出道德评价。这一模型认为道德决策过程包括道德判断、道德意图建立、道德行为发生、行为实际后果评价,提出在道德评判的取舍上应主要考虑4个因素:①每种方案对不同利益相关者产生的后果或影响;②每个后果发生在每一具体利益相关者身上的可能性;③各利益相关者对每种后果的意欲程度或排斥程度;④各利益相关者的重要性。

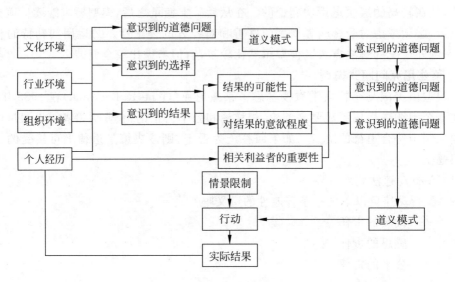

图 13-3 原始的亨特-维特尔模型

4. 布兰查德-皮尔伦理检查模型

该模型由肯尼斯·布兰查德和诺曼·皮尔(Blanchard & Peale)在1988年提出,包括三个伦理检查项目。该模型主要依据合理利己论和显要义务论,优点是简单实用,无须掌握看来比较抽象的伦理原则,便可做出大致符合伦理的决策,因此被广泛采用(图13-4)。

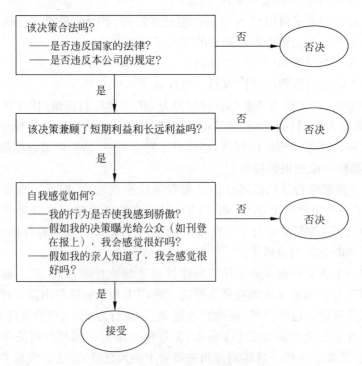

图 13-4 布兰查德-皮尔伦理模型

企业在运用该模型制定伦理决策时,首先要进行合法性检查。依据合理利己论,个人或本企业利益的实现应当在合乎良心与法律规范的前提条件下进行。而就常识而言,伦理与法律是一致的,不合法的也通常是不道德的(当然也有例外)。然后,检查一项决策是否兼顾了长远利益和短期利益。其理论依据是:具有长远利益的行为不大可能是不道德的行为。最后,企业决策者对一项决策进行自我感觉检验和曝光检验。这里,模型实际上假定决策者知道对他人、对社会应有的义务,如果决策违反了诸如诚实、感恩、公正、行善、自我完善、不作恶等当然的义务,决策者应该会感到良心的谴责和无法面对其他人。

第五节 绿色 GDP 与生态文明——中国企业伦理视角

根据可持续发展战略,"绿色 GDP"被提上中国经济发展的主要议程。过去片面追逐 GDP,结果导致资源约束趋紧、环境污染严重、生态系统退化。"绿色 GDP"倡导人与自然和谐,呼吁加快转变经济发展方式,要求人们在追求 GDP 增长的同时,切莫以牺牲环境为代价换取短期的"经济效益"。2012 年,党的十八大提出经济建设、政治建设、文化建设、社会建设和生态文明建设"五位一体"总布局,强调把生态文明建设放在突出地位,努力建设美丽中国,实现中华民族永续发展。这对企业伦理提出了新的更高要求。

一、中国企业伦理的现状

在我国,伦理思想是传统文化的重要组成部分。如"道之以德,齐之以礼"的儒家管理思想,就充满着管理与伦理相结合的思想。但是,近年来一些违背伦理规则的严重事件引起了社会各界的关注,中国企业的伦理缺失现象值得重视。

1. 只顾眼前利益而违背企业伦理

许多管理者在决策中没有考虑伦理因素。有一些产品利润高,但是污染严重、对员工的身体健康危害大。有的企业不但没有重视对员工安全防护方面的教育,甚至利用员工不了解情况,不添置必需的防护设备、不进行污染处理。在企业的决策中并不考虑环保等伦理要素的评价,以致让企业为此付出巨大的代价。

2. 怀疑企业伦理的价值,追求短期行为

讲究伦理对利润的积极影响往往需要较长时间才能体现出来。从短期看,在影响利润的诸多因素中,难以分离出有多少利润是因为讲究道德或不讲道德引起的。短期行为可以说是企业伦理意识的最大敌人,但不讲伦理对企业的危害也不一定马上显现出来。这就使得有些中国企业对追求伦理带给企业的价值持怀疑态度,为其追求短期行为作辩解。

3. 管理者觉得力不从心

有些管理者已经认识到企业伦理的重要性,但是觉得仅靠自己或少数企业的力量也改变不了中国企业的伦理现状,于是也就放弃了。心理学家发现,很多时候,几乎所有的人都在没有外界的强制下受到他人的影响。"大家都这样"就成了不讲伦理的理由。更有一些个人和企业通过不法行为获得了不少"好处",让大家觉得"讲伦理,就是吃亏",当然也就不愿意成为建设中国企业伦理的先驱。然而,要想在中国形成一个良好的企业伦理环境,其前期一定要付出巨大的代价,更需要一些优秀的企业发挥示范带头作用。

应该看到,当一个企业达到一定规模时,就已不再是企业老总或某个人的企业,而是整个社会的企业。这就意味着企业应该按社会要求的模式来运作。那么,目前社会对企业要求的模式是什么呢?中国的企业肩负的责任是什么?从经济学的角度来说没有"君子",经济学面对的都是"小人",因为有"小人"所以才有利益动机问题,才有契约社会问题,如果都是君子哪来的这些问题?这实际上指出了中国企业重视伦理的重要性和必要性。

二、企业伦理缺失的宏观与微观分析

目前,我国企业伦理缺失的深层次原因值得研究。

1. 宏观层面分析

(1)法律体系不健全、制度不完善。法律是伦理的底线,法律对企业的要求远远低于伦理对企业的要求。企业伦理环境的建立最初一定要用法律来开路。其最初是按照法律制度规定下来的,然后逐步渗透,表现为大家自觉遵守,并逐步内化为主体的道德。我国的法律体系还不够完善,无论是立法的数量还是质量与市场经济的要求差距还很大。例如,美国的火车无人售票,却没有人敢逃票,因为逃票的代价很高。

(2)执行力和整合力不够。可以说,各级政府、企业联合会、高校和许多社会人士都开始认识到企业伦理的重要性和紧迫性。但是,这些力量都过于分散,没有整合起来。整个社会对伦理的宣传不多、倡导不够,从而导致建设企业伦理的呼声十分微弱。

(3)地方保护主义的存在。在我国,一些地方的走私、造假等违反伦理的行为受到当地政府的纵容、庇护而逃脱法律的制裁。这样的政府行为无疑助长了不道德行为,同时又挫伤了讲究伦理道德的企业的积极性。

2. 微观层面分析

(1)企业对伦理道德的认识不足。有些企业认为遵守法律就是企业伦理,这种观点大大降低了伦理的标准,甚至很多企业钻法律的空子。人们往往容易看到不讲道德带来的利益或讲道德造成的损失,而不容易看到讲道德可能带来的利益或不讲道德可能带来的损失。因为前者是眼前的、清晰的;后者是长远的、难以定量的。有的甚至认为讲不讲道德只是一件小事情。如,曾在一次讲座中,北京某大厦的董事长强调了企业重视伦理、诚信的重要性。但当笔者问他"贵公司将场地租给那些不开发票就可以给客户优惠的商户,算不算违反企业伦理"时,这位董事长认为:"虽然是逃税行为,但是商户是把那部分钱返给了消费者,所以还可以容忍。"笔者认为,勿以恶小而为之。

(2)伦理型企业文化的缺失。企业文化的核心是价值观,而价值观的核心是企业伦理。伦理型企业文化不仅要求企业员工有共同的、符合伦理的价值观,而且要将价值观背后所蕴含的伦理假设内化到员工心中。1989年3月24日,美国埃克森公司的一艘巨型油轮在阿拉斯加威廉太子湾触礁,800多万加仑原油泄出。埃克森公司开始想推卸责任。后来查明事故原因是船长饮酒过量,擅离职守,让缺乏经验的三副代为指挥造成的。埃克森的企业文化是:"我们公司的政策是,严格遵守与公司业务有关的所有法律……我们期望各层次能坦率行事,遵守会计准则,接受控制。"可见,埃克森所持有的经营伦理假设实际上是"只要合法就行",属于非伦理经营假设。最后,该公司为此付出了惨重的代价。

(3) 伦理领导的缺位。2014年4月发生的韩国"岁月号"沉船事件,9月中国台湾警方查获的"馊水油"(即地沟油)案件,都是伦理领导缺位的典型事件。领导者是企业的灵魂资本,他们的率先示范作用对企业至关重要。企业道德水准的提高首先是管理者自身道德素质的提高。中国企业的管理者在遵守伦理规范方面,表率作用不足。有的企业领导甚至还暗示下属做违反企业伦理的事情。企业领导者个人的伦理素质受到企业伦理文化的影响,反过来又会对企业伦理文化的形成起促进或促退作用。

(4) 从心理学角度看,经营者可以为违背伦理的行为找到合理解释。根据认知失调理论,一个人在做一件错事时,通常要为自己找个解释和借口,以寻求心理平衡。如果找不到,内心就会自我谴责、内疚或者不去做。如果找到了,就会心理平衡而且大胆去做一件不合理的事情。一般来说,企业的经营者都比较注重个人的道德修养。比如,不欺骗,保护环境等,因为不这样做就会受到社会和别人的指责。但是,当经营者以企业名义污染环境、不愿尽社会责任、不做公益捐助时,通常会认为,他是为企业好,为员工着想,又不是个人捞好处。这么一想,就没有自责了。然而,真正的问题应该是,对企业短期好,还是长远好?是真为员工好,还是个人想保住职位或提升个人的业绩以求晋升呢?

三、中国企业要重视企业伦理

1. 财务业绩和影响力的提高

研究表明,企业追求伦理、社会责任与企业的财务业绩是正相关的。道德和利润是可以兼得的,卓越的伦理可以转化为卓越的经营,从而做到"德财兼备""以德生财"。零点研究集团2004年的"社会公益与跨国公司影响力的获得"统计数据显示,企业社会公益得分较高的企业,其综合影响力的得分也相对较高。也就是说,企业通过追求伦理,参与社会公益,能给企业带来实实在在的影响力。

2. 国际环境的要求

在国际合作中,西方国家可能会利用发展中国家在SA8000方面的不足而阻止其产品进入本地市场。泰国工业部有关负责人在接受《国家》杂志采访时指出:美国贸易伙伴在为自己的工厂外购产品时,要求生产厂家在一年内符合SA8000的要求。这种要求的时间十分紧迫,那些已经在企业伦理方面做得好的企业并不害怕SA8000。相反,对其他伦理方面做得不够好的公司,SA8000就可能成为贸易壁垒,削弱其竞争力。"你不讲伦理我就不与你合作"使得不追求伦理与追求伦理带来的差异就非常明显了,而且这种差异在短期内能够突现。2002年,广东中山一家500人的鞋厂因没有达到当地规定的最低工资标准,被客户停单两个月进行整顿;一家台资鞋厂也因发生女工中毒事件,曾一度陷入全面撤单的困境。

3. 应对外国企业双重标准的要求

有些跨国公司在国际营销中实行双重标准,这实际上是违背良心和伦理道德的。厉以宁教授称其为"内道德标准"和"外道德标准",即对自己国家采取一套标准,对别的国家采取另一套标准。因此,我国应尽快形成自己的伦理标准和社会责任规范,以此来规范到中国投资的跨国公司的行为,保护我国企业的利益。随着中国企业加快走向世界,更要对这种双重标准有充分的心理准备和有效的应对措施。

四、中国企业加强伦理管理的途径

目前,企业不追求伦理带来的损失还不能普遍地明显地凸显出来,但是,中国企业要有危机意识和未雨绸缪、居安思危的思想,顺应社会要求和国际潮流,加大宣传力度,加快立法、完善制度,并从以下几方面加强企业伦理建设和管理。

1. 培育商业主体道德与企业伦理文化

企业伦理的形成,离不开个体成员和企业整体文化的伦理培育。一位贤明的国王要挑选一名义子继承王位。他给每个孩子发了一粒种子,看谁培育的花最漂亮就选谁。有一个孩子回家认真培育,可那种子就是不发芽。到了观花的日子,别的孩子都捧着盛开的花,等国王来选拔。但就这个孩子端着一个空的花盆,掉眼泪。国王抱起这个孩子说:"我找的就是你,我发的种子都是煮过的,根本不发芽。"可见,诚信是企业主体的处世根本。只有秉承诚信的社会主义核心价值观,才能给人以信赖感,才能赢得发展机会。如果企业能够让人感到"为他人着想""注重人道""回馈社会""热心公益",则其经营也就更加成功。这种成功需要企业培育共同伦理价值观、商业主体道德与伦理型企业文化。

2. 坚持先义后利、义利并举的义利观

义利关系是伦理中重要的关系。在我国,儒家"重义轻利"的思想长期占支配地位。孔子主张"见利思义",但并非完全排斥利,他反对的只是不正当的利益。在义利一致的情况下,企业要"义利并举";当义利冲突时,企业应"以义取利""先义后利"。因为,如果一味地排斥个人合理正当的"利",也是不符合市场经济的要求的。

3. 政府部门要加大推动力度

在企业伦理建设中,各级政府大有可为:①加快建设法治政府、廉洁政府、服务型政府,促进相关立法,严惩腐败官员,为企业伦理建设创造良好的法治环境、政策环境和社会环境;②有针对性地制定引导政策、出台鼓励措施,促使企业承担相关的社会责任;③建立健全企业社会责任的激励机制和成本补偿方面,使得企业在承担社会责任的同时得到相应的补偿;④对现有企业经营者考核体系引入"绿色GDP"考核指标,以加速我国企业伦理的形成,推动可持续发展战略的实施和生态文明建设。

4. 考虑社会改革的成本问题

中国企业伦理环境还不成熟,必然出现有些讲伦理的企业要付出沉重的代价,甚至牺牲企业自身的现象。在战争年代,没有牺牲就没有胜利;在和平时期,要发展也需牺牲,这种牺牲同样有其价值。曾有企业家指出:在改革的动荡过程中、在浑水摸鱼的过程中,我们没有法律来界定企业的"第一桶金"对不对。我国香港地区是一个榜样,它是目前世界上廉政做得最好的地区之一。20世纪70年代香港成立廉政公署之初,接受此前所有的腐败,但是以后再有问题,廉政公署就将公务员定罪。这是一个社会改革的成本问题,把以前的腐败都承认了,反而让交易成本变成最低。这是一个企业家的声音,指出了在现实条件下,如何建设中国的企业伦理,同时又考虑社会改革的成本问题。中国处于社

会转型期,应辩证地、历史地对待企业违背伦理的现象,采用渐进式转型的途径,具体问题具体分析,突出重点,稳步推进,切忌一刀切和急于求成。

5. 注重校园伦理教育和实践

教育机构是向企业输送人才的重要基地。通过学校教育,让伦理意识扎根青少年心中、内化为他们的价值观,将来成为企业各级管理人员和员工的一种技能、经验和素质。目前,中国只有部分高校开设企业伦理(或商业伦理)的课程。今后,应在各级各类学校教育特别是高等教育中加大伦理教育的力度,强化伦理实践和体验。

复习题

1. 企业伦理的概念是什么?企业伦理包括哪些内容?
2. 企业社会责任的内涵是什么?
3. 企业为什么要重视社会责任?
4. 企业是不是一个纯粹的经济组织?为什么?
5. 企业伦理经历了哪些发展阶段?各有什么特点?
6. 企业伦理如何建设?从何处入手?
7. 企业伦理建设的基本原则是什么?
8. 企业伦理决策的主要理论和模型有哪些?

思考题

1. 谈谈你对我国企业伦理现状的看法。
2. 西方企业重视企业伦理的实践对你有哪些启示?
3. 你认为企业伦理可以通过哪些方法来塑造?

案例分析

科尔—麦克基公司的经营理念

靠别人施舍的两万美元,美国科尔—麦克基公司一度光彩耀人,不仅在老本行石油工业界出人头地,还定下了雄心勃勃的全能源公司规划,涉足于煤炭、木材及崭新的核能工业。但是,就像一个人的精力是有限的一样,一家企业的实力也有一定的限度。如果硬要超越这个限度去追求大而全的目标,企业必然会陷入泥潭。

詹姆斯·安德森和罗伯特·科尔的钻探公司诞生于20世纪大萧条时期的俄克拉荷马城,它最初的财富是两台蒸汽钻塔和三只炼油炉。安德森有一只石油鼻,善于花更少的钱找到更多的石油,他负责钻探的设备;科尔则是个敛财能手,挖空心思寻觅钻探合同。科尔还是无名小辈的时候曾去见菲利浦公司的总裁——大名鼎鼎的弗兰克·菲利浦,想承揽菲利浦石油公司的一份钻井工程。经过死缠硬磨,科尔终于让菲利浦点了头,长期担任科尔助手的莱克斯·豪克士在《能源革新》一书中提到这个细节：科尔要走了，却回过身来说："顺便提一句，菲利浦先生，有一个细节我几乎给忘了。"

"是什么？"

"我需要两万美金才能开挖油井。"

菲利浦大感惊讶，咒骂了一通说："你一直在争取这个合同，却连施工的老本都来借！"科尔只好一个劲儿地哼哼哈哈，最后，菲利浦叫进秘书说："给这个家伙两万美元好让他借鸡生蛋。"

科尔就是凭着这种出奇大胆的作风，以及对自己、对公司无限的信任，使自己的公司在宏观经济极不景气、竞争白热化的时期里得以生存下来并有所发展，而无数比它资金雄厚的公司却被淘汰。度过大萧条后，当公司有了明显进步时，公司创办人安德森觉得公司的发展超过了他经营的能力，于是卖掉了他的股份，退出了公司。而科尔也于1945年离开了公司总裁的位置，圆了自己多年的从政梦。那年，他当选了俄克拉荷马州州长，后来官运亨通，成为参议员。不过，他仍是公司董事会里的积极分子。

科尔从政后，公司从菲利浦公司聘请的迪安·麦克基成了公司的灵魂人物。麦克基原来是菲利浦公司的主任地质学家，在他的领导下，公司第一次有了重大发现，即发现了阿肯色州的麦格洛里亚油田，投产后的利润提供了继续扩大再生产的急需资金。1946年公司改名称为科尔—麦克基石油工业公司，麦克基升任公司总裁。第二次世界大战后，美国对能源的需求惊人地增加，一年的消耗量相当于战前全世界的年消耗量。公司顺应了这种趋势，在开发能源方面创下了很多个第一，其中它在路易斯安那州海域离岸18公里处创建了世界第一座海上商业性油田，标志着全美海上钻探业的兴起。随着冷战的升级，政府对生产原子弹的原料——铀矿的需求大增。科尔—麦克基公司买下亚利桑那州纳瓦胡采矿厂，成为最早投身采铀业的石油公司。同时，公司还进入粉碎机生产领域，后来生产出全国最大的铀矿石粉碎机。此外，它还进军林业、化工业。

在向全能源公司目标迈进之时，公司始终重视其基本产业石油业务的发展。它先后收购了深岩石油公司、卡托石油及润滑液公司和三角形炼油厂等一系列拥有相当实力的产销公司。为了处理国内及海外钻探业务，公司还成立了环球钻探有限公司。不过，公司能在竞争异常激烈的能源工业中屹立不倒，很大程度上靠的是石油产品的革新。公司于1959年研制的旋转式钻头钻出了全国最深的垂直式油井；第二年它又建成了世界最大的海底钻探系统；第三年在俄克拉荷马州建造了新的科研中心，使更高水准的技术突破从那里起步。

不久，石油工业出现重大变故，石油输出国组织将原油价格提高了许多倍，美国公众被迫接受能源价格暴涨的现实。这给能源公司提供了很好的机遇。尽管石油产品利润增高，政府又鼓励勘探石油，科尔—麦克基公司却不断滑向其他领域，不再是海上勘探石油的旗手。公司的关键性部门即石油勘探、开采企业逐渐不景气。当时不少大公司竞相提高科学家的薪水以吸引人才，而科尔—麦克基公司付给科技人员的薪水缺乏吸引力，这导致了人才外流。摩根·斯坦利公司估计科尔—麦克基公司每生产一桶石油的成本达13美元，而它的竞争者只需花7.35美元。

除此之外，公司在核污染问题方面被频繁曝光。特别是1974年家喻户晓的"卡伦·锡尔克伍德案",更暴露出公司在进行核能生产时的疏忽草率,公司的信誉受到严重的损害。

锡尔克伍德当时28岁,是公司锡马龙核能厂的实验技师,是石油、化工及原子能工人联合会的积极分子。此人受到了核放射污染的侵害,而公司对造成侵害的一系列事故不做任何解释,锡尔克伍德在去会见原子能委员会负责人和《纽约时报》记者的途中被车撞死。她的惨死引起公众的怀疑,公众普遍认为这是科尔—麦克基公司的人耍的花招。

联邦政府调查了此事,但没有公开结果。公司的劳保与安全状况也受到调查:锡马龙厂因国家公共广播电台的报告而关闭,俄克拉荷马的高尔工厂也受到核能管理委员会的调查。最让公司头痛的是,它的一座六氟化铀发生器因过载运转而爆炸,散发出剧毒的辐射性氟化酸雾致使一人死亡,110人被送进医院治疗。

频繁的事故激怒了公众,他们大声疾呼严惩事故责任者。尖锐的矛盾,使公司的领导阶层头昏脑胀,穷于应付。

(马 力)

讨论题

1. 科尔—麦克基公司前期的成功原因是什么?
2. 科尔—麦克基公司后期倒退的原因是什么?
3. 在处理锡尔克伍德时,公司的表现有哪些不当之处,为什么?

第十四章 传统文化与企业文化

本章学习目标
1. 了解和掌握中国传统文化的基本特征
2. 了解和掌握中国传统的管理哲学思想
3. 了解中国古代文化遗产的积极因素和消极因素
4. 了解"国学热"兴起的背景和原因

企业作为社会系统中的一个子系统,总是要受到社会总系统的影响与制约的。社会系统中的文化环境,则是企业文化生长的土壤。文化经过一个长期积累的过程,而且具有很强的路径依赖性。中国的传统文化经历了几千年的积累和沉淀,具有深厚的底蕴和广博的内涵,成为中国企业文化的肥沃土壤,也成为中国企业文化的个性来源。

第一节 中国传统文化的基本特征

中华民族的文化传统像世间一切事物一样,有其积极的一面,也有其消极的一面,其文化内涵和外延不是静止的,而是随历史的发展、时代的演变而变化的复杂的动态过程。我们应在历史发展的长河中,考察中华传统文化的精华和糟粕,从而决定我们对它们的扬和弃。在这里,笔者主要讨论其基本特征。

一、入世精神

所谓入世精神,就是积极地关心社会现实的人生态度。作为中国主导文化的儒家思想,不论是先秦的孔孟之道,还是两汉以后的儒学,乃至程朱理学,其主旨都是经世致用、教民化俗、兴邦治国。其主要信条,如"内圣外王""修身、齐家、治国、平天下""正德、利用、厚生""要言妙道不离人伦日物"。儒家思想的基本精神要求将内在的修养外化为积极的事功;道家文化,看似玄虚奥妙,消极遁世,而其实质却是注重积聚自身的力量,最终实现"以柔克刚""以弱胜强""以少胜多""以后争先"的目的,以"不争"作为"争"的手段,"无为"的背后是"无不为";至于法家文化,奖励耕战,富国强兵,厉行法治,德刑并用,强调积极地治理社会,大胆地追求功利,具有更明显的现实精神。总之,以儒、道、法三家为主体的中国文化的传统,其精髓是积极的入世精神。

正是这种积极的人生态度,几千年来激励着中华民族在艰苦的环境中,创造了灿烂的古代文化,锤炼出自尊自强的民族精神。改革开放40多年,当代中华儿女创造出经济飞速崛起的人间奇迹,并正为实现中华民族的伟大复兴而团结奋斗。这种精神极大地影响着我国的企业文化,从20世纪50年代的"孟泰精神",60年代的"铁人精神",到80年代的"二汽精神",90年代的"海尔精神""长虹精神""联想精神""东汽精神"等,都贯穿着一条主线——不怨天,不尤人,发愤图强,艰苦创业,勇于创新,无所畏惧。它构成了我国企业文化拼搏向上的基调。

二、伦理中心

中国的古代社会,在意识形态上是一个以伦理为中心的社会。从春秋战国时代开始,孔子便提出了以"仁"为核心的思想体系,他说:"克己复礼为仁。"这里的"礼",便是君君、臣臣、父父、子子的等级秩序,"礼"作为宗法等级制度,具有外加的强制性。而"仁"的学说,则是要把"礼"的约束建立在道德教育的基础之上。到了后来,则演变成"三纲五常",即君为臣纲,父为子纲,夫为妻纲,以及仁、义、礼、智、信五德。"忠"和"孝"是维护"礼"的最重要的道德标准,而其特点则是服从。这种为封建等级制度服务的伦理道德,严重地束缚、压制个人的主动性,其消极影响至今犹在。在企业中这种封建伦理道德的表现是,各级管理干部与职工之间,随着在管理组织系统"金字塔"上位置的不同,所产生的等级观念,及其副产品——上对下的专横傲慢,下对上的盲从讨好,成为我国企业文化建设的消极因素。

然而,这种伦理中心主义的传统,又有其合理的方面,即重视维系人际关系的伦理纽带,有利于社会关系的稳定与和谐。它要求人们把自己看作家庭、社会的一员,并且时刻意识到自己在其中的责任;它把个人、家庭和国家的命运较为紧密地联系起来,使爱国主义和民族的整体感有了坚实的基础,有助于中华民族凝聚力的加强。正因为如此,它才成为中国封建社会的道德支柱。在当今社会中,只要对伦理道德的内容进行改造和更新,就可以成为树立社会责任感,提高民族凝聚力,发扬民主精神,促进社会稳定,建设优良企业文化的有力思想武器。

事实上,我国社会主义企业历来重视处理好国家、企业、个人之间的关系。强烈的爱国意识,对企业的高度认同,职工间的真诚友谊,爱厂如家,和谐共进,一直是我国社会主义文化的一大特色。我国最大的工业企业——鞍山钢铁公司的企业传统和企业品格是这样表述的:"对祖国的无限热爱,对社会主义事业的坚定信念;爱厂如家,忠于职守,把个人命运同企业兴衰连在一起的主人翁思想;为国争光,拼争第一,开拓创新,勇攀高峰的进取精神;识大体,顾大局,同心同德,团结协作的高尚风格……"这是中华民族重视伦理道德的传统,在社会主义企业中的突出表现,这是我国企业文化内容中的优势文化。

三、中庸之道

中庸之道是中国传统文化中一个十分重要的独具特色的观念。孔子说:"中庸之为德也,其至矣乎!"可见,儒家把中庸看作是最高的道德。

什么叫中庸?汉朝郑玄这样注释《中庸》的题义:"名曰中庸者,以其记中和之为用也。"所谓"中",朱熹说:"中者不偏不倚,无过不及之名,庸,平常也。"所谓"和"指和谐,孔子说:"礼之用,和为贵,先王之道,斯为美。"

中庸之道有两重性,一方面以"中和"为最高原则,忽视对立面的斗争,主张维持现状,否定变革,如果变革也只局限于渐进式的;而另一方面,它反对过与不及,不走极端,不搞片面性,重视和谐。因此,对中庸之道不能做简单的否定或肯定。

中庸之道维护旧制、反对变革的消极影响是十分深远的,作为一股巨大的历史惰力,它几乎成为世代相传的心理定式。"祖宗之法不可变""先王之制不可变""三年无改于父之道",等等,被视为亘古不变的真理。这种因循守旧思想,今天仍然是改革所遇到的最大的心理障碍之一。任何改革措施,总会遇到强大抵抗。"没有先例""风险太大",常常成为拒绝改革的借口;"宁稳勿乱""不为人先",常常成为徘徊观望的理由。视传统为当然,视变革为畏途,这种心态一天不改变,中国的改革便一天难推进。

当然,改革也不能盲目冒进,搞"毕其功于一役",俄罗斯曾经试过的"休克疗法",是一个前车之鉴。中国改革开放之所以成功,在方法论上得益于稳扎稳打,渐进式的操作。这正是"取两用中"的中道,即兼顾不同因素,兼顾不同利益,进行合理的统筹。

在群体观、社会观上,中庸之道也有其积极的一面。这主要反映在"和"的观念上。"和为贵"是中国几千年历史中处理人际关系、民族关系、社会关系的传统原则,用求大同、存小异的办法,协调社会各部分人的利益和要求,达到整体的协调、和睦,是中国社会长期稳定的重要文化支柱。在处理文臣武将关系中的"将相和",在处理民族关系中的"和亲",以及在为政治国中的"天时不如地利,地利不如人和",都是"和为贵"原则的具体运用。再如,故宫三大殿——"太和殿""中和殿""保和殿",以及皇家花园——"颐和园"的命名,也无不与这"和"的文化有关。

改革开放在一定意义上讲是社会各部分人之间利益的再分配、再调整,然而改革开放需要一个安定团结的内外环境,首先要求政治上的稳定;改革的目标也是要求得国家的长治久安,社会主义长期稳定的发展。我们只能在稳定中求改革,以改革和稳定求发展。因此,"和为贵"的传统原则,在处理各个民族、各个地区、各个部门、各个企业事业单位,处理社会上各部分人之间的矛盾冲突中,仍不失为一个正确而有效的原则。在人与人之间,在上下级之间,加强相互沟通,相互理解,在"求大同存小异"的基础上,实现上下同欲、同心同德,那么一个企业、一个地区以及整个国家,就会出现安定团结的"人和"局面,再大的困难也不会把我们难倒。对一个企业而言,"内求团结,外求发展"的内和外争原则,应该是一个可供选择的高明策略。它已被我国的许多企业成功的实践所证明。海尔公司的哲学叫作"中正之道",主张中和、公正,追求大中至正,取得了骄人的经营业绩,而衡水电机厂则依靠"和谐管理",在全行业亏损局面下取得了良好的经济效益,确实难能可贵。这类事例充分说明中庸之道"和为贵"观念的巨大的现实意义。

四、勤俭传统

勤劳节俭是中华民族的传统美德。黄河,狂暴的河;黄土,贫瘠的土。在如此严酷的自然环境里孕育的中华民族,依靠自己的勤劳和节俭,争生存,求发展。自古以来,我们民族就以勤俭为大德,奢侈为大恶,主张"克勤于邦,克俭于家"(《尚书》)。唐代诗人李商隐在《咏史》诗中道:"历览前贤国与家,成由勤俭败由奢。"这种克勤克俭的传统,在社会主义时代,得到了最充分的弘扬,发展为艰苦创业的民族精神。勤劳节俭、艰苦奋斗精神,在鞍钢、大庆、一汽、二汽、首钢、攀钢等大型骨干企业的企业文化中,一直占有十分重要的地位。

改革开放 40 多年来,随着经济的腾飞、财富的增长,一股享乐奢靡之风在中国蔓延开来。一些企业丢掉了艰苦奋斗的传统,在主业的生产经营上不千方百计地顽强拼搏,却热衷于炒股、炒房地产,结果搞出了一堆经济泡沫,并且大吃大喝,公费旅游,住高级宾馆,坐豪华轿车……这种奢侈之风成为企业和社会的一种公害。在这种情况下,迫切需要恢复和发扬勤劳节俭、艰苦奋斗的企业文化传统。近年来,许多企业正式认定"勤奋""俭朴""艰苦奋斗""艰苦创业"为企业文化的主要内容,如天津市无缝钢管厂,在改革开放形势下,进一步发扬了"一支管,一度电,一滴水,一块砖"的"过日子精神",取得了较好的经济效益。

第二节 中国传统的管理哲学

中国具有五千年的文明史,经过了几千年的文官统治,积累了丰富的(国家)治理经验,同时,在理论上有儒家、道家、兵家、法家和佛教的丰富典籍,其中的管理思想博大精深,是当代中国的国家管理、企业管理的思想渊源。中国传统的管理哲学至今没有公认的概括,笔者想做一番大胆的尝试。中国传统的管理哲学,以儒家哲学为主体,兼容了道家、法家、兵家和佛教的哲学,其主要内容可概括为以下十个方面。

一、"人性本善",以德服人的管理哲学

人性假设是管理哲学的基础,中国几千年的历史中,有性恶论、性善论、性无善恶论等许多主张,但占主流的是儒家的性善论。与这种人性假设相对应的管理哲学是"以德服人",而不是"以力服人",亦即施"仁政"。孟子曰:"以力服人者,非心服也,力不赡也;以德服人者,中心悦而诚服也。"以德服人的核心是爱人,孔子曰:"仁者,爱人。"爱你的下属,爱你的子民,"以至仁为德"(苏轼《道德》)。汉朝刘向提出:"善为国者,爱民如父母之爱子、兄之爱弟。"儒家还把仁解释为忠恕之道:"己欲立而立人,己欲达而达人"(忠)"己所不欲,勿施于人"(恕)。这就要求领导者换位思考,不要刁难下属,而要给下属开辟事业成功的大道。这种以德服人的哲学,是中国几千年历史的主流。

二、"载舟覆舟",以民为本的管理哲学

儒家主张"民贵君轻",孟子说:"民为贵,社稷次之,君为轻。"《尚书》中说:"民为邦本,本固邦宁。"从哲学角度高度论证了领导者与被领导者的角色定位。《贞观政要·行幸,魏征》中指出:"君,舟也;人,水也。水能载舟,亦能覆舟。"它以水与舟的关系做比喻,准确而形象地说明了民本哲学的内涵——不是领导者决定被领导者的命运,而是被领导者最终决定领导者的命运。因此,"得人心者得天下",这是中国国家管理和企业管理中民主机制的哲学渊源。

值得注意的是,民本哲学是把被领导者作为整体来分析的,而不是指单个的人,在这一点与西方流行的"以人为本"(这里的人指个人)是不同的。

三、"见利思义",以义制利的管理哲学

重义轻利是儒家的传统,因为他们认为"争利"是天下祸乱的根源。《管子·禁藏》中描述了人们的逐利活动:"故利之所在,虽千仞之山,无所不上,深源之下,无所不入焉。"这样必然产生冲突,荀子说:"欲而不得,则不能无求,求而无度量分界,则不能不争,争则乱,乱则穷。先王恶其乱也,故制礼义以分之。"办法有二:一曰"礼",即制度约束;二曰"义",即道德教育。孔子强调"见利思义",孟子则更明确地提出:"见利思义,义而后取。"在任何利益面前,先应思考一下:这个利是否符合道德规范,是否符合社会正义,是则可取此利,否则应断然拒绝。这就是"以义制利"的管理哲学。这一哲学至今仍被许多企业所遵循。

四、"民无信不立",以信立业的管理哲学

孔子曰"民无信不立";《左传》中说"能信不为人下",意为能守住信用,就不会居于人下。一个人或一个国家,只有靠信用才能立业。"苟信不继,盟无益也",如果不能守信,与别人(国家)缔结了盟约也毫无助益。《管子》指出"小利害信",王安石指出"信者不食言以从利",领导者不能为利益所诱而丢掉诚信。"胜敌者,一时之功也;全信者,万世之利也。"(《东周列国志》)战胜敌人,只是一时的功劳,而保全信誉则万世受益。这种以信立业的哲学,至今仍是中国许多优秀企业成功的法宝。

五、"宽以济猛,猛以济宽",宽猛相济的管理哲学

为政或管理任何一个组织,如何保持管理的平衡和谐?中国自古就主张刚柔并济,软硬兼施。所谓"宽以济猛,猛以济宽,政是以和"(《左传》),就是这个意思。宽猛相济,带好队伍,总会碰到一个问题——奖和罚的实施。古代众多思想家、政治家达成了共识——必须赏罚严明。韩非子主张:"诚有功,则虽疏贱必赏;诚有过,则虽近爱必诛。"(《韩非子》)诸葛亮具体论证了这一原则,他说:"赏罚之政,谓赏善罚罪也。赏以兴功,罚以禁奸。赏不可不平,罚不可不均。赏赐知其所施,则勇士知其所死;刑罚知其所加,则邪恶知其所畏。"(《便宜十六策·赏罚第十》)"挥泪斩马谡"就是实行这一原则的经典范例。唐太宗李世民用最精练的语言阐述了赏罚严明的原则:"赏当其劳,无功者自退。罚当其罪,为恶者咸惧。"(《贞观政要》)这一哲学应用最为广泛,至今方兴未艾。

六、"上善若水",以柔克刚的管理哲学

道家有许多辩证的观点,对中国的管理产生了深远的影响。《老子》中"以顺待逆,以逸待劳,以卑待骄,以静待噪"的后发制人思想;"以弱胜强,以柔克刚,以退为进"的斗争策略;"将欲弱之,必固强之;将欲废之,必固兴之;将欲夺之,必固予之"的欲擒故纵方法……其中值得重点指出的是,老子崇尚水的哲学,在管理哲学上可谓独树一帜。老子云:"上善若水。水善利万物而不争,处众之所恶,故几于道。"水的优势在于"善利万物而不争"。"夫莫争,则天下莫能与之争",老子这句话,提出了"以不争为争"的策略思想。在国家或

企业处理外部关系、树立良好形象时,"利他"和"不争"应该是两面鲜艳的旗帜。"天下柔弱莫过于水,而攻坚强者莫之能胜,以其无以易之。弱之胜强,柔之胜刚。"水是无比柔韧的东西,但其生命力极强,任何坚硬物体都无法抵御。所谓"水滴石穿",形象地说明了水的威力。以弱胜强,以柔克刚,莫如水也。在管理中的应用就是重视"柔"的一手的使用,大力发挥思想教育、道德感化、理念认同、文化育人的作用,春风化雨,取胜于无形。在企业竞争中,则坚持互利共赢、诚信为本,高度重视软实力的作用。中国许多优秀企业,在这方面积累了丰富的经验。

七、"执两用中",崇尚"中道"的管理哲学

儒家学说的另一个哲学命题是"致中和"。《中庸》说:"致中和,天地位焉,万物育焉。""万物并育而不相害,道并齐而不相悖。"达到中和,天地各司其职,万物能共同生长共同繁荣,实现天地物的和谐、"天人合一"。

中,即"不偏不倚,无过不及";和,即和谐,和为贵。"和"更多的是"中"在人际关系领域的应用。不偏不倚就是"隐恶扬善,执两用中"。对于他人,对于下级,要隐藏人家的缺点,宣扬人家的优点,这样才能调动大家的积极性,激人向善,凝聚人心,保持和谐的氛围;在处理问题和纠纷时,要清楚事物的两个极端,实事求是,从实际出发,恰当把握"度"而不走极端,力求公平公正。无论在国家层面,还是在企业层面,都应该在效率与公平、宽与严、短期与长远、精英与群众、经济效益与社会责任、质量与成本、继承与创新之间,统筹兼顾,不走极端,找到恰当的平衡点。"中道"至今仍是中国管理在方法论上的一大特点。

八、道法术势,并用互补的管理哲学

在中国的管理史中,儒家、法家、道家、兵家都提出了各种各样的管理主张,在管理要素方面,可以概括为道、法、术、势四大要素。所谓"道",道家主张"道法自然",即"道"指客观规律;而儒家主张"道不同,不相为谋",这里的"道",指管理主张、道德、信念和价值观,我们取后者的定义。所谓"法",包括法律、法规、制度和行为规范,既包括法家的"法",也包括了儒家"礼"的内容。所谓"术",韩非说:"术者,藏之于胸中,以偶众端而潜御群臣者也。故法莫如显,而术不欲见。""术者,因任而授官,循名而责实,操生杀之柄,课君臣之能者也,此人主之所执也。"可见,术是特指君主驾驭群臣的统治术。这种统治术要求君主暗中综合研究各方面的情况,对照群臣的职分和诺言,检查群臣活动的效能和事实真相,然后予以赏罚进退,借以达到任能、禁奸的目的。术与法的不同在于,法是公开的,术是隐蔽的;法是臣民所共同执行的,术是君主所独自掌握的,是方法、手段,包括计谋和权术。所谓"势",主要指君主令行禁止的权势,同时也指造成某种事态的客观形势和发展趋势。法家较多地把"势"理解为权势,韩非说:"势者,胜众之资也。"就是说,势是君主制服众人的凭借。儒家则更多地把"势"理解为客观形势,主张"天下之势有强弱,圣人审其势而应之以权"。(宋·苏轼《审势》),即审视客观形势而制定对策,做到"因时立政"。(宋·苏洵《乞裁损浮费札子》)

法家是法、术、势的主要倡导者,韩非认为"抱法""行术",必须以"处势"为基本前提。而"抱法""行术"又是"处势"的重要手段。"行术"又是"抱法"的必要方法。在"法""术"

"势"三者之中,"法"是最根本的,但必须把三者结合起来,相辅以为用。

而儒家历来主张"仁政""德治",更多地强调道德教化的作用。因此,是以"道"为中心进行管理的。孔子曰:"富与贵,是人之所欲也,不以其道得之,不处也。贫与贱,是人之所恶也,不以其道得之,不去也。"这里的"道",就是"正当的""符合社会道德规范的"意思。当然,儒家也同时不同程度地主张"审势""崇礼""明法",宋朝苏洵明确提出"约之以礼,驱之以法"。从现代的视角来看,礼与法有相近之处——他们都属于人们的行为规范,泛而化之,可都归并为法。儒家在管理方法上也有许多建树,大体上属于"术"的范畴。宋朝欧阳修说:"取士之方,必求其实;用人之术,当尽其才。"

纵观中国历史,历代统治者大多是道法术势并用互补,而以道为中心。至今,无论在国家层面还是企业层面,仍是如此。这一管理哲学可谓深入骨髓。

九、"修齐治平",修己安人的管理哲学

中国在历史上是一个以伦理为中心的社会,伦理道德在其管理哲学中处于关键的地位,而伦理道德的推广则必须从领导者修身做起。修己的目的在于安人,安人的前提是修己。《四书·大学》中有一句名言:"古之欲明明德于天下者,先治其国;欲治其国者,先齐其家;欲齐其家者,先修其身。"这就是著名的"修齐治平"理论:一个人要成就大业,在社会上推广优秀的道德,必须从"修身"开始,然后是"齐家""治国""平天下"。

《礼记·哀公问》中说:"政者,正也。君为正,则百姓从政矣。君之所为,百姓之所从也。"这是从领导者示范作用的角度,论述其自身修养的重要性。"欲胜人者必先自胜"(《吕氏春秋·季春纪·先己》),必先战胜自己的人性弱点,才能战胜外界的挑战。这是从建功立业角度,论述修己的重要性。

"以铜为镜,可以正衣冠;以古为镜,可以知兴替;以人为镜,可以明得失。"(《贞观政要·任贤》)李世民这句名言对领导者发现自身之不足,加强素质之修养,实在是金玉良言。

中国古代把修身、齐家、治国、平天下看成是紧密联系的一个系统,是非常深刻的管理思想。《淮南子·主术训》把修身具体化了:"非淡泊无以明德,非宁静无以致远,非宽大无以兼覆,非慈厚无以怀众,非平正无以判断。"即清淡寡欲、清正廉洁、宽容大度、仁慈民主、公平正直,是领导者加强修养的重点。

我国古代伟大的军事家孙子曰:"将者,智信仁勇严也。"他提出的"军人五德"把修身更具体化了,其中:

智——指智慧。高瞻远瞩,运筹帷幄,机智灵活,富有谋略,善于做出正确的决策;
信——指信用。言必信,行必果,诚实守信,以信立业;
仁——指胸怀。厚德载物,仁者爱人,满怀爱心,克己利他,善于团结队伍、凝聚人心;
勇——指勇敢。敢冒风险,勇于担当,充满自信,迎接挑战,善于驾驭风浪、渡过难关;
严——指魄力。严谨务实,严格管理,严于律己,赏罚严明,善于统率指挥、夺取胜利。

有趣的是,这"军人五德"被当代韩国企业家奉为经典,并被冠名为"企业家道德"。因此笔者认为,它就是现代儒商的修身标准。

十、道法自然，无为而治的管理哲学

"人法地，地法天，天法道，道法自然"，这是老子在分析研究了宇宙各种事物的矛盾，找出了人、地、天、道之间的联系之后，所做出的论断。这里的"自然"指的是事物发展的客观性，"道法自然"就是指"按客观规律办事"，此乃道的本质。

依据"道"的理念看世间万事万物，其生长、发育都是自然而然的事。天地万物如此，人的思想行为方式也应该如此。人要按照"道"的"自然"和"无为"的本性，保持"清静无为"状态，因此道家提出了一种管理哲学——"无为而治"。这里所说的"无为"，不是说什么事都不做，而主要是指处事不以个人的主观意志代替客观规律，积极引导其自然发展，最后达到水到渠成的目的。"无为"即尊重世间万物各自发展的规律，"道法自然"，从而达到"无不为"的境地。

《老子》一书中把国家管理状况分为三个等级：最好的是"不知有之"，老百姓不知道统治者的存在；其次是"亲而举之"，老百姓感觉到统治者和自己很亲近，主动推崇；再次是"畏而辱之"，统治者以凶残的手段威迫百姓，老百姓对统治者畏惧和批评。这三个等级是不同管理方式所形成的结果，"不知有之"正是"无为而治"取得的结果。

"无为而治"不能理解为消极无为，恰恰相反，它的目的是"无不为"，以"无为"的手段达到"无不为"的目的。

老子曰："我无为而民自化；我好静而民自正；我无事而民自富；我无欲而民自朴。"这里，君的"无为"，导致的是民的"有为"（自化、自正、自富、自朴）。也就是说，放手让民去"有为"，不乱干预，就会事半而功倍。这才是"无为而治"的本意。这在黄老道家代表作《吕氏春秋》中"无智，故能使众智也。无能，故能使众能也。无为，故能使众为也"等说法中得到证明。

历来将"无为而治"看作道家的主张，而首先提出这四个字的却是孔子。子曰："无为而治者，其为舜与？夫何为哉？恭己正南面而已矣。"（《论语·卫灵公》）为何说舜能无为而治呢？《大戴礼记·王言》中，子曰："昔者，舜左禹而右皋陶，不下席而天下治。夫政之不中，君之过也，政之既中，令之不行，职事者之罪也。明王奚为其劳也！"《新序·杂事》曰："故王者劳于求人，佚于得贤，舜举众贤在位，垂衣裳，恭己无为而天下治。"正因为舜能任用禹、皋陶等贤臣，才能够"不下席而天下治"。故而儒家无为而治的含义在于任用贤才，充分授权，众贤有为，则君可无为。

这种无为而治的管理哲学，在中国历史上影响深远。远古的舜，汉初的"文景之治"，唐朝的"贞观之治"，都是无为而治的典范。如唐代李世民选择"清静无为"的思想作为治理天下的指导方针，坚持"以静养民"的治理方略，造就了"贞观之治"那样稳定而又繁荣的局面，也不是什么事都不做，而是对外不侵略，对内不扰民，不加重百姓税负，让百姓休养生息，才出现"无为而治"的效果。

在当代中国，许多企业家把"无为而治"奉为管理的最高境界。在文化管理模式中，企业凭借优秀的文化，以及成功的"以文化人"，各级管理者和普通员工各司其职，自觉主动地按企业的要求去行动，做到上下同欲，众志成城，主要领导者就可以做到"无为而无不为"了。

第三节 一分为二地对待中国古代的文化遗产

中国的传统民族文化,具有5000年的悠久历史和丰富多彩的珍贵内涵。作为东方文明的重要发端,中华文明不仅哺育了中华民族,而且对东亚乃至整个人类文明产生了深远的影响,成为人类文明宝库中的重要内容。正确地对其进行剖析、反思,对于正确地把握中华文明的历史命运,对于形成我国管理科学的民族特色,都是极其重要的。

改革和开放是一场巨大的社会变革,与历史上的一切重大转折时期一样,必然伴随着一场深刻的历史反思。这场反思从总结"文化大革命"的教训开始,涉及社会民主与专制、个人与集体、领袖与群众、人治与法治等领域,其成果是深刻地剖析了中国社会中封建残余意识的种种表现和消极作用,这场反思的深入则是与对外开放的展开同步。一个长期半封闭的社会突然打开了窗户,西方文明一下子出现在12亿中国人面前。中华古老的文化传统面临着西方文化的严重挑战,在中、西文化的冲突中,一场以"中西文化比较"为内容的对中华文明的深入反思在全国全面展开。

在这场反思中,大体上可以归结为3种思潮:

(1) "民族虚无"论。持这种观点的人把传统民族文化视为"沉重的包袱""历史的惰力",把中华民族的民族性贬斥得一无是处。他们明确地主张"摆脱中国文化的传统形态""根本改变和彻底重建中国文化""要反传统,要全力动摇、瓦解、震荡和清除旧传统"。那么按照哪个模式重建中国文化呢?只能是"全盘西化"。

(2) "儒学复兴"论。持这种观点的人看不到中华传统文化的局限性和消极性的一面,不加分析地盲目肯定以儒家思想为代表的中国传统文化,甚至认为中国的儒学会在一个新的基础上得到复兴。他们中的一些人主张大搞尊孔活动,似乎这才是振兴民族精神的正道。

(3) "中西合璧"论。持这种观点的人认为中国文化和西方文化各有所长,各有所短,中国的现代文化应该是把二者的优点集中起来,但对两种文化优劣扬弃的具体分析却不尽相同。

怎样正确评价中国传统文化,不仅是一个理论问题,更是一个实践问题。

历史总是喜欢捉弄人。正当我国国内某些人盲目否定中国文化之时,正是美国、欧洲、日本、韩国等国和地区"中文热""中国文化热"方兴未艾之日。那些使美国企业大伤脑筋的日本企业家们,几乎都到中国传统文化中寻找精神武器,《论语》《孙子兵法》《老子》《三国演义》成为企业家的必读书,作为日本的企业文化核心的"团队精神"正是儒家家族伦理观念在企业中的运用,无怪乎日本企业文化被称为"家族主义企业文化",日本的资本主义被称为"儒家资本主义"。近年来韩国在经济增长的同时,也掀起了空前的"中国热"。《孙子兵法》的销量创韩国出版史上的最高纪录,企业家称之为"企业的经营指针"。孙子提出的战略战术,被企业家们应用于激烈的市场竞争之中,孙子提出的"智信仁勇严"军人五德,在韩国被视为企业家的道德信条。而新加坡,在中小学恢复了中断多年的儒家伦理教育,在企业中强化诸如勤劳、节俭、和谐、忠诚等儒家传统价值观和道德观。新加坡原总理吴作栋讲出了这些措施的真正意图:"新加坡人越来越西化,人民的价值观也从儒家伦理的克勤克俭和为群体牺牲的精神转为自我中心的个人主义。这种价值观的改变,将会削弱我们的国际竞争能力,从而影响国家的繁荣与生存。"这个看法是颇有见地的。

日本、韩国、新加坡的经验和教训值得借鉴,它告诉我们:欧洲和美国的有益管理理念、管理方法和管理经验应该积极吸取,拒绝学习的盲目排外是愚蠢的,但我们不必也不应照搬他们的个人主义价值观念;中国传统文化的消极保守因素应该抛弃,但其重视伦理道德的群体价值观却是值得继承的思想文化遗产。

1990年8月1日,著名科学家杨振宁对新加坡记者说:"我在美国住了45年,我认为今天的美国危机四伏,不可以效仿。假如说20世纪是美国的世纪,那么可以肯定地说21世纪不是美国的世纪。"为什么? 根本原因在于美国的基本价值观——"个人至上主义推到了极端"。对于中美文化都有深切体会的杨振宁先生的一席话,值得我们深思。

日本学者村山孚说得好:"我希望中国朋友在实现中国企业管理现代化的道路上,千万不要以为只有外国的新奇概念和奥妙的数学公式才是科学。中华民族几千年来积累的文化同样是实现中国企业管理现代化的宏大源流。"这些话对于一切学习管理学的人,可以说是金玉良言。

2014年以来,习近平同志多次对弘扬传统文化的重要性发表看法。2014年"两会"期间在参加贵州团审议时,他指出:"一个国家综合实力最核心的还是文化软实力,这事关精气神的凝聚,我们要坚定理论自信、道路自信、制度自信,最根本的还要加一个文化自信。"在视察北大时,习近平同志说:"一个民族、一个国家,必须知道自己是谁,是从哪里来的,要到哪里去,想明白了、想对了,就要坚定不移朝着目标前进。"因此,我们一定要珍视中国古代那些丰富多彩、博大精深的文化遗产,继承和发扬其中的精华。

第四节 多年来"国学热"的启示

进入21世纪二十多年以来,中国掀起了一股声势浩大的"国学热"。一些高校纷纷成立有关国学、传统文化、儒释道思想的研究机构,如中国人民大学国学院、清华大学思想文化研究所、中国社会科学院儒教研究中心等,出版的学术著作及研究文章不计其数;几乎每年都要召开各种形式和规模的国内国际学术研讨会,在欧美、东亚、东南亚等国家和地区,也有相当规模的研究机构和学术队伍;在媒体方面,阎崇年先生在《百家讲坛》讲清帝,刘心武讲红楼,易中天讲三国,王立群讲史记,等等,这些学人雅俗共赏的讲座,重新唤起了社会大众了解传统历史和文化的热情;除了电视台外,还有纸质媒体、网络媒体的积极参与和推动,譬如《光明日报》专门开设了国学版,中文搜索引擎百度开设了"国学频道",新浪网高调推出乾元国学博客圈,等等。

近年来,国学、国学阅读和国学教育,几乎成为人们谈论思想文化时出现频率最高的词汇。一些地方还出现了老师着汉服上课、学生进孔庙祭拜的事情;各种面向企业的国学培训班如雨后春笋,而教授《三字经》《弟子规》《女儿经》的私塾更是方兴未艾。足见人们对国学的热情。但是,越是这种言必称国学的时候,越需要认识国学的内涵与外延,辨析其中精华与糟粕,了解其价值与意义。因为,唯有真正的了解,才有真正的热爱。

首先我们应该看到,国学之所以能够"热"起来,反映了时代对文化的迫切需求。

第一个背景是：经过40年的改革开放，发达国家的文化以极快的速度传入中国。对于中国企业而言，西方的经济学、管理学、市场营销学、财务管理、生产管理、质量管理、人力资源管理、信息管理、战略管理等，使中国企业家开阔了眼界，获得了企业改革的理论武器、理念更新以及操作经验。但是，困惑着中国企业家的是：因为国情不同，许多西方的理论、观念，在中国遇到水土不服，特别在人力资源管理和组织文化方面，甚至有些格格不入。我们急需一些适合中国环境的管理理念、文化营养，自然就想到了中国的传统文化。换句话说，国学热是中国开放过后传统文化的一种回归。

第二个背景是：在市场经济推行过程中，种种唯利是图、不择手段的竞争方式，破坏了诚信，突破了做人的底线，但却成就了一些人和一些企业"首先富起来"。社会道德的沦丧，理想信念的缺失，腐败享乐之风日盛，贫富两极分化加速，使人们多有不满和困惑。因此，国学热也是浮躁时代的一种精神寻根，一种集体反思。同时，这也是中国近年来政治经济文化发展不协调的必然产物。

第三个背景是：随着中国经济连续40年的高速成长，随着改革开放以来中国综合国力的迅速增强与国际地位的明显提高，民族自信心也获得了有力的支撑。但是，在中国富起来的过程中，中国人的修养和中国文化并没有得到同步提升，中国人并未获得世界应有的尊重，少数中国人在世界各地的行为表现，遭到许多外国人的批评，也引起对中国人的误解，中国在世界上的形象和话语权与我们的国力很不匹配。这使越来越多的中国人认识到：在中国发展经济硬实力的同时，必须大力发展中国的文化软实力。因此，国学热作为民族文化自觉的产物，具有一定的必然性。与此同时西方乃至全世界悄然兴起的中文热、中国热，正像方兴未艾的"孔子书院"和"赴中国留学热"一样，中国文化在全球的影响力以及中国软实力的增长，日益成为时代的必然趋势。

第四个背景是：2008年以来的西方金融危机和社会危机。人类文明发展到今天，为什么会出现危及人类生存发展的全面危机？为什么唯有中国没有陷入金融危机的旋涡？人类如何解决这些危机？一个重要因素就是中国独有的文化，包括民族传统文化和社会主义文化。许多人试图为当今人类面临的全面危机，寻找一个可能的解决之道，或提供一种有别于西方文明的价值思考。最近，一位法国哲学家在其文章中说，文明政治的任务是汲取西方文明之精华，去其糟粕，通过融合东方文明的重大贡献而创造出新的文明体系。这位西方哲学家的上述言论，是在席卷全球的金融风暴之前说的，他似乎已敏锐地预见到西方文化及其指导下的发展模式，对解决当今人类所面临的危机，已显得"贫乏"和无能为力。博大精深的中国传统文化，以及中国特色的社会主义文化，可以纠正、补充和调整西方文明的不足，从而创造出一个既能超越西方现代性指导下的工业文明，又能解决当今人类所遇到的生存发展危机的新文明形态。可以预见，中国文化与西方文化及其他优秀文化的互补共生，是今后人类生存发展的必由之路。

面对国学热先后出现了两种极端倾向：一是不学、不懂，不知"国学"为何物，却盲目地排斥，主张把国学扫进历史的垃圾堆；二是视国学为"回归""复古"，在行为方式上"言古言""穿古服"，甚至有些家长让孩子从小学退学，而专门去私塾读国学经典。我们要清醒地认识到这两者都是由于缺乏文化上的"自知之明"造成的，在国学热面前我们需要的只应该是冷思考。

在许多中国人眼里,西方文明的优点和中华文明的缺点,自20世纪初我们似乎已"了然于胸"。而实际则不然,虽然人们心中还多少残留一些微薄的民族文化记忆,但是很多人却不知自己民族文化的来历、形成过程、所具有的价值和特质以及它的发展趋向,更谈不上对国学核心价值和核心理念的认识和了解。在此情势下,拿什么去与西方文化融合?拿什么参与不同文明的对话?拿什么建立自己的话语系统?拿什么去建设国家的文化软实力?因此,必须从学习开始,认认真真地学习。

另一种值得注意的倾向是国学热的虚火。有些人利用人们对国学的热情和判断力不足,在报纸、图书、讲坛等传媒上一哄而起,把国学变成捞取名利的工具,鼓吹向古人学习如何走捷径,如何赚大钱,如何耍权术、保权位,如何求神佑、避灾祸,甚至如何得长生、玩女人等,以国学的名义兜售假、冒、伪、劣的文化产品和文化糟粕。这些国学热之虚火,恰为一些人提供了攻讦和否定国学的口实和弹药。虚火不熄,则国学亦不能真热。

国学是一个内涵十分丰富的传统文化体系,它蕴涵着中华民族几千年的灿烂文化。我们对国学既不能采取作茧自缚的复古主义,也不能采取盲目否定的虚无主义,而应该是既继承又超越,在多元文化的氛围中走中西文化融通之路,创建符合时代精神的新文化体系。

对于国学热也应该抱一种理性的认识。人们可以通过学习国学、了解国学,掌握更多的传统文化知识,以提高文化素养和道德境界。国学热不应是文化保守主义和排他主义,而应是民族文化和世界文化的积极融合。

在当前最需要注意的是处理好中国文化与西方文化的关系。我们不能轻视本民族的文化智慧,要虚心学习传统文化中的精华,与本企业、本单位的实践相结合,使其成为本组织、本企业文化创新的源头活水,提升文化软实力的战略资源。企业在国学培训中,应注意区分良莠,剔出糟粕,只继承精华。不能简单地要员工全面贯彻《弟子规》《三字经》,更不能借学国学之名,盲目否定现代的企业制度和规范,以及市场经济的客观规律。

在国家层面,中央颁布的社会主义核心价值观——"富强、民主、文明、和谐,自由、平等、公正、法治,爱国、敬业、诚信、友善",已经继承和发扬了中国传统文化的精华部分。通过全民对传统文化的认知和认同,切实提升中国人的文化修养和道德素质,从而改善中国人的国际形象;通过加强与世界各国的文化交流和经济合作,扩大中国的文化影响力和国际话语权,进而使中华民族的传统文化和现代文化与世界上一切优秀文化相融合,成为世界新时代文化体系的重要来源和组成部分。

复习题

1. 中国传统文化的基本特征有哪些?
2. 中庸之道有哪些正面和负面的影响?
3. 中国传统的管理哲学有哪十项?
4. "上善若水,以柔克刚"的管理哲学其内涵是什么?
5. "道法术势,并用互补"的管理哲学其内涵和应用有哪些?
6. 如何一分为二地对待中国古代的文化遗产?
7. 多年来的国学热对我们有哪些启示?

思考题

1. 你觉得中国的传统文化如何转化为中国的软实力？
2. 中国企业应该怎样从传统文化中吸取营养？
3. 你认为应如何处理中西文化的融合问题？

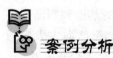

我的心力管理之路

北宋欧阳修有言："万事以心为本。未有心至，而力不能至者。"做事必须用心，亦要赢得人心，即使面对绝境，也勿心灰意冷。因为，人心深处，某种力量往往会起决定性作用。这便是心力。

任何一名企业家，个人纵有天大的本领，如果离开了员工这片土壤，失去群心群力，企业无法长大、做强、做久。

——题记

20世纪70年代初，我进入工厂，在这个大环境中践行三十余年，渐渐摸进企业管理的门槛，窥见其中无限学问。

始知结衣裳，不如结心肠。从创业伊始的简单模仿学习，到如今的学习借鉴、思考创新，我的价值取向逐步从单纯追求利益最大化，转变为在追求利润的同时，注重有形资产、无形资产增值并举，注重软硬实力同步增长，还得追求企业与利益相关者和谐共赢的集成成长能力。"心力管理"这几个字在我的脑海里渐渐清晰。

何为心力？我认为心力在实践中就是指人依据自身的心思和能力、精神与体力、思想和才智，发自内心做好某一件事的精神力量。心力管理，是将企业员工的心之所及，转化为力之所达的过程；是将企业团队层面的意识培育转化为物质层面的生产力资源，并有效地进行集聚、发散和利用的过程；是不断引导员工在工作与生活中，善用其心，自净其心，消除恶心，增加爱心，发自内心，共同构建心心相印的和谐发展环境的过程。

1997年，江苏黑松林黏合剂厂有限公司成为黄桥镇第一家改制企业试点，真正拥有了"产权明晰、自主管理、自负盈亏、自我发展"的自主权。那时，受经济不景气的大气候影响，一些企业拖欠员工工资的现象很严重，顺口溜"工钱工钱，做了工何时拿到钱"成为那个年代的流行语，无形中挫伤了员工的积极性。改制后的路如何走？如何改变原有管理模式，学会走新路？我不讲大道理，不呼空口号，而是站在员工的角度，设身处地考虑员工的工作动机、劳动艰辛程度，及其给企业发展创造的价值，以改革薪酬制度为突破口——端出暖人心的"滋补药膳火锅"，确立"不同岗位、不同考核、不同薪金"的"双工资制"新模式，在员工中推行"双周工资制"，在中层管理者中推行"双薪工资制"，一方面让员工做了工就能拿到钱,一个月发两次工资,看得见实惠,赶得上家用,解除了后顾之忧;另一方面让管理者坐什么位置拿什么工资,双倍以上让其将心比"薪"。高薪之下必然是高责、高效、高能,只要你付出总能得到回报。

初试牛刀。通过换位沟通体验,企业劳动关系和谐,盲点变成了看点、亮点、出彩点。最大限度激发员工与管理者的积极性和创造性,提升了企业对员工的凝聚力和员工对企业的向心力,保证了企业改革的顺利进行,促进了企业发展步伐,我陶醉,手舞足蹈,为自己的第一次的心动到行动,我下树长出果而兴高采烈。

这些年,我在黑松林胶粘剂厂义无反顾地艰辛探索,探寻着从"物本管理"到"人本管理"具体化为"心力管理"的规律和实践方式。

我的老家有句俗话:人无良心一世穷。办企业就是要盈利,赚钱是天经地义,无可厚非。然而,如何赚钱?古人云:君子爱财,取之有道。我想到了小时候经历的一个真实故事。刚上初一,父亲配了一支电筒给我走夜路,当电池用到发出微光时,我还是舍不得换新电池,便将旧电池配一只新电池使用,可用不了多久,电池就没电了。后来学了物理学我才明白,那舍不得抛弃的旧电池已成了电阻,白白浪费了新电池。我用管理的视角理解为"心电池"。"将心比心,以心换心",让心电池没有电阻,成了我心力管理的种子,开始萌芽。

善思生善果,恶思生恶果。我用"心视"的方法透视经营,透视人生,不断拷问自己,渐渐地在"以人为本"的管理基础上,开始探索心力管理,渐渐地将"赚钱"转变到"修心力"的管理思路,用心动形成心力的智慧,赢得"人心",自然可以四两拨千斤。一个企业有了心力,就会"人心齐,泰山移",就会众志成城,天大的事就会有员工一起来扛,就没有走不过去的火焰山,企业的发展发达就有了原动力,这就是众心合力。

王安石曾经说:知己者,智之端也。一个人认识了自我,是智慧的开始,如果连自己是谁都搞不清楚,何能谈得上智慧呢!中国有一句成语:放下屠刀,立地成佛。屠刀是什么?其实屠刀就是你的自我。在工厂你举着那把"屠刀"要征服这个,要征服那个,内心是个什么滋味?反之,如果你放下自我,立地成佛,心静如水,忘我利他,你就会有一种"众里寻他千百度,蓦然回首,那人却在灯火阑珊处"的感觉,有一种如释重负的久违轻松。你还是会找到"一个人浑身是铁能打几根钉"的真实的道理,沉浸在众心合力工作的快乐之中。

中华传统文化认为,管理意味着爱,作为一个企业家如何去爱你的员工,尊重你的员工,帮助你的员工,关注你的员工,使员工成长为一个成熟的人,充满爱心的人,任重道远。法治治近,德治治远。法治的特点是将人管死,而德治就是修养人心。一个企业家要在工厂构建一个"家"的氛围,营造"家"的温馨,这就需要从心灵发现你的真我,对内心加以管理。管人就是管心,如何认识人的本质和本性,把握人性的特点,关注人的各种需求,做好人心的养育,是现代企业管理中的重要问题,也是心本管理之根本。

上至国家,下至企业,要想办好一件事,离不开心力、智力、人力。营造一种融洽的和谐团结,形成合心合力,是一个企业的福分,也是员工的福分,在黑松林企业多年来对职工的关爱实践中,我们体会到这种关爱的作用远远超越于金钱之上。

以下是在黑松林企业中,我与员工和谐关爱相处的几个小故事。愿与大家共享共悟。

高考祝福。财务科老何想在女儿高考这三天的上午各请半天假,我不但爽快地答应,还让他统计全厂有多少员工的孩子高考,各买一箱牛奶另加一束鲜花,派人送去,祝他们金榜题名!

农忙义务帮工。每年农忙期间,工厂派出义务工帮助劳力少的员工家庭抢收抢种,既赢得了员工的感动,也使得员工的乡里乡亲们赞不绝口。

送头盔。一天早上,天下着毛毛细雨,营销员小张未穿雨衣,骑着他那辆新车,飞一般朝工厂驶来。见我在厂门口,小张一个急刹,忙从车上跳了下来,笑嘻嘻地推着摩托车进了厂门。看着他满面春风的笑脸,我的心里直打鼓,年轻人少不更事,雨虽不大,可路滑易出事啊!

下班后,我让行政科长买了顶头盔送给小张,并带给他两句话:保持冷静头脑,家人盼你早归。小张接过头盔,动情地说:"厂长把我们当儿女一样看待,比亲生父母想得还周到。"自此,大凡厂里员工买了摩托车,我们总要送上一顶头盔,另加上述两句话。这个规矩已延续了好多年。

十年厂庆送热水瓶。建厂10周年,我没有铺张搞厂庆,而是给每人送了两只热水瓶,并送上心中的话:"我这个人像只热水瓶,外面冷,里面暖,脾气比较暴躁,请大家不要计较,但愿企业像这个不锈钢的热水瓶永不生锈。同时我也希望大家像热水瓶一样,对企业满腔热情。"话不多,礼不重,情义爱尽在不言中,员工与家属的心尽与企业通。

助学津贴皆动情。凡是有子女上学的黑松林员工,每年都可以从财务科领到一笔数额不等的钱,这是企业一年发放一次的员工子女助学津贴,具体发放标准为:从幼儿园、小学、初中、高中,到大学毕业,分别按不同的级别,享受100元至500元的助学金。这项津贴已经连续发放了十多年,员工们动情地说:企业关心员工子女入学,比做父母的想得都周到!

春游鼓励体验情。每年春天,我都要组织员工及部分员工家属进行一次"春天向我召唤,市场向我招手"为主题的春游,一方面让大家分享收获的喜悦,一方面带领大家到市场第一线体验"市场经济的惊涛骇浪",警醒每个员工要时刻"回顾昨天、干好今天、创造明天"。

古人云:人之力发自于心,心旺则事盛。得人心者得天下,讲的就是人心的力量。家和万事兴,兴盛靠的是心,要有心,用心,真心,诚心,全心。一个企业,当员工感到企业就是我的家时,员工就不会是"飞鸽牌",他们就会吃了秤砣铁了心,把企业看作"永久牌",就会把企业的利益看作自己的利益,努力工作,在所不惜。心力管理就是人心工程,人心里有无穷无尽的宝藏,员工的安心,忠心,是企业用心换来的,只有用心,员工才会安心。

在一个员工处处被尊重,事事受关心的企业文化氛围中,对受传统文化熏陶的中国人来说,会滴水之恩,涌泉相报,必然会用一颗企业心,自觉自愿地为企业发展献出全心全意全力。

管理大师德鲁克在《21世纪管理挑战》这本书里提出:将来的管理是要把越来越多的精力花在人的管理上,它甚至提出80%的高管要把精力放在处理人的问题上。

俗话说,三十年河东转河西。如今的员工已不再是唤之即来,挥之即去,靠命令和规章,就可指挥一切,唯一可行的是让我们的思想融入员工的脑中,烙在心中。

实践证明,一个有"真我"的经营者,其人格和企业经营业绩是正相关的关系,"真我"就是利他之心,"自我"就是利己之心,就是只为自己考虑。一个只为自己考虑的,何能谈得心力?心力管理需要我们解开束缚在身上的绳子,打破常规思维和做法,付诸抚育子女一般的细心、真心、耐心、诚心、信心,才能征服员工心灵。俗话说得好,每个人都有心脏,但非每个人都有心灵,在工厂,产品是靠员工生产的,而员工的"生产"的优劣,是靠企业家自己用心灵来"生产"和决定的。

一个企业不是因为美丽而和谐,而是因为和谐而美丽。先说两个小故事。

前年,大连企业文化研究会会长钟祥斌先生来我公司调研。那天晚上,我让机修班的一群加班的大小伙子陪钟会长共进晚餐。我们大碗喝酒,大块吃肉。席间,我离开座位,夹了一块肉塞进了焊工老何的嘴里。这本是我和员工在一起喝酒的热闹之举,却被钟会长抓来做文章,说黑松林黏合剂是"黏得牢"牌,其实这是文化渗透的结果,是精心培育而成。

第二个小故事。今年恰逢我60岁生日。老家有逢十做寿的习俗,可我对旁人却只字未提。单在心中暗自打算,莫要惊动大家,待生日过后再"借台唱戏",来个全公司大聚会,感谢一下我的员工们。

不过,这件事还是未能瞒过大家。全员的生日祝福是公开的秘密,员工纷纷送来红包、礼物,我除了感谢还是感谢,将一个个红包原封不动退回。"红包就免了,把工作做好,就是送给我的最大的礼包。"说者无心,听者有意。我生日的当天,真的收获到一份意外惊喜。那天正巧是周日,员工们倡议,自发到岗义务加班一天,为我祝寿,让我有一种无法言表的幸福与感动。

此情此景,令我湿了眼眶。感人心者莫乎情,收获的,是种下的。这不正是我这些年来用心用力,放下自我,关爱他人,多年打造心力管理收获的硕果吗!这份纯朴的生日祝福,无法用货币衡量,也无法用文字语言表达,却径直击中我内心深处。

老子说:为大于其细,为难于其易。追求完美是艰难的,但追求完美也是激动人心的!心力管理需要用心用力,需要大处落墨,小处着笔。10年前,我曾经在实践中总结过一篇题为《精神 精品 精兵》的文章,讲述一个企业有了自己的精神、精品、精兵,加上不屈不挠的那些简单朴素的信心、信念,就会在风云变幻的生存考验中战胜困难,获得巨大的力量,这就是提高心性、进行内心管理、逐渐磨炼心性形成心力的反复过程。现在,我更加坚信这样的观念:一个经营者,如果疏于心性的提高,心力的培育,即使取得一时的成就,也不会长久,就会像长短脚走路,走不长,更走不远,抑或还会走下坡路,甚至夭折。我们的心力管理,就是四两拨千斤,以静入门,以定得智慧,拥有一颗利他之心,播撒美丽花种,让鲜花在自己内心世界绽放,和员工一起风雨同行,辛勤耕耘。愿中国胶粘剂的绿洲里的"黑松林"郁郁葱葱,愿我们"黑松林"的员工永远快乐工作,幸福生活。

(摘自刘鹏凯. 心力管理[M]. 上海:上海人民出版社,2010. 经张德修改。)

讨论题

1. 刘鹏凯的"心力管理"的核心理念是什么？
2. "心力管理"的实践特点有哪些？效果如何？
3. "心力管理"继承和发扬了哪些中国的传统文化？
4. 从黑松林的管理实践中，分析传统文化对构建企业的软实力方面能发挥哪些不可替代的作用。
5. "心力管理"对你有哪些启示？

第十五章 领导者与企业文化建设

本章学习目标

1. 了解领导者如何缔造企业文化
2. 了解领导者如何决定企业文化的基调
3. 掌握领导者的示范作用
4. 了解和掌握领导者如何推动企业文化建设
5. 了解领导者如何提高自身素质

要打造强有力的优秀企业文化,首要的因素是企业家。作为企业的领导者,企业家在企业文化建设中起着至关重要的作用。

第一节 企业文化的缔造者、倡导者和管理者

大凡成功的企业都有优秀的企业文化,而企业家是最主要的缔造者,他缔造、倡导、管理企业文化,他的价值观决定了企业文化的基调,他的观念创新带动企业文化的更新,他素质的不断完善将促进优秀企业文化的形成,一个人扮演着多个角色(图15-1)。

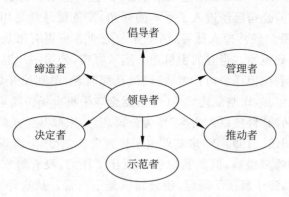

图15-1 领导者在企业文化建设中的角色

一、领导者是企业文化的缔造者

由于企业家在企业中所处的特殊地位,他们对企业承担了更多的责任,相应地,对企业的经营哲学、企业精神、企业价值观等也都能施加较大的影响。企业文化要形成体系,就更离不开企业家的总结、归纳和加工,离不开企业家的聪明才智以及对企业文化建设的高度重视。很多企业的企业文化的内容,甚至都是直接来自企业家的思想和主张。所以,美国企业文化专家斯坦雷·M.戴维斯在其著作《企业文化的评估与管理》中指出:"不论是企业的缔造者本人最先提出主导信念,还是现任总经理被授权重新解释主导信念或提出新的信念,企业领导者总是文化的活水源头。如果领导者是个有作为的人,他就会把充满生气的新观念注入企业文化之中。如果领导者是个平庸之辈,那么企业的主导信念很可能会逐步退化,变得毫无生气。"

《公司文化》的作者迪尔和肯尼迪指出:"是不是每个公司都能有强烈的文化?我们想是能够的,但要做到这一点,最高层管理者首先必须识别公司已经有了什么类型的文化,哪怕是很微弱的。总经理的最终成功在很大程度上取决于是否能够精确地辨认公司文化并琢磨它、塑造它以适应市场不断转移的需要。"

我们不妨来看看通用的前后两位总裁是如何缔造企业文化的。1956年GE总裁克迪纳创立了克顿维尔(又译"克劳顿")管理发展中心,它被塑造成一个命令中心和幕僚学院,用来传播当时GE的核心策略和分权理念。韦尔奇就任CEO后,就"以克顿维尔式的学习过程在GE掀起了一场文化革命"。他专门投入4500万美元用于该中心的建设,每月至少去一次,发表演讲或回答问题,还承担了四门课的教学。就是通过这样的方式,韦尔奇快速将其企业文化变革倡导起来,为以后的改革创造了良好的环境。

二、奥利拉与他创造的"芬兰神话"

诺基亚成立于1865年,最初以造纸为主业,后来逐步向胶鞋、轮胎、电缆等领域扩展,最后发展为一家手机制造商。

约玛·奥利拉(Jorma Ollila)刚进入诺基亚时,担任过财务总管,1990年负责移动电话公司的业务,当时的公司已经进入了亏本的死角,发货量经常是用"十"为单位计算的。1991年,苏联解体,芬兰经济掉入低谷,诺基亚的老业务不再有市场,其最大股东试图将它卖给爱立信,但遭到拒绝。当时的手机业务陷入瘫痪,公司一片混乱。1992年,诺基亚公司任命41岁的奥利拉担任公司首席执行官,从那时起,奥利拉开始引导诺基亚走上了辉煌之路。从1996年起,诺基亚连续14年占据全球手机市场份额第一。

奥利拉提出著名的"科技以人为本"作为公司理念,采取芬兰式的温和管理,强调芬兰人的民族性与员工团结。1995年,诺基亚由于快速发展,管理上出现了一些混乱,造成股价暴跌,解雇经理的呼声很高,但奥利拉还是顶住了压力,没有解雇经理,而是与他们一道,用了几个月时间,终于解决了问题,使公司恢复了正常。从这件事中,我们不难发现,团结是企业制胜的法宝。

奥利拉还认为,需要树立诺基亚员工的危机意识,于是,他采用了轮换制管理。1998年,他让四位主要部门负责人对换了工作,负责基础设施部的经理去负责手机销售,手机产品部经理负责新项目开发部,总之,除了奥利拉本人外,所有高层管理人员都做好了从事新工作的准备。从常理上看,这种做法毫无道理,但奥利拉却认为:"把经理们从舒适的位子上赶走,是激发他们工作积极性的有效方式。"他指出,一个人如果长期从事一项工作,多多少少会有一些定式,换一个全新的工作,会增强员工的危机感,有利于其创造性的发挥。奥利拉就是用这种独特的方式,来激发诺基亚管理者的危机感,并转化为巨大的动力。

奥利拉在诺基亚这个跨国公司的建设中,特别注意文化差异,注重以人为本,尊重当地公司员工原有文化习惯及价值观,使其成为公司文化中的一部分。在中国,2001年诺基亚成为我国出口额最高的外商投资公司,超过了摩托罗拉公司,拥有中国员工超过5000人,其中95%以上是本地员工。

近年来随着智能手机的崛起,诺基亚手机才黯然失色,相关业务最终被微软收购。不过,奥利拉创造的"芬兰神话"一定会留给人们很多启示。

三、领导者是企业文化的倡导者和管理者

企业家对企业文化的管理,贯穿在企业发展的全过程中,他所做的一切,就是要在企业中形成预期的文化。为此,他要使员工明白企业提倡什么、反对什么,要及时处理推行新文化的过程中产生的矛盾和问题,必要时,还要对企业文化进行修正和补充……通过管理企业文化,企业家就能有效地管理企业。在《公司文化》一书中,这类企业家被称为"象征性的管理者"。

在日本被誉为"经营之圣"的稻盛和夫,就是一位善于用企业文化之帆推动企业经营之船的企业家。他白手起家,40年间创建了京瓷和KDDI两家世界500强企业。他成功的诀窍是什么?有人说,他掌握了先进的技术,有人说,他抓住了发展的机遇,但是稻盛先生认为:最关键的是,他把"作为人,何谓正确?"作为经营的判断标准。即用"正还是邪""善还是恶"这些道德标准,统一了员工的思想。他说:"因为这种思想不是出于经营者的私利私欲,因此能够取得员工的共鸣,员工从内心理解并接受,所以创业之初,尽管公司规模很小,也不知道公司明天会怎样,即使在这种情况下,员工们也能够为了公司的发展而自觉地、不遗余力地拼命工作。"在公司发展壮大之后,依然如此。"京瓷哲学"成为创造稻盛奇迹的法宝。

稻盛先生把京瓷哲学归纳为三个要点:

第一条是"脚踏实地,坚持不懈"。每个人都从小事做起,长期坚持,久久为功,终成大业。

第二条是"钻研创新"。在创业后的半个世纪里,京瓷员工在各自岗位上天天钻研创新,精益求精,日积月累,成就了京瓷在广泛领域拥有尖端技术的行业奇迹。

第三条是"玻璃般透明的经营"。稻盛先生说:"为了建立与员工的信任关系,经营必须透明"。

稻盛和夫指出:"包括我在内的所有员工都真挚地、一丝不苟地、不断地实践这种哲学。我确信这才是京瓷成功的原因。"

企业家作为企业文化的塑造者,一方面要对企业已有的文化进行总结和提炼,保留其

积极成分,去除其消极因素;另一方面又要对提炼后的文化进行加工,加入自己的信念和主张,再通过一系列活动,将其内化为员工的价值观,外化为员工的行动。这对企业家的素质提出了很高要求,企业家的品格、智慧、胆识在很大程度上决定了企业文化的水准。

第二节 领导者的价值观决定企业文化的基调

如果说企业文化是一首动听的乐曲,那么,唯一可以给这首曲子定调的就是企业主要领导者。领导者的价值观犹如企业文化建设的灵魂,从企业文化的设计到建设过程,无不受其左右,听其指挥。应该说,企业领导者如果抓住了核心价值观,企业文化建设就会"纲举目张"、事半功倍。

一、价值观是企业文化的核心

在价值观与企业文化关系上,国内外管理学界和企业界形成了比较一致的看法:企业价值观是企业文化的核心。20世纪50年代,A.克鲁伯提出现代意义的文化概念有5个方面内涵,认为"历史形成的价值观念是文化的核心,不同质的文化可依据价值观念的不同加以区分"。《日本企业的管理艺术》指出:在结构、战略、体制、人员、作风、技巧、共有的价值观7个S中,共同的价值观处于中心地位,成为决定企业命运的关键性要素(帕斯卡、阿索斯,1981)。

美国管理学家埃德加·沙因甚至说:"领导者所要做的唯一重要的事情就是创造和管理文化,领导者最重要的才能就是影响文化的能力。"美国有篇文章分析了美国一些百年老公司为什么能够长寿,主要是这些公司上百年来的价值观没有变。所以,对企业来说,最为关键的是企业价值观。

惠普公司创立于20世纪40年代,是世界著名的信息科技公司,伴随着与康伯的合并,其实力又进一步得到了加强。惠普公司的成功正是在于它有正确的企业宗旨和价值观,它的核心价值观就是:提倡改革与创新,强调集体协作精神。这是一种以创新精神和团队精神为核心的价值取向,多年来,公司的这一核心价值观基本上是稳定的,而根植于核心价值观之上的经营策略是经常变化的。这也同时反映出,核心价值观所倡导的创新思想已经成为一种内在的、自发的反应,这一反应要求企业改进经营方式,以便与外部环境保持协调一致。

惠普公司基于其核心价值观,逐渐形成了自己的企业文化,被称为"惠普之道",这是一种注重顾客、股东、公司员工利益要求,重视领导才能及各种激发创造因素的文化系统。惠普公司强调以真诚、公正的态度服务顾客,在企业内部提倡平等与相互尊重,在工作中提倡自我管理、自我控制与成果管理,坚持轻松、自由的办公环境。

20世纪90年代以来,企业新一代领导者,保留了那些被认为是惠普企业灵魂的核心价值观。但是,惠普的文化体系不是一个僵化的体系,而是一个能适应变化的开放、动态的体系。惠普的领导者认为,有必要将惠普企业文化中那些核心成分,那些较为稳定的成分与另一些不重要的容易变化的成分区别开来,前者是长期不变的,后者是不断调整的。

二、优秀企业的核心价值观不尽相同

《企业不败》的作者指出,虽然许多目光远大的公司其核心价值观都包括某些主题,如贡献、正直、尊重员工、为顾客服务、不断创新等,但是他们的侧重是完全不同的。所谓"唯一正确"的核心价值观是不存在的。威廉·大内在《Z理论》中指出:"传统和气氛构成一个企业的文化,同时,文化意味着一个企业的价值观,如进取、保守或灵活,这些价值观成为企业员工活动、建议和行为的规范。"由于不同公司有着不同企业文化,因此,其核心价值观也必然有所不同。

一些公司把顾客摆在价值观的第一位,如强生公司就提出"顾客第一,员工第二,社会第三,股东第四",指出公司存在的目的就是为顾客"解除病痛"。但另一些公司则不是这样,比如,福特公司的核心价值观为"产品是我们努力的最终目的",同时提出"人是力量的源泉";索尼的核心价值观为:弘扬日本文化,提高国家地位,作开拓者——不模仿别人,努力做看似不可能的事情。由此不难看出,其中还是有一定差异的。

一些公司把关心员工摆在价值观的首位,比如IBM公司的小沃森从父亲手中接过公司时,只有38岁。他提出了IBM的三大价值观:尊重员工、用户至上和追求卓越。小沃森认为,公司最伟大的财富就是人。和他父亲一样,他主张公司内彼此相互关心。有一段时间,白领员工调动比较频繁,大家戏称IBM代表着I've been moved(我被调走了)。当听到这种说法后,他意识到这样会影响员工的家庭生活,就做出决定,如果不能大幅度增加员工的薪水,就不要异地调用。通过这样的小事不难看出,小沃森在塑造IBM这个"蓝色巨人"的时候,首先进行的是核心价值观的建设。

还有一些公司,把产品或服务摆在核心价值观的首要位置;有些公司把冒险精神摆在第一位,如波音公司;有些公司把创新精神摆在第一位,如3M公司等。下面列举一些世界知名公司的核心价值观,以便比较。

1. 国际商用机器公司(IBM)

充分考虑每个雇员的个性;

花大量的时间令顾客满意;

尽最大的努力把事情做对;

谋求在我们从事的各个领域取得领先地位。

2. 3M公司

创新——"不应该扼杀一种新的产品设想";

绝对正直;

尊重个人进取心和个人发展;

容忍诚实的错误。

3. 沃尔玛公司

"我们存在的目的是为顾客提供等价商品"——通过降低价格和扩大选择来改善他们的生活,其他事情都是次要的;

逆流而上,向传统观点挑战;

与雇员成为伙伴;

满腔热情地工作,把全身心都投入进去;
不断追求更高的目标。

4. 波音公司
保持航空技术的领先地位,不断开拓;
迎接挑战,迎接风险;
产品的安全与质量;
正直:讲究职业道德。

5. 美国运通公司
"我们的真正工作是解决问题";
不惜一切为顾客服务;
使我们的服务享誉世界;
鼓励个人进取。

6. 福特公司
人是力量的源泉;
产品是"我们努力的最终目的";
利润是必要的工具和衡量我们成就的尺度;
起码的诚实与正直。

7. 强生公司
公司存在的目的是"解除病痛";
"我们把义务和责任分成等级:顾客第一,雇员第二,整个社会第三,股东第四";
视贡献不同,个人机遇和所得报酬不同;
权力下放＝创造力＝生产率。

8. 摩托罗拉公司
本公司存在的目的是"光荣地为社会服务,以公平的价格提供高质量的产品和服务";
不断自我更新;
开发"我们潜在的创造力";
不断改进公司各项工作,包括产品设计、质量和顾客满意程度;
尊重每一位雇员的个性;
诚实、正直,讲究职业道德。

9. 索尼公司
享受有益于公众的技术进步、技术应用和技术革新带来的真正乐趣;
弘扬日本文化,提高国家地位;
做开拓者——不模仿别人,努力做看似不可能的事情;
尊重和鼓励每个人的才能和创造力。

10. 阿里巴巴公司
客户第一:客户是衣食父母;
团队合作:共享共担,平凡人做平凡事;
拥抱变化:迎接变化,勇于创新;

诚信:诚实正直,言行坦荡;
激情:乐观向上,永不言弃;
敬业:专业执着,精益求精。

三、领导者的价值观与企业共同价值观

企业家所塑造或设计的企业文化是企业的目标文化,它源于现实企业文化,又高于现实企业文化。培育这样一个企业文化的过程,是发扬现实企业文化中的适用部分,纠正现实企业文化中的非适用部分的过程,是微观文化的净化和更新的过程。在这个过程中塑造核心价值观是最为关键和基础的一步。

在塑造企业核心价值观的过程中,企业家始终居于领导地位。因此,企业家本人的价值趋向、理想追求、文化品位,对企业价值观的影响是决定性的。有人形象地说:企业价值观是企业家价值观的群体化。此话有些极端,但大体上是有道理的。事实上,企业主要领导者的价值观,的确可以决定企业文化的基调。小沃森对于IBM公司,松下幸之助对于松下公司,韦尔奇对于通用电气(GE)公司,张瑞敏对于海尔集团,柳传志对于联想集团,都证明了这一点。

1980年,刚满45岁的韦尔奇接替琼斯,成为GE近百年历史中最年轻的董事长兼首席执行官。他上任后最为重要的一大贡献就是重塑了GE文化,引入了"群策群力""没有界限"等价值观。他指出:"毫无保留地发表意见"是通用电气公司企业文化的重要内容,每年有数万名职工参加"大家出主意"会议,员工坦陈己见。

韦尔奇还在GE实行"全员决策"制度,平时少有机会彼此交流的同事,坐在一起讨论工作。总公司鼓励各分部管理人员在集体讨论中做决策,不必事事上报,把问题推给上级。随着"全员决策"制度的实施,公司的官僚主义遭到了重创,更为重要的是,对员工因此产生了良好的心理影响,增强了他们对公司经营的参与意识,打破了旧有的观念和办事风格,促进了不同层次之间的交流,韦尔奇本人也经常深入一线了解情况。在公司中,所有人都直呼其名,亲切地叫他"杰克"。

在GE,认同企业价值观被看成头等大事,甚至新员工参加培训后决定是否录用,主要就是看能否接受公司的价值观。对此,杰克·韦尔奇认为:"如果你不能认同该价值观,那么你就不属于通用电气。"在这方面,许多知名企业的老总都有同样的感慨。惠普公司原总裁路易斯·普莱特说:"我花了大量的时间宣传价值观念,而不是制定公司发展战略,谈论价值观与单纯管理的效果是完全不同的。企业文化管理才是至关重要的一步。明确了这一点,其他事情就迎刃而解了。"

第三节 领导者的示范关系企业文化建设成败

人的行为大半是通过模仿学来的,要想让员工表现出企业预期的行为,领导者的示范作用自然少不了。儒家强调人性关怀,所谓"己所不欲,勿施于人",如果领导者不以实际行动带头履行企业文化准则,员工会认为只要求他们没道理,抵触情绪一旦产生,再好的企业文化设计也要搁浅。

企业家在企业文化建设中要起示范和表率作用。比如,衡电公司之所以能形成优秀的企业文化,一条重要的原因就是总经理吕吉泽的模范带头作用。新的企业文化的形成,是一个学习的过程。在这一过程中,企业家的一言一行,都将为职工群众有意或无意地效仿,这时,其言行就不再只是个人的言行,而具有了示范性、引导性。

正如《成功之路》一书所说,企业家是"以身教而不是言教来向职工们直接灌输价值观"的,他们"坚持不懈地把自己的见解身体力行,化为行动,必须做到众所瞩目,尽人皆知才行",必须"躬亲实践他想要培植的那些价值观,堂而皇之地、持之以恒地献身于这些价值观",这样,"价值观在职工中便可以扎根发芽了"。中国的儒家很早就提出了"知不若行"的观点,指的是一种实干精神,身为企业的领导者,既然已经设计了企业文化,达到了"知"的一步,何不体验一下"知行合一"的快乐呢?

需要注意的是,领导者如果进行的是错误示范,将给企业文化带来巨大的灾难。1993年姬长孔来到秦池担任经营厂长,第二年,销售额突破1亿元。1995年,姬长孔竞标中央电视台黄金标版成为第二届标王,当年销售额达2.3亿元,第二年销售额猛增至9.5亿元,被评为中国明星企业。姬长孔再次来到中央电视台招标会上,他也不曾想到这是他最后一次为秦池竞标。姬长孔以3.212118亿元的天价夺得标王,比第二位竞标者高出1亿元。当记者问及这个数字是如何算出来的时,姬长孔回答:"这是我的手机号码。"这种决策模式的示范作用相当可怕,必然会给企业带来厄运。1998年,秦池经营失败,姬长孔怅然离去。可谓"醉卧沙场君莫笑,古来征战几人回"。

孔子在《论语·子路》中说:"其身正,不令而行;其身不正,虽令不从。"通过无数成败企业的案例,我们也不难发现,企业领导者的言行对企业文化起着决定性的作用,正所谓"上梁不正下梁歪"。

2014年,沃尔玛公司以4763亿美元的销售额力压众多石油公司、商业银行、网络公司而再次荣登《财富》世界500强榜首。在全球经济仍未摆脱困境的大环境下,这个不被专家看好的"旧经济"的代表,为什么会成为美国和全球的龙头企业呢?这与沃尔玛的创始人山姆·沃尔顿是分不开的。

山姆·沃尔顿出生于1918年,小时候家境不富裕使他养成了一种节俭的习惯,由己及人,他把"低价销售、保证满意"作为企业经营宗旨,并写在了沃尔玛招牌的两边。为了达到这一宗旨,创业之初,山姆·沃尔顿就带领员工研究降低费用的最佳方法,把最初的30%的利润率,降到22%,而当时的竞争对手维持在45%左右。早在20世纪80年代,山姆·沃尔顿就直接向制造商订货,将采购成本降低了2%~6%,并且采取统一配送策略,到2001年已经拥有了10万平方米的配送中心。这些成功举措来源于正确的经营理念的指导。山姆·沃尔顿始终珍视每一美元的价值,为顾客珍惜每一美元,他说:"我们的存在是为顾客提供价值,这意味着除了提供优质服务之外,我们还必须为他们省钱。如果我们愚蠢地浪费一美元,都将出自顾客的钱包。"

山姆·沃尔顿的节俭风格一直保持着,当他退休之后,这位亿万富翁继续开着那辆旧货车,依旧光顾只要5美元的小理发店。在他的影响下,儿子罗伯逊和他一样节俭,在继任沃尔玛董事长之后,依然住在不起眼的老房子中。沃尔顿家族就是用这样一种作风,经营着"沃尔玛帝国",这个家族中的5个人由于持有沃尔玛38%的股票,包揽了全球富豪榜的第六位到第十位。

沃尔玛现任董事长，山姆·沃尔顿之子罗伯逊认为，沃尔玛取得成功，与独特的企业文化密不可分。在不同国家中，沃尔玛的店员会用不同的语言高喊"谁是第一？顾客"，这是山姆·沃尔顿提出的口号，用它说明沃尔玛"让顾客满意"的经营目标，这是沃尔玛服务文化的核心内容。山姆还有句名言："请对顾客露出你的八颗牙。"在山姆看来，这才称得上是"微笑服务"。他还教导员工，要在顾客走到10英尺时，温和地看着顾客的眼睛，鼓励他向你求助，这一条称之为"十英尺态度"，成为员工的行为准则。正是这种企业文化，作为一股无形的力量，推动着这家拥有100万员工的巨型公司。

山姆·沃尔顿一直致力于"让商店保持轻松愉快的气氛"，他在沃尔玛建立起了一种轻松、活跃的企业文化，并希望通过这种文化来激发员工的活力与激情。山姆·沃尔顿把每周的业务会定在星期六早晨7：30召开，他认为"星期六晨会是沃尔玛文化的核心"。在晨会上，主管人员和员工自由发表意见，他把星期六晨会作为"探讨和辩论经营思想和管理战略的地方"。如此重要的会议，却一直保持着愉快的形式，山姆·沃尔顿会安排一些娱乐来激发大家的兴趣。有一次，有人提出公司税前利润将超过8％时，山姆·沃尔顿表示不相信，于是打赌谁输了要在华尔街上跳草裙舞，结果山姆输了，他果真在华尔街上跳起了草裙舞，这一举动轰动全国，也使沃尔玛文化为大众所熟悉。

1991年，因为卓越的企业家精神——创业精神、冒险精神和辛勤劳动，山姆·沃尔顿被布什总统授予"总统自由勋章"，这是美国的最高荣誉。

第四节　领导者的观念创新推动企业文化更新

由于企业的内外部环境在不断变化着，企业文化也不是静止的、永恒不变的，在必要的时候，也需要对企业文化进行变革，以适应新的形势。这种变革必须依靠企业家自上而下地进行，离开了企业家的领导，企业文化的发展就势必陷入一种混乱、无序的状态，新的良性的企业文化就不可能形成。

企业家只有不断提升自己的观念，才能创造出适合企业发展的企业文化。一个思想僵化和闭塞的企业家是无法缔造优秀企业文化的。

海尔文化的缔造者——张瑞敏以他独有的思维构想出海尔的战略和企业文化，可谓中国企业家的成功代表。张瑞敏借鉴了老子《道德经》中的两点思想：其一是"无胜于有"，天下万物生于有，有生于无。这个"无"在企业中就是企业文化；其二是柔胜于刚，重在转化。张瑞敏认为，美无关乎大小，真正的美是由小变大的过程。因此，他坚信，海尔的任何产品都可以被模仿，唯独海尔文化是无法模仿的，它是一种哲学、一种品位、一种境界。

如上所述，张瑞敏从传统文化中，吸收思想营养，成为独具特色的海尔文化的历史源泉。张瑞敏还努力向世界著名跨国公司学习，洋为中用，这是海尔文化的又一思想源泉。张瑞敏借鉴松下的经验，打造了"敬业报国，追求卓越"的企业精神；他又从通用电气的企业文化中受到启发，提出了"零缺欠"的质量管理方针，等等。

创建于1986年的成都恩威集团，是由著名科技实业家、佛道高足薛永新抱着"服务社会，造福人类"的宗旨创建，企业经营理念是"愿众生幸福，社会吉祥"。30多年来，恩威从仅有几十名员工的小型乡镇化工企业,发展为集科研、生产、贸易为一体的跨国集团企业。

薛永新总结创业经验,提出以"文化导向"来规范恩威公司的运作方式。他提出了企业愿景:"建立世界最大的中草药研究中心、开发中心和第一流的中草药生产基地,实现跨国性的集团企业,以医学为先导,弘扬传统文化,劝救世界和平。"在这个愿景指导下,逐步形成了独特的恩威文化。薛永新把恩威精神概括为"清静无为,守中抱一",他认为有了"清静无为"的思想,才能从顾客角度出发,为顾客考虑,设计顾客需要的产品,而不是急于谋利,急于向社会索取。恩威开拓市场时,运用道家学说的"以无事取天下"。"无事"即不争,不把人力、物力、财力投到彼此的争斗中,而是要基于奉献。恩威从一开始的产品定位上,就选择了"无事"。薛永新曾说,如果我们开发生产"洁尔阴"之前,市场上就已经有了相同产品的话,那我们就绝对不再生产。已经有了,我们又去搞,这就是争,就取不了市场。"以无事取天下"的道理,促使恩威从产品到市场一直采取"寻找空白"的战略,避开激烈的市场竞争。

作为民营企业家的薛永新,能够培育出独具特色的企业文化,关键在于思想开放、兼收并蓄。中国优秀传统文化和他的新思路、新理念,都化做恩威文化的活水源头。

第五节　领导者的素质影响企业文化品位

在企业文化建设中,企业家要缔造出优秀的、高品位的文化,要发挥好示范、表率作用,就需要具备企业家的优秀素质,包括完善而先进的价值观、高尚的道德品质、创新精神、管理才能、决策水平、技术业务能力、人际关系能力等,尤其是要有良好的道德品质和深厚的文化底蕴。只有如此,企业家才会自觉地以身作则,才会真正信任、尊重职工,而不是凌驾于职工之上,把职工看成自己的工具;职工也才会敬重和支持企业家,心甘情愿地接受企业家的领导,并且自觉地以企业家为榜样,齐心协力共同建设企业文化。

孔子有一句名言:"为政以德,譬如北辰,居其所,而众星拱之。"讲的是领导者的品德和素质,应该成为部下的榜样,就像天上的北斗星,自然有凝聚力,"众星拱之"可以理解为部下对企业文化的认同。

领导者应该具备什么样的素质呢?孙子兵法提出的"军人五德",值得借鉴。"军人五德"包括智、信、仁、勇、严,正如第十四章 256 页所详述。

中国的企业家和各类领导者,都可以把"五德"当作一面镜子,不断提高自己的素质,最终成为本单位的"北斗星"。也许,韩国三星的董事长李健熙的故事,对大家会有启迪。

1987 年,45 岁的李健熙继承父业,出任三星集团会长。5 年后,他开始了对三星的重大改革,被称为"三星新经营"。李健熙为三星确立的目标是"一定要成为世界超一流的企业",并形成"法兰克福宣言",其中第五条就是重塑三星形象,建立符合时代精神的三星企业文化:求实效而埋葬形式主义。1992 年,李健熙成立了"精神文化研究部",全面梳理三星文化。1993 年,李健熙将三星经营理念概括为"以人才和技术为基础创造最佳产品和服务,为人类社会做出贡献",将"三星精神"概括为"与顾客共存,向世界挑战,创造出未来"。这被他的部下称为"三星的一场意识形态革命"。

从前的三星以事业报国为己任,常以占韩国 GDP 的 5% 而感到自豪。李健熙认为,以"天下第一"自居是可怕的,同时目光不能只局限在国内。因此,取消了原来的"事业报国"的提法,取而代之的是"为人类社会做出贡献,与顾客共存"。李健熙以广阔胸襟、博大气度和全球眼光,指引三星走向国际。1993 年李健熙在三星实行改革制度和变革文化以后,三星迅速跻身世界一流企业行列,2012 年三星的销售额超过韩国 GDP 的五分之一。

第六节 领导者的思维左右企业文化未来走向

恩格斯指出,思维是能的一种形式,是脑的一种职能。人具有自然属性、社会属性和思维属性。企业领导者的思想水平和思维方式,决定着他们怎么观察和分析问题、进行决策和采取行动,因而也就决定着企业文化的未来走向和企业的前途命运。

辩证思维,指以发展变化的眼光来认识事物的思维方式。张瑞敏认为,企业管理中无形的东西往往比有形的东西更重要,并根据"有形""无形"的辩证法,提出"海尔的核心竞争力就是海尔文化"。辩证思维可以说贯穿整个海尔文化,例如"有生于无"的文化观,"先谋势,后谋利"的战略观,"人人是人才,赛马不相马"的人才观,"管理的本质不在于知而在于行"的管理之道,"只有淡季的思想,没有淡季的市场"的创造市场理念。黑松林的厂长刘鹏凯悟透"心"与"力"的辩证关系,成功地实施"心力管理",核心是将企业员工的心之所及,转化为力之所达。三星集团李健熙强调"危机总是在你自认为第一的时候降临",三一集团梁稳根提出"先做人,后做事",恩威集团薛永新信奉"无为"而"无不为",这些都是企业家辩证思维的生动写照。

战略思维,意思是立足全局、着眼长远去观察事物、分析问题和发现规律,促使现实问题从当前状态向目标状态演化。韦尔奇强调"数一数二""三环战略",柳传志把"定战略"放在联想"管理三要素"的第一位,都是优秀企业家战略思维的集中体现。小米科技创始人、董事长以及金山软件等企业的董事长雷军,最重要的投资理念就是"在对的时间去做对的事情"。他认为,创业首先要做最肥的市场,选择自己能做得最大的市场,大市场能造就大企业,小池子养不了大鱼,方向如有偏差,就会浪费宝贵的创业资源;其次创业需要选择正确的时间点,并且专注于做好一件事情,并把事情做到极致,这样才有机会在某个垂直市场做到数一数二的位置。面向快速复杂多变的世界,善于运用战略思维并使之成为企业文化的重要内涵,是企业快速发展、基业长青的法宝。

创新思维,指对事物间的联系、事物的属性及本质的思考是以前所未有的、富有创见的方式所进行的思维活动。管理学家彼得·德鲁克说过:"在这个要求创新的时代中,一个不能创新的企业注定是要衰落和灭亡的。对创新进行管理,将日益成为企业管理层,特别是高层主管的一种挑战,并将成为其能力的一种试金石。"从苹果电脑到苹果手机,史蒂夫·乔布斯笃信"领袖与跟风者的区别就在于创新",用创新思维为苹果公司文化注入了灵魂。阿里巴巴创始人马云具有很强的创新思维能力,以免费战略、支付宝模式、阿里旺旺等一系列渐进式创新打造了世界电商巨人,并把"拥抱变化——迎接变化,勇于创新"作为公司的核心价值观之一。2011 年马云在清华大学演讲时谈及创新,认为首先要"独立判断""创新不是与对手竞争,而是跟明天竞争""真正的创新一定是基于使命感"。

思想是行动的先导,思想决定人生的高度和事业的高度。辩证思维,战略思维,创新思维,法治思维,系统思维,底线思维,精准思维……掌握和善于运用各种科学的思维方式,不断提高思想水平,把握企业文化发展方向,是企业家带领企业走向成功的关键环节。

复习题

1. 领导者在企业文化建设当中的重要角色是什么?
2. 为什么说企业领导者是企业文化的缔造者?
3. 领导者如何影响企业文化的价值观?
4. 领导者示范在企业文化建设中的意义何在?
5. 优秀企业的核心价值观是否相同?为什么?
6. 领导者如何塑造创新精神?
7. 领导者如何推动企业文化建设?
8. 领导者如何引领企业文化的未来发展方向?

思考题

1. 你认为企业领导者与全体员工在企业文化建设中的作用有何区别?
2. 如果你是一家公司的总经理,你将如何建设企业文化?

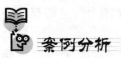

案例分析

修身·齐家·立业·助天下
——郭广昌解析"复星"飞速发展的奥妙

谁能想象,一家民营科技企业,在一位年轻人的带领下,经过短短的10年时间,将10万元演变成了198亿元,创造了一个近乎不可能的传世神话。这个神话的创造者就是年仅35岁的全国政协委员、全国青联委员、上海复星高科技集团董事长郭广昌。同时,由于复星"多做事,少说话,甚至不说话"的低调,更使得这个神话至今扑朔迷离,令人生奇。

日前,记者带着探求复星神话的好奇,走进复星,走近复星领军人——郭广昌,使我们有机会从不同的角度审视,揣摩这个传奇企业,听他解析复星的奥妙。

一、企业成败在于人

郭广昌依靠科技创业,1992年11月,在上海创建了一家民营高科技企业。历经10载,目前已形成生物医药、地产开发、文化信息和商贸旅游等产业群,拥有多家跨行业、跨地区、跨所有制下属企业,成为资产规模近百亿的大型民营控股企业集团。卓越的经营成就使郭广昌先后荣获"全国优秀民营企业家"、上海市"劳动模范""十大杰出青年"称号,并被誉为"上海的比尔·盖茨"。

"人是企业管理的核心,也是企业成败的关键。"郭广昌用略带乡音的普通话如是说。

他的言谈中充满"书卷气",更有哲学家的理性思考。他说,企业就是经营资源的组织,通过企业家的杰出组织,产生"1+1>2"的效益。

经过多年的实践,郭广昌深刻认识到,企业的竞争归根到底是人才的竞争。他强调:"青年人最需要的不是个人英雄主义,而是集体英雄主义。我们这些人能力上可能每人只能打七八十分,但是我们要做能力的加法和乘法,在复星,我们最大的愿望,是培养一批志同道合的青年企业家群体和一个朝气蓬勃的青年创业团队。"据此,他们构建了一套"以发展吸引人,以事业凝聚人,以工作培养人,以业绩考核人"的用人制度。正是这样一种企业精神和团队创业的氛围,吸引了来自全国乃至海外学成归来的硕士、博士,并印证了郭广昌常说的那句话:"企业的发展像一条河,每一个人正像河中的一滴水,无论是在上游、中游,还是下游,都能找到自己汇入的位置。"

二、以事业为载体回报社会

走进郭广昌的办公室,"修身·齐家·立业·助天下"九个大字格外醒目。这正是复星的企业理念。

一个高科技的现代企业,何以要提出这样一个听上去"传统味"十足的企业理念?郭广昌说:"复星这个群体以事业为载体来实现创造财富、回报社会的理想,来获得个人价值的实现。"因而,他用哲学家的思维,将先贤的名言改成了复星的"座右铭",这也是复星企业文化的核心。

对此,他进一步解释说,今天社会的经济细胞不再是家,而是企业。在实现中华民族伟大复兴的新世纪,知识分子实现价值的选择是立业助天下,即产业报国。对于企业和个人来说,"修身"就是要通过不断地反省,全面审视自身的优势与不足,通过反复修正,不断提升,最终实现自我完善,进而达到超越自我的更高境界;复星将"助天下"作为企业经营的理想目标,通过创造财富贡献于社会,通过创造品牌服务于社会,通过参与公益事业造福于社会。

三、学习创新无止境

着眼飞速发展的形势需要,为了更好地规划和发展知识经济型企业,郭广昌立足高起点,着眼建立现代企业制度,致力培养创业型群体。他说:"企业家经营的过程,其实就是一个不断找老师的过程;复星集团这些年能够快速发展,在于我们老师找得多、找得准。"现在,"带泥土移植"的借"脑"增力已成为复星超速发展的"妙方"之一。

据新闻报道,在《2015胡润点金圣手榜》上,48岁的复星集团董事长郭广昌以280亿元高居榜首。郭广昌成功了,但依然谦逊、执着,"我最大的敌人是我已经取得的成绩,我最大的障碍是设法超越自己,事业无止境,学习创新无止境。"

(原载于《经济日报》,略有增删)

讨论题

1. 郭广昌是如何塑造复星集团企业文化的?
2. 在复星集团企业文化形成过程中,郭广昌起了什么作用?
3. 你从复星集团企业文化建设中感触最深的是什么?

第十六章 中国特色企业文化建设

本章学习目标

1. 了解和掌握中国传统文化的特色
2. 了解中国深化改革与价值观念更新
3. 掌握中国企业文化建设的一般模式
4. 了解中国企业文化的时代特色
5. 掌握社会主义核心价值观对企业文化建设的根本要求

第一节 中国深化改革与价值观念更新

改革开放以后,中国封闭性的经济开始面向世界,在中外经济日益密切的交流中,经历的不仅是经济上的中外合作,而且是文化上的中外沟通。这种经济－文化过程,在企业文化的变化上得到了集中的反映。

对外开放以来,西方发达国家一些现代化企业管理制度和方法,相继传入中国,并逐渐在中国的企业中开始应用。诸如所有权与经营权适当分开的管理制度、企业的经营责任制、企业的科学管理18种方法,企业的各种现代组织模式、企业职工的优化劳动组合,以及对股份制、租赁制的借鉴和试点等。这些适合于社会化大生产和现代市场竞争环境的管理制度和方法,是提高我国企业的素质和管理水平,使我国企业管理实现现代化的积极因素,已经和正在收到良好的效果。

企业管理方法的引进,为我国深化改革、企业转轨变型,在制度层次上创造了必要的条件。中国的改革历经 40 多年,艰难起步,逐步深入。这是一场革命——抛弃僵化的计划经济体制,建立具有中国特色的市场经济体制,再到让市场在资源配置中起决定性作用。中国企业从领导体制、运作方式,到用工制度、干部任用制度、分配制度、财务制度等,全部转到社会主义市场经济轨道,这是制度创新的过程。

存在决定意识。改革是一场天翻地覆的制度创新,它必然引发一场意识形态的革命。中国企业的观念更新,大体上可以总结为如下 10 条:

第一,破除"企业是政府附属物"的旧观念,树立"企业是自主经营主体"的新观念;

第二，破除"生产中心"的旧观念，树立"顾客至上"的新观念；

第三，破除"不求有功，但求无过"的旧观念，树立"无功便是过""勇于担当"的新观念；

第四，破除"大锅饭、铁饭碗、铁交椅"的旧观念，树立"岗位靠竞争，收入靠贡献"的新观念；

第五，破除"得过且过""小富即安"的旧观念，树立"改革创新""追求卓越"的新观念；

第六，破除"等靠要"的旧观念，树立"拼搏自强"的新观念；

第七，破除"态度导向"的旧观念，树立"结果导向""追求效率和效益"的新观念。

第八，破除"有了问题找领导"的旧观念，树立"有了问题找市场"的新观念；

第九，破除"求稳怕变"的旧观念，树立"全面深化改革""改革只有进行时"等新观念；

第十，破除"故步自封""过分强调本土特色"的旧观念，树立"全球视野""国际规则"的新观念。

当然，许多企业还远远没有完成上述观念更新，企业经营也远远没有摆脱困境、实现发展方式的转变。这是摆在中国企业面前十分紧迫的问题。

第二节　中国对外开放与中西文化融合

中国的改革是与对外开放同步进行的。在对外开放过程中，西方发达国家在观念上对中国企业乃至中国社会的影响，是更广泛、更深刻，也是更为复杂的。

随着西方现代管理理论被逐步介绍到中国，以及在与外国企业交往中的耳濡目染，中国的企业家、管理人员和员工，不同程度地开始树立或加强了质量意识、市场意识、竞争意识、营销意识、服务意识、诚信意识、效率意识、效益意识、人才流动意识、产品开发意识、创新意识、资本运作意识、经营战略意识、社会责任意识、全球意识、契约精神、法治意识等，这在很大程度上促进了中国企业家和员工队伍从传统观念向现代化观念的转变。这是改革开放取得成功的必要前提和条件。

现代企业管理理论和方法的引进，为我国企业的转轨变型，建设具有中国特色的社会主义企业文化，创造了必要的条件。但在借鉴外国这些有益的管理理论和方法的过程中，也出现了一些消极的影响：西方管理者那种视工人为会说话的机器、忽视职工民主权利的现象也时有发生；在推行优化劳动组合、合同聘任、绩效考核等过程中，一方面打破了铁饭碗，强化了按劳付酬和效率观念，另一方面也出现了员工的危机感与主人翁责任感逆向流动的问题；在借鉴泰勒的科学管理理论时，也受"经济人"假设的影响，在激励方式上迷信经济杠杆，忽视企业精神的培育，造成了消极后果；在经营思想上，片面追求利润最大化，甚至大搞假、冒、伪、劣、骗，丢掉了诚信原则等。不解决这些问题，我国的对外开放以及企业的现代化势必受到干扰。

扩大开放是历史的必然，中国发展已深深融入世界。这就提出了一个尖锐的问题：在深化改革开放的过程中，中外企业的文化冲突和文化融合，应该怎样正确对待和妥善解决？现在的问题不是要不要吸收外来文化，而是如何正确地分析外来文化而决定弃取。就不同民族文化的比较而言，可区分为评比性文化和非评比性文化两类。

所谓评比性文化是指有好坏、高下之分的文化，一般来讲，这都是比较容易鉴别其价值的文化。例如,美国文化中先进的科学技术,严格的管理制度、优质的服务,以及观念形态方面个人的独立性、创造性、进取精神、冒险精神,这些基本上属于优性文化。而充斥美国社会的吸毒、赌博、同性恋,以及作为其价值观基础的极端个人主义、金钱至上、享乐至上和颓废厌世、玩世不恭等思想,则是其文化中的糟粕,即劣性文化。再如,日本文化中的团队精神、敬业精神、员工对国家对企业的忠诚,以及坚毅、果敢、勤劳、刻苦的国民性,是日本的优性文化,而日本社会中的等级观念、盲目服从、轻视妇女和"经济动物"的贪婪,则是日本的劣性文化。

所谓非评比性文化,也叫作中性文化,是指在文化比较中没有明显的优劣、高下之分的文化,这类文化多与人们的生活方式、风俗习惯相联系。例如,中国人喜欢用筷子,赞赏梅花、荷花;日本人喜欢穿和服,讲究茶道,赞赏樱花;欧美人喜欢穿西服,用刀叉,赞赏玫瑰花、郁金香等。承认这些中性文化的存在,意味着承认各民族的平等和对各国文化个性的尊重。

对待外来文化,首先要分清其中的评比性文化和中性文化。对于其中的评比性文化应认真分清优劣,取其优而去其劣。对于其中的中性文化,则没有必要加以提倡或阻止,而应采取顺应自然的态度。但鉴于中性文化是民族分野的重要标志,是形成民族传统的必要因素,有助于维系社会的团结和安定,有助于增强民族的内聚力。因此,对外国的中性文化,也不宜盲目地、轻率地模仿和照搬。在对外开放中,应注意维持我国传统中性文化的连续性和稳定性,避免中性文化的轻易变迁,以及人们生活方式的剧烈变化,这有利于社会的安定团结,有利于改革开放的顺利进行。例如中国人过春节、中秋、端午等传统节日,就应该尊重、保留和提倡;而对各种"洋节日"特别是具有宗教色彩的圣诞节等,则应引起警惕和抵制。再如有些企业在引进全套国外技术时,把国外企业的厂旗、厂服也照搬过来,就大可不必。

总而言之,在对待外来文化方面,应遵循以下原则:

(1) 总体原则。即在多种性质的文化交织在一起时,应当从总体上鉴别其基本上是属于优性的、劣性的还是中性的。

(2) 利弊原则。即在吸收外来文化时,应从社会效益和经济效益上进行综合衡量,看究竟是利大于弊,还是弊大于利。

(3) 取舍原则。对外来文化的借鉴,最忌盲目照搬。文化的整体移植从来是难以成功的。我们应该立足于中华民族的文化传统和社会主义企业的独特个性,吸收外来文化的优秀成分,舍去外来文化的劣性成分。

(4) 创新原则。即使外来文化的优秀成分,原封不动地拿到我国企业中也未必适用,成功的借鉴只能是两种文化的融合,并且以我们自己的文化为主体。把外来文化的优性成分之枝,嫁接到我国企业文化之树上,才能结出丰硕的果实,融合后的文化果实是一种创新的品种,而且充满活力和生机。我们借鉴和吸收外国企业文化的优秀成分,最终是为了创造出独具特色的充满生机与活力的中国社会主义企业文化。

国内一些优秀企业在学习西方先进管理文化的同时,不断发扬中国传统文化,建立了优秀的企业文化。海尔和联想集团就是两个很好的例子。

海尔集团借鉴了西方先进管理文化,提出售后服务要达到"国际星级服务"标准;在质量控制方面,坚持"精细化、零缺陷";在产品设计方面,提出"市场细分,引导消费"观念。但在企业核心理念上,海尔提出"敬业报国,追求卓越",并把"中正之道"(中和、公正;大中至正)作为企业哲学,充分体现出中国传统文化的底蕴。

联想集团文化也体现出中西融合的特点。在企业精神中,联想确定了做业务的原则:没钱赚的事不能干;有钱赚但是投不起钱的事不能干;有钱赚也投得起钱但是没有可靠的人去做,这样的事也不能干。这些反映市场规律的表达为联想经营指明了方向。同时,联想把"光明正大干事、清清白白做人"的传统道德作为联想道德,要求员工遵守。

我们不难看出,中国传统文化和西方文化,对中国企业文化建设都具有一定的借鉴作用。尤其是中国传统文化,古代先哲凝练的概括,古老文明千年的沉淀,真可以说是我们企业文化建设取之不尽的思想宝库。在我们借鉴西方优秀文化的时候,千万不要忘记这一点。

第三节 中国企业文化建设的基本模式

从1984年企业文化理论传入至今,中国企业文化建设经过近40年发展,已经形成百花齐放、异彩纷呈的局面。其中的佼佼者有海尔、联想、海信、长虹、华为、春兰、小天鹅、同仁堂、中兴通讯、东方电气、腾讯等。回顾中国企业文化由不自觉到自觉的发展历程,的确是解放思想、实事求是的过程,我们可以从中总结出企业文化建设的基本模式。

一、党政齐抓共管

如果说,欧美国家企业更像是纯粹的经济组织,亚洲企业则有所不同,日本企业是家族主义的组织,不仅是经济共同体,还是生活共同体、命运共同体,员工的荣辱进退与企业密切相关。中国企业更不是纯粹的经济组织,它有明确的社会责任,尤其是思想教育责任。

现代企业管理经历了经验管理、科学管理、文化管理三个阶段,中国绝大多数企业正经历由经验管理向科学管理的过渡,在这个过渡中,不仅应健全制度,实行"法治",而且应"软硬兼施",建设好企业文化,这是科学管理中国化的重要内涵。中国国有企业具有思想政治工作的优良传统和优势,应充分利用这些优势,使之与企业文化建设紧密结合,党政齐抓共管,探索具有中国特色的企业文化建设模式。

文化管理是21世纪的管理。在文化管理下,企业文化建设成为企业经营管理的"牛鼻子"。国内一些优秀企业,如海尔、联想、同仁堂等企业,已基本率先迈上文化管理的台阶,其重要标志是以人为本、以文治企。它们无论在思想工作还是在企业文化建设上,都为众多企业指明了前进方向。但是,许多中国企业在文化建设上还处在进入期、成长期,更需要党政齐抓共管。

在中国,特别是国有企业中,除了经济活动以外,还有政治活动和文化活动。党组织、团组织、工会、妇联等在企业内发挥着重要作用,具有极大的影响力和号召力,这是企业文化建设不可忽视的力量源泉。如果能够发挥组织优势,企业文化建设就会形成广泛的群众基础,形成强大的力量。

目前,许多企业已经形成了党政齐抓共管的格局,值得我们借鉴。一些企业把企业文化建设的主要工作交给了党委,凭借党组织的影响力,推动企业文化变革创新,而各级经理则全力支持,使企业向着更先进的方向发展。为了党政配合得更好,企业文化建设可以由党委牵头,宣传部或企业文化部主管,或者一套班子,两块牌子。同时,在党委牵头的巨大号召力下,组织起工会和团委,使它们都成为企业文化建设的中坚力量,带动企业全体员工,投入到企业文化建设当中去。还有一种模式,由董事长或总经理牵头,党委全力配合,人力资源部或企业文化部主管,其主要优点是企业文化建设与企业经营管理结合紧密,更有效地促进企业增强竞争力。

二、企业思想工作与企业文化建设的交融

在我国大中型骨干企业和事业单位中,一直都设有中国共产党的基层组织,负责党的建设和思想政治工作。近年来,很多非公企业也先后按照要求设立了党组织。在实践中,许多企业提出了一个共同的问题——企业文化建设与企业的思想政治工作是什么关系?

有人觉得,两者是一回事,因此抓企业文化是"画蛇添足"、多此一举,无非是给思想政治工作戴上一顶时髦的帽子而已。也有人认为它们不是一回事,企业文化是一种先进的管理思想,是企业管理工作的一个组成部分,而思想政治工作则是落实党的路线方针政策、保持企业的社会主义性质的客观需要。两相比较,后者的看法显然是正确的。实际上,企业文化与思想政治工作既不是相互包含,又不是完全重合,而是你中有我、我中有你,是一种相互交叉、互为依存的关系(图16-1)。

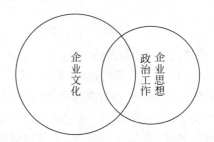

图 16-1 企业文化与企业思想政治工作

企业文化与企业思想政治工作有许多共同点:目标基本一致、对象完全相同、内容有相似之处、手段大体重合。坚持以经济建设为中心,企业一切工作就都必须从企业的社会责任和使命出发进行,这就要求思想政治工作充分调动组成成员的积极性,把企业内部的各种力量凝聚在一起,为实现企业目标服务。从这个意义上讲,企业思想政治工作与企业文化建设的目标是一致的。企业文化和思想政治工作的对象都是企业全体员工,企业文化强调以人为中心、重视人的价值,思想政治工作则强调发挥员工的主人翁精神,都提倡尊重人、理解人、关心人、爱护人、满足人。同时,两者又有很大不同,企业文化本质上属于经济文化范畴,而思想政治工作属于政治文化范畴。

从企业文化的角度看,其核心层次——理念层的内容,如企业的价值观、目标、宗旨、精神、道德、风气等都属于思想政治工作的范围;其中间层次——制度行为层的形成和贯彻,也离不开思想政治工作的保证和促进作用。从思想政治工作的角度看,其大部分内容直接与企业的经营管理活动有关,而且比例日益增大,这些内容都可以划入企业文化的范

围。当然,有些思想政治工作(如计划生育、纯粹的党务工作)则与企业文化建设没有直接关系。

由此可见,思想政治工作是确立企业核心价值观、培育企业精神、建设企业文化的主要手段,而企业文化则为思想政治工作与管理工作密切结合提供了一个最好的形式。加强企业文化建设,就可以使思想政治工作与企业管理工作更好地拧成一股劲,避免"两张皮"。在企业文化建设中,要求思想工作紧紧围绕业务管理工作开展,要求企业管理工作以人为中心,向企业成员的价值观、道德领域深入,使二者水乳交融、相得益彰。

改革开放以来,企业实行了厂长、经理负责制,这对强化企业管理、改善企业经营无疑产生了巨大的推动作用,但不可忽视党组织的政治核心作用,不能削弱思想政治工作。不言而喻,作为企业的法人代表,处于生产经营活动中心地位的董事长、总经理,理所当然地应该成为企业文化建设的带头人;而负责企业党建和思想政治工作,处于政治核心地位的企业党组织,则理应成为培育企业精神培育、建设企业文化的核心力量,广大党员应该成为企业文化建设的骨干和模范。

三、优良文化与不良文化的冲突与消长

改革开放以来,一些优良企业文化在国内产生,对企业发展起到了巨大的推动作用。但同时,一些不良文化也在企业当中滋生,如果不加以区别,企业就会受到不良文化的干扰,成为企业发展的绊脚石。

1. 个人本位与集体主义

我国在改革开放过程中,破除了计划经济体制,同时也在相当程度上削弱了企业长期存在的集体主义精神、爱厂如家的主人翁精神,特别是打破"铁饭碗"之后,职工的主人翁精神远不如从前了。另一方面,由于过多地强调竞争,使得"个人本位"的价值观空前强化,于是出现了技术上互相保密、工作上相互掣肘、成绩面前相互争功等现象。其直接后果是破坏了团队精神,破坏了真诚的协作关系,极大地破坏了企业的凝聚力,甚至重新出现"同行是冤家"的不良风气。

古典管理学派的代表人物之一、法国管理学家法约尔提出过 14 条管理原则,至今仍被奉作管理经典,其中有一条就是"整体利益至上",这也是我们国家的一项优良传统——国家利益高于一切,集体利益高于个人利益。如果丢掉集体利益,个人利益无从谈起,这是企业文化建设中必须强调的一点。

2. 等价交换与奉献精神

市场经济的大潮一浪高过一浪,"等价交换"原则侵入社会的各个角落,利益杠杆似乎成为企业最有效的管理手段,而奉献精神在一些人看来已经过时了。难道奉献精神真的没有意义了吗?

台塑集团的创办人、著名企业家王永庆在生前留给儿女们的一封信中写道:"财富虽然是每个人都喜欢的事物,但它并非与生俱来,同时也不是任何人可以随身带走。人经由各自努力程度之不同,在其一生当中固然可能累积或多或少之财富,然而当生命终结,辞别人世之时,这些财富将再全数归还社会,无人可以例外。

我日益坚定地相信,人生最大的意义和价值所在,乃是借由一己力量的发挥,能够对

于社会作出实质贡献,为人群创造更为美好的发展前景,同时唯有建立这样的观念和人生目标,才能在漫长一生当中持续不断自我期许勉励,永不懈怠,并且凭以缔造若干贡献与成就,而不虚此生。

基于这样的深刻体会,我希望所有子女也都能够充分理解生命的真义所在,并且出自内心地认同和支持,将我个人财富留给社会大众,使之继续发挥促进社会进步,增进人群福祉之功能,并使一生创办之企业能达到永续之经营,长远造福员工与社会。"

可见,在"等价交换"的市场机制面前,中国的企业家应保持头脑清醒:三军可夺帅,匹夫不可夺志。奉献精神永远不会过时,是用什么"价"也不可以交换的。

3. 感情投资还是感情激励

"感情投资"这一概念曾一度传遍了大江南北,成为许多企业家的口头禅,还有人提出"无成本激励",也是利用感情沟通实现不花钱的激励。这在一定程度上不能说是坏事,但也给一些企业管理者带来了消极影响:企业领导把与职工的感情沟通,变成一种笼络人的技巧,而不是发自内心的关心和认同。所谓感情投资的技巧一般包括:员工过生日时送去贺卡;碰到员工时,采用"拍肩法"以示鼓励;每年举办一次"啤酒聚会"等。这种感情投资目的很明确,就是为"投资者"取得回报,如果员工没有投资价值是绝不投资的。

而我们讲的是感情激励,是真诚的感情交流与感情投入。感情激励的要点有两点:一是真诚,只有真诚才会唤起真诚,真诚是友谊的基石,虚伪是友情的大敌;二是平等,感情激励不是上级对下级的感情施舍,而是两个平等自尊的人之间的感情交流,只有这样才会收到激励效果。

如果说"感情投资"仅仅是驭下之术,而建立在真诚、平等基础上的"感情激励",方为领导者的率众之道。

四、社会变革过程中观念更新的复杂与艰难

面对经济全球化趋势,我国坚持改革开放,把对外开放作为一项基本国策。特别是2001年我国加入世界贸易组织(WTO),对外开放进入了一个新阶段。世贸组织成员间的贸易量占全球贸易量的95%,我国的加入进一步加强了与世界各国的经贸往来、推动着我国社会主义市场经济体制的完善,同时,也引起一些社会生活的改变,出现中西方观念与文化的新碰撞。经济全球化是世界经济发展的客观趋势,但它还是一把双刃剑,需要我们对其进行全面客观的分析。作为企业要敢于加入经济全球化条件下的国际分工与合作,趋利避害,使中国对全人类做出新的贡献。

在这个过程中,一定要把握企业理念的正确方向,不要被一些似是而非的西方观点左右。比如,西方经济学引导的"追求利润最大化"观点,就经常被人误认为利润是企业存在的唯一使命。例如,有一位企业家就表示:"一个商人,不应该考虑穷人。如果考虑穷人,作为一个企业的管理者就是错误的。因为投资者是让他拿这个钱去赚钱,而不是去救济穷人。"其实,任何企业都兼有经济组织和社会组织的功能,企业竞争力最终来源于企业的文化力、政治力和经济力三个方面,只有经济力量是不够的。一些世界先进企业,树立的是一种将企业经济动机和社会责任感相结合的多目标模式,如惠普公司把"好公民"作为7个目标之一,体现出企业作为社会组织的责任。日本松下公司的第一社训就是"工业报

国",丰田汽车公司的第一条社训是"以产业的成果报效国家"。

复兴集团董事长郭广昌在阐述企业理念"助天下"时指出,作为企业经营的理想目标,不单是一般意义上向社会"献爱心"的活动。首先,"爱国主义"植根于企业,是每个个人的原动力。如果一个人连对这个国家、民族、社会应有的热爱和责任心都没有的话,那么何以称为"国家栋梁",何以称为"民族优秀"。其次,是尊重资源的社会性,不管企业是国有的还是民营的,谁掌握了社会资源,就应该去重新组合这些资源,来创造更多的社会财富,而创造的财富依然是归属于社会。复星,也正是希望通过企业对资源的使用和重整,创造更多的资源回报于社会,这是"助天下"的实质内涵。这种认识是深刻的、正确的。

再比如,西方企业的"经济人假设",从亚当·斯密到泰勒,再到现代企业,这种看法被西方企业广泛接受。而人的本性是随着经济地位的改变而变化的,当他们在生存和安全等需要难以满足时,他们为物质需要而工作,是"经济人"。当温饱问题基本解决之后,社交需要、自尊需要和自我实现需要就成为主要工作动机,这时的员工是"社会人""自我实现人"。西方管理学相继出现的"社会人假设"(人际关系学说)、"自我实现人假设"(Y理论)、"团队人假设"(Z理论),以及权变学派提出的"复杂人假设"(超Y理论),都更有说服力,更能满足我国企业实践的需要。在我们面对员工队伍观念冲突,企业文化与个人文化、部门文化不协调时,应该保持清醒的头脑,在实事求是、求同存异的原则指导下,积极、稳妥地解决问题。

五、新型企业价值观体系已初见端倪

企业价值观是影响和左右企业发展的关键因素,这已经开始在管理学界和企业界形成共识。许多世界知名企业都有价值观的表述。通用电气的价值观中,"诚信"是首要内容。正如杰克·韦尔奇所说:"第一个就是诚信。这永远是最首要的一条价值观。"世界上最大的药品公司默克(Merck)的核心价值观念是:"制造药品是为了人们的生命,而不是利润。记住这一点,利润就会滚滚而来。"麦当劳创始人克罗克设立了4项经营信条:Quality(高品质)、Service(服务)、Cleanliness(清洁)、Value(物有所值)。诺基亚的企业价值观是:顾客满意、尊重人、成就感、不断学习。诺基亚的信条有:第一,致力于创新,首要准则就是应用最先进的技术;第二,始终不渝地遵循诺基亚人自己的方式做事。

我国的一些成功企业,也有关于企业价值观的表述。TCL集团总裁强调说:"我们的核心价值观是三句话:为顾客创造价值,为员工创造机会,为社会创造效益。"可见,企业价值观日益受到企业领导的重视。企业价值观(群体价值观)的形成是企业领导者与员工之间、员工与员工之间的个体价值观相互影响、相互作用的结果。正如成思危所言,根据复杂科学的观点,一个组织的价值观是通过其各个成员之间的相互作用而产生的整体性质,因此,作为企业文化核心的企业价值观,既取决于企业各个成员原有的价值观,也取决于他们在企业内部的相互作用。

在我国企业文化建设中,一个普遍的问题是,价值观只有片段的表述,而缺乏完整的系统。但是,一些优秀企业做出了榜样,中国企业新型价值观体系已初见端倪。例如,联想集团确立了4条核心价值观:①成就客户——我们致力于每位客户的满意和成功;②创

业创新——我们追求对客户和公司都至关重要的创新,同时快速而高效地推动其实现;③诚信正直——我们秉持信任、诚实和富有责任感,无论是对内部还是外部;④多元共赢——我们倡导互相理解,珍视多元性,以全球视野看待我们的文化。又如,中兴通讯公司的核心价值观是:互相尊重,忠于中兴事业;精诚服务,凝聚顾客身上;拼搏创新,集成中兴名牌;科学管理,提高企业效益。再如,华润集团形成以"诚信"和"业绩导向、人文精神、团队建设、创新求变"为核心价值观的价值观体系。

第四节　中国企业文化的时代特色

培育和践行社会主义核心价值观,是当前和今后中国企业文化建设的一个重大课题。结合企业文化理论,中国企业要高度重视和不断强化四种文化色彩,即红色文化(以人为本)、蓝色文化(科技创新)、绿色文化(社会责任和诚信)和橙色文化(和谐共赢)。

一、红色文化——以人为本

践行社会主义核心价值观,主体是人,出发点和归宿点也是人。这也是社会主义制度在价值观层面的集中体现。因此,企业必须坚持以人为本——坚持人是企业发展的根本目的,对内以全体员工为本,实现员工的发展;对外以所有顾客为本,满足顾客的需要。

然而时至今日,很多企业在以人为本方面说得多、做得少,看法片面者多、全面者少。如何把以人为本落实到企业经营管理的实践之中?关键在于以下几点。

(1) 尊重人。尊重每一名员工,尊重他们的人格和权利(劳动权、择业权、投诉权、休息权、受到培训的权利、民主参与权等等)。为此,必须健全工会、职代会制度,建立完善企业民主管理制度。

(2) 关爱人。关爱每一个人。这种关爱,不是某些企业领导者的御下之"术",也不是搞感情投资;而是深谙企业发展规律的制胜之"道",是发自内心的持之以恒的关心和爱护。有的企业实行"五必访"制度,有的企业增加了员工福利,都体现了对员工的关爱。

(3) 激励人。实行合理的、规范的绩效考核与薪酬制度,奖勤罚懒,奖优罚劣,激励员工为企业的发展多做贡献,同时获得合理的报酬。这些制度要公正、公开、公平。

(4) 培养人。培养人是企业的战略任务,人力资源的升值和智力资本的增值将不断增强是企业的核心竞争力。企业领导者都应做"育才型领导",加大企业培训投入,绝不能在遇到困难时削减和挤占员工培训费用。

以人为本是一个系统工程,也是一个战略工程。以人为本从价值观上来说,就是二汽原厂长陈清泰同志讲的"在企业中升起人的太阳"。

二、蓝色文化——科技创新

发展始终是硬道理。特别是我国还处在社会主义初级阶段,仍是世界上最大的发展中国家。要建设成为富强、民主、文明、和谐的现代化国家,必须实施创新驱动发展战略、加快转变发展方式。要实现社会的自由、平等、公正、法治,必须创新社会治理模式和治理体系,实现社会深刻转型。作为社会经济细胞的企业,如何转变模式、实现发展?当然,首先要靠人,靠广大员工!同时,国内外优秀企业的成长轨迹越来越清晰地表明:企业发展必须依靠创新!创新使企业获得活力,创新使企业迅速增加竞争力。

海尔文化的核心是什么?

如果用两个字来表达——创新!

如果用四个字来表达——不断创新!

如果用六个字来表达——永远不断创新!

创新是一个民族进步的灵魂,是国家兴旺发达的不竭动力。创新,也是一个企业不断发展、持续进步的不竭之源。

企业创新,主要体现在5个方面:技术创新;管理创新;制度创新;模式创新;产品和服务创新。目前,中国企业的当务之急是技术创新。技术创新的目的是产业升级,由低附加值产品向高附加值产品过渡,由劳动密集型产业向技术密集型产业过渡,获得更强的竞争力和更大的发展空间。

创新面临很多阻力:①惯性思维。有一家美国企业曾一针见血地指出:"习惯思维总是像旅鼠一样在我们周围,但习惯思维往往都是错的。"列宁也说过:"千百万人的习惯势力,是最可怕的势力。"企业领导者、各级干部和员工的惯性思维、行为习惯、传统做法,往往是创新的最大阻力。②人际关系。这是阻碍创新的另一个主要因素。特别是在中国社会和中国企业中,对于创新的思想、创新的行动,人们往往是"枪打出头鸟",要么嫉妒、冷嘲热讽,要么采取不合作的态度。③风险规避。创新都有风险,越大的创新失败的后果也越严重。如何看待风险,是企业观念转变的重要方面,特别是要克服"不求有功,但求无过""多一事不如少一事"等消极保守思想。

企业创新,根本的选择是把企业建设成为具有持续创新能力的创新型组织。其中,关键是在企业内部大力建设创新文化,形成浓厚的创新氛围。

(1) 公司倡导。领导率先示范。企业主要领导者如何对待创新,是否重视创新,能否带头解放思想、更新观念、锐意变革与创新,对各级管理人员、广大员工具有重要的影响。

(2) 创新激励。物质奖励、授予荣誉等。仅有提倡和号召,创新将永远是遥远的梦。只有建立鼓励创新的激励机制,才能真正不断激发广大员工的创新意识、强化他们的创新精神、促进他们的创新行为。这也是创新型企业的一个共同特征。在海尔集团,以发明人名字命名创新成果,就是一个很好的做法。

(3) 团队沟通和合作。许多创新是单枪匹马做不到的,特别是重大创新成果,往往需要许多部门、许多人配合协作、共同努力。当年,美国的阿波罗登月计划,就是几千家机构、数十万人智慧和劳动的结晶。

(4) 学习培训。什么是学习?学习是认识和行动的变化。通过学习才能看到不足,才能产生新想法、形成新行动。世界上的跨国公司不但高度重视全员学习、组织学习,有计划、有组织、有投入地广泛开展员工培训,而且大多数已完成了学习型组织的改造。中国企业建设学习型组织,一定要把学习、创新、变革密切结合起来,而不是为学习而学习。

(5) 宽容失败。失败是成功之母。鼓励冒险和尝试,并宽容失败甚至鼓励犯错误,几乎是优秀企业所共同的。英特尔公司(Intel)以"鼓励尝试风险"作为公司文化的6条基本原则之一,其中一位共同创始人罗伯特·诺伊斯(Robert Noyce)最常用的口头禅是"别担心,只管去做"。在以技术创新闻名的美国硅谷,"It's OK to fail"(失败是可以的)是一句流行语。企业一定要宽容失败、失误,大力提倡"创新的失败者也是英雄"。

改革开放,让中国企业从世界优秀企业那里逐步懂得了创新的重要性。如果把以人为本为核心的国家文化特征称为"红色文化",则可以把创新文化称为"蓝色文化",概括起来就是让企业之舟驶向创新的蓝海!

三、绿色文化——社会责任和诚信

建设生态文明,建设美丽中国,是我国发展的时代主题。企业要实现可持续发展,并为推动生态文明建设发挥积极的作用,关键是要建设绿色文化,即社会责任和诚信导向的文化。这也是践行社会主义核心价值观特别是爱国、敬业、诚信、友善的根本要求。

建设绿色文化的过程,就是企业文化变革的过程,重点在于实现4个转变:①从"追求利润最大化"变为"追求合理利润";②从"企业是纯粹的经济组织"变为"企业是社会的基本细胞",企业不仅有经济责任,而且负有社会责任,要变单一目标为多目标体系;③从经济主体变为社会责任主体,在社会上、在社区里,在中国、在全球,企业都应该做一个好公民、好居民;④从"利润导向"的文化转变为"诚信导向"的文化,要认识到"诚信是市场经济的通行证",牢固树立起"诚信是金""诚信第一"的观念。

作为社会公民,企业一定要承担起自己的社会责任,这也是应对国际贸易门槛SA8000的根本选择。当前,尤其要重视这样几方面:

(1)保护环境。认真贯彻国家的环保政策和法律法规,严格执行节能减排的标准,积极采用低碳技术,大力发展低碳经济;加强污染治理,实行清洁生产,减少和杜绝"三废"排放。

(2)节约资源。节约的对象包括企业可以利用的人力、财力、物力等一切资源。既要尽量节省各种资源,特别是稀缺的自然资源,杜绝浪费;又要优化资源配置,努力提高资源利用率。同时,企业要顺应国家全面深化改革和转变经济发展方式的要求,尽可能调整产品结构或进行产品、产业升级,提升产品和服务的附加值。这也是一种更高层次的节约资源。

(3)善待顾客。只有满足顾客的需要,企业才有存在的社会意义。只有善待顾客,努力让顾客满意,而不是坑蒙拐骗、伤害顾客,才能实现企业和顾客的双赢,提高顾客的忠诚度,建立起稳定的、可持续的商业关系。否则,最终受损失的一定是企业。

(4)善待员工。这是企业履行社会责任的一项基本要求。有一家国外公司多年前就提出"照顾好你的顾客,照顾好你的员工,市场就会对你倍加照顾",这可以说就是办好一个企业的基本原则。切实把尊重员工、关心员工、激励员工、满足员工、发展员工落到实处,才是企业可持续发展的康庄大道。

(5)扶危济困。这是每个有良知和正义感的人应该做的,也是一个有社会责任感的企业应该做的。扶贫帮农、捐助社会福利和慈善事业、赞助社会公益事业等善举,都是在促进社会公平正义、维护社会和谐稳定,并树立企业的社会形象、提高社会声誉,最终有利于企业长远发展。

建设绿色文化,为企业营造无限生机与活力的绿色!

四、橙色文化——和谐共赢

社会主义核心价值观倡导的"友善""和谐",其思想基础是中国传统的"和"的哲学。"和"是中国传统文化的精髓,它首先是一种价值取向:"和为贵""天时不如地利,地利不如人和",讲的就是人际和谐在管理中的重要作用。

和谐的内涵——在处理人际关系、部门之间关系时,以和谐为导向,求大同,存小异;但并不是无原则的一团和气,而是"和而不同"。

和谐文化包含以下要素:

(1) 互助观念:与人为善,互相尊重,互相关心,互相帮助;
(2) 奉献精神:公而忘私,舍己为人,助人为乐;
(3) 团队精神:团队的利益高于个人的利益;
(4) 全局观念:全局的利益高于局部的利益。

和谐共赢也是一种思维方式——统筹兼顾,协调发展。

(1) 在处理多方关系时,坚持兼顾各方利益,不搞片面性;
(2) 从全局出发进行协调,找到平衡点;
(3) 目的是达成多方共赢——对企业而言,使股东、经理人、员工、顾客、供应商,以及一切利益相关者实现共赢。

和谐文化会在内部建设和谐企业,在外部促进和谐社会的建设。

建设橙色文化,让我们在橙色的朝晖中享受和谐!

复习题

1. 简要说明对企业文化影响较大的中国传统文化有哪些。
2. 请说明中国与西方的价值观有何异同。
3. 试述改革和开放对企业价值观有何重要影响。
4. 结合改革时期的企业文化建设情况,说明以何种方式可以继承传统文化。
5. 企业文化如何做到党政齐抓共管?
6. 社会变革会给企业文化带来哪些有利影响?
7. 如何学习借鉴西方企业文化理论和实践经验?
8. 谈谈中国企业文化建设的可行模式。

思考题

1. 当前我国企业文化建设有什么样的时代特征?
2. 如何把中国梦与企业愿景以及员工个体的目标联系起来?

腾讯的创新故事

浙江大学学生于同学在参观腾讯公司后,画了一张图:一只憨态可掬的企鹅支起了一架天平,天平的左边是财富,右边是创新、用户和人才。他这样写道:"已经是(来到腾讯)第三天了,进入了互娱组,让我深深感到:腾讯真正的财富是创新,是用户,是人才。"暑假期间,来自全国知名高校的47名优秀学子聚集深圳,参加腾讯创新大赛夏令营,于同学是其中的一员。虽然只有短暂的几天时间,但是他们都看到了贯穿在腾讯发展之路的一个主题词:创新。腾讯的创新经验,也许可以为深圳本土企业提供些许借鉴。

创新中心:童话般的城堡

腾讯创新中心,是整个公司里一个特殊的部门。从迈入办公室的那一刻起,首先就给人一种不一样的感觉。一位实习生说,来到这里仿佛进入了"一座童话般的QQ城堡"。橙色,在这里受到推崇,门内侧印着橙色的字样——"Innovation Center";天花板的中间,是橙色的椭圆形,象征着活力、变化;墙壁,以鲜亮的黄、蓝两色为主要色调。座位与座位之间距离很大,整个办公室,显得特别宽敞。办公区间内,还摆放着布艺沙发、小圆桌,以及几间小会议室,都是预留出来的讨论区,倘若员工有了创意或想法,随时可以找到讨论的空间。在这里,每一个创意的火花都会受到重视。在腾讯人看来,一切有形的财产都是可以创造的,唯有员工的创意,失去了就永远找不回来了。

创新中心技术总监吴波告诉记者,创新中心的办公环境,就是他们创新中心成立后推出的第一个"产品"。对此,公司领导也有明确的指导思想,创新中心首先要在办公环境上营造出一种宽松、活泼的氛围。

腾讯联席首席技术官熊明华说:"腾讯希望创新中心能成为星星之火,可以燎原,就像中国搞经济特区一样,在公司搞一个'特区',在考评、管理等方面,享有一定的自由度,某种意义上讲,他们是百分之百来做创新的工作。"

腾讯创新中心在招聘广告的开头这样写道:"一种满含理想和追求的团队氛围,一个充满挑战和机会的职位,一群志同道合的同事兼死党,享受创造之美!"由于该中心没有收入考核的压力,又能够接触到业界最新的技术,所以成了全公司最受瞩目的部门,创新中心成立以来,收到了不少来自其他部门的加入申请。甚至有人说:"提起创新中心,大家都会一声惊叹,'那是我们公司的领潮者'。"

据吴波介绍,创新中心的使命是,跟踪互联网的发展随时推出新产品,这些产品不一定能为公司带来收入的增长,但是它应该具有一定的技术价值或产品价值。至今,该中心做过一些项目的网页测试,例如滔滔、视频网站、视频直播等;也开发了一些客户端的产品,例如QQ输入法、QQ影音等。

激情:让问题迎刃而解

创新需要氛围,这种氛围不独表现在创新中心,其实也在腾讯公司整体的文化里。

很多人都有共同的经历,他们带着外界几成定规的标准走进腾讯,去问腾讯人,收到的都只是否定的回答。何同学是中国科技大学的学生,他印象很深的一件事是,他询问一名腾讯员工工作时间可不可以上QQ,问完才发觉自己很"火星"。他说:"对腾讯人来说,腾讯的工作环境真的自由活泼到想象之极。"

类似问题还有,上班是否要打卡,腾讯也没有这方面的规定。吴波说,尽管对工作时间不作要求,但从没见谁偷懒,每一个人都有高度的自主性,加班倒是寻常的事。他坦承,管理工作很轻松,每个人都目标明确,需要做的是"给大家更多的支持和方向上的指引"。

每个腾讯人的工作台都装扮得很特别,QQ公仔随处可见。每位员工入职的时候都会发一个QQ公仔,但更大号、更特别的公仔往往都是奖品,要靠自己的业绩来赚取。

华中科技大学的沈同学参观腾讯后在日记中写道:"每个年轻人的脸上都挂着微笑,你可以体会到他们的激情,我向往这种工作方式,不,我是向往这样一种生活方式,真希望有一天,我能够成为其中的一员。"

一家即将走满10年路程的公司,何以能保持着持久的激情?吴波称,真正让他们激动的,是看着用户数的上升曲线持续上涨,每推出一个产品,发现越来越多的人在用,越来越多的人在表扬你,大家就会有一种成就感。

在腾讯公司,庆祝已经成为一种仪式化的活动:每过一个里程碑,团队就会小庆祝一次;每过一个大的里程碑,公司或部门就会鼓励一下。今年(2008年)7月31日下午2点半,腾讯VIP用户突破一千万,互联网业务部门的全体员工聚在5楼餐厅,腾讯的老总,包括马化腾、刘炽平、熊明华等都到场出席,场面令人难忘。

吴波深有感触地说:"团队最重要的是士气,有高昂士气的话,很多问题可以迎刃而解。"

创新大赛:集纳多方智慧

创新不是创新中心的独角戏,而应该是智慧的碰撞。创新中心成立后,建立了对公司内部的创新平台——idea.qq.com,负责收集员工的创意,员工还可在内部BBS上讨论创新点子,掀起内部创新氛围;为了加强与外部的沟通,还推出了腾讯实验室(labs.qq.com),把该中心的创意产品放到平台上,供用户试用,以收集用户对产品的意见和创意。

由创新中心主导,每年还都推出创新大赛,首先是公司内部创新大赛。内部创新大赛为期两个月时间,不论从事什么职位,每个公司员工均可参与,创新方案会放到内部网站上,接受大家的投票。尽管奖金不高,有的奖品不过是一个QQ公仔,但员工的参与热情却不受影响。腾讯"拍拍"有一个试穿衣服的功能,就是内部创新大赛上的获奖作品,由一位普通开发人员设计。

从2006年起,腾讯还推出了面向全国高校大学生的年度腾讯创新大赛(简称"TIC"),如今已经连续举办了三届,参与高校和学生的范围也逐年扩大。优胜者还会获邀至深圳参加腾讯夏令营,去年获邀请的有13所高校的30名学生,今年夏天则有16所高校的47名学生。他们的创新作品也许还很稚嫩,但是腾讯人却极为看重。

用户反馈:创新的来源

腾讯人谈创新,有一个词必不可少,那就是"用户"。腾讯公司的英文名是"Tencent",不仅是"腾讯"的英文音译,而且还包含了"ten cent"的意思,即"十分",这个含义在公司成立之初就由马化腾等公司高层管理者阐释过,希望为用户提供最价廉物美的产品和服务。如今,"一切以用户为归依",早已成为腾讯人的共识。

"创新创造价值",是熊明华的一个演讲题目。他解释说:"创新创造价值,最主要的是用户价值,只有你的创新能让更多用户享受服务,才能真正创造公司所追求的商业价值。"

腾讯的创新有三个来源:一是业界的新技术、新趋势;二是公司高层及各部门员工贡献的创意,包括公司领导都会不时提出一些意见和想法;三就是来自于用户的反馈。据吴波介绍,腾讯产品的用户很多,经常会有一些热心用户,会对他们的产品提供很多意见,用户的肯定令他们兴奋,而指责的声音他们会更加用心倾听。一个产品正式发布之前,可能已经修改过五六个版本,其中,用户的反馈给他们不断改进提供了参照。他们收集用户意见的方式多种多样,会设置产品博客或论坛,也会设置热心用户的QQ群,产品经理和团队还会到各大论坛去搜集用户的意见。

今年7月28日,一位参加腾讯TIC技术夏令营的学生在与腾讯高层见面时曾问到QZONE的多窗口问题:"这个功能是没有实现还是出于安全等因素的考虑?"互联网业务系统研发副总裁汤道生坦诚地说:"首先这肯定不是出于什么安全方面的考虑,是我们在这些用户体验细节上没有做到位。"

腾讯不仅注意倾听用户的不满,还着眼于对用户潜在需求的发现。据了解,腾讯的用户需求研究非常细致,既包括用户从小学、到中学、大学,以及参加工作,到成年拥有家庭不同阶段的需求,也包括用户在单位、学校、家庭不同应用情境下的商务、学习、休闲娱乐等情境的需求。

R线:构建创新体系

业界有一种说法,中国互联网的发展似乎总是跟在美国的屁股后面,连风险投资商投资中国互联网企业时都会先问在美国有没有成功模式。因此,"同质化"也是中国互联网的一个普遍现象,2001年兴起的SP,2003年突现金矿的网络游戏,2005年流行的交友网站,2006年大热的视频网站,都是国内互联网界惯于模仿、不善创新的见证。

不过,腾讯从一开始就是中国互联网的一个例外。是腾讯发现了中国互联网用户的一个内在需求,找到了网络即时聊天的盈利模式,这无疑是一个非常了不起的创新。所谓"一招鲜,吃遍天",腾讯取得了巨大的成功,但这种优势能保持多久,是腾讯的决策者面对已久的问题,要发展,必须不断创新。

为此,2005年,腾讯迈出了战略性的一步——推出平台研发系统,在腾讯内部被称为"R线"(R为英文reaserch一词的首字母)。此前,腾讯公司是以一个产品为一个部门来进行管理的,到2005年时全公司已有上百个产品,于是进行了组织架构的调整:将公司分为两部分，一是有营收目标的部门，包括无线增值、互联网增值、互动娱乐和网络媒体等；二是跨业务部门的平台研发系统，主要面向未来，做创新工作。

此后，人们看到了腾讯一系列的变化，2006年5月成立"以创新应用为主旨"的创新中心，2007年10月又成立了研究院，在存储技术、数据挖掘、多媒体、中文处理、分布式网络、信息安全等六大领域展开了网络技术的研究。腾讯人把自己的创新分作三个阶段，2004年以前为学习型创新阶段，2004—2006年为整合创新阶段，而2006年以后为战略创新阶段。

创新中心成立后推出了QQ拼音输入法，就是出于战略创新的考虑。互联网上能够免费下载的输入法已经有很多了，为什么还需要创新中心专门开发？对此，吴波解释说："这就属于战略创新了，从战略地位来看，输入法是用户在互联网上的基本诉求，也是用电脑的基本诉求，如果不去占领这种战略的位置，在后边也许会冒出什么新的东西，我们就会跟不上。"

公关总监郑晓波则认为，在互联网上没有什么是不需要改进的，根据用户体验，他们觉得还可以做得更好。比如有些输入法会有插件、广告等，速度较慢，用户在没有选择的情况下只能被迫接受，但是如果有选择的话，他们就会选择更清爽的。该产品经过一个六人小组半年的攻关，已于去年底发布，用户量很快达到了百万级别。

高校关系组：布阵未来

创新，不仅体现在创新的成果上，也体现在追求创新的步骤之中。在R线，有一个特殊的机构叫高校关系组，就很能体现腾讯人的创新追求。

高校关系组除了在高校开展每年一届的年度创新大赛之外，还与多所国内知名高校联手，在各高校成立腾讯高校创新俱乐部。高校俱乐部通常采取与学校团委筹建、学生自建的策略，融入一定的竞争和激励机制。俱乐部骨干的进入门槛很高，只有善于创新、富有激情并且专业技术过硬的同学才能成为管理成员。

年度创新大赛及高校创新俱乐部，不仅为腾讯的创新提供了广泛基础，培养了用户忠诚度，更是公司的重要人才战略，把对优秀网络人才的挑选和培养提早到高校阶段。腾讯人的这种殷殷之情尤其体现在今年的技术夏令营活动中。活动第一天，腾讯派出了三位中高层人士，除互联网业务系统副总裁汤道生和高校关系总监方琎外，另一位是人力资源部门的负责人，求贤之意不言自明。

活动期间，安排了中高层、业务骨干与学生的多方面交流。一位学生在日记中写道："先是和汤道生先生交谈了一下技术，呵，结果呢，小巫见大巫，高度不在一个层次。"但是，腾讯人却充满诚意地倾听，交换意见。

7月30日上午，是暑期夏令营预热题目的答辩环节。营员们有提算法的，有提思想的，有拿实例来比较的，还有做"科普讲座"的，都力图展示自己的长处；而评委们认真倾听每个人的讲解，提出问题，纠正错误，并指出方向。华中科技大学的袁同学所在的组，好多人都选了QQ好友六维查找的有趣问题，大家都想了各种办法，多数人都从复杂的圈论或聚类建树的算法考虑，其中刘同学的数学模型算得很精确，很多同学开始以为，这样的答案应该是在学校做题的正解了；结果，腾讯的做法让大家叹为观止。她说："我们好多人都把这道趣题发给学校的好友,分享这种思想,体会了学校的知识和实际工程的差距。"这些来自国内名校的精英,无疑还是学习者,但腾讯却给了他们最大的礼遇。

作家圣埃克絮佩里曾说:"如果你想造一艘船,不要抓一批人来搜集材料,不要指挥他们做这个做那个,你只要教他们如何渴望浩瀚的大海就行了。"让我们一起来渴望创新的浩瀚大海吧!

讨论题

1. 腾讯公司企业文化的主要特点是什么?
2. 从企业文化的制度行为层来看,腾讯公司有哪些措施推动创新?
3. 你从腾讯公司的有关做法中得到什么启示?
4. 在企业文化建设中如何彰显中国特色?

第十七章 跨文化管理

本章学习目标
1. 了解不同地区企业文化的主要特点
2. 了解文化差异和文化冲突的原因及特点
3. 掌握跨文化管理的类型、特点和对策
4. 掌握文化整合的原则、步骤和方法

在经济全球化的背景下,现代企业在世界范围内寻求资源的有效配置与支持,跨文化管理已经成为现代企业管理关注的热点问题。

第一节 不同国家地区的企业文化特色

一、美国企业文化特色

美国是世界上最大的经济强国,长期以来在制造业、金融业、信息产业、服务业等主要的产业领域均处于全球的领头羊地位。同时,美国也是现代管理理论的主要发源地,现当代许多重要的管理思想和理论都源自美国并产生了广泛而深刻的影响。在管理实践和理论研究的推动下,美国许多企业都根据自己的不同情况,培育和发展了独具特色的企业文化。总结目前美国的企业文化,主要有以下一些特征。

1. 建立共同价值观

美国企业领导者认识到,决定公司生存和发展最重要的因素是企业共同的价值观和共同的信念。共同价值观是企业文化的核心和基石,激励着企业员工为个人利益和企业价值的实现去拼搏、奋斗。美国最杰出企业的价值观主要有以下4方面:

(1) 成功的企业要有一个崇高的目标。通过目标来激励和领导员工,产生健全而具有创造性的策略,并使个人愿意为崇高目标而献身。

(2) 应使员工参与决策和管理工作。企业不仅要有先进的科学技术,而且必须采取共识领导方式,创造一种合作文化,促使员工从事创造性的思考、学习和参与,让员工感到自己与企业组织结为一体,能为企业成功而喜悦、为企业失败而痛苦。

(3) 追求卓越。这是美国企业文化的核心之一,是永无止境、永不满足的一种精神和信念,引导和鼓励员工朝着更高的成就标准不断求新求变。

(4)建立亲密文化。美国企业文化要求管理人员与下属员工建立友谊,有了友谊才会有信任、牺牲和忠诚,员工才会发挥出巨大的创造力量,很多公司一直为建立激发员工创造力的环境而努力。

微软、谷歌等许多高技术企业之所以处于领先地位,其主要原因就在于这些企业大都由一群志同道合的科技人员组成,他们彼此坦诚沟通,共同激荡创意,相互鼓励及启发事业的成就感,因而不断取得成功。通用电气的9条价值观,杜邦公司的核心价值观"安全与健康、保护环境、最高标准的职业操守、尊重他人与平等待人",都反映了美国企业文化的上述特点。

2. 个人能力主义

由于历史传统的影响,美国民族带有明显的个人能力主义及流动性、变动性的特点,美国企业文化中也因此培植了尊重个人、崇尚个人自由、追求个人发展的精神,不怕风险失败、勇往直前的开拓进取精神,鼓励自由贸易、自由竞争、任何人都要凭才智和工作而致富的精神。沃尔玛公司有三项基本信仰,即"尊重个人""服务顾客"和"追求卓越"。该公司尊重每位同事提出的意见,经理们被看作"公仆领导",通过培训、表扬及建设性的反馈意见帮助新的同事认识、发掘自己的潜能,使用"开放式"的管理哲学在开放的气氛中鼓励同事多提问题、多关心公司。美国企业信任和激励员工,率先采用弹性工作制,给予员工自由时间;实行股票期权和奖励股份,例如微软80%员工持有公司股份,这些都是有效的体现。微软公司依靠充分发掘技术人员的个人潜力才得以在激烈竞争中取得独一无二的优势。英特尔公司(Intel)以"鼓励尝试风险"作为公司文化的6条基本原则之一,其共同创始人之一罗伯特·诺伊斯(Robert Noyce)最常用的口头禅是"别担心,只管去做"。在以技术创新闻名的美国硅谷,"It's OK to fail"(失败是可以的)是一句流行语。这样的企业文化保证了美国在科技开发方面处于世界领先地位,率先敲打着知识经济时代的大门。

3. 软硬结合

第二次世界大战以后,美国企业由以物为中心的单纯技术与纯理性主义的管理方式逐步转向以人为中心的现代管理方式;从把企业当作单一的投入产出体、毫无顾忌地向社会夺取最大限度的利润,转向把企业看成是整个社会有机体的一分子,企业努力与整个社会保持协调发展;从过去注重企业管理的硬件方面(战略、结构、制度)转向既注重硬件又注重软件(技能、人员、作风、最高目标),强调它们的协调发展以实现其整体功能;由只重视硬专家、强调科学技术对生产经营的促进作用,转向同时重视软专家,强调信息与咨询服务在企业管理中的作用。在美国优秀企业中强调组织弹性,即企业根据生产经营活动的需要及时地扩充或收缩某些职能部门,例如《追求卓越》一书研究的美国最杰出的62家企业,其组织机构几乎都是柔性的。美国的企业文化强调"走动"管理,提倡管理者必须倾听和尊重员工的意见,给员工以充分的自主权;实行面对面领导,即管理人员深入基层、接触员工,在企业内部建立广泛的、非正式的、公开的信息网络,以体察下情、沟通意见、促进交流、提高效率。同时,美国企业还推崇发展公共关系,实行软专家管理等。他们认为,在当今和未来的经营环境中,管理方法、技术、手段的最佳效果取决于对看不见的资源的重视程度,诸如企业风气、经营哲学、公司精神、最高目标、信息沟通、人力资源开发能力、技术创新能力等。软硬结合,毫无疑问是美国企业文化促使企业管理方式发生变化的必然趋势。

4. 务实精神

实用主义哲学在美国文化中占有绝对优势。这培育了美国人的务实精神,认为"有用就是真理",注重实际效果,少有形式主义,上下级沟通直接,表达意见明确。韦尔奇在 GE 发起的"三环战略"和削减工作量运动,丹纳公司总裁麦克佛森一上任就废止了厚达 22.5 英寸的公司政策和法规汇编,只用几百字的经营声明来替代,都是务实精神的体现。

崇尚行动、快速行动,强调执行力,是美国企业务实精神的另一重要体现。戴尔从一开始就以非常务实的方式工作,他常问"完成这件事情最有效率的方式是什么?"务实精神也导致美国企业喜欢用数量来评价事物,关心效益指标。为获得最高效率和竞争优势,员工拼命工作,相互竞争,微软公司的创始人比尔·盖茨就是一个工作狂。同时,美国企业一般以工作业绩来评定员工,不太注重员工的学历和资历,所以在美国公司经常看到年轻的管理者,他们年纪轻轻却拥有骄人的业绩。此外,任何一项发明和建议能否被美国人接受,关键在于能否在现实中加以应用,能否在社会上产生效应,这种倾向也反映在企业文化之中。

在看到美国企业文化优点的时候,也要清楚地认识到其深层次问题,例如享乐主义导致的超前消费、过度消费,极端个人主义造成的思维片面和经济霸权主义,长期成功滋生的"成功麻痹症"和狂妄自大,等等。2008 年从房地产引发的世界金融危机,很大程度上暴露了美国企业文化的弱点。

二、日本企业文化特色

在日本,企业文化的表现形式是多种多样的,如"社风""社训""组织风土""经营原则"等。这种企业文化是在内部把全员力量统一于共同目标之下的一种文化观念、历史传统、价值标准、道德规范和生活准则,是反映企业独特精神面貌的信念,是增强企业员工凝聚力的意识形态。日本企业文化的主要特点是和魂洋才、家族主义、以人为中心。

1. 和魂洋才

这是日本企业文化的核心。日本民族自称大和民族,"和魂"指日本的民族精神。"和魂"实际上是以儒家思想为代表的中国文化的产物,是"汉魂"的东洋化。中国儒家文化的实质是人伦文化、家族文化,提倡仁、义、礼、智、信、忠、孝、和、爱等思想,归纳起来就是重视思想统治、讲究伦理道德。日本企业家很好地利用了"和魂",提倡从业人员应忠于企业,鼓吹劳资一家、和谐一致、相安而处、共存共荣,从强调人际和谐入手来稳定劳资关系,围绕企业目标共同努力,鼓励合作、互助。日本企业重视"和为贵"的思想,追求的"人和""至善""上下同欲者胜"等共同体意识皆源于此,例如日立公司的"和"、松下公司的"和亲"、丰田公司的"温情友爱"。这里的"和",就是和谐一致、团结协作。

"洋才"则指西洋(欧美)的技术。1886 年日本明治维新以后,日本企业向西洋学习先进技术及管理方法,于是"和魂"和"洋才"才开始结合,成为日本近现代企业家经营活动的指导思想,构成日本企业文化的重要基础。战后日本企业引进、吸收、消化了大量欧美技术,并在此基础上进行了改造创新,创造了远比其他发达国家大得多的资本增值。例如,丰田公司的管理哲学是"事业在于人""丰田纲领"还提出"上下同心协力,忠实于公司事业,以产业成果报效国家""潜心研究与创造,不断开拓,时刻站在时代潮流的最前端"等。

丰田公司就是靠这种企业文化形成比较和谐的劳资关系，吸收引进了国外先进技术，创造出先进的管理方法"丰田工作方式"，从而在新产品开发及市场竞争中取得成功，成为日本第一大企业。

2. 家族主义

这是日本企业文化的显著特色。日本民族具有明显的农耕民族的某些文化特征，即家族主义，在企业中则普遍表现为"团队精神"，一种为群体牺牲个人的意识；同时还表现为乡土性，即稳定性。至今，日本的"家族主义"与"稳定性"等民族特征在企业生产经营活动中仍表现得十分明显。日本社会是集团的社会，一个企业可以被看作是集团，企业内部的科室、班组、事业部等也都是大小不一的集团；在企业外部，相互间有密切联系的企业结合成集团。所谓家族主义就是把家庭的伦理道德移植到集团中，而企业管理活动的目的和行为又都是为了保持集团的协调、维护集团的利益、发挥集团的力量。在家族主义影响下，集团被看成是社会的一个细胞，而人的个性几乎完全被集团所淹没，企业管理的对象不是单个的人，而是由人群组合而成的集团；无论个人的责任、权力还是利益统统都由集团来承担，如同家庭一样。

企业领导和管理人员从各方面关心员工的福利以至家庭生活，员工也以企业为家，用高质量和高效率的工作来报答企业。许多日本企业家认为，企业不仅是一种获得利润的经济实体，还是满足企业成员广泛需求的场所。因此，日本的企业管理十分强调员工对企业要有强烈的荣誉感和认同感，要与企业共存共荣。日本企业一般采用终身雇佣制，在工资及晋升上实行年功序列制，并实施全面福利，使员工有职业安全感，从而对企业"从一而终"。这样的制度体系通过物质利益及精神需要的满足，强化了员工对公司的家庭般的归属感，使他们把自己的工作、事业的追求，甚至精神的寄托都纳入以企业为中心的轨道。同时，日本企业还特别强调献身、报恩精神，要求员工，尤其是管理人员要把自己的生命与企业的事业融为一体，为之而生，为之而死。正如松下幸之助所讲的"能发挥舍命精神"。家族主义还要求和谐的人际关系，在企业内部人们以处理"家庭关系"的宽容心理来处理相互的关系，形成互怀善意的人际环境。近年来，日本又吸收西方文化中的一些成分和中国"鞍钢宪法"的精神，倡导企业民主，以缓解企业内部矛盾，使员工心理上得到一定的满足。

3. 以人为中心的思想

这是日本企业文化的重要内容。无论终身雇佣制、年功序列制，还是企业工会，日本企业经营模式的这"三大支柱"都是紧紧围绕着人这个中心的，三者相互联系、密切配合，从不同侧面来调整企业的生产关系，缓和劳资矛盾。正是这些形成了命运共同体的格局，实现了劳资和谐，推动着企业经营管理的改善和提高。日立公司在原总经理吉山的倡导下，形成了"人比组织机构更重要"的组织风气。本田公司坚持"以人为中心"经营思想，认为企业经营的一切根本在于人，注意把公司办成有人情味的集团，公司基本任务除了制造消费者喜爱的产品——汽车之外，还要为员工提供一个能发挥才能的安居乐业的场所。为此，本田公司特别重视员工有没有朝气和独创精神，在分配青年员工工作时总是稍微超出他们的实际能力，并要求各级负责人都要向年轻部下委让权限。

日本企业家认为，"人才开发的利益大得无穷""企业教育训练投资的投入产出系数最大,是最合算的投资""只有人才才是企业活力的源泉"。日本企业通过教育提高员工素质,坚持"经营即教育"的思想,不断发展和巩固企业文化。松下电器公司自创办以来一直把教育作为经营理念的核心,松下幸之助认为"人的智慧、科学知识和实践经验都属于社会财富,而且比黄金更有价值",并提出"造物之前先造人"的思想。丰田汽车公司的口号则是"既要造车也要造人",认为企业由人、财、物三要素组成,第一位的是人,人就是财产,培养优秀的人就是增加公司的资产,无论谁都应该在造就人上下功夫。为此,丰田公司从文化知识、技术技能、道德修养和思想感情等多方面对员工进行教育训练。日本企业进行员工教育培训主要从满足员工自我成就的需要出发,竭力使员工在受教育中增长才干,激发为企业"尽忠效力"的内在动力。

当然,日本企业文化在培养创新精神、鼓励年轻人才冒尖等方面则存在明显的薄弱之处。20世纪90年代以来,日本企业进入了结构调整的艰难时期,相应地在管理上吸收美国能力主义的长处,更强调内部竞争和效率,但日本企业文化和管理方式的基本形态并未发生实质性的变化。相反,欧美企业则普遍借鉴日本模式,重视企业文化建设,"团队精神"等日本企业文化的长处成为欧美跨国企业核心价值观的一部分。

三、欧洲企业文化特色

欧洲是现代企业的发祥地和最早进行工业化的地区。欧洲企业在长期发展过程中形成了自己的企业文化特色,例如实行人本管理、注重员工素质、讲求诚信、重视质量和品牌、提倡优质服务等。下面主要介绍德国和法国的企业文化。

1. 德国企业文化

德国是西方仅次于美国、日本的经济强国和工业大国,拥有戴姆勒-克莱斯勒、大众汽车、安联、德意志银行、意昂、麦德龙、宝马、西门子、蒂森克虏伯、慕尼黑再保险、博世、拜耳、汉莎等一批世界知名的大企业。长期以来,德国企业文化形成了以理性管理为基础的浓厚特色。

(1) 硬性管理的制度文化。日耳曼民族是欧洲最富有理性的民族,德国人处世稳重扎实,做事谨慎周密,德国实施依法治国、注重法制教育、强调法制管理。在此影响下,德国企业的运行机制基本上建立在理性基础上,严格的组织体系、完善的管理制度、认真的管理态度造就了德国企业的厚重实力和生产的高效率。同时,德国人长期形成的讲信用、严谨、追求完美的行为习惯,使企业从产品设计、生产销售到售后服务的各个环节,无不渗透着一种严谨细致的作风,体现着严格按照规章制度去处理问题,对企业文化产生了深刻影响。德国企业内部的等级观念很强,且晋升机会较少,但员工只要是长时间为企业服务,有足够的学历和阅历,就会获得晋升机会,特别是一般有学位的专业人才会优先得到晋升。其他人虽然得不到提升,但很少怨言和消极不满,反而还会更加努力上进和勤奋工作。

(2) 民主管理的参与文化。由于有坚实的法律保障,加上尊重人格、强调民主的价值观为指导,德国是西方国家中实行员工参与企业管理制度最好的一个国家,无论是戴姆勒-克莱斯勒、大众、西门子还是高依托夫、路特等中小企业,员工参与企业决策是一种普遍现象。德国《职工参与管理法》明确规定,大型企业要按对等原则由劳资双方共同组成监事会,然后再增加 1 位中立人士担任主席。当双方意见不一致时,设立调节委员进行调节,如还不能解决,则由监事会主席裁定。《企业法》中则规定,凡员工在 5 人以上的企业都要成立员工委员会,由全体员工选举产生,主要任务是在工资、福利、安全等方面维护员工的利益,企业主在对员工工资福利等重大问题作出决定前必须征得该委员会同意。德国的员工参与企业管理效果很明显,一是劳资双方关系融洽,二是劳动生产率大大提高,三是可以从员工中汲取许多改进企业经营管理方面的建议。

(3) 基于责任的质量文化。德国企业对产品和服务质量的重视程度可以说是"世界之最",强烈的质量意识已成为德国企业文化的核心内容,深深根植于广大员工心中。汽车工业是德国质量管理的典型代表,几大汽车公司都有一整套健全的质量管理机构与体系,对质量管理的投入相当巨大。例如大众公司强调"精益求精"的质量理念,各类质量管理人员就有 1 万多人。西门子公司则秉持"以新取胜,以质取胜"的理念,长期立于不败之地。德国企业普遍注重独创性研究开发,力求高度专业化、权威性和高品质,从而保证产品的质量和竞争力;同时,他们也普遍重视优秀的服务品质,以诚信服务客户,塑造企业和品牌形象。牢固的质量意识是基于德国企业和员工的强烈责任感,包括家庭责任、工作责任和社会责任;企业对员工主要强调工作责任,尤其是每个人对工作岗位或生产环节的责任。在大众汽车、TüV 等公司,"责任"是企业的核心价值观。戴姆勒-克莱斯勒公司高度重视"责任"和质量,促使每名工人都在本职工作岗位上为成功卖掉每一辆汽车而尽自己的责任。与美国企业相比,德国企业的管理人员往往以身作则,因为责任感强而工作最累。

(4) 以人为本的和谐文化。以人为本,实行人性化管理,是德国企业文化的另一大特点。具体表现在:①德国企业普遍尊重员工。企业里,上级给下级布置任务通常是商量的方式,而不是命令的口吻。在大众公司,如果员工在某个岗位上工作不好,管理者通常首先会认为是工作岗位不适合,在征求本人意见后调换一个更能发挥其潜能的岗位。德国企业员工的离职率也比较低。②注重务实的能力培训。德国是世界上进行职业培训教育最好的国家之一,德国企业具有完善的职业培训机制,造就了高素质的员工队伍。德国工业长期保持领先地位,与其培养和拥有大量的技师有密切关系。③劳资关系、人际关系和谐融洽。德国工人的工作时间过去 30 多年累计减少 500 小时,与美国、日本相比是最短的,而工资却不断增加。多数德国企业十分注重人际关系,具有和谐、合作的氛围。德国企业家认为,和谐的气氛能够激发人的潜能,最大限度地发挥员工的创造性;反之,员工不会乐于贡献,工作将会受到影响。④重视企业兼并重组过程中的文化整合。如德国戴姆勒-奔驰公司与美国克莱斯勒公司合并后,成立了专门委员会,制订专门计划,进行文化整合,保持和谐的文化氛围。

德国在市场经济条件下长期形成的完备的法律体系,为企业建立诚信、遵守法律的企业文化奠定了基础。同时,宗教主张的博爱、平等、勤俭、节制等价值观念,也影响了德国企业文化的产生与发展。另外,德国企业文化明显区别于美国的以自由、个性、追求多样性、勇于冒险为特征的企业文化,也区别于日本强调团队精神在市场中取胜的企业文化。

2. 法国企业文化

法国是一个充满浪漫情调和艺术气息的国度,同时也是世界第五、欧洲第二的经济大国。无论安盛、巴黎银行、家乐福、标致、苏伊士、米其林、圣戈班、雷诺、欧尚、布依格、赛诺菲-安万特、春天集团、法航等一批《财富》500强大企业，还是高档服装、旅游、化妆品、设计、文化等领域的中小企业，都在世界上有着广泛影响。历史悠久的法兰西文明和现代企业管理结合，造就了法国企业文化的特色。

(1) 远大的目标。法国人的自信心和自豪感较强，为法国企业注入了比较高远的目标和很高的标准，成为很多企业员工的共同价值观。苏伊士集团一直致力于成为世界领先的基础设施私营企业。赛诺菲-安万特集团是世界著名制药公司，在欧洲排名第一，业务遍布世界100多个国家，现拥有约1万多名科学家及10万名员工。集团的宗旨是为了全人类的健康："无论在何时，无论在何地，赛诺菲-安万特都在为人类最重要的健康事业而奋斗。"集团有一条价值观是"胆识"，含义是"海阔凭鱼跃，天高任鸟飞，要勇于去实现自己的理想"。"赛诺菲-安万特集团需要拥有远大的奋斗目标，这是我们取得成功的起点。"这鼓舞着每一名员工。法国电力公司秉持社会服务思想，把"为祖国服务，为法国人民服务"这种企业文化植根于员工心里。有着100多年历史的皮具行业世界著名企业巴黎都彭公司的宗旨就是"精益求精、力求完美"。

(2) 浪漫的人情味。这是法国企业文化的另一个重要特色。世界头号轮胎巨人——米其林公司的品牌标志是"轮胎人"必比登(Bibendum)，生动地反映了这种人性化和人情味。在法国很多企业，既有严谨思维、严格的制度和质量标准，但是在强调团结和依靠团队的同时又尊重员工的个性和差异，尊重个人和团队的独特性，努力营造平等的关系、宽松的氛围乃至艺术的情调、浪漫的气息。赛诺菲-安万特集团将"尊重"列入企业价值观，意思是"必须尊重他人及其贡献""包括建立道德的商业惯例，遵循明确高度的商业准则"，并认为"尊重的定义还包括：善于与员工沟通、作决定前善于倾听和分析他人的意见"。相对美日企业，法国企业比较注重过程中的投入程度，也更容易接受一些资金投入回收期较长的计划。无论制造业还是服务业，这种人情味还体现在法国企业非常重视服务。例如，欧尚的服务四宝是"你好、谢谢、微笑、再见"，而且提出12条原则，其核心内容是：让每一位来欧尚的顾客满意而归；对顾客不仅仅是钱的问题，应该首先是一种必须学会的行为举止，"谁不会微笑，便不应该开店"；顾客是评判所提供的服务质量的唯一的法宝，顾客的意见占第一位；不能让顾客来适应企业，而应该由企业适应顾客。

(3) 追求时尚与创新。人们提起法国、提起巴黎，往往会与时尚和潮流联系起来，这是由于很多法国企业在服装、美容、设计以及制造、服务等领域内都是全球的行业领跑者，引领着未来的发展方向。例如，1865年创办的巴黎春天集团(Pinault Printemps-Redoute,缩写PPR)是世界第三大奢侈品和零售业巨头，其特色在于领导时尚。春天集团旗下的Gucci,已经成为"新摩登主义"的代名词。巴黎的高档时装，定期举办的潮流发布会，众多的流行品牌，也是这种企业文化特色的鲜明体现。巴黎还是世界文明的设计之都，云集了大量的设计和创意企业，不断推陈出新。树立品牌是法国企业引领时尚和创新的旗帜，专业化是他们实现创新的重要保证，观念创新和技术创新则是其关键。苏伊士集团坚持核心业务紧紧围绕着与人类基本需求息息相关的领域，包括能源、水、废物处理和通信等，以形成自身的强大优势。赛诺菲-安万特有高效、创新的研发组织，研发部门有1万多名科学家和科研人员，分布在三大洲20多个研发中心，为寻求更新的治疗方案而努力工作，这造就了其在心血管疾病等7大治疗领域的领先地位。

四、亚洲企业文化特色

亚洲目前是世界上经济社会发展最快的地区,除日本企业以外,其他亚洲国家和地区的企业也越来越引起世界关注。亚洲很多企业和中国、日本企业一样,深受中国传统文化的影响,具有一些共性特点。但是由于不同国家和民族在宗教、发展历史等方面不同,又有着一些不同之处。这里主要介绍韩国、新加坡和印度的企业文化特色。

1. 韩国企业文化

传统的韩国社会文化以儒家思想为核心,企业文化也具有很浓厚的儒家色彩。例如,韩国企业的员工、下属就非常尊敬和服从经营业主、上司,老板和上司也以权威和慈爱对待员工和下属。再如,韩国有大量家族制企业,即使非家族制企业,在用人上往往实行以"血缘""地缘""学缘"为中心的管理,全员通过这种纽带成为企业共同体。同时,韩国企业又深受西方企业文化影响,在把东方的儒家思想与西方的管理科学有机结合的过程中,培育形成了自己特有的企业文化。

(1) 彻底第一主义。与日本企业传统上"位居第二""回避风险""以稳求实"的经营理念不同,韩国大型企业集团大都奉行"彻底第一主义",强调人才第一、产品第一、服务第一。这一理念源自韩国人强烈的民族自尊心,很多韩国企业在发展之初就会定下高标准。三星公司一直主张要"成为世界第一",企业文化的核心就是创始人李秉哲最初提出的"第一主义"。LG集团的董事长具本茂曾在10多分钟的新年祝词中,13次使用了"第一"两字。韩国企业有时为了成为"第一",甚至不惜一切代价,冒险向海外投资,这也是韩国企业文化与日本企业文化的显著区别。

(2) 勤勉的劳动意识。企业成员认真的工作姿态、勤勉的劳动意识,是韩国企业文化的一个重要特征。韩国企业无论普通员工,还是各级管理者,劳动时间几乎是世界上最长的。管理人员早晨7点开会、晚上8点以后才下班,这样的企业比比皆是。韩国企业家勤劳敬业,既有东方人的吃苦耐劳精神,又有西方人的实干作风,很多企业家都是白手起家、历经磨难,最终创造出骄人的经营业绩。

(3) 重视人才。韩国优秀企业大都以"人才第一"为基点,通过建立企业内部的研修院或利用产业教育机构培育了大量优秀的人才。现在韩国主要的企业集团都已采用了科学的人力资源管理制度。一些专业性比较强的大企业和中小企业为了拥有自己的专业技术人才,还建立了相应的人才储备系统,或是从销售额中提取一定的比例持续进行教育投资。此外,韩国的优势企业还普遍重视让员工到海外研修,以促进员工的自我开发。

韩国企业文化还有一个显著特征,就是高度集权的组织结构和权威性管理行动。这既是韩国企业过去的成功因素,又是制约其进一步发展的文化根源。正如《第三次浪潮》的作者阿尔宾·托福勒(A. Toffler)所指出的:韩国企业虽然适合第二次浪潮即大量生产为中心的产业社会,但在以个人的创意性和开放性为基础的第三次浪潮即信息化社会里,是不适合的。

2. 新加坡企业文化

新加坡是一个具有多元文化特色的国家,三大民族是华人、马来人和印度人。新加坡也是一个国际化程度很高的国家,深受西方现代文明的影响。因此,无论是新加坡的国有企业,还是私营企业,企业文化有着一些共同的特点。

(1) 儒家文化之源。儒家思想是新加坡的"国家意识"和核心价值观,它成为渗透在新加坡企业的一切活动中的无形理念体系和企业的灵魂所在,成了一个企业独特的价值标准、传统、观点、道德和规范;成了企业里不成条文的,但被员工普遍遵循的信念和习惯作风。即使是最复杂棘手的人力资源问题,也往往在企业文化面前迎刃而解。新加坡的企业文化的家族性和注重"培养家庭核心价值观",就是一个具体体现。新加坡政府表彰的有突出贡献的十名企业家之一、"第一家"集团创办人、著名华人企业家魏成辉就曾说:"中华文化是我们的根。"新加坡创新科技公司的成功得益于6F企业文化,即Family(家庭气氛)、Friendliness(和谐友好)、Fortitute(刻苦耐劳)、Failure tolerance(接受失败)、Fast-paced(快捷步伐)和Fun(轻松有趣)。

(2) 国家经营意识。超越竞争对手的国家意识,是绝大多数新加坡企业,特别是国有企业的经营哲学,成为引导和激励企业发展的强大竞争力。新加坡航空公司(SIA)多次被民航业权威性杂志评选为最佳航空公司,是世界民航业界公认的全球盈利最高的航空公司之一。新航要求自己不仅仅是做一家优秀的航空公司,而且在整个服务行业也要做到最优,追求目标就是在航班服务的每一个方面总要比竞争对手好一点,不断"用更好的服务来替代现有的服务"可以说是公司的核心理念。

(3) 高度重视人才。由于缺乏自然资源,所以新加坡从政府到企业都把培养和吸引优秀人才,特别是管理人才和专业人才,作为立国、兴企的关键。为了从海外吸引优秀的管理人才,新加坡企业向其提供国际水准的薪金和待遇,而企业中普通员工的薪酬水准却较低,仅为香港的1/4~1/3。同时,新加坡企业也注重培养员工的主人翁意识和团队精神,重视沟通激励,努力发挥员工的积极性、创造性。例如新航重视整体的员工发展,格外重视培训一线的员工,让他们能够处理随着客户高期望而来的高要求及其带来的问题。

(4) 科学化制度化管理。新加坡企业以建立与国际化接轨的公司治理结构为突破点,在企业的基本管理制度、所有权、责任、分配、用人机制、组织机构和管理模式等方面建章立制,直接规范了员工的日常工作行为,在尽显儒家管理思想的优势的同时,又使良好的企业文化有了坚实的制度保障,保证了高效率。新加坡第二大国有企业淡马锡控股公司,集团总部仅50多人,却有效管理着44家二级公司和近400家全资和合资企业。新加坡英柏建筑景观设计有限公司坚持"创新的理念+科学的管理+优质的服务",赢得了客户信赖和市场回报。

3. 印度企业文化

印度是世界上仅次于中国的第二人口大国。印度政府1991年7月进行全面经济改革后,国家经济得到长足发展,经济年均增长曾接近8%。私有企业是印度经济的主体,其企业文化在印度传统文化、殖民地文化和现代西方文化的影响下,形成了自己的特点。

(1) 家族文化。印度家族企业很多,私人财团在国家经济生活中处于中枢地位,这些家族企业传承数代,历时百年甚至更久,类似于中国的同仁堂。这些家族企业中,往往几代人都在企业中担任职务,祖孙几代、婆家、夫家各种亲戚关系交织在一起和谐运转。正如印度企业家吉特·鲍在自传《灵象之悟:我与阿毗佳伊的商旅人生》中的一段话:"公司真正的财富是不能用金钱来衡量的,而是兄弟之间的爱和友情,是家庭、朋友和友好的合作者们及时给予我们的大力支持和关爱。"

(2) 精英文化。印度企业文化认为,决定企业生死存亡的关键不是简单地把接力棒交给自己的后代,而是交给靠得住的能人。如果家族培养不出能人,则宁愿把家族企业交给家族外的能人治理。很多印度企业家不惜花重金,把儿孙送到外国去接受最好的教育。同时,印度企业重视人力资源,把能否发现人才、培养人才、用好人才、留住人才作为企业发展存亡的关键。正因为如此,印度首富、维普罗公司老板普莱姆基每年投入大量的资金用于职工培训。在精英文化的影响下,印度企业重文凭、重英语水平,把这作为人才的主要标准。

(3) 诚信文化。成熟的印度市民社会、市民文化形成了较为成熟的企业诚信文化。印度企业家认为,"自觉遵守规范、信守承诺是印度企业长期制胜的法宝,也是体现印度企业文化核心理念的表现""最终成大器者只能是诚信的企业"。例如,外国公司如果要求印度员工把1套软件装到第2台甚至更多计算机上,印度员工通常会普遍提出不干,否则宁愿辞职。又如,印度的软件外包多数已做到"离岸与委托开发"阶段,也是由于印度企业有诚信,用户不会担心大量商业秘密被出卖。又如,印度商品通常不会有假货。

(4) 人本文化。印度企业的这种人本文化,首先体现在企业的社会责任。以印度信息技术系统公司董事长莫尔蒂为代表的新一代企业家就公开提出,企业在赚取利润的同时还要承担社会责任。印度企业家可以一次捐款盖100所学校,但自己从不大手大脚,通常用国产车,出差住三星级宾馆。同时,印度企业着眼于雇主和雇员相互尊重,争取双赢:一是雇主和雇员打成一片,老板和管理人员大都平易近人,轻车简从,非常低调;二是既照顾雇主利益,也兼顾雇员利益,有的甚至连员工住房、子女上中小学等问题,都由企业统一解决;三是维护工人对自身合法利益的诉求权,使员工对就业有稳定感、安全感。

(5) 行业文化。印度是小政府,大社会,行业协会在企业界的影响、作用很大。在世界贸易组织和其他国际性商务谈判中,印度的行业协会起的作用也很大。印度绝大多数企业会加入某一个行业协会,企业越大,加入的行业协会自然会越有名,越有影响。企业离开了行业协会,在业内的影响就会受到局限。企业对行业协会的活动、规范等出奇地重视,行业协会立下的规矩,企业一般会遵守。外国人跟印度人做生意,找法院打官司往往可能拖几年、十几年,但找行业协会调解则要快得多、效果也要好。印度人和外国人谈生意,不互相杀价,都能认真做到不突破行业协会定的行业最低价。

第二节 文化差异与文化冲突

国外学者研究表明,大约35%~45%的合资企业以失败告终,主要原因是忽略了文化差异对企业经营管理的影响。因此,是否重视企业涉及的文化差异、冲突等矛盾,进而是否能够适应和协调不同文化,对跨国公司和企业跨国经营起着至关重要的作用。

一、文化差异的内涵和识别维度

文化差异是指由于文化背景不同导致特定人群之间遵循不同的价值评判标准和行为准则,从而使他们对于特定事物具有不同的态度和行为。

从层次上来说,文化差异可以是不同企业、不同国家、不同民族间的文化的差别。例如,美国、英国、瑞典、法国、荷兰、德国、日本等都自称是资本主义国家,崇尚自由,尊重市场机制,强调自由经济制度,这是文化相似的一面;但这些国家的企业在日常运作方式、赋予工作的意义、利益相关者的利益分配形式、员工管理的风格、谈判的技巧等方面,又存在着很大的不同。

根据文化学的奠基人泰勒(E. D. Taylor)的观点,文化是知识、信仰、艺术、道德、法律、风俗及能力和习惯的集合总体。研究发现,不同国家、民族间的文化差异主要体现在价值观、传统文化、宗教信仰、种族优越感、语言和沟通障碍等方面。

文化差异具有稳定性,在一定时期内将长期存在。所以,企业,特别是跨国公司没有必要去完全消除组织内的文化差异。相反,合理地利用文化差异反而会起到意想不到的促进作用。这是因为在全球化背景下,跨国公司内部管理需要差异文化的冲击,通过差异来激发企业的经营活力。尤其是随着知识经济的发展,在以知识创新为主的创新型组织中,基于共同价值观的文化多样性恰好正是激发创新思维、增加组织创造活力的关键因素之一。

从20世纪80年代以来,对于文化差异的研究非常丰富,在用什么维度识别不同地域和不同民族文化方面有很多观点。以美国学者豪斯(House)为首的一批学者在一个称作GLOBE的项目中对61个国家的文化从9个维度作了对比。而荷兰学者霍夫斯泰德(Geert Hofstede)则使用4个维度,即权力差距、不确定性规避、个人主义/集体主义、阳刚/娇柔意识(男性主义/女性主义)。霍氏4个文化维度的含义是:

(1) 权力差距。在任何组织内部由于成员的能力不同,权力也不等。组织成员之间权力的不平等分布是组织的实质。

(2) 不确定性规避(强/弱)。不同的社会以不同的方式适应不确定性,例如技术、法律和宗教。适应不确定性的方式在社会成员中共同持有的价值观念中反映出来,其根源是非理性的。这些方法可能导致一个社会采取别的社会认为异常和不可理解的集体行为。

(3) 个人主义/集体主义。这是描述一个社会内盛行的个人与集体之间关系的指数,在集体主义价值观念占主导的社会里,个人往往从道德、思想的角度处理自身与组织的关系,而在个人主义盛行的地方则往往以算计的方式与组织打交道。权力指数高的国家,大多数都是个人指数低的国家。但是也有例外,如法国、比利时。

(4) 阳刚/娇柔意识(男性主义/女性主义)。用以描述文化中的性别角色系统。所有的组织都有内部分工,但是劳动分工与性别角色在组织内如何恰当地结合起来,很大程度上取决于传统习惯。

按照这4个维度,可以把地域文化归结为几类(表17-1)。

表 17-1 基于霍夫斯泰德模型的地域文化

文化地域	国家或地区
安格鲁	澳大利亚、加拿大、英国、爱尔兰、新西兰、南非、美国
日耳曼	奥地利、德国、瑞士
拉丁欧洲	比利时、法国、意大利、葡萄牙、西班牙
斯堪的纳维亚	丹麦、芬兰、挪威、瑞典
拉丁美洲	阿根廷、智利、哥伦比亚、墨西哥、秘鲁、哥斯达黎加、危地马拉、委内瑞拉
远东	中国香港、韩国、马来西亚、菲律宾、新加坡、中国台湾、泰国
近东	希腊、伊朗、巴基斯坦、土耳其
独立	巴西、印度、以色列、日本

后来,霍夫斯泰德与香港中文大学教授迈克尔·邦德合作,以传统的儒家文化价值观为基础进行研究,提出了儒家动力论,成为文化价值观的第 5 个维度。儒家动力论也称"长期取向"价值观,追求的是未来的长期目标,儒家动力论指标高的国家的特征是坚韧、克己、执着、节俭、安全、和谐,例如中国、韩国等。

其实,不论使用什么维度来研究和认识地域文化对管理过程的重要性,都不可能把所有文化范围包括其中,但都会涵盖主流价值观、指导哲学和行为规范这些文化的主要特征。

二、文化冲突的内涵和特点

文化冲突是指不同形态的文化或者文化要素之间相互对立、相互排斥的现象和过程。

对于企业而言,文化冲突既是指企业在跨国经营中与东道国的文化观念不同而产生的冲突,又是指在一个企业内部由于员工分属不同文化背景而产生的冲突。例如,1997年沃尔玛公司进军德国的零售市场以后,一直试图推广它在美国的成功经验,然而由于美国的适度开放文化与德国保守文化的冲突,导致沃尔玛在德国市场连年亏损。

文化冲突对组织绩效的影响,是企业管理关注的重点。其实,并非所有的冲突都是好的或者都是坏的,有些冲突支持组织的目标,属于建设性类型,称为功能正常的冲突;有些冲突则阻碍了组织实现目标,是功能失调的冲突,属于破坏性类型。没有一种冲突水平对所有条件都合适或都不合适。某种冲突的类型与水平可能会促进某一部门为达到目标而健康、积极地工作;但对于另外的部门或同一部门不同时期,则可能是功能失调的冲突。冲突太多或太少都是不恰当的。管理者应激发功能正常的冲突以获得最大收益,但当其成为破坏力量时又要降低冲突水平。

在跨文化企业(组织)中,文化冲突主要表现在以下几方面:

(1) 显性文化的冲突。跨文化企业中最常见和公开化的文化冲突,是显性文化的冲突。显性文化的冲突即来自行为者双方的象征符号系统之间的冲突,也就是通常所说的表达方式所含的意义不同而引起的冲突。显性文化的冲突即文化差异在语言行为上的表现。文化差异反映到语言上,就成为语言上的差异。

(2) 价值观的冲突。这是文化冲突的主要表现。不同文化背景下的人对工作目标、人际关系、财富、时间、风险等的观念会不尽相同。例如，企业的中方员工重视特定价值、集体导向价值、中立价值、扩散价值和因袭价值等价值观；而外方员工则表现为通用主义、个人主义、情感价值、具体型和成就取向等价值观。

(3) 制度文化的冲突。制度文化体现于企业经营的外部宏观制度环境与内部组织制度之中。来自西方发达国家的管理人员，一般是在法律环境比较完善的环境中开展经营与管理，通常用法律条文作为行动依据；而中国等东方国家的管理者，则往往习惯于按上级的指令、文件等决策和行事，而不是法律法规。

(4) 经营思想与经营方式的冲突。在经营思想方面，西方多数企业注重互利、效率、市场应变的思想；而中方企业缺乏这种思想，往往较少考虑对方的获利性。

(5) 人力资源方面的冲突。中、日等国企业偏重资历主义，而美国等国企业则奉行能力主义，把员工的能力放在首要地位。

严格地说，文化冲突属于文化差异的一种极端情况，即当文化差异的程度达到对立的程度时的情形。文化差异会影响管理，但不一定是负面影响；但是文化冲突对组织管理则往往具有很大的破坏性。因此，如何利用和控制文化差异，防止差异演化为冲突，消除已有的文化冲突，就成为企业对不同文化背景员工进行管理的关键。

研究表明，跨国公司面临的文化冲突具有下述特征：①非线性。不同质的文化像不同水域的冲突与交融，常常表现出错综复杂的状态，因而具有非线性特征。②间接性。文化冲突一般都在心理、情感、思想观念等精神领域中进行，其结果是人们在不知不觉中发生变化，但是这种变化需要较长时间才表现出来。③内在性。文化的冲突往往表现为思想观念的冲突。例如，美国由于缺乏像欧洲那样悠远的文明史，对于历史文物的看法就有着冲突，麦当劳曾打算在巴黎一家有180年历史而且毕加索和其他一些著名艺术家曾经驻足过的建筑物中设立一个餐馆，但巴黎市民宣称城市的历史纪念地不容侵犯而予以抵制，麦当劳最后只好放弃。④交融性。文化冲突与文化交融始终相伴而行，组织管理的任务在于从不同的文化中寻求共同的能体现各种文化精髓的东西，这样才能在各种文化环境中生存。

三、企业管理面临的价值冲突

价值观是文化的核心，文化差异和冲突的根源都在于价值观的不同。按美国人类学家爱德华·赫尔的观点，文化可以分为三个范畴：正式规范、非正式规范和技术规范。正式规范差异主要指来自不同文化背景的企业员工之间在有关企业经营活动方面的价值观念上的差异，由此引起的冲突往往不易解决。非正式规范差异是指在企业中的生活习惯和风俗等方面的差异，由此引起的文化冲突可以通过较长时间的文化交流来克服。技术规范差异主要指各种管理制度的差异，可以通过技术知识的学习而获得，很容易改变。

任何一个国家的企业管理者，在经营管理活动中都要处理好以下7个方面的价值选择：

(1) 制定规则与发现例外（普遍主义/特殊主义）。企业工作总是由经常性/重复性的常规工作和偶然的/突发性的事情两部分组成。提高管理效率，要求能够不断发现并使企业工作规范化、制度化;而要保持企业活力和增强创新能力,又要求不断打破常规,善于发现例外、不合习惯、特殊的现象,创造与竞争对手不同的产品、服务和优势。

(2) 分析解构与建构整合。企业都必须能够分解其所生产的产品或提供的服务,以便能够分析其中任何可能的缺陷与缺点,并加以改善。同时,企业也必须能够不断地重组产品的零部件或服务环节,以便更新产品的整体设计,或者创新服务的系统模式。

(3) 人与组织的管理(个人主义/集体主义)。企业一方面要为员工提供关照、关心、信息和支持,另一方面还要确保员工实现企业整体的目标。这就取决于个人主义与集体主义之间的融合程度。

(4) 外部世界的内部化(内部导向/外部导向)。企业如何调节内部导向与外部导向这两种相反的力量,以及能否将外部世界内部化,以便采取果断而明智的行动,这是决定企业特性的重要因素。

(5) 增值过程的快速同步处理能力(依序处理/同时处理,或串联处理/并联处理)。企业真正的挑战,是如何协调许多必须快速完成的工作。企业如果要抢先占领市场以满足顾客的需要,就必须兼顾依序处理和同时处理两种作业方式。对财富创造过程而言,增值过程的快速同步处理能力显然越来越重要。

(6) 成就者的认定(赢得的地位/赋予的地位)。企业要有效运作,就必须将地位、职位、权力和责任授予为企业尽心尽力并且在工作上有所成就的人。企业创造价值的能力,取决于它对成就的定义,例如欣赏赢得的地位还是重视赋予的地位。

(7) 提供成员平等的表现机会(平等/层级)。企业必须提供所有成员表现的机会,否则员工的创意、潜力和积极性会受到压抑,后果是企业也没有很好地利用这些资源。企业的特性取决于成员的表现机会是否均等,以及负责评判下属表现的管理层级体系的决策特点。

以上 7 个方面都蕴含着冲突,例如个人主义与集体主义之间,这种价值观所带来的冲突与紧张,称为"价值两难"。要成功地整合这些价值冲突是非常困难的,因为它与人的思维方式和行为方式直接相关。当然,处理这些价值冲突也才使企业管理充满挑战性和趣味。

四、文化冲突的处理模式

冲突处理的研究最早是由美国的布莱克和莫顿(Robert R. Blake & Jane S. Moaton)在 1946 年提出的管理方格论。托马斯是应用和发展这一理论的代表人物,他划分出冲突处理的 5 种典型方式:①竞争型策略;②回避型策略;③妥协型策略;④合作型策略;⑤体谅型策略。后来学者们提出批评,认为管理方格未能充分考虑人际冲突过程中的相互沟通问题。

目前,国内外大多数学者同意并采用加拿大学者南希·爱德勒的观点来解决跨文化企业中的文化冲突。他的观点包括以下 3 种方案。

(1) 凌越。指组织内一种文化凌驾于其他文化之上,而扮演着统治者的角色,组织内的决策及行为均受这种文化支配,而持另一种文化的员工的影响力则微乎其微。这种方式的好处是能够在短期内形成一种统一的组织文化,但其缺点是不利于博采众长,而且其他文化因遭到压抑而极易使其员工产生反感,最终加剧冲突。例如,美国政府试图用美国的价值观和文化征服阿拉伯世界,结果换来的是一场无法取胜的战争。

(2) 妥协。指两种文化的折中与妥协。这种情况多半发生在相似的文化间,指采取妥协与退让的方式,有意忽略、回避文化差异,从而做到求同存异,以实现企业组织内的和谐与稳定,但这种和谐与稳定的背后往往潜伏着危机,只有当彼此之间文化差异不大时,才适宜采用此法。

(3) 融合。指不同文化间在承认、重视彼此间差异的基础上,相互尊重、相互补充、相互协调,从而形成一种融合的、全新的组织文化。这种方案认识到构成组织的两个或多个文化群体的异同点,不是忽视和压制这些文化差异。它与妥协的不同在于对待这些差异的态度不同,并能够把不同点统一地纳入组织文化内。日本企业在20世纪70~80年代大举进军美国时,采用的便是这种融合模式。成功的跨国企业在处理不同文化的冲突时,大多也是如此。

第三节 跨文化管理的内涵和类型

一、跨文化管理的内涵

跨文化管理又称交叉文化管理,指与企业(组织)有关的不同文化群体在交互作用过程中出现矛盾(差异和冲突)时,在管理各项职能中加入对应的文化整合措施,有效地解决这种矛盾,从而有效地管理企业的过程。简言之,跨文化管理是指对不同文化背景的人、物、事进行管理。

从本质上来看,跨文化管理主要是进行企业文化的内部整合。即在跨国经营中对不同种族、不同文化类型、不同文化发展阶段的子公司所在国的文化采取包容的管理方法,其重点是在跨文化条件下如何克服异质文化的冲突,维系不同文化背景的员工的共同价值观和行为准则,并据此创造出企业独特的文化,从而形成卓越有效的管理过程。

作为一种全新的管理理念,跨文化管理是经济全球化带来的企业跨国经营活动的产物。由于世界贸易组织和地区经济一体化联盟,交通运输与信息技术的飞速发展与进步,使得国际商务交往范围更大,文化模式由一元转向多元,这就要求跨国企业在异域文化中把具有不同文化背景的各国员工用具有自己特色的企业文化、共同的价值标准、道德规范和行为模式凝聚起来,最大限度地发掘和利用企业的潜力和价值。在跨文化管理中,管理者不仅要懂得满足员工需求对激励员工的重要作用,还应该知道什么是员工的特殊需求,以及怎样去满足员工的特殊需求。

从企业文化的结构来看,实施跨文化管理需要从以下3个层次入手:

(1) 理念层次。即整合企业价值观,形成共同价值观为基础的企业理念体系。在企业经营过程中,不同文化背景的员工的行为无不体现出自身的价值观念,因此,跨文化管理在不同层次水平上都涉及价值观问题。管理者要在平等看待各种价值观的同时,对特定的价值观体系进行分析和比较,从而确立企业的共同价值观。以共同价值观为根本,才能保证企业文化的一元化和多样性,而不是多元化,这是跨文化管理成功与否的关键。

(2) 制度行为层次。就是对企业的制度和行为规范进行整合和统一,并通过有力的执行逐步实现不同文化背景员工行为的一致。由于不同的文化背景,即使全新的企业文化形成了,在企业内部也会保留和存在着特征迥异的民族文化模式,他们的行为规范可能是互补的,也可能是矛盾的。这样,同样的要求与规定,不同的文化成员,执行方式可以不同,产生的结果就相应不同。企业制定和颁布统一的制度文件是容易的,但是要使不同文化的员工都有正确、一致的理解和执行,却并不容易;而且要改变在不同文化熏陶下长期形成的行为习惯,显然就更加困难。因此,制度行为层次的文化整合和管理,并不是要试图改变员工所有的习惯和行为方式,而只是改变妨碍团队工作的行为。

(3) 符号层次。即采用统一的标志、建筑风格、传播网络等企业符号层要素,这是跨文化管理中最容易的部分。例如,海尔集团设在海外的工厂和研发中心,就采用了海尔标志和标准色等元素。

二、跨文化管理的类型

由于跨国之间的经济活动和企业行为越来越多,跨文化管理行为会发生在企业到本土之外进行的企业合资、合并和兼并等行为中。通常,存在三种文化整合与融合行为,即强势文化和强势文化之间、强势文化和弱势文化之间、弱势文化和弱势文化之间。于是,跨文化管理对应产生了三种类型。

1. 移植

就是将母公司的企业文化体系全套照搬到子公司所在国家和地区,而无视子公司所在地的本土文化以及合作方原来的组织文化。这也是最简单、最直接的方式。

在具体的企业文化贯彻和实施的过程中,都不可避免地带有强制的色彩。有下列情形:①如果母公司文化是强势文化,而子公司的企业文化和地域文化是弱势文化,那么在移植过程中遇到的冲突就相对较小,例如"海尔文化激活休克鱼"案例。②如果两种文化势均力敌,均属于强势文化,那么移植导致的冲突就会很激烈。③如果均属于弱势文化,则这种移植就会毫无结果,徒劳无功。④当子公司所在的地域文化和自身的组织文化为强势文化,如果弱势的母公司文化要进行移植,其结果很可能是不仅无法保持母公司的文化精华,反而会被子公司的文化所同化。

2. 嫁接

这种类型的跨文化管理,是在母公司认识到子公司所在地域文化及其自身组织文化特征,并在尊重的前提下所采取的方式。嫁接时,多以子公司的地域或组织文化为主体,然后选择母公司文化中关键和适合的部分与之结合。例如,西安杨森、海尔(美国)、联想旗下的 IBM 都是这种类型。

这种方式的优点在于对当地文化的充分认识和尊重,融合风险小,但是有效性不稳定。容易出现的问题是:母公司文化的特征不突出,或是没有尽取其精华;也可能对当地文化中的不适宜成分没有充分剥离,使协调效应无法充分发挥。

3. 合金

文化合金是两种文化的有机结合,选择各自精华的部分紧密融合,最有效地将双方优秀基因融合起来,成为兼容性强、多样文化的合金。这是文化整合的最高层次,也是经过实践证明的最佳方式。

这种方式不是以哪一种文化为主体,而是两种文化完全融合。具有这种性质的合金文化,可以兼容更多的其他文化,适应更多不同的文化环境,具有普遍推广的能力,因此也是经济全球化格局中跨国公司最强的核心竞争力。例如中日合资的北京松下公司,公司文化的核心是"十大精神",其中7条是来自日本松下公司,而实事求是、改革发展、友好合作等3条则是来自中方企业。

第四节　跨文化管理的实施

一、跨文化管理的任务

跨文化管理的任务可以分解为下面4项工作:

(1) 识别文化差异。包括区分文化差异的维度和程度,预测和评估文化差异可能产生的积极作用和消极作用,发现和预见其中的文化冲突因素。

(2) 控制和利用文化差异。一方面是协调和控制文化差异,避免和减少其负面作用;另一方面则是利用适度的文化差异,使之对企业管理发挥积极的促进作用。

(3) 防范和化解文化冲突。即防范和规避可能产生的文化对立,应对和消除业已存在的文化冲突因素,以防止和避免企业文化冲突导致的企业管理失控。

(4) 进行文化整合,实现文化融合。以企业的核心价值观作为全体员工的共同价值观,对不同文化进行理念层、制度行为层、符号层要素的整合,形成融为一体的企业文化。

二、文化融合的前提和方式

进行跨文化管理,主要是进行文化整合与融合,其基本前提是:

1. 确认原则

没有大的基本原则和标准,就不能确定文化中哪些是有利因素,哪些是不利因素,哪些应该保留、坚持和弘扬,哪些需要放弃、废除和改进。从企业角度,不同文化背景下的员工在一起工作,没有判断文化因素的原则与标准,必然导致思想和行为的混乱。

2. 相互理解

在确定原则、标准以后,重要的态度和意识就是相互理解。在文化融合的过程中,很多时候并无对错、先进与落后的概念,只有符合不符合原则的问题。

要认识到,任何不同的文化都有先进的因素、合理的成分,积极、开放地吸收借鉴,理性地对待他山之石。现实中,往往是强势文化影响和同化弱势文化。处于弱势文化背景的员工,往往会在情感、意志、态度、兴趣等方面产生挫败感,并由此导致一些非理性行为,事先应该对此予以充分重视。

3. 相互尊重

"入乡随俗"是文化融合中的一个重要原则。本土文化无论处于强势还是弱势,在本土地域内依然具有很强的影响力。外来文化,尽管可能是强势文化,但也不能咄咄逼人、处处以自己的原则和规范行事,把自己的意识形态当成全世界唯一的真理,逼迫别人接受。

丰田汽车公司接管通用汽车公司在加利福尼亚州的一家濒临倒闭的汽车装配厂以后,通过改变新公司的企业文化和管理模式,尊重和激励美国员工,仅仅18个月企业面貌就发生了难以想象的巨大变化,劳动生产效率大约提高了一倍。海尔集团也创造了"激活休克鱼"的奇迹,用强势文化成功地改造了弱势文化,实现了用无形资产盘活有形资产。这些例子都说明,文化融合可以产生巨大的经济效益。不论何种态势下的文化融合,只有在不同文化背景的人们相互理解、相互尊重的前提下,才能有效地实现。

影响文化整合方式的因素很多,首要的是文化特质的差别大小和文化特质所代表的管理模式是否高效。如果文化特质的差异很大,整合初期最好采取保留型的文化融合方式,当企业运作一段时间以后,再转而采用其他文化整合方式。如果文化特质差别非常小,就要先考察哪种文化特质所代表的管理模式在其文化背景中更高效,然后以代表高效的文化特质为主,采取吸收型、反吸收型或融合型的文化整合方式。值得注意的是,在跨文化整合性过程中,应该考虑到企业组织本身作为一个特定的文化团体的整体均衡性问题。

三、跨文化管理的实施对策

1. 识别文化差异

根据美国学者爱德华·赫尔的观点,文化差异可以分为基本价值观差异、生活习惯差异和技术知识差异三种,不同文化差异所造成的冲突程度和类型是不同的。因此,只有先正确识别各种文化差异,才能从中寻求共同发展的共同点,采取针对性措施予以解决。一位跨国公司的美国经理说得直截了当:"你不得不把自己的文化弃之一边,时刻准备接受你将面对的另一种观念。"

2. 强化跨文化理解

理解是培养跨文化沟通能力的前提条件。跨文化理解包括两方面的意义:①要理解其他文化,首先要理解自己的文化。对自己的文化模式,包括优缺点的演变的理解,能够促使文化关联态度的形成,这种文化的自我意识,使管理者在跨文化交往中能够识别自己和有关他文化之间存在的文化上的类同和差异的参照系。②善于文化移情,理解他文化。文化移情要求人们在某种程度上摆脱自身的本土文化,克服心理投射的认知类同,摆脱原来自身的文化约束,从另一个参照系反观原来的文化,同时又能够对他文化采取一种较为超然的立场,而不是盲目地落到另一种文化俗套中。

3. 锻造跨文化沟通能力

国际企业经营的经验证明,一个跨国公司的成功取决于该公司的"集体技能",即公司基于跨文化理解形成了统一的价值观体系条件下产生的"核心技能",而跨文化沟通正是促成此核心技能的中介。跨文化沟通能力,简单地讲,就是能与来自不同文化背景的人有效交往的能力。跨国公司必须有意识地建立各种正式的非正式的、有形和无形的跨文化沟通组织与渠道,着力培养有较强跨文化沟通能力的高素质国际化人才。例如,日本富士通公司为了开拓国际市场,早在1975年就在美国檀香山设立培训中心,开设跨文化沟通课程,培养国际人才。

4. 进行跨文化培训

跨文化培训是为了加强人们对不同文化传统的反应和适应能力,促进不同文化背景的人之间的沟通和理解。培训内容主要有:对对方民族文化及原公司文化的认识和了解;文化的敏感性、适应性训练;语言培训;跨文化沟通与冲突的处理能力培训;地区环境模拟等。一项对跨文化培训的全面调查显示,培训促进了跨文化沟通技能的提高,改进了管理人员与当地员工及政府之间的关系,还明显降低了与外国合作伙伴、客户和竞争对手进行谈判时失败的比率,使管理者更快地适应新文化、新环境。宝洁、英特尔、摩托罗拉等大型跨国公司,都建立了跨文化培训机构,将不同企业文化背景下的经营管理人员和普通员工结合在一起进行多渠道、多种形式的培训。而韩国企业则注重将经理人派到海外工作或学习,使其亲身体验不同文化的冲击,提高处理跨文化事务的能力。

5. 借助文化差异施行多样化战略

一个真正的跨国企业能够利用并且明确估计出多样性的价值公司,而不仅仅是包容这种多样性。利用文化差异的战略能够产生竞争优势。企业应重视并利用员工多样化以提高他们的沟通能力、适应性和接受差异的水平,并把差异资本化,使之成为促进公司效益提高的主要手段。例如,惠普公司认为多样化是其经营战略的重要组成部分,使在大多数国家的员工队伍多样化,并通过强力的多样化政策,鼓励跨文化理解和对文化差异的积极态度。

6. 建立基于共同价值观的企业文化

经过识别文化差异和跨文化培训,企业员工提高了对不同文化的鉴别和适应能力,在对文化共性认识的基础上,应建立起与共同价值观和跨国经营战略一致的文化。这种文化把每个员工的行动和企业的经营业务和宗旨结合起来,加强国外子公司和母公司的联系,增强了企业在不同国家文化环境中的适应能力。发展文化认同,建立一致的企业文化需要一个比较长的时间,这就需要不同文化的员工的积极参与和与不同国家的消费者、供应商、分销商等外部环境保持长期的、良好的沟通关系。只有建立共同价值观,形成集体的力量,才能提高员工的凝聚力和向心力,从而使企业立于不败之地。

四、跨文化管理中的心理适应

在经济全球化背景下不同文化背景的群体连续接触、交往和文化碰撞的过程中,文化的融合与适应必然导致双方文化模式发生变化。文化的变化意味着个体行为的变化,但这些变化了的社会行为总是处于各自原先文化可以接受的限度之内。从微观角度分析,个体从一种文化移入另一种文化时,会面临很多变化和冲击,比如言语表达方式的变化、日常生活行为习惯的改变、价值观念的冲突等。在跨文化管理中,这种迅速的"文化移入"给个体带来的压力及适应困难等心理问题,会直接影响个体的身心健康及组织的活动效率。在文化冲突的情境下,个体失去了自己所熟悉的社会交往信号和符号,比如陌生的语言表达方式、非言语表达方式和符号象征性意义变化等,而对于对方的社会符号不熟悉,个体因交流障碍而在心理上产生的深度焦虑,在行为上出现消极的退缩和回避,在生理上反映为持续不断的身心的疲劳。在跨文化管理中,组织成员长期的精神压力和价值观失衡会导致个体的社会角色混乱和对自己应付环境的无能感等,需要进行心理上的跨文化调节和适应。

跨文化交流过程中的文化移入是一个长期积累的过程，表现为"压力—调整—前进"的动态化的螺旋式推进方式。在适应困难的情况下，个体会主动退缩以减轻压力，尽可能保持放松状态，以防御的方式应付旧的认知模式的失败。同时，个体调节、重组认知模式和情感模式，积聚力量向适应方向进行再尝试。如此螺旋式向前推进，不断地涵化于异文化。个体涵化的速度取决于他在异文化中人际交流的能力、交流密切程度、与本文化保持交流的程度、异文化对外来文化的容纳性以及个人涵化异文化的态度、开放性和精神恢复能力等。

从适应阶段方面看，个体在不同的心理适应过程中所需应对的压力不同。在文化接触准备阶段，心理压力水平较低，初步接触后压力逐渐增加；在文化冲突和矛盾阶段，心理压力达到最高程度，容易发生适应障碍；危机过后，压力下降，个体的心理适应期结束。个体心理适应的结果表现为态度与行为方式的变化，有时个体放弃原文化转而融入新的文化，接纳了新的价值标准，表现出新的行为方式，被新文化同化；也可能在与新文化长期接触后仍固执地坚持原文化，拒绝适应新情境，表现为与新文化群体的分离，最理想的适应性结果是个体客观地认识原文化与新文化的关系，重视与新群体的持续性交流，以开放和主动的方式接纳新文化，调节自己的心理状态，调和矛盾的价值观体系和态度，实现个体水平的文化整合。

五、跨文化管理中的文化风险规避

文化风险的产生源自于不同文化渊源、文化现状之间的差异，其中文化渊源差异涉及不同文化的价值观念、是非标准及思维方式的差别，它是深层的，具有抵制外部干扰的倾向，不容轻易改变。而文化现状差异是表层的，如流行时尚、行为规范、评价倾向等，通过文化交流，文化现状差异是可以改变的。这种由于文化间的差异而引起的文化冲突会在不同程度上影响企业组织的正常运行，最终使企业经营的实际收益与预期收益发生偏离。

文化风险不同于企业经营中所面临的其他风险，是在企业国际化经营过程中所面临的特殊风险，并总是通过具体的个体行为体现出来。比如，国际企业内部来自不同文化背景的员工之间的文化冲突、跨国企业与东道国消费者之间的文化差异等，文化风险是企业发展中不可回避的新问题。

研究表明，现代企业应对文化风险的方式可以概括为3种：

（1）选择某种主导文化的方式规避文化风险，比如，延续母国文化为主导文化或驻地文化为主导文化来避免管理过程中的文化风险。

（2）在不同管理阶层或不同地域的企业组织中选择不同的主导文化，即在同一个企业组织中同时采用不同的文化，这种文化并行的方式也能够避免文化冲突。比如，在企业的总部采用母国文化，在企业的海外分支机构采用驻地文化，两种文化同时并行。

（3）促进不同文化之间的交流和理解，在体谅模式下实现文化融合或相容。比如，在充分认识企业组织内不同文化异同点的基础上，求同尊异，通过文化间的互补与协调，形成新的统一的组织文化。

最理想的文化风险处理方式就是文化融合，这种方式可以彻底解决文化冲突，并且创造适应具体条件的新文化。但是,实现文化融合的过程相对较长,付出的成本也相对较高,而且对企业领导者有更高的要求。

第五节 跨国经营与文化整合

一、中国企业跨国经营遇到的挑战

随着改革开放的不断深入,中国企业越来越多地进入了跨国经营的阶段,参与到全球性的经济竞争当中。中国企业跨国经营主要有这样三种类型:一是跨国建立子公司、分公司,即采购、销售、生产、研发或全能子公司,如海尔美国科技园;二是跨国并购,例如联想兼并 IBM 全球 PC 业务;三是跨国建立合资企业,这是最常见的一种类型,例如北京松下公司、西安杨森公司。

在跨国经营的过程中,由于缺乏经验,中国企业遇到了许多困难和挑战:

(1) 对驻在国外部环境的陌生。其他国家与中国在法律、经济、文化、办事潜规则等方面都明显不同,中国企业管理人员和员工由于缺乏了解,仍然按照中国的情况来想象和处理,结果导致在经营管理中出现困难甚至遇到麻烦。例如,很多派往国外工作的中国经理人员、技术人员和普通员工,往往会体验到不同程度的"文化休克"(culture shock)。按照世界著名文化人类学家 Kalvero Oberg 的观点,文化休克是由于失去了自己熟悉的社会交往信号或符号,对于对方的社会符号不熟悉而在心理上产生的深度焦虑症。

(2) 跨国沟通的困难。语言沟通的障碍,价值观的差异,礼仪和社会规范不同,这些都给跨国沟通造成了困难。例如,中国企业与印度企业发生了商业纠纷时,由于不了解印度行业协会的作用,找当地法院打官司,结果徒劳无功。

(3) 利益冲突。这也是跨国经营中出现的主要矛盾。例如在合资企业中,合资双方的管理人员常常会在人力资源政策和员工福利、产品和服务价格、是否和如何避税等问题上进行争执,其背后关键在于他们各自代表着双方不同的利益考虑。

(4) 文化冲突。如何使母公司文化被驻在国员工所接受,是另一个主要的挑战。跨国经营大多失败,都在于文化整合不成功,例如 TCL 的几次国际并购。其实,这种情况在西方企业并购时,也是经常发生的,如惠普和康柏的合并。

综合来看这些挑战和困难,根本原因都可以说是文化差异的挑战。

二、正确认识东西文化差异

文化差异是一种普遍现象,即使在西方国家不同文化之间也存在国际差异。正如荷兰学者霍夫斯泰德所说:"在德国,除非获得允许,否则什么事情都不准做;在英国除非受到禁止,否则什么事都准做;在法国,即使受到禁止,什么事也准做。"

企业文化是有民族特色的,中华民族的优良传统在中国企业中比比皆是,这是一种重视伦理、追求和谐、含蓄深沉的文化,集中体现了五千年文明的沉淀,是中国企业文化建设取之不尽的思想宝库。正确认识和了解以中国文化为代表的东方文化与西方文化的差异,是进行文化整合、实施跨国经营的重要前提。

许多学者进行中西文化的比较研究,有一种形象的比喻:中国文化是"云",西方文化是"剑"。所谓"剑",是指西方推崇技术理性,法律导向,个人本位,直露表达,结构性思维;所谓"云",是指中国重视社会伦理,关系导向,集体本位,含蓄表达,整体性思维。中西文化,恰如国画与西洋画,京剧与西方戏剧,中医与西医。剑,追求卓越;云,追求和谐。

中国与美国的文化差异,是根深蒂固的。张德教授与美国明尼苏达大学教授杨百寅(现为清华大学教授)对此进行了合作研究,并对研究成果进行了补充和修正(表17-2)。文化差异是十分复杂的问题,列表只是一种简明的表达方式。

表17-2 中美文化的对比

文化维度	美国(西方)	中国(东方)
价值观体系		
人与自然世界的关系	主宰	和谐
人与人的关系	个人本位	集体本位
行为优先性	法律导向	关系导向
道德标准的基础	理性	感性
时间优先性	倾向于未来	倾向于现在
信念体系		
人性假设	性本恶	性本善
宗教信仰	上帝	没有超级权威
知识的本质	机械、分立的	有机、整体的
变化的本质	线性变化	回旋式变化
对人的激励	物质为主	精神为主
人的理想与归宿	个人的充分发展	社会和谐
思维方式	结构性思维	整体性思维
表达方式	直露	含蓄

了解并掌握中西文化的差异,对于建设中国特色的企业文化和迎接多元文化的挑战,是非常必要的。

三、跨国经营的企业文化整合

1. 整合原则

(1) 正确认识文化差异。

(2) 尊重驻在国文化。尊重和理解不同的文化,认识到不同文化彼此的优势和不足,这是解决文化冲突和进行文化融合的前提。

(3) 对双方企业文化求大同存小异。求大同,就是要坚持企业自己的核心价值观,把是否符合核心价值观作为对不同文化因素进行取舍的标准。存小异,则是在核心价值观基础上,在不影响组织目标实现的情况下,允许不同的文化因素存在。

(4) 管理人员本土化。这是很多跨国公司取得成功的重要经验。海尔、联想等中国企业都聘用了大量海外员工,其中不乏高层管理者。

(5) 加强冲突管理。主要是预见和规避可能的文化冲突因素,防止对企业经营管理产生破坏性的影响。

2. 整合步骤

（1）解冻。即原有企业文化的解体。正所谓不破不立。

（2）变革。文化整合是一个新陈代谢的过程。主要的环节是：领导团队重组；组织机构调整；制度变革；价值观的更新。

（3）再冻结。主要是企业中新文化的强化和固化，员工新习惯的养成。

四、中国企业跨国经营的企业文化建设

中国企业在跨国经营中，要想最终形成优良的企业文化、充分发挥文化竞争优势，在企业文化建设中要正确处理以下几个关键问题：

（1）正确地识别不同文化之间的差异。对企业员工进行跨文化训练，使他们能够不带任何成见地观察和描述文化差异，并理解文化差异的合理性和必然性。令员工彻底摆脱民族优越感或者自卑感，尝试理解来自异国文化员工的思想行为方式及合理性与不足。

（2）设置一个富有远见的或超常的企业目标。这个目标的关键在于公正和超越狭隘的文化集团利益，同时又要具有较大的难度和文化吸引力，单靠一方是无法完成的，只有合作才是实现这一富有魅力的目标的唯一出路。这样的目标能够使企业员工在工作中进一步消除偏见并增强相互间的信任和团结，而且也只有通过互助合作才能获得对其各自文化来说都很重要的成果。

（3）有效进行价值观的整合，完善企业的价值观体系。尽可能包含不同文化背景下的价值观念，是跨国经营的关键。因为通过跨文化管理要建立的企业文化，是基于核心价值观的一元文化，而不是多元文化。一个企业的文化只能一元，而不能多元，否则企业就乱套了。

（4）提出富有特色的超越文化差异的企业精神。使整个企业的员工都凝聚在企业精神中，从而充分发挥员工的工作积极性，激发员工的觉悟。

复习题

1. 简要说明美国、日本企业文化分别有哪些主要特点。
2. 请根据本章有关内容，概括亚洲企业文化的主要特点。
3. 文化差异有哪几个识别维度？如何控制和利用文化差异？
4. 谈谈文化冲突的含义，并简述文化冲突对企业经营管理的影响。
5. 企业管理面临哪些价值冲突？
6. 试简述跨文化管理的内涵，并说明跨文化管理三种类型各自的优缺点。
7. 实施跨文化管理，有哪些主要的对策？
8. 跨国经营中，如何进行企业文化整合？

思考题

1. 请你从跨文化管理的角度，谈谈建设社会主义先进文化的重要性。
2. 如果你是跨国公司的亚洲区总裁，打算如何开拓韩国和印度市场？
3. 请你搜集资料进行研究，概括出拉丁美洲或阿拉伯地区企业文化的主要特色。

迪斯尼跨国经营的成功与困境

1953年,迪斯尼公司利用自己的优势,在加利福尼亚州建立了第一家迪斯尼主题公园。该主题公园——迪斯尼梦幻世界一开张即大获成功。随后,迪斯尼公司又成功地在佛罗里达州建立了第二家迪斯尼主题公园——沃尔特-迪斯尼世界。

一、跨国经营,出师告捷

迪斯尼主题公园在美国的巨大成功,使公司管理层考虑将主题公园扩展到海外,并以此作为向世界传播美国文化的一种方式。1982年,迪斯尼以特许经营方式与日本东方地产公司签署了在日本东京建立迪斯尼主题公园的协议。这种出售特许经营权的方式非常简单,即迪斯尼设计公园并提供管理经验,保证东京迪斯尼主题公园与美国迪斯尼主题公园所有方面都相似。作为回报,迪斯尼获得10%的门票收入和5%的年利润收入,日本东方地产公司承担大约15亿美元的建设费用。

当时迪斯尼考虑日本寒冷的冬天可能不能保证迪斯尼主题公园一年四季都吸引到足够的游客。同时,也不一定能得到日本人的认同与接受。因为美国和日本毕竟是具有不同文化的国家,美国人喜欢的东西可能并不是日本人喜欢的。为适应文化环境的变化,迪斯尼为日本主题公园准备了特殊的动画电影和电视片,在设计东京主题公园时加上了等候区域,以便使日本游客在寒冷的冬天可以在这个区域等待游程。同时,主题公园的每份指南和街牌都使用英文和日文两种文字。在建筑布局上,东京迪斯尼公园进行了一些改动,如将主街命名为"世界市场",将"拓荒天地"更名为"西方乐土",按照日本流行的一些历史传说将爱丽斯仙境加以改造。由于这些变化,东京迪斯尼主题公园成为日本人所接受的一个最有吸引力的游乐场,获得了巨大的成功。1987年,主题公园接待了100多万日本儿童,日本投资方对主题公园的利润收入非常满意。从迪斯尼管理层的角度来看,日本迪斯尼的成功预示着迪斯尼可以将美国的价值观、特征、行为方式、音乐、歌舞演出以复制的形式"出口"到国外,向外国人销售美国文化。

二、进军欧洲,障碍重重

在东京出乎意料的巨大成功,使迪斯尼将目光投向了文化与之相近的欧洲大陆,开始考虑在欧洲建立一家同样的迪斯尼主题公园。迪斯尼管理层认为,欧洲的气候和日本的气候是相似的。经过长时间的决策,迪斯尼最终选择了交通和地理条件都很优越的浪漫之都巴黎。1992年4月,投资总额7亿美元的欧洲迪斯尼乐园建成并投入运营。然而,它在一开始就面临许多意想不到的问题,比如游客人数比预期少10%;每名游客的人均花费比在日本少一半;法国当地媒体对迪斯尼的负面报道,使公司的公众形象不佳;持续不断地出现法国农民的抗议活动；一些工作人员抵制迪斯尼的管理风格及服饰规范等。这些问题使欧洲迪斯尼乐园经营上入不敷出，身陷亏损泥潭达10年之久，直至2002年，在经过多方面的改革后才有了第一次盈利。

迪斯尼在与美国文化有较大差异的日本获得巨大成功，却在文化上与其有更多相似性的欧洲遭遇滑铁卢，是引人深思的。

迪斯尼海外经营首选日本是基于对日本市场文化背景的调研，他们发现日本虽是亚洲国家，具有东方文化传统，但日本人对美国文化却有相当的认同感。日本善于接受外来文化，尤其是当代西方文化。日本人极其欣赏美国文化，还源于该民族对强者的崇拜。美国曾在"二战"中率盟国占领日本，战后又不遗余力帮助日本重建，使其迅速恢复成为世界经济大国。为此日本人从心目中对美国产生了推崇感和认同感，进而认为美国文化也必然是先进的文化。而迪斯尼所代表的正是典型的美国文化。美国有调查显示，日本人去迪斯尼是因为内心的美国梦，多数日本人对迪斯尼人物没有太多了解，乐园对于他们是个新奇的世界。因此，文化在当地的被接受与融合是乐园成功的最重要因素，迪斯尼顺畅地进入日本并大受欢迎应该说是一种必然。此外，20世纪80年代初日本经济腾飞，日本人开始有足够的额外收入来支配闲暇时间，迪斯尼的开办刚好与日本消费者寻求新型娱乐的欲望需求相吻合。

与对日本文化背景的重视不同，迪斯尼在欧洲却忽略了法国文化。同属西方国家的法国人对迪斯尼文化（或者说美国文化）并没有像日本人那样认同。法国人一直以自己的法兰西文化为荣，他们有代表中世纪的巴黎圣母院、代表文艺复兴的卢浮宫、代表拿破仑时期的凯旋门以及现代的埃菲尔铁塔等。因此，他们看不起美国的短浅历史，认为其没有根底，不少人甚至排斥美国文化。

此外，在最初购买用于修建乐园的4400英亩土地时，迪斯尼忽略了法国人对祖辈生长的土地的留恋，认为买地还像在美国那样随便。由于媒体的大量报道，使迪斯尼出现在法国公众面前的形象类似于"侵略者"，拉远了和当地居民的距离。再者，欧洲迪斯尼开业初的建筑设施和饮食安排等都照搬美国模式，如乐园内的美式餐馆早餐只提供羊角面包和咖啡。乐园在经营管理方面也与当地文化存在大量冲突，迪斯尼要求员工都说英语，而法国人却认为自己的语言才是最美的。迪斯尼按照自己一贯的企业文化禁止当地员工上班时穿牛仔裤和文身，还忽略了酒文化在法国的重要地位，坚持在乐园中禁止酒文化的流行。这些"米老鼠禁忌"惹恼了无拘无束的法国人，欧洲迪斯尼被报界贴上了"美国文化指南"的标签，受到当地人的排挤。

再者，迪斯尼为完成预定利润目标，在没有实地调研的情况下一味走高价路线，门票、内部食品都定价过高，平均一间客房的费用相当于巴黎高级酒店的消费水平。殊不知，75%的欧洲人都与美国人直接订房的习惯不同，他们更愿意通过旅行社订房，这就使得迪斯尼必须向旅行社支付大量回扣，因而增加了经营成本。同时，忽略法国有关劳动法规，又造成欧洲迪斯尼的劳动力成本大大增加。在美国，由于迪斯尼公园的季节性，管理人员采用星期工作制度及年度工作制度来安排员工，使人员分派和管理具有高度灵活性，在满足高峰期游客需求的同时也符合经济原则。然而，法国有关法律对此却缺乏灵活的规定。尽管迪斯尼现在已经针对这些问题做了相关调整，但是由于一开始就不注重文化差异，还是使得欧洲迪斯尼付出了连续十年亏损的沉重代价。

(作者张素芳、褚君,原载《中外企业文化》)

讨论题

1. 通过迪斯尼的发展经历,请对比美国、日本和法国文化的异同。
2. 如果2001年时你受命担任巴黎迪斯尼乐园的CEO,面对连续十年亏损,你准备采取哪些措施?
3. 迪斯尼为什么选择在上海修建迪斯尼乐园?在上海应该如何面对文化差异?

第十八章 文化管理的理论与实践

本章学习目标
1. 了解文化管理的基本概念
2. 了解文化管理的理论假设
3. 掌握文化管理的基本原理
4. 掌握文化管理的主要原则和管理职能
5. 了解文化管理的应用条件和范围

文化管理是 20 世纪 80 年代兴起的一种新的管理思想、管理学说和管理模式,是继经验管理、科学管理之后企业管理发展的一个新阶段。文化管理模式是把组织文化建设作为管理中心工作的管理模式。随着知识经济和新科技革命的蓬勃发展,文化管理的实践方兴未艾。

第一节 文化管理的内涵和理论假设

本书所指的"文化管理",既是一种管理思想和管理理念,又是一种系统的管理学说和理论,还是包括企业管理在内的组织管理的一种管理模式。具体指:

(1) 文化管理是以人为中心的管理思想和管理理念。它既不同于此前以物为中心的管理思想,也有别于西方的人本管理思想。

(2) 文化管理是以文化竞争力作为核心竞争力的系统的组织管理学说和理论。它针对科学管理学说的缺陷和不足,又立足在科学管理的理论和实践成就之上;它强调组织文化建设,重视发挥文化竞争力的作用,但是并不同于组织文化理论。

(3) 文化管理是把组织文化建设作为管理中心工作的管理模式,即文化管理思想、学说和理论在现代组织的管理实践方式。

任何科学理论,都建立在一定的理论假说基础之上。管理学理论也不例外,"管理中心假定"和"人性假设"是系统的管理学理论不可缺少的理论基础。例如,泰勒的科学管理理论就建立在"以任务为中心"和"经济人假设"两个支点上。研究发现,"以人为中心"和"观念人假设"正是文化管理理论的两个基本假说。

一、以人为中心

以什么作为管理中心的问题,是任何成熟的管理理论都无法回避的首要问题,它的实质是回答"管理的目的是什么"。过去生产力水平较低,管理者往往把管理的重点放在资金、机器、原材料等有形的资源,同时占主导地位的看法是企业存在的主要目的就是营利——相应地形成了"以利润为中心"的管理思想以及管理模式。20 世纪初,泰勒提出了"以任务为中心"的科学管理思想并认为:管理的主要目的应该是使雇主实现最大限度的富裕,同时也使每个雇员实现最大限度的富裕。后来,随着生产力的发展和人们对企业管理规律的认识不断深化,又陆续出现了以"市场""产品""技术""顾客""服务"等为中心的管理思想,并最终形成"以人为中心"的管理思想。

文化管理,就是以人为中心的管理,强调以人为本,坚持把人作为企业管理和一切工作的中心,在实现组织发展目标的同时把尊重人、关心人、满足人、发展人、完善人作为管理的主要目的。"以人为中心"有三方面具体内涵:

(1) 以人为中心进行管理,把人作为管理工作的出发点和归宿,是文化管理区别于其他管理学说和理论流派的根本标志。以人为中心,深刻揭示了生产力诸要素的内在关系,反映了人是生产力中最积极、最活跃的因素这个本质规律。人既是管理的主体,又是管理的客体。与其他因素相比,人是管理工作真正的核心。

(2) 文化管理学说的以人为中心,是以现实的人作为出发点。相反,所谓人本管理、人文管理等西方现代管理思想都是以抽象的人作为出发点。坚持以现实的人作为出发点,也使得文化管理学说真正超越了西方现代管理中的各种人本主义流派。

(3) 文化管理坚持以人为中心,就要求树立科学的企业发展观,把实现人的自由而全面的发展作为企业发展的内在动力。只有坚持以人为中心,企业才能正确处理与社会、与职工的关系,经济目的与社会责任的关系,实现企业与人的和谐发展。

中国企业家张瑞敏曾撰文指出,现代化首先是人的现代化,现代化的主体是人,现代化的目的也是为了人,因此人的意识和价值就有着特殊的地位,谁拥有了德才兼备的现代化人才,谁就可以在竞争中获胜。这对形成海尔"把人当作主体,把人当作目的,一切以人为中心"的哲学思想起了决定性作用。

二、观念人假设

观念人假设的主要观点是:人的本质是人的自然属性、社会属性和思维属性的辩证统一,而且统一在人的实践活动之中。

人性问题是人的本质问题。心理学认为,人的行为由动机决定,而动机由需要支配。因此,研究人的需要被认为是揭示人性的一个重要途径。根据在马斯洛需要层次论基础上增加"超越自我需要"形成的 6 层次模型可以看到,很多人性假设往往只是从一个或两三个需要层次出发,复杂人假设虽然考虑了各需要层次,但是忽视了它们之间的内在联系,忽视了需要发展变化的根本原因。而观念人假设则从自然、社会、思维 3 个方面来揭示人的本质,充分考虑了需要层次之间的复杂性和多样性:生存(或生理)需要、安全需要主要说明了人的自然属性,而社交和尊重需要则主要对应着人的社会属性,自我实现、超越自我的需要则主要反映了人的思维属性(图 18-1)。

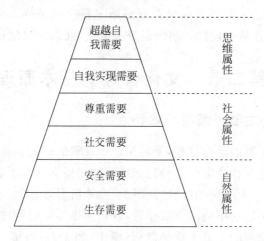

图 18-1　人的需要层次与三种属性的对应关系

与其他孤立的、机械的人性假设相比,观念人假设是辩证的、发展的,对人的本质的揭示更加系统、全面、准确和深刻。同时,观念人假设作为更高层次(哲学层次)的认知,并不排斥其他各种人性假设中科学合理的成分,因而是更先进、更科学的人性学说。生产力的现代发展,充分证明了观念人假设的正确性和合理性。从组织管理的角度,可以从以下几点进一步理解观念人假设的含义:

(1) 观念人是"复杂"的人。由于人同时存在着各种需要,总是同时具有自然属性、社会属性和思维属性,因此人是复杂的人。至于哪种层次的需要成为主导需要,则不仅取决于人的客观条件(如经济地位),而且取决于人的主观因素,特别是人的价值观念。因此,管理工作不仅要循序渐进并尽可能多地兼顾人的各层次需要的满足,而且要以先进的价值观念引导员工追求更高层次的需要。

(2) 观念人是"变化"的人。人的需要往往会随着客观环境和主观因素的变化而变化。例如,20世纪五六十年代国有企业的广大职工多数是充满社会主义建设激情的自我实现人,甚至像"铁人"王进喜这样的超越自我人;到改革开放初期,在关停并转的国有企业中,很多职工开始为工作发愁,变成了生存人或安全人——这是环境变化引起的。又如,不少企业家在创业时往往是为了养家糊口的生存人,后来企业越做越大,他们变成了社交人、尊重人或自我实现人——这是人的自身变化引起的,包括了经济地位、社会地位以及价值观念的变化。可见,管理工作应密切关注人的客观条件和主观因素以及需要层次的变化,并据此采取不同的管理方法。

(3) 观念人是"主观能动"的人。具有思维属性,能辩证思维,是人与动物的本质区别。各种需要的强度与满足程度以及导致的行为,虽受客观因素影响,但主要取决于人的认知水平、价值取向和心理状态等主观因素。20世纪中叶以来,科技进步大大提高了生产力水平,人们的低层次需要日益得到满足,满足高层次需要变得更加重要。同时,依赖人的思维属性的脑力劳动比重日益提高。这表明管理工作更要重视人的思维属性,一方面要适度地满足员工需要,努力发挥人的主观能动性;另一方面又要注意影响和改变人的主观世界,努力激发和满足人的高层次需要,促使人自由而全面地发展。

需要注意,"观念人"不同于美国学者刘易斯·科塞(Lewis Coser)等人提出的"理念人"(men of ideas),后者是一种狭义的知识分子概念,强调的仅仅是人的思维属性。

第二节 文化管理的基本原理

一、文化管理的主要矛盾与根本特点

管理实践是充满矛盾的动态过程,矛盾是企业发展的动力。总的来看,组织管理的基本矛盾是有限的资源与互相竞争的多种目标之间的矛盾。这对矛盾推动着管理实践与理论的发展。当然,在每一个不同的社会(或组织)发展阶段,组织管理所面临的主要矛盾并不完全相同。寻求解决这些不同的主要矛盾,就产生了不同的管理思想和理论。例如,科学管理要解决的企业管理的主要矛盾是老板(雇主)和工人(雇员)的严重对立,行为科学要解决的则是效率与人性之间的矛盾。

文化管理所要解决的主要矛盾是人的全面发展与组织发展之间的矛盾。这对矛盾,是推动文化管理模式产生和发展的内在动力。如何认识文化管理的这对主要矛盾?

(1) 以人为中心和观念人假设,是文化管理主要矛盾的前提。企业等社会组织,管理的出发点固然是推动组织发展、实现组织目标,但是如果不以人为本,不把人(组织成员)作为管理的中心,往往就会片面地把人作为实现组织目标的手段,而忽视人的需要和发展,甚至会为实现组织目标而不惜损害组织成员的利益和发展。同时,只有承认人是"观念人",才会充分考虑到人不仅有生存需要还有发展需要,不仅有物质需要还有精神需要,即有着全面发展的需要,才会把实现人的自由而全面的发展作为组织管理的一个重要目的。

(2) 这对矛盾是生产力现代发展的产物,是社会现代化提出的时代课题。生产力的高度发展是社会进步和人的自由而全面的发展的前提条件。随着生产力的发展,特别是20世纪80年代以来,新技术革命大大提高了生产力,为更好地满足人的需要创造了条件。人们加入到企业等组织中,劳动的目的不再仅仅是谋生的手段,同时也是寻求自身发展的途径。这时,虽然组织管理依然存在着有限的资源和多种互相竞争的组织目标之间的基本矛盾,但是相应地,组织中人的全面发展上升为组织发展不可忽视的目标之一。这也是文化管理的思想萌芽在发达国家的先进企业的根本原因。

(3) 人的全面发展与组织发展是对立统一的关系,追求人的全面发展与组织发展的和谐是文化管理的目的。通常组织发展是矛盾的主要方面,人的全面发展是次要方面,但是人的发展这个次要方面如解决得不好,必然会影响到主要方面的解决,甚至导致组织发展无法实现。同时,由于人的自由而全面的发展是相对的,因此满足也是相对的。一定社会历史条件下人的全面发展要求,在随着组织发展而得到基本实现后,更高层次、更多样化的发展要求又产生了,实现这种更高层次、更多样化的发展要求又成为组织进一步发展的动力。因此,文化管理主要矛盾的两方面始终处于一种动态平衡当中。

(4) 文化管理的主要矛盾既是组织管理的现实矛盾,也是管理面临的永恒矛盾。作

为管理的一个现实矛盾,这对矛盾在一些劳动效率高、员工的基本生活需要满足得较好的企业中,它有可能已经成为主要矛盾;即便在一些较落后的企业,它虽然不是主要矛盾,但也是组织管理面临的若干矛盾之一。说它是管理的永恒矛盾,可以从两方面来看:一方面,实现人的自由而全面的发展,是人类社会发展永恒的目的。人的全面发展本身没有止境,会随着生产力的发展而不断提高;另一方面,无论何时人类可以利用的资源总是有限的,组织发展必然与人的全面发展之间存在矛盾。因此,文化管理的主要矛盾将长期存在和始终存在。

根据唯物辩证法,分析和解决矛盾往往需要分清矛盾的主要方面和次要方面并抓住矛盾的主要方面。虽然通常情况下组织发展是矛盾的主要方面,但是如不能兼顾人的发展,努力实现人的全面发展,矛盾的两方面很可能相互转化,人的发展可能上升成为矛盾的主要方面。从人的全面发展这个方面出发,可以看到:①实现人的全面发展,是组织管理的目的和结果辩证统一的过程;②人是文化的创造者,又是文化作用的结果,实现人的全面发展是文化的继承、利用和创造的过程;③管理既是文化的产物,也是文化的过程,实现人的全面发展使组织文化建设成为组织管理的实践过程。由于实现人的全面发展是一个文化继承、利用和创造的过程,当把人的全面发展和组织发展的和谐一致作为组织管理的目的时,必然要求把组织文化建设作为管理的中心工作,通过组织文化来进行管理——这是解决文化管理主要矛盾的方法。

因此,如果把经验管理的特点作高度概括称为"人治",科学管理的特点称为"法治",则文化管理的根本特点就可以浓缩为"文治"。

二、文化管理与核心竞争力

自1990年普拉哈拉德和哈默(Prahalad C K & Hamel G)在《哈佛商业评论》撰文提出"核心竞争力"概念后,企业核心竞争力就引起普遍重视。根据有关理论,核心竞争力主要具有价值优越性、稀缺性、难模仿性、持久性、整体性和延伸性等特征。

任何管理理论及管理模式,都无一例外地着眼于组织的某种或某些竞争要素,并通过管理实践来培育和强化竞争优势。文化管理的兴起,反映了企业核心竞争力已经发生变化的事实:文化竞争力正取代其他竞争要素成为核心竞争力。对此,可以从充分条件和必要条件两方面加以论证。文化力成为核心竞争力的充分条件,已在第二章中作了阐述。这里重点论述必要条件,即文化力完全具备了核心竞争力的主要特征。

(1) 价值优越性。企业文化是以人为中心的管理思想,坚持以人为本,努力发挥员工的积极性和创造性,可以使同样的人、财、物等资源创造更多的价值。同时,企业文化坚持以顾客为中心,把满足顾客放在首位。韦尔奇确立的9条GE价值观有4条是围绕顾客的,例如第一条就是"以极大的热情全力以赴地推动客户成功"。只有建立以顾客为中心的优秀文化,企业才能"超比例地提供顾客所能察觉的价值",使顾客不仅得到产品和服务,而且得到只有优良文化才能带来的社交、尊重等更高层次需要的满足。

(2) 稀缺性。企业文化的形成与企业主要经营管理者有着密切的关系,优秀企业家往往能够培育出优良的企业文化,并使之成为竞争力的强大源泉,例如GE公司的杰克·韦尔奇、松下公司的松下幸之助、海尔集团的张瑞敏等。尽管每个企业都有自己的组织文化,但是并非都是能够促成竞争优势的独特文化,就是因为杰出的企业家实在太少。优秀企业家作为稀缺资源,决定了文化力的稀缺性。

(3) 难模仿性。个性是组织文化的生命力所在。试图原样移植或照抄其他企业的文化是不可能的,这是因为组织文化具有路径依赖性,其形成过程无法完全重复。诚如张瑞敏所言:海尔集团的核心竞争力就是海尔文化,海尔的什么都可以复制,就是海尔的文化是竞争对手所复制不了的。

(4) 持久性。文化具有客观存在性和连续稳定性。企业文化的形成是一个长期积累的过程,它发挥作用也是一个持久的过程。这决定了文化力与其他竞争力要素相比,形成的竞争优势比其他竞争优势更具有持久性,能为企业形成和保持核心竞争优势提供持久的能量。《基业长青》一书中研究了一些建立时间至少50年甚至上百年并长期保持良好业绩的企业,发现强有力的组织文化是其中多数企业成功的关键要素。

(5) 整体性。企业文化渗透在企业的各个角落,作用在企业工作的方方面面。作为不可分割的系统,企业文化决定了文化力是覆盖整个企业的竞争要素。文化力的这种整体性远超过其他竞争要素,而且直接影响着其他竞争要素能否转化为竞争优势。以技术创新为例,如果没有鼓励创新的企业文化,企业的专有技术不但难以产生,而且即便产生了也难以成为核心技术并带来明显的竞争优势。诺基亚原CEO约玛·奥利拉为此曾指出:只有鼓励创新的企业文化才是公司保持不断进步的动力源泉。

可见,文化力既符合作为核心竞争力的充分条件,又具备了必要条件,因此文化力就是核心竞争力,企业文化已经成为企业核心竞争力的主要来源。

文化力成为企业的核心竞争力,就必然要求企业文化建设从企业管理工作的边缘走向管理工作的中心。这种管理模式,正是文化管理。此时,文化力自然成为文化管理模式内生的核心竞争力。国内外许多优秀企业的实践证明,实施文化管理是培育文化力并使之充分发挥核心竞争力作用的唯一选择。例如,联想集团对企业文化建设的重视是空前的,柳传志将企业文化作为联想可持续发展的动力引擎,以文化带动公司的全面工作。

三、文化管理的理论模型

从文化管理的主要矛盾出发,可以构建出文化管理的理论模型,旨在于进一步揭示文化管理的矛盾运动规律——即不同于管理规律普遍性的特殊性。张德、吴剑平在其专著《文化管理——对科学管理的超越》中提出了文化管理的一个理论模型(图18-2)。

在这个理论模型中:

(1) 大小不同、相互包含的圆形分别表示人(组织成员)、组织和社会。3个圆相互之间的空白表示文化力的作用;圆心沿着时间方向的轨迹,代表各自的发展趋势。它们都是时间的变量,因此分别截取现在和过去(历史)、未来的任何一个时间点可以得到3个截面,分别代表人、组织、社会在不同时间点的相互关系。

(2) 人(内圆表示)的发展有一个从过去、现在再到未来的过程。过去到现在,是人追求生存和发展的过程,也是人受到社会历史文化和组织文化传统的影响,并创造了当前的社会文化、现实的组织文化的过程。从现在到未来,则是人创造未来的组织、未来的社会及其文化的过程。

(3) 社会(外圆表示)按照自身的内在规律发展,其总体趋势是实现人的全面发展。从过去的社会到现实的社会,是历史文化形成的过程;从现实社会向未来社会,则是文化创造过程。科特和赫斯克特(J. P. Kotter & J. L. Heskett)等的适应型文化理论就强调外部环境对组织文化有效性的影响,认为只有有助于企业预见并适应环境的企业文化才是有效的文化。丹尼森(Denison,1990)等提出的文化特质理论,同时关注组织内部一致性与投入特质,以及外部适应性与使命特质。这些研究都说明,组织所处的社会环境是研究文化管理内在规律不可缺少的要素。

(4) 组织(中间的圆表示)也有自身的发展轨迹,这种轨迹受到人和社会的文化影响。从组织的过去到现在,是组织发展和组织文化形成的过程;从现在的组织再到未来的组织,则是组织文化建设(包括继承、发展与更新)的过程。

(5) 人、组织、社会间的文化力作用可以分为"文化一致"和"文化差异"。文化一致所产生的是互相促进的合力,推动着人、组织或社会沿着某个方向发展;而文化差异则是相互排斥的力量,影响着人、组织或社会偏离既有的发展方向。通常,人、组织与社会的发展趋势并不一致,它们的发展方向之间存在一定夹角。为此,用3个双向箭头分别表示人、组织、社会相互间的文化差异作用。人影响组织文化,使组织按照符合自身发展的方向变化;反过来,组织文化也影响着人,使人按照组织的方向发展。人与社会,组织与社会,也存在类似的文化差异作用,促使对方趋向自身的发展方向。要看到,社会的正确发展方向应该是促使人实现自由而全面的发展。

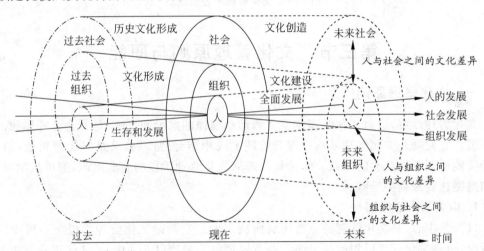

图 18-2 文化管理的理论模型示意图

该模型主要考虑了 3 个时间点(过去、现在、未来)和 3 个层次因素(人、组织和社会),因此简称为"三三模型"。这一理论模型具有以下显著特征:①充分体现了文化管理把人作为组织管理的中心的根本特点;②考虑了组织和社会环境对个体行为的影响以及社会对组织行为的影响,而不是把组织管理作为一个孤立的活动;③用发展的而不是静止的观点来分析组织管理活动,反映了组织管理始终处于发展变化中的客观事实。模型比较好地揭示了文化管理面临的主要矛盾,反映了组织管理的内在矛盾运动规律。

用这个模型可以解释组织管理中的各种现象,这里不作详述。当人、组织、社会三者的发展趋势完全一致时(成为一组同心圆),可以得到文化管理的理想模型(图18-3)。此时,人、组织、社会之间是一种完全和谐发展的最佳状态,相互之间只有文化一致而不存在文化差异,文化力的作用完全指向人的全面发展。该理想模型是文化管理追求的最高境界,也是组织管理的最高境界。

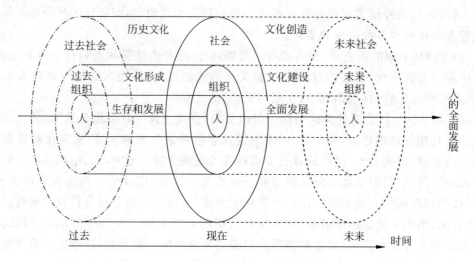

图 18-3 文化管理的理想模型

第三节 文化管理原则与职能

一、文化管理原则

文化管理原则,是对文化管理主要矛盾运动规律的揭示和反映,是文化管理思想的集中体现。它们既是文化管理基本原理与管理实践相结合的产物,又是对优秀企业(组织)管理实践的创造性经验的总结。无论是否跨入文化管理阶段的企业组织,都可从学习、借鉴和遵循这些原则中受益。

1. 以人为中心原则

以人为中心,是文化管理的主要矛盾所决定的。它既是文化管理学说必不可少的理论假说,也是文化管理思想的活灵魂。企业管理只有坚持以人为中心,才能正确分析处理组织中人与物的关系、企业与员工的关系,把实现组织目标与实现员工个人的全面发展有机地统一起来。同时,才能充分认识企业存在的社会意义,树立正确的企业观和企业宗旨,正确地分析和处理企业与社会、企业与顾客的关系。可以说,以人为中心是文化管理的第一原则,也是现代企业管理和其他社会组织管理"铁的法则"。坚持以人为中心,要求在企业经营管理等各项工作中都要努力从员工出发,尊重人、关心人、满足人、发展人,千方百计调动员工的内在积极性、主动性、创造性。

2. 价值观群化原则

价值观是组织文化的核心。实行文化管理,其核心在于培育企业的群体价值观。使企业的核心价值观成为员工群体的价值观,是文化管理的一项重要原则。美国学者罗伯特·豪斯(House)等人提出的基于价值观的领导理论,关键也是培育群体价值观。培育群体价值观,是管理者发现和挖掘有利于企业发展的价值观念并通过各种形式使之被广大员工接受和内化的过程。

从优秀企业的管理实践来看,贯彻价值观群化原则有3个主要环节:①确立核心价值观,并围绕它形成企业的价值观体系。②以核心价值观为标准选聘员工。由于改变一个人业已形成的价值观是非常困难的,因此在招聘员工时尽量选择与企业核心价值观一致的人是非常重要的。《从优秀到卓越》一书生动地将其表述为"让合适的人上车"。③围绕核心价值观建设组织文化,形成价值观的理念、制度、物质支持系统。很多优秀企业都重视对员工进行价值观教育,例如韦尔奇长期亲自为员工讲授GE价值观。但是,仅有提倡和教育是不够的,如果没有完善的支撑体系,特别是强有力的制度支撑,企业的核心价值观和价值观体系只能停留在口头上,很难得到多数员工发自内心的认同,更难以转化为行动。

3. 文化竞争原则

文化力已经成为企业的核心竞争力,建设优良的企业文化是获取竞争优势的关键。行文化制胜之道,这就是文化管理的竞争观。重视企业文化建设,增强文化的一致性并保持正确的前进方向,强化企业的文化力和增加企业的文化资本,这就是文化竞争原则。提升企业的文化力,一方面,不仅要加强企业文化建设,而且要发挥企业哲学对企业重大决策的指导作用,在经营中坚持以顾客为中心的价值观,重视企业道德,建立诚信导向的经营机制;另一方面,实施CI战略、品牌战略,塑造良好的企业形象和产品形象,发挥企业文化的辐射作用,把文化软实力变成实实在在的竞争力。

4. 创新发展原则

创新是企业永恒的主题,是企业不竭的动力,大胆创新是企业提高管理水平的主要手段,是企业生存和发展的灵魂。企业管理坚持以人为中心,力求人与组织的和谐发展,就必须树立以人为本的科学发展观,把创新作为企业发展的动力。以创新为动力,以创新求发展,这就是文化管理的发展原则。

企业要实现创新发展,主要在于:①企业文化创新,特别是观念创新。1999年《财富》杂志就研究发现,创新是高绩效企业的文化核心之一。追求不断进步与创新,追求卓越,是成功企业文化的内核。韩国三星公司20世纪90年代推行"新经营"思想时,硬是通过大规模的"洗脑"活动,逐渐改变了三星文化。②组织与制度创新。这是组织创新得以落实的关键。丰田看板管理,3M公司"15%规定",摩托罗拉六西格玛质量管理,海尔OEC管理法,都是成功的制度创新。③知识与技术创新。进入21世纪,知识创新和技术创新被普遍认为是企业获取竞争优势的根本渠道。在创新文化的氛围中,在组织创新和制度创新的保证下,知识和技术创新能够得到充分的体现。

5. 系统优化原则

企业是一个整体不可分割的复杂系统,系统的各个子系统或各部分应当协调均衡地发展,以实现系统的整体最优——这就是文化管理的系统优化原则。坚持系统优化原则,关键是在坚持人的全面发展这个最终目标的基础上实现企业具体目标的多元化。以人的全面发展为最高目标并兼顾多个现实目标,使其融为一体,正是一切成功企业的标志。这一原则也符合科学发展观的要求。实施文化管理、构建和谐企业,是贯彻科学发展观、坚持系统优化原则的根本途径。坚持系统优化原则,企业才能正确处理好发展过程中的内在矛盾,处理好与自然环境、社会各方面之间的关系,实现全面协调可持续的科学发展。

6. 时间效价原则

时间是唯一不可逆且不可再生和重复利用的资源。能否充分利用时间资源,是衡量管理水平高低的重要标准。组织与人都是时间的变量,人的发展、组织发展与组织文化的形成过程均是随时间变化的过程。这种随时间变化的过程,当然不是无能为力的消极的等待,而是以人的全面发展和组织发展互相促进的积极进取和创造,以发挥时间资源的最大价值——这就是文化管理的时间效价原则。管理工作中坚持这一原则,关键是树立时间观念并建立相应的企业文化,以及围绕提高效率创新管理方法。正确的时间观念反映在企业风气上就是反对空谈,崇尚快速行动。时下兴起的执行力、建立执行文化,强调的就是行胜于言,出发点也是科学高效地利用时间、提高工作效率。

二、文化管理职能

管理职能回答管理者要做些什么的问题,是构成管理理论体系的基本内容。管理职能所揭示的管理实践规律,在一定条件和范围内具有普遍性和可重复性,反映了管理学的科学性。早在20世纪中叶以前,文化管理的一些职能就在松下、IBM等企业的管理实践探索中开始萌芽和发展,时至今日已经形成了与传统的管理职能不同的鲜明特点。由于对这些职能几乎都已有较成熟的专门研究,这里只作简要介绍。

1. 战略管理职能

文化管理的战略管理职能,可以追溯到法国管理学家亨利·法约尔(Henri Fayol)提出的计划职能,战略管理理论则源自切斯特·巴纳德(Chester Barnard)1938年将战略的概念引入管理理论。此后,计划工作从两个方向向着战略管理演进,纵向是短期计划到中期计划再到长期计划,长期计划由战略计划演进到战略管理;横向则是单项工作计划到某方面工作计划、系统计划到全局战略进而形成战略管理。

与通常的计划管理相比,战略管理不仅意味着对组织未来的把握在深度和广度两方面的量变,而且是从简单的定量思维向更高层次的系统思维、战略思维、复杂思维的质变——这种质变,除了反映企业竞争环境和竞争要素的变化外,关键在于反映了企业管理内在规律的根本变化。

战略管理必须充分发挥企业各级管理员工乃至全体员工的内在积极性、主动性、创造性,这要求企业管理必须坚持以人为中心和观念人假设;同时,战略管理并不是依赖某种单一的竞争力,而是寻求发挥企业综合的整体化的持久的竞争优势,即组织文化优势。因此,只有实行文化管理,战略管理职能的价值和作用才能得到充分体现。例如,联想集团认为文化支持系统一直是联想在经营中战无不胜的有力武器,是战略转型的支柱。

2. 学习型组织职能

组织职能是管理工作的另一项重要职能。组织学习和学习型组织是现代企业重视培训、重视人力资源管理的产物。在职能式组织和传统组织理论的基础上,涌现出权变理论、团队组织理论、自适应组织理论、企业再造理论、学习型组织理论等理论。其中,学习型组织的实践和理论在 20 世纪 80 年代兴起,彼得·圣吉(Senge)所著《第五项修炼》有广泛影响,我国也有很多企业掀起了建设学习型组织的热潮。随着信息技术的发展和普及,基于网络的学习(E-learning)成为组织学习的一种新的重要形式。

学习型组织是指全体成员在共同目标指引下注重学习、传播、运用和创新知识,因而具备高度凝聚力和旺盛生命力的组织。学习型组织职能顺应了文化管理的要求:①学习型组织是以人为中心的组织,其关键是组织学习,强调发挥人的主观能动性。②学习(包括个体学习和组织学习)是实现人的全面发展的基本手段之一,建设学习型组织是解决文化管理主要矛盾、实现组织与人和谐发展的重要手段。③组织学习能有效地开发人力资源,培育追求卓越的群体价值观,促进全员建立共同的目标和愿景,从整体上增强组织管理能力和系统创新能力。建立学习型组织是培育和增强文化竞争力的根本途径。可见,学习型组织职能是由文化管理主要矛盾决定、符合文化管理原则的组织职能。

学习型组织不是一种特殊的组织结构形式,而是一种特殊的组织文化——以学习、变革和创新为企业核心价值观的文化。只要具备了这样的文化,任何一种组织结构形式的企业都可以成为学习型企业。而且,只有实施文化管理,才能真正形成学习型文化和学习型组织。例如,美国排名前 25 位的企业大多数已按照学习型组织改造自己,在世界排名前 100 位的企业中也有 40% 按学习型组织进行了彻底改造,它们多数是实行文化管理的公司。

3. 自我控制职能

正式组织控制和群体控制都同属外部控制,自我控制属于内部控制。自我控制是个人有意识地去按照某一行为规范进行活动,自我控制的能力主要决定于人本身的素质。自我控制是自我管理的一部分。自我管理实现了管理主体、管理工具和管理客体的"三位一体"。行为科学从一开始就质疑科学管理及其之前形成的严格外部控制方式,并做了适当的修正与缓和。德鲁克 20 世纪 60 年代提出的目标管理,就是充分发挥自我控制以及自我管理特点的管理方式。

文化管理坚持以人为中心,认为人是有思想有感情的观念人,能够自我管理和自我约束,突出人的主体地位,尊重人的首创精神,承认组织中控制活动的作用,并突出强调组织成员个人的自我控制。而且可以看到:①自我控制充分体现了对人的尊重、理解和关心,是满足人的尊重需要和自我实现需要的重要体现,是实现人的全面发展的组成部分和实现方式,是解决文化管理主要矛盾的有效手段。②自我控制的管理重点不是人的外显的行为层,而是内在的观念因素,控制方法和手段完全符合文化管理的原则。③实施自我控制,就要求实行"文治",重视组织文化建设,增强组织的文化竞争力。因此,自我控制正是文化管理的控制职能。自我控制作为一种行之有效的管理控制方式,已经被很多优秀企业的管理实践所证明。

4. 育才型领导职能

育才型领导模式是由美国学者布雷福德和科恩(David Bradford & Allan Cohen)提出来的。松下幸之助"造物之前先造人"的管理实践,就是典型的例子。研究表明,那些长期保持优秀业绩的公司,几乎都是育才型领导模式,特别是注重培养管理人才是其成功的关键之一。

育才型领导是文化管理领导职能,这是因为:①育才型领导是以人为中心的领导方式,并把人作为有思想、有感情的观念人,尊重和发挥员工的主观能动性;②育才型领导是满足人的发展和促进组织发展的手段;③育才型领导重视从内部培养人才、提高员工队伍素质,有利于保持企业的核心价值观、增强文化竞争力。

文化管理模式下实施育才型领导,标志着以自然资源开发为主的增长方式已经让位于以人力资源开发为主,也意味着人力资源管理从以使用为主走上了使用与开发并重的轨道。

5. 内在激励职能

根据赫茨伯格(Herzberg)的双因素理论,满足人需要的因素可分为保健因素和激励因素。工资、奖金、福利、人际关系等满足生存、安全、社交需要的是保健因素,属于外在激励;满足自尊和自我实现需要的激励因素,使人从工作本身得到充分满足,则属于内在激励。随着管理实践的发展,各种管理模式几乎都综合运用外在和内在激励的各种手段。

与外在激励不同,内在激励完全是以人为中心的激励方式。在人的低层次需要得到较好满足的情况下,外在激励的作用日益减小,内在激励的作用日益增强。满足人的高层次需要的内在激励过程,就是人们在改造客观世界的过程中改造主观世界的过程,能够进一步激发和升华其高层次的需要,促进人的自由而全面的发展。通过建设优良的组织文化,可以不断激发组织成员的高层次需要,也能够使内在激励的作用得以更充分的发挥。

从理论基础、作用机制和激励手段来看,内在激励符合文化管理的理论假说和主要矛盾的运动规律,有利于增强文化竞争力,与文化管理学说存在着紧密的内在联系。以内在激励为主,多种激励模式相结合,这正是文化管理关于激励的基本观点。

第四节 文化管理的理论体系

一、文化管理的性质

科学的管理学说是对管理现象的对立统一规律的正确揭示和反映,应该是主客观对立统一(辩证统一)的过程,内在的对立统一性是其生命力所在。以下将从4个方面对文化管理的内在对立统一性加以探讨。

1. 人性和物性的对立统一

文化管理是人性化的管理,把尊重人、关心人、满足人、发展人、完善人放在最重要的位置,强调发挥包括管理者在内的人的主观能动性。但同时,文化管理又不同于所谓的人性管理,并不片面夸大人在管理中的作用,而是承认和尊重管理中的物性,即客观物质性。这是因为:①管理对象的客观物质性决定着管理的物性;②组织的存在和发展建立在一定的物质基础之上;③组织管理存在着内在客观规律。因此,文化管理坚持人性和物性的辩证统一。管理中人性和物性的辩证统一,本质上是主观与客观的辩证统一,反映了物质与意识、客观物质性与人的主观能动性之间的关系。有的学者虽然看到了文化管理以人为中心的特点,但却忽视了管理中的物质因素及客观性(客观规律),甚至片面强调人的因素,试图用所谓的人性管理来包办一切——这不但淡化了管理的唯物主义属性,而且在管理实践中也必然是行不通的。只有承认管理中人性与物性、主观与客观的对立统一,才是真正的文化管理。

2. 实践性和理论性的对立统一

从实践中来,又到实践中去,理论和实践相统一,这是科学理论的内在品质。管理科学是一门实践科学。文化管理不是管理学家的主观臆断,而是同其他管理思想、管理理论一样,完全是管理实践的产物,将继续随着管理实践的不断发展而发展完善。同时,文化管理在两个理论假设的基础上已经基本形成了系统的理论体系,具备了科学理论的特征,因此具有很强的理论性。文化管理实践性和理论性的对立统一,至少体现在以下4个方面:①文化管理思想和理论是组织管理(特别是企业管理)实践发展到一定阶段的产物,其根本动力是生产力的发展;②文化管理学说在管理实践中接受检验,被实行文化管理模式的GE、海尔等很多企业的良好经营业绩所证明是正确的理论;③文化管理理论随着管理实践的发展而发展。④文化管理理论将继续推动管理实践的进步。

3. 理性和非理性的对立统一

如果说理性是管理科学性的反映,非理性则可谓管理艺术性的体现。科学管理又被称为理性管理,这种管理认为只有数字资料才是过硬的和可信的,只有正式组织和严格的规章制度才是符合效率原则的,这显然是片面的,在实践中也遇到了难以克服的困难。文化管理的非理性,与企业文化理论所阐述的非理性一脉相承,重视观念和情感这些非理性因素。同时,管理实践和理论研究都表明,文化管理存在着许多内在的共性规律,只要不断发现和认真遵循这些规律,企业管理就能够取得显著成效,因为文化管理并非纯粹属于非理性,而是理性与非理性的对立统一。理性与非理性的对立统一,实际上反映了管理既是科学又是艺术的本质。可以说,文化管理的特点正是把理性和非理性管理有机地结合起来。有些倡导文化管理的学者,在强调文化管理的非理性特征时看不到文化管理的理性特征,甚至把文化管理同企业文化完全混为一谈,一味批评理性管理,似乎理性管理已经过时,完全不需要了……这种片面认识同样是错误的。

4. 硬管理性和软管理性的对立统一

硬与软,或者刚与柔,是描述组织管理特点的另一对概念,反映了管理的外在属性。对于文化管理的"软",韦尔奇有过精辟的阐述:"思想和智慧统治官僚体制;决定思想深度的是思想本身,而不是加在人身上的条条框框。"世界企业管理的总体趋势是管理的软化,尤其在知识经济崛起的今天,更需要发挥管理的软约束性,以柔克刚。具有软管理性的文化管理是适应知识经济时代的管理思想和管理模式。同时,文化管理也要发挥制度、标准的作用,坚持依法治企,也是硬管理。文化管理的"硬"主要体现在对管理客观规律的尊重。因此,把软与硬的矛盾集于一身,正是文化管理的特点。文化管理强调的软管理,并不是与硬管理截然对立的,而是软管理与硬管理巧妙结合,是以制度化、标准化为前提,夯实了管理基础、建立在科学管理水平上的软管理,是不忽视硬件的管理,同时把软件也当成硬件,强调软件在管理中的引导作用。这种辩证统一的观点,正是文化管理超越其他管理理论的地方。可以说,文化管理既是软中有硬、硬中有软、软硬和谐,又是软硬两手抓、两手都要硬。

二、文化管理的理论框架

结合有关的研究成果可以看到,文化管理的核心竞争力、管理原则和管理职能等论点不仅直接来自管理实践,而且也是坚持其理论假说和承认其主要矛盾的必然结果。可以认为,文化管理学说的主要观点相互之间存在密切的内在联系,已经构成了一个比较完整的理论体系(表18-1)。

表18-1 文化管理的理论体系以及与经验管理、科学管理对照

特征	管理阶段	经验管理	科学管理	文化管理
	形成时间	约1769年	1911年	约1980年
理论假说	管理中心	物	物(任务)	人
	人性假设	经济人	经济人	观念人
主要矛盾		人的生存—自然	老板(雇主)—工人(雇员)	人的全面发展—组织发展
管理职能	计划	经济计划	管理计划	战略管理
	组织	直线制	职能式	学习型
	控制	外部控制	外部控制	自我控制
	领导	师傅型	指挥型	育才型
	激励	外激为主	外激为主	内激为主
管理重点		行为	行为	思想
管理性质(从理性、非理性角度来看)		非理性	纯理性	理性与非理性的对立统一
根本特点		人治	法治	文治

第五节 文化管理的实践应用

一、文化管理的应用条件和范围

1. 文化管理的应用条件

文化管理作为一种更先进更高级的系统的管理理论和模式,是与一定的生产力水平和生产关系相联系的。因此,文化管理模式也有其最适合的某种特定的生产力水平和生产关系状况,具体包括4个方面。

(1) 组织成员的基本生活需要得到了较好满足。这时,设法满足社交、自尊、自我实现等高层次的精神需要,早已成为激励组织成员、赢得竞争优势的关键。

(2) 组织以知识生产为主体,或组织成员以脑力劳动为主。例如高新技术企业、大学、研究院所,较之其他组织更适合采用文化管理模式。

(3) 组织管理基本实现了科学化。纵观那些实行文化管理的企业(或社会组织),几乎无一例外地经历了较长期的科学管理阶段,其内部的资源配置和劳动组织方式处于较

为合理的状态,劳动生产率、产品和服务的利润率、资本收益率等主要经营指标均处于同行的前列。

(4) 组织成员的主体地位明确。实行文化管理必须牢牢坚持以人为中心,切实尊重人的主体地位,充分发挥人的主观能动性,因此确保组织成员的主体地位是一个不可忽视的条件。

前两个条件考虑生产力角度,后两者是生产关系角度。由于文化管理的实践方兴未艾,少数企业虽然并不完全具备上述条件,却已实行了文化管理模式,这也并不奇怪。当然,如果同时具备上述4个条件,实施文化管理的效果最好。

2. 文化管理的适用范围

作为对管理活动内在客观规律的更深刻揭示,文化管理的思想、原则和方法具有更广泛的真理性,因此对管理实践具有更普遍的指导意义。无论处于什么样的生产力水平,无论何种性质和生产关系,无论哪一个领域和行业,无论选择何种管理模式的社会组织,由于文化管理的主要矛盾(尽管可能不是该组织的主要矛盾)始终存在其中,因此它的很多管理原则和方法均可以在一定程度上发挥作用。

彼得·德鲁克认为在知识经济时代对知识工作者的管理将更加重要,他指出:"提高知识工作者的生产率会成为管理的核心问题,正如100年前(自泰勒以来)提高体力劳动者的生产率是当时管理的核心问题一样。"文化管理作为先进的管理学说,不但发端和适合于那些先进企业,特别是知识密集型的高科技公司,而且也适用于其他知识密集型组织,如教育机构、科研机构、卫生机构、文化机构、政府机构等。本章的案例就是很好的证明。应该说,在知识创新对社会进步作用日益突出的21世纪,文化管理具有无限广阔的应用前景。

当前对于我国企业界来说,建立现代企业制度,努力提高管理水平,是企业改善经营管理、提高竞争力的必由之路。文化管理作为已被国内外优秀企业实践初步证明了的先进管理模式,代表着企业管理的未来发展方向。因此,在大力推进管理科学化进程的同时,积极学习和借鉴文化管理的成功经验,是促使我国企业管理尽快赶超先进水平、实现跨越式发展的重要选择。

需要指出,文化管理与科学管理并非截然对立的两个阶段,因此不必等到企业完全登上科学管理的台阶之后才来考虑文化管理,而是可以在实现科学管理的过程中积极引进文化管理的思想、理念和方法,从而避免走国外一些企业的老路。

二、文化管理的实践意义

1. 知识经济时代的管理之道

知识经济的悄然兴起,预示着组织生存、发展和竞争所依赖的要素正发生着深刻变化,也意味着组织管理与过去相比发生了根本性变化。对于广大的知识型组织(企业)而言,组织管理面临的主要矛盾是什么呢?只有抓住这个主要矛盾和矛盾的主要方面,才能抓住破解知识经济的管理"牛鼻子",找到管理实践发展的突破口。

(1) 知识型组织的管理是以人为中心的管理。智力资源是知识经济所依赖的最主要的社会资源,它完全依附在组织成员——人的身上。因此,管理智力资源,就是管理人力资源。只有坚持以人为本,尊重人、关心人、满足人、发展人、实现人,才能充分调动和发挥每个人的积极性、主动性、创造性,使他们拥有的才智及潜能在组织中得到充分发挥,给组织带来强大而持久的竞争力。特别是对于知识型员工,必须切实尊重和发挥个性,激发他们的归属感、责任感和主人翁意识,提高对组织的忠诚度,使之与组织同呼吸、共命运,成为促进组织生存发展的根本力量。

(2) 管理不仅要重视智力资源的占有、配置和使用,而且要重视开发和培育。在知识经济时代,由于智力资源的总量有限、知识更新的速度日益加快、知识型员工具有较高的需要层次,因此开发和培养人才对于发展知识经济、发展知识型组织来说,是一个根本的途径。这意味着传统的人力资源管理必然被更加全面系统的人力资源开发与管理所取代。出于组织目的进行智力资源的开发和培育,在客观上促进了人(组织成员)的发展。

(3) 人的全面发展是知识型组织发展的手段。知识工作者所要从事的主要是创造性的劳动。创新,不仅受到人的知识、信息、技能等的影响,而且受到思维方式、工作方法、习惯、偏好、经验等影响;不仅受到兴趣、情绪、感情、性格、意志、注意力等心理因素的影响,也受到身体状况的影响。因此,如果只片面强调更新知识、提高技能,而忽视了知识工作者是"观念人"的实质,忽视了对员工全面发展的关注,特别是忽视了知识创新所依赖的世界观、人生观、价值观以及求知欲、好奇心、科学精神、工作兴趣、挑战性等更深层次因素的开发,必定事倍功半。

(4) 人的全面发展也是知识型组织发展的目的。企业的目的虽然首先在于自身的生存和发展,但是很多成功的企业都把人力资源开发和员工的发展纳入组织目标之中,例如惠普(HP)公司树立的7个目标就包括了"人(育人)"。越来越多的企业把实现人的全面发展作为组织的追求,这是社会进步的必然趋势。随着知识经济的不断发展,以人为本的理念受到各国政府官员、企业管理者和社会各界有识之士的认同,日益深入人心。

以上分析表明,在知识经济条件下,组织成员的全面发展与组织发展之间的矛盾,已经上升成为知识型组织的管理所面临的主要矛盾。这标志着,文化竞争力业已成为知识型组织的核心竞争力。从"人治""法治"走向"文治",努力实行文化管理,在组织中大力建设创新文化,不断推动知识创新,也就成了企业管理的必然选择。

2. 企业成熟期的管理选择

生命周期理论认为,企业等组织也像人一样,存在生命周期现象。当组织处于生命周期的不同阶段时,具有不同的组织行为特征,需要采取针对性的管理模式。一般来说,创办期的大量企业,往往属于比较典型的经验管理模式;多数的成长期企业处于从经验管理向科学管理过渡的阶段。

对于成熟期的企业而言,大多数实现了科学管理或者基本具备了科学管理的主要特征。这时,如果仅仅继续依赖科学管理的手段,或者退回经验管理的老路,企业的发展往往陷入停滞,甚至迅速走向灭亡。这是因为:一方面,成熟期企业的劳动生产率往往高于同行业平均水平,继续靠物质刺激等科学管理方法提高劳动生产率的可能性不大;另一方面,由于员工收入也高于同行业水平,他们的生存、安全等低层次需要得到较好的满足,尊重和自我实现等高层次需要上升为主导需要,如何满足这些需要已经成为企业管理的主要任务。这时,企业管理面临的主要矛盾已经演化为企业发展与员工发展之间的矛盾。

特别是对于那些生产率水平已经远远领先于同行的优秀企业来说,如何在实现员工发展乃至全面发展的同时实现企业的发展,成为成熟期企业管理要解决的主要问题。可见,成熟期企业在管理上所面临的主要矛盾,就是文化管理的主要矛盾。

现代企业只有在实现了科学管理的基础上,主动顺应企业管理主要矛盾的变化,及时引入文化管理的思想、理论和方法,努力实现向文化管理模式的转变,才能避免走向衰退,始终焕发出巨大的活力。可以认为,衡量一个企业是否真正成熟,关键要看它是不是登上了文化管理的台阶。

3. 学习型组织的管理模式

20世纪80年代以来,建设学习型组织已经成为一种全球化的潮流。我国一些企业在学习型组织建设中收效甚微,一方面是因为主要领导者没有真正重视,搞形式主义;另一方面,也是更重要的一点,就是这些单位并没有真正搞清楚学习型组织的实质,没有找到相应的管理方式。如果没有管理思想、管理方式的改变,学习型组织建设必然流于形式。

由于学习型组织与传统组织存在许多不同之处,因此学习型组织的管理也呈现出与传统组织不同的新特征,即文化管理的特征。①学习型组织强调以人为中心,而学习和创新必须重视发挥人的思维属性,把人作为"观念人",即把学习型组织建立在文化管理的理论假说基础上;②学习型组织的实质是学习型文化,建设学习型组织的核心在于建设学习型文化;③育才型领导方式是与学习型组织相适应的领导方式,员工发展是组织发展的坚强保证;④学习型组织应强调内在激励,特别是员工自我激励。GE、3M、微软、摩托罗拉、联想等很多优秀企业的实践充分说明,只有在文化管理模式下,才能成功地建设学习型组织。

建设学习型组织,要求实施文化管理。但是在我国企业管理水平普遍不高,有的甚至还停留在经验管理阶段,难以全面引入文化管理模式。这些企业如果要推动学习型组织建设,一是要在加强制度建设、努力实现科学管理的同时,大力建设学习型文化;二是主要领导者在带头做学习型领导者的同时,要尽快转变领导方式,实施育才型领导;三是要制订长期的计划,逐步完善支持组织学习的硬件和软件,避免急功近利、急于求成。

建设创新型国家和学习型社会,迫切需要在我国大力推进学习型组织建设。洞悉学习型组织的实质,掌握学习型组织的领导方式、激励方式等的主要特点,努力引进文化管理的思想和方法,真正实现管理方式的转变,才是正确的道路。

4. 和谐社会的管理主旋律

构建社会主义和谐社会,是我国经济社会发展的时代主题和长远奋斗目标。社会和谐,既要求社会各部门、各方面、各社会组织之间保持和谐,做到全面协调发展;又要求构成社会的细胞——各个社会组织内部和谐发展。企业是社会的经济单元,建设和谐企业是构建和谐社会的要求和前提。

要构建和谐社会、和谐组织,应重视和处理好组织发展与员工个人发展之间的关系,实行以人为中心的管理。如果片面注重组织目标而忽视员工的个人目标、利益诉求和合理需要,势必导致劳动关系不和谐,动摇和谐社会的经济基础。构建和谐社会,呼唤建设先进的社会文化和组织文化,注重发挥企业文化的作用。建设先进的企业文化,不仅为建设和谐组织提供强大的精神支持,而且有利于改善经营管理状态,促进企业发展。

建设和谐企业,意味着企业管理既要关注矛盾的对立性又要关注统一性,努力实行文化管理。很多企业在处理内外关系时,往往单纯从自身出发,想方设法用矛盾的主要方面克服和制约矛盾的次要方面。这样做,可能是解决了当前的矛盾,却造成了新的更大矛盾,例如有的企业为降低成本却污染了环境;也可能激化了矛盾,甚至导致矛盾的主要方面与次要方面的转化,例如拖欠民工工资却造成民工集体上访或辞职。和谐,就是寻求矛盾的对立统一。这种辩证的思想,正是文化管理的思想。有的学者和企业家提出或赞同和谐管理,就是看到了矛盾的统一性,这是很有见地的。然而,倡导和谐管理有时容易夸大矛盾的统一性而忽视矛盾的对立性,甚至以和谐管理为借口不顾原则抹杀矛盾,走向了另一个极端。因此,实行文化管理,强调企业管理矛盾的对立统一,是构建和谐又充满生机的企业的正确选择。把建设优良的组织文化作为管理工作的中心,实行文化管理,是构建和谐社会所提出的时代要求。

管理科学,兴国之道。回首过去,文化管理的实践方兴未艾。展望未来,在重视科学管理的基础上努力实行文化管理,充分发挥文化管理理论对实践的指导作用,必将为我国企业和其他社会组织插上管理现代化的翅膀,为促进我国经济建设、政治建设、文化建设、社会建设和生态文明建设,为实现中华民族伟大复兴的中国梦产生巨大推动作用。

复习题

1. 什么是文化管理?它与科学管理有哪些区别?
2. 企业管理为什么要以人为中心?
3. 观念人假设的内涵是什么?为什么说人是观念人?
4. 文化管理要解决的组织管理面临的主要矛盾是什么?
5. 为什么说文化力是企业的核心竞争力?
6. 文化管理的主要原则是什么?
7. 文化管理的主要职能分别是什么?为什么?
8. 为什么说文化管理是成熟期企业的管理选择?

思考题

1. 你所在企业的管理模式是什么样的?与文化管理模式有什么不同之处?
2. 文化管理模式是否是中国特色的管理模式?

案例分析

乔布斯与"苹果传奇"

在当今的企业界,最扣人心弦、跌宕起伏的故事,莫过于史蒂夫·乔布斯(Steve Jobs)和苹果公司的传奇。

1976年4月1日,21岁的乔布斯和两位朋友成立了苹果电脑公司。1977年4月推出了被誉为缔造家庭电脑市场的第二代电脑(Apple Ⅱ),到80年代已售出数百万台。1980年苹果公司上市,所吸引的资金比1956年福特上市以后任何首次公开发行股票的公司都多;苹果在5年内进入了世界企业500强,是当时的最快纪录。但与此同时,苹果花大量资金开发的Lisa数据库和新电脑Apple Iie,却因价格昂贵,遭遇IBM等的强有力竞争而节节败退。董事会将失败归咎于乔布斯,1985年4月撤销了他的经营大权,乔布斯9月愤而辞去苹果公司的董事长并创建了Next电脑公司。

1996年年底,濒临绝境的苹果公司收购Next公司,乔布斯重回苹果任行政总裁。他大刀阔斧进行改革,并捐弃前嫌与微软合作。1998年,iMac带着苹果全体员工的希望和乔布斯的振兴之梦,呈现在世人面前。这是一款充满未来理念的全新电脑,重新点燃了苹果拥戴者们的希望。当年12月,iMac荣获《时代》杂志"1998最佳电脑"称号。仅一年时间,苹果就从乔布斯回归时亏损10亿美元变为盈利3亿美元。1999年乔布斯又推出第二代iMac,有5种水果颜色的款式供选择,受到用户热烈欢迎。7月,苹果推出笔记本电脑iBook,融合了iMac独特的时尚风格、最新无线网络功能等优势,大受追捧,在2000年夺得"美国消费类便携电脑"市场第一名和《时代》"年度最佳设计奖"。

然而,这仅是乔布斯书写苹果传奇的开始。面对在通用电脑竞争中不可逆转的颓势,乔布斯和苹果公司把目光盯在了数字音乐和通信产品上。2000年年初,苹果推出iPod数码音乐播放器大获成功,一举超过索尼的Walkman系列跃居市场占有率第一,iPod系列7年内全球销售上亿台。2001年起,苹果相继在美国、日本、欧洲等地开设零售店。2007年,苹果推出iPhone,这是一款结合了iPod和手机功能的产品,也是一个上网工具和流动电脑。苹果很快成为世界第三大移动电话制造商。2010年,苹果又推出了独特新颖的iPad,同样迅速风靡全球。是年,苹果的市值一举超越微软,成为全球最具价值的科技公司。2011年8月,苹果超过埃克森美孚,成为全球市值最高的上市公司。

如果没有全世界的"苹果迷"们,就不会有苹果的熠熠光芒;同样,如果没有乔布斯,苹果也必将黯然失色。一个企业家之所以伟大,在于他给企业带来了什么——乔布斯带给苹果的是鼓励创新的企业文化和以消费者为导向的商业模式。他天才的电脑天赋,平易近人的处世风格,绝妙的创意,伟大的目标,处变不惊的领导风范,筑就了苹果企业文化的核心内容。苹果公司的员工对他的崇敬简直就像宗教般狂热,有的员工甚至对外说:"我为乔布斯工作!"

——苹果文化的核心是鼓励创新、勇于冒险的价值观。整个苹果公司就像乔布斯本人一样,一直我行我素,特立独行,敢冒风险,甚至反潮流。苹果把鼓励创新的文化体现在公司制度和日常管理工作中,确保了创新具有可复制性、扩展性和持续性。从iMac、iBook到iPod、iPhone、iPad,苹果不断推出技术先进、外观新颖、引导潮流的新产品,征服了全球市场。

——实行以人为中心的管理,吸引和用好最优秀的人才,这是苹果创新文化的基石。乔布斯相信,人才在精不在多,由顶尖人才所组成的一个小团队能够运转巨大的轮盘。为此,他花费大量精力和时间,寻找那些耳闻过的最优秀人才以及那些他认为对苹果各职位最适合的人选;同时,努力激发员工的工作激情,倡导个人化文化,以员工个人化塑造公司文化和创新能力。

——围绕消费者进行创新,是苹果文化的突出特点。从前期纯产品、纯技术导向的创新,到转为基于消费者导向的创新信念之后,苹果成功地将技术转化为普通用户所渴望的更具魅力的新产品,并通过各种市场营销手段刺激用户成为苹果"酷玩产品"俱乐部的一员,也引导竞争对手跟着苹果的设计亦步亦趋。为此,乔布斯曾骄傲地说:"在苹果公司,我们遇到任何事情都会问,它对用户来讲是不是很方便?它对用户来讲是不是很棒?每个人都在大谈特谈'噢,用户至上',但其他人都没有像我们这样真正做到这一点。"

——商业模式创新,是苹果创新文化的集中体现。苹果公司的过人之处,不仅仅在于它为新技术提供时尚的设计,更重要的是它把新技术和卓越的商业模式结合起来。例如,苹果利用 iTunes、iPod 的组合,开创了一个将硬件、软件和服务融为一体的全新商业模式,改变了音乐播放器和音乐唱片两个行业。苹果商业模式的创新,最终为客户提供了前所未有的便利,也为公司赢得了不断提高的利润率。

2011 年 10 月 5 日,56 岁的乔布斯病逝。苹果董事会在公告中说:"史蒂夫的才华、激情和精力是无尽创新的来源,丰富和改善了我们的生活。世界因他无限美好。"

(吴剑平根据大量新闻报道编写)

讨论题

1. 苹果公司文化的主要特征是什么?
2. 乔布斯对苹果公司的管理,是否符合文化管理的原则?为什么?
3. 如果你是一名企业家,应该向乔布斯学习什么?

参 考 文 献

[1] Altman Y, Baruch Y. Cultural Theory and Organizations: Analytical Method and Cases. *Organization Studies*, 1998, 19:769-785.

[2] Alvesson M. Organizations, Culture, and Ideology. *International Studies of Management and Organization*, 1993, 13(3):4-18.

[3] Ardichvvili A. Leadership Styles and Work-Related Values of Managers and Employees of Manufacturing Enterprises in Post-Communist Countries. *Human Resource Development Quarterly*, 2001, 4(12).

[4] Adkins C, Russell C, & Werbel J. Judgements of Fit in the Selection Process: The Role of Work Value Congruence. *Personnel Pyschology*, 1994, 47:605-623.

[5] Alvesson M. Organizations, Culture, and Ideology. *International Studies of Management and Organization*, 1993, 13(3):4-18.

[6] Barley S R, Meyer G W, & Gash D C. Cultures of Culture: Academics, Practitioners, and the Pragmatics of Normative Control. *Administrative Science Quarterly*, 1988. 33:24-60.

[7] Beatty S, Gup B, & Hesse M. Management Organizational Values in a Bank. *Journal of Retail Banking*, 1993, 15:21-27.

[8] Blanchard K. Managing by Values. *Executive Excellence*, May, 2001, 18(5):18-20.

[9] Bossidy L & Charan R. *Execution: The Discipline of Getting Things Done*. New York: Crown Business, 2002.

[10] Boxx W R, Odom R Y, Dunn M G. Organizational Values and Value Congruency and their Impact on Satisfaction, Commitment, and Cohesion. *Public Personnel Management*, 1991, 20:195-205.

[11] Bretz D Jr, Bourdreau J W, Judge T A. Job Search Behavior of Employed Managers. *Personnel Pyschology*, 1994, 7:275-301.

[12] Chatman J A & Jehn K A. Assessing the Relationship between Industry Characteristics and Organizational Culture: How Different Can You Be? *Academy of Management Journal*, 1994, 37:522-553.

[13] Collins J, Pornas J I. *Built to Last: Successful Habits of Visionary Company*. New York: Harper Collins Publishers, 1994.

[14] Collins J. *Good to Great: Why Some Companies Make the Leap and Others Don't*. New York: Harper Collins Publishers, 2001.

[15] Cameron K S, Quinn R E. *Diagnosing and Changing Organizational Culture: Based on the Competing Values Frame Work*. Addison O Wesley, 1999.

[16] Cameron K S, Freeman S. *Cultural Congruence, Strength, and Type: Relationships to Effectiveness*. Presentation to the Acadamy of Management Annual Convention, 1989, August.

[17] Deal T E, Kennedy A A. *Corporate Culture*. Reading MA, Addison-Wesley, 1982.

[18] Denison D R. Bringing Corporate Culture to the Bottom Line. *Organization Dynamics*, 1984, 12:4-22.

[19] Denison D R. *Corporate Culture and Organizational Effectiveness*. New York: John Wiley & Sons, 1990.

[20] Denison D. What is the Difference between Organizational Culture and Organizational Climate? A Native's Point of View on a Decade of Paradigm Wars. *The Academy of Management Review*, 1996, 6: 619-650.

[21] Denison, Daniel R. and Mishra, Aneil K. Toward a Theory of Organizational Culture and Effectiveness. *Organization Science*, 1995, 6(2), 204-223.

[22] Drucker P F. *Post-Capitalist Society*. New York: Happer Collins Publishers, 1993.

[23] Drucker P F. *Management Challenges for the 21st Century*. New York: Harper Press, 1999.

[24] Dyer D R. *Cultural Change in Family Firms*. San Fransco, Jossey-Bass, 1986.

[25] Enz C. *Power and Shared Value in the Corporate Culture*. Ann Arbor, MI: UMI, 1986.

[26] Finegan J E. The Impact of Person and Organizational Values on Organizational Commitment. *Journal of Organizational and Organizational Psychology*, 2003, 73: 149-169.

[27] Flamholtz E G. Managing Organizational Transitions: Implications for Corporate and Human Resource Management. *European Management Journal*, 1995, 13(1): 39-51.

[28] Fletcher B. *Work, Stress, Disease and Life Expectancy*, Chichester, Wiley and Sons, 1991.

[29] Fletcher B & Jones S. Measuring Organizational Culture: The Cultural Audit. *Managerial Auditing Journal*, 1992, 7: 30-49.

[30] Goodman S A, & Svyantek D J. Person-Organization Fit and Contextural Performance: Do Shared Values Matter. *Journal of Vocational Behavior*, 1999, 55: 254-275.

[31] Henrich J, Boyd R, et al. *Foundations of Human Reciprocity : Economic Experiments and Ethnographic Evidence in 15 Small-Scale Societies*. Oxford: Oxford University Press, 2004.

[32] Hofstede G. *Culture and Organizations: Software of the Mind*. New York: McGraw-Hill. Hofstede.

[33] Hofstede G. *Culture's Consequences : International Differences in Work-Related Values*. London: Sage, 1980.

[34] Hofstede G, Bond M H. The Confucius Connection: from Cultural Roots to Economics Growth. *Organization Dynamics*, 1988, 16: 4-21.

[35] Hofstede G, Neuijen B, Ohayv D D, & Sanders G. Measuring Organizational Culture: A Qualitative and Quantitive Study Across Twenty Cases. *Administrative Science Quarterly*, 1990, 35: 286-316.

[36] Hofstede G. Attitudes, Values and Organizational Culture: Disentangling the Concepts. *Organization Studie*, 1998, 19: 477-492.

[37] James L R, Demaree R G, Wolf G. Estimating Within-Group Interrater Reliability With and Without Response Bias. *Journal of Applied Psychology*, 1984, 69: 85-98.

[38] Klein E. Values, Gifts, and Legacy: The Keys to High Performance and High Fulfillment, *The Journal for Quality and Participation*, 2001, 1(24): 32-36; Kunda G. *Engineering Culture: Control and Commitment in a High-Tech Corporation*. Philadelphia: Temple University Press, 1992.

[39] Kunde J. *Corporate Religion*. London: Pearson Education Ltd, 2000.

[40] Lan D C & Fu P P, et al. *Feeling Trusted by Top Leaders: A Study of Chinese Managers*. Thailand: To be presented in 2002's Asia Academy Management Conference, 2002.

[41] Lohr S. IBM to Give Free Access to 500 Patents. *New York Times*, 2005: 1-11.

[42] Martin H & Sitkin S. The Uniqueness Paradox in Organizational Stories. *Administrative Science*

Quarterly, 1983, 28:438-453.

[43] Mary H J. The Dynamics of Organizational Culture. *The Academy of Management Review*, 1993, 10:657-677.

[44] Mclean L D. Organizational Culture's Influence on Creativity and Innovation: a Review of Literature and Implications on Human Resources Development. *Advances in Developing Human Resources*, 2005, 7(2):226-246.

[45] Meyerson D. *Acknowledging and Uncovering Ambiguities*. In P. Frost, 1991.

[46] Neuijen G. B, Ohayv D, & Sanders G. Measuring Organizational Cultures: A Qualitative and Quantitative Study Across Twenty Cases. *Administrative Science Quarterly*. 1990, 35: 286-316.

[47] Ott, J S. *The Organizational Culture Perspective*. Chicago: Dorsey Press, 1989.

[48] Pascle R T, Athos A G. *The Art of Japanese Management*. New York: Simon & Schuster Publishing, 1981.

[49] Peters T, Waterman R H. *In Search of Excellence: Lessons from Americas Best Run Companies*. New York, London: Harper & Row Press, 1982.

[50] Pfeffer J. *New directions for Organization Theory: Problems and Prospects*. London: Oxford University Press, 1997.

[51] Poole L, Warner M. *The IEBM Handbook of Human Resource Management*. New York: International Thomson Business Press, 1998.

[52] Prahalad C K, Hamel G. The Core Competence of the Corporation. *Harvard Business Review*, 1990, May-June.

[53] Robert Q E, & John R. A Special Model of Effectiveness Criteria: Towards a Competing Values Approach to Organizational Analysis. *Management Science*, 1983, 29(1):363-377.

[54] Schein E H. The role of the Founder in Creating Organizational Culture. *Organizational Dynamics*, 1983, 12(1):13-28.

[55] Senge P M. *The Fifth Discipline: The Art and Practice of the Learning Organization*. New York: Doubleday/Currency, 1990.

[56] Sorensen J. The Strength of Corporate Culture and the Reliability of Firm Performance. *Administrative Science Quarterly*, 2002, (mar): 70.

[57] Teresa A M & Gryskiewiez S S. Creativity in the R&D Laboratory, *Technical Report* No. 30.

[58] Tushman M L, O'Reilly C A III. *Winning through Innovation-A Practical Guide to Leading Organizational Change and Renewal*. Boson: Harvard Business School Press, 1996.

[59] Welch J F. *Straight from the Gut*. Published by Arrangement with Warmer Books, Inc. , through Arts & Licensing International, Inc. , 2001.

[60] Weldon E & Vanhonacker W. Operating a Foreign-Invested Enterprise in China: Challenges for Managers and Management Researchers. *Journal of World Business*, 1999, 34(1), 94-107.

[61] Yang B & 张德. How to Develop Human Resources: Technical Rationality or Social Moral Responsibility? --A Comparison of Western and Chinese Human Resource Theory and Practice. *Academy of Human Resource Development*: 2001 *Conference Proceedings* (pp. 277-284). Tulsa.

[62] Yogesh M. Toward a Knowledge Ecology for Organizational White-Waters. *Knowledge Ecology Fair*, 1998:98.

[63] 阿伦·肯尼迪,特伦斯·迪尔著;印国有,葛鹏译. 公司文化[M]. 上海:生活·读书·新知三联书店, 1989.

[64] 米歇尔·勒波尔夫;徐文栋,张玉妹译. 奖励——用人之道[M]. 海口:南海出版公司,1991.

[65] 约翰·P.科特,詹姆斯·L.赫斯克特;李晓涛,曾中译. 企业文化与经营业绩[M]. 上海:上海三联书店,1994.

[66] 诺尔·M.泰奇,玛丽·安·戴瓦娜;解景林,王建华译. 美国优秀企业家成功之路[M]. 北京:中国国际广播出版社,1989.

[67] 菲力普·科特勒;广东省财贸管理干部学院市场学翻译组译. 市场营销管理[M]. 北京:科学技术文献出版社,1991.

[68] 张德,刘冀生. 中国企业文化——现在与未来[M]. 北京:中国商业出版社,1991.

[69] 张德,吴剑平. 企业文化与CI策划(1~4版)[M]. 北京:清华大学出版社,2000、2004、2008、2013.

[70] 张德,吴剑平. 文化管理——对科学管理的超越[M]. 北京:清华大学出版社,2008.

[71] 张德. 人力资源开发与管理[M]. 北京:清华大学出版社,1996.

[72] 张德. 人力资源开发与管理(第三版)[M]. 北京:清华大学出版社,2007.

[73] 张德. 组织行为学[M]. 北京:高等教育出版社,1999.

[74] 张德,吴剑平,曲庆. 和谐管理——衡水电机模式[M]. 北京:机械工业出版社,1997.

[75] 张德. 现代管理学[M]. 北京:清华大学出版社,2007.

[76] 张德,潘文君. 企业文化[M]. 北京:清华大学出版社,2013.

[77] 张德. 从科学管理到文化管理——世界企业管理的软化趋势[J]. 清华大学学报(哲社版),1993年第1期.

[78] 张德,余艳玲. 集团文化建设落地的关键点[J]. 中国人才,2007年第10期.

[79] 张德. 迎接跨文化管理的挑战[J]. 中外企业文化,2000年第1期.

[80] 张德,王雪莉. 知识经济下的人力资源开发与管理[J]. 清华大学学报(哲社版),2000年第5期.

[81] 张德. 学习型组织与育才型领导[J]. 中外企业文化,2006年第1期.

[82] 张德. 儒家文化传统与东亚经济崛起[J]. 企业文化,1995年第4期.

[83] 张德. 企业的成功重在创造文化[J]. 中外管理,1997年第1期.

[84] 吴剑平. 积极迎接学习型社会[J]. 中国人才,2003年第8期.

[85] 吴剑平,张德. 试论文化管理的两个理论假说[J]. 中国软科学,2002年第10期.

[86] 吴剑平. 文化竞争力的实现模式[J]. 中外企业文化,2001年4月(总第87期).

[87] 张德,潘文君. 民营企业的二次创业与积累文化资本[J]. 商业研究,2006年第12期.

[88] 张德,王玉芹. 创新型文化与企业绩效关系的实证研究[C]. 北京大学国际会议论文,2005.

[89] 张勉,张德. 组织文化测量研究述评[J]. 外国经济与管理,2004年第8期.

[90] 白汉刚,张德. 组织文化变革中的冲突与融合过程[J]. 特区经济,2005年第8期.

[91] 马月婷,张德,段苏桓. 影响高科技企业创新能力的文化价值观研究[J]. 中国软科学,2007年第6期.

[92] 刘惠琴. 中国高校学科团队创新绩效结构模型实证研究[D]. 清华大学博士论文,2005.

[93] 厉以宁. 超越市场与超越政府——论道德力量在经济中的作用[M]. 北京:经济科学出版社,1999.

[94] 罗长海. 企业文化学[M]. 北京:中国人民大学出版社,1991.

[95] 管益忻. 企业文化——企业管理新模式[M]. 北京:气象出版社,1991.

[96] 应焕红. 公司文化管理[M]. 北京:中国经济出版社,2001.

[97] 刘光明. 中外企业文化案例[M]. 北京:经济管理出版社,2000.

[98] 王成荣. 企业文化[M]. 北京:中央广播电视大学出版社,2002.

[99] 纪光欣. 论当代企业文化的缘起及其实质[J]. 石油大学学报(社科版),1999年第1期.

[100] 杨政. 关于建立我国企业文化建设评价体系的思考[J]. 中国工业经济,1999年第11期.
[101] 王银娥. 21世纪企业文化的特征及其发展战略[J]. 理论导刊,2000年第5期.
[102] 刘美满. 谈谈知识经济下的企业文化建设[J]. 经济师,2000年第8期.
[103] 赵辉. 谈企业文化与经营业绩[J]. 管理纵横,1999年第2期.
[104] 永守重信;李永连,张友栋译. 奇迹般的人才育成法[M]. 石家庄:河北人民出版社,1987.
[105] 熊源伟. 公共关系学[M]. 合肥:安徽人民出版社,1997.
[106] 韩光军. 品牌策划[M]. 北京:经济管理出版社,1997.
[107] 马玉涛. 企业形象识别(CIS)与广告经营[M]. 北京:中国广播电视出版社,1995.
[108] 张占耕. 无形资产管理[M]. 北京:立信会计出版社,1998.
[109] 郝真. 企业文化建设的运作[M]. 北京:中国经济出版社,1995.
[110] 王军. 以内部良性循环支撑起来的康力名牌[N]. 科技日报(声像世界),1998-09-30.
[111] 孟凡驰. 企业文化——人力资源开发与经济增长的关键[M]. 北京:东方出版社,2002.
[112] 郭泳涛. 德国企业的理性文化[J]. 企业改革与管理,2005年7月.
[113] 金秀荣. 感受德国的企业文化(上)[J]. 中外企业文化,2002年第19期.
[114] 金秀荣. 感受德国的企业文化(下)[J]. 中外企业文化,2002年第21期.
[115] 经盛国际. 德国企业管理的主要特色[EB/OL]. http://www.wccep.com/Html/200388152621-1.html.
[116] 佚名. 米其林企业文化[EB/OL]. http://www.wccep.com/Html/2006816122413-1.html.
[117] 马菊萍,陈丽珍. 深受儒教影响奉行彻底第一——解读韩国企业文化[N]. 中国现代企业报,2006-09-27.
[118] 佚名. 韩国企业共同体式的企业文化[N]. 中国现代企业报,2006-08-21.
[119] 袁南生. 感受印度企业文化[J]. 湘潮,2005年第12期.
[120] 刘志锁. 新加坡航的企业文化和启示[J]. 中国民用航空,2006年第5期.
[121] 曹行子(韩国). 中韩员工文化差异研究[J]. 当代经济,2007年第6期(下半月).
[122] 舒欣. 正确对待文化差异 慎重解决文化冲突[J]. 中外企业文化,2002年第21期.
[123] 彭仁忠. 跨文化企业的文化冲突研究[J]. 企业经济,2008年第5期.
[124] 胡军. 跨文化管理[M]. 广州:暨南大学出版社,1996.
[125] 雷闪闪. 经济全球化背景下企业跨文化管理探论[J]. 经济前沿,2008年第11期.
[126] 韩征顺. 跨文化管理的"跨越"与"超越"[J]. 企业经济,2007年第8期.
[127] 郝济军. 浅谈企业国际化中的跨文化管理[J]. 经济问题,2007年第6期.
[128] 王茂林. 构建和谐社会必须强化企业的社会责任[J]. 求是,2005年第23期.
[129] 百度百科. 企业与社会责任[EB/OL]. http://baike.baidu.com/view/1628879.htm.
[130] 唐在富. 企业伦理的含义[J]. 中外企业文化,2005年第12期.
[131] 周祖城. 管理与伦理[M]. 北京:清华大学出版社,2000:第151~162页.
[132] 王玉,宋玉娟. 浅谈企业伦理[J]. 管理现代化,1997年第1期.
[133] 龚天平. 论企业伦理的模式、类型与内容[J]. 中南财经政法大学学报,2007年第5期.
[134] 阎俊,常亚平. 西方企业伦理决策——理论及模型[J]. 生产力研究,2005年第8期.
[135] 朱乾宇. 西方国家企业社会责任借鉴[J]. 科技进步与对策,2003年第12期.
[136] 陶军,李小燕. 网络技术与企业文化创新[J]. 江苏商论,2004年第11期.
[137] 张焱. 用社会主义核心价值观统领和谐企业文化建设[N]. 辽宁职工报,2013-11-06.

教师服务

感谢您选用清华大学出版社的教材！为了更好地服务教学，我们为授课教师提供本书的教学辅助资源，以及本学科重点教材信息。请您扫码获取。

❱❱ 教辅获取

本书教辅资源，授课教师扫码获取

❱❱ 样书赠送

人力资源类重点教材，教师扫码获取样书

清华大学出版社

E-mail: tupfuwu@163.com
电话：010-83470332 / 83470142
地址：北京市海淀区双清路学研大厦 B 座 509

网址：http://www.tup.com.cn/
传真：8610-83470107
邮编：100084